# 物流成本管理(第2版)

主　编　古全美　程凤菊　肖鸟鸟
副主编　张奎霞　黄大明

北京理工大学出版社
BEIJING INSTITUTE OF TECHNOLOGY PRESS

版权专有　侵权必究

### 图书在版编目（CIP）数据

物流成本管理/古全美，程凤菊，肖鸟鸟主编．—2 版．—北京：北京理工大学出版社，2018.2（2021.8重印）

ISBN 978 – 7 – 5682 – 5359 – 8

Ⅰ. ①物… Ⅱ. ①古… ②程… ③肖… Ⅲ. ①物流管理 – 成本管理 – 高等学校 – 教材 Ⅳ. ①F253.7

中国版本图书馆 CIP 数据核字（2018）第 041541 号

出版发行 / 北京理工大学出版社有限责任公司
社　　址 / 北京市海淀区中关村南大街 5 号
邮　　编 / 100081
电　　话 /（010）68914775（总编室）
　　　　　（010）82562903（教材售后服务热线）
　　　　　（010）68944723（其他图书服务热线）
网　　址 / http://www.bitpress.com.cn
经　　销 / 全国各地新华书店
印　　刷 / 三河市华骏印务包装有限公司
开　　本 / 710 毫米 × 1000 毫米　1/16
印　　张 / 19.5
字　　数 / 370 千字　　　　　　　　　　　　责任编辑 / 钟　博
版　　次 / 2018 年 2 月第 2 版　2021 年 8 月第 3 次印刷　责任校对 / 周瑞红
定　　价 / 48.00 元　　　　　　　　　　　　　责任印制 / 李　洋

图书出现印装质量问题，请拨打售后服务热线，本社负责调换

# 前　言

物流成本管理是运用成本来管理物流。随着企业面临的市场竞争日趋激烈，加强物流成本管理、降低物流成本对于企业来说有着重要的意义。在全球化经济、供应链管理的时代，降低物流成本并不是改善物流系统的唯一目的，良好的客户服务水平在使整个供应链系统的总成本维持在一个较低水平的同时，能够提高客户的满意度，提升企业的竞争力。物流成本的研究不只是为了降低物流成本，更重要的是通过成本研究发现物流系统中存在的缺陷，从而改善物流系统的性能。

根据物流管理专业的要求，北京理工大学出版社组织编写了本教材。本教材采用适应工学结合的人才培养模式，面向物流企业的基层管理工作岗位，以培养学生的职业能力为目标，以"教、学、做"一体化为宗旨。本教材贯彻"行动导向"的编写理念，在教材中安排了任务描述、任务分析、知识目标、技能目标、技能练习，穿插了大量的知识拓展和典型的案例分析，每个学习任务的后面都附有本学习任务的任务小结、思考练习题以及实训项目，内容深入浅出，版面生动活泼，可以提高学生的学习兴趣和学习效果。

本书在第 1 版的基础上结合近年来物流管理领域的新方法和新理论进行了改版，本书延续了第 1 版原有的较为成熟的结构体系，同时吸收了理论界和实践界的新成果，对书中部分内容进行了调整和更新。改版内容主要有：对学习任务五"仓储管理成本管理"以及后面的学习任务进行了较大的调整，删掉了部分内容，增加了库存持有成本管理的内容；同时，为了丰富学习者的知识面以及加深学习者对知识的应用能力，在每个学习任务的后面增加了材料阅读的内容，本部分内容选取每一部分知识的相关论文，可以使学习者能够更清楚地理解每部分主要知识的应用。

本书的编写分工如下：学习任务一、二由古全美（青岛黄海学院）编写，学习任务三、四由程凤菊（青岛黄海学院）编写，学习任务五、六由肖鸟鸟

(日照职业技术学院)编写，学习任务七由张奎霞(青岛黄海学院)编写，学习任务八由黄大明(山东工业职业学院)编写。

本教材既可作为物流相关专业的教材或教学参考书，也可作为企事业单位物流工作人员的岗位培训教材。

在编撰过程中，编者参阅、引用了大量教材、专著、期刊及网络中的相关资料，并在参考文献中尽可能逐一列示，若有疏漏，敬请谅解。在此，特向相关作者表示诚挚的谢意。

关于物流成本管理的理论和实践还在不断的探索过程中，由于作者水平有限，书中难免有疏漏和不妥之处，恳请读者不吝赐教，批评指正。

编　者

# 目　　录

**学习任务一　物流成本管理概述**……………………………………………（001）

　　子任务一　物流成本的含义………………………………………………（004）

　　子任务二　物流成本的构成………………………………………………（014）

　　子任务三　物流成本管理…………………………………………………（017）

**学习任务二　物流成本核算**……………………………………………………（029）

　　子任务一　物流成本核算概述……………………………………………（033）

　　子任务二　物流成本核算程序……………………………………………（042）

　　子任务三　产品成本核算方法……………………………………………（048）

　　子任务四　作业成本法……………………………………………………（056）

**学习任务三　物流成本控制**……………………………………………………（077）

　　子任务一　物流成本控制的基本概念……………………………………（078）

　　子任务二　目标成本法……………………………………………………（081）

　　子任务三　标准成本法……………………………………………………（084）

　　子任务四　责任成本法……………………………………………………（094）

**学习任务四　运输成本管理**……………………………………………………（108）

　　子任务一　运输成本管理概述……………………………………………（110）

　　子任务二　汽车运输成本管理……………………………………………（117）

　　子任务三　海洋运输成本管理……………………………………………（129）

　　子任务四　铁路运输成本管理……………………………………………（144）

　　子任务五　航空运输成本管理……………………………………………（148）

**学习任务五　仓储成本管理**……………………………………………………（162）

　　子任务一　仓储成本的构成………………………………………………（163）

子任务二　仓储成本的构成与计算…………………………………………（167）
　　子任务三　仓储成本的优化………………………………………………（177）

**学习任务六　库存持有成本及其他物流成本管理**……………………………（194）
　　子任务一　库存持有成本…………………………………………………（195）
　　子任务二　包装成本………………………………………………………（209）

**学习任务七　物流客户服务成本管理**…………………………………………（221）
　　子任务一　物流客户服务…………………………………………………（223）
　　子任务二　物流客户服务成本……………………………………………（228）
　　子任务三　物流客户服务水平……………………………………………（230）
　　子任务四　物流客户服务水平的确定……………………………………（235）

**学习任务八　物流成本分析与预算管理**………………………………………（249）
　　子任务一　物流成本性态分析……………………………………………（251）
　　子任务二　物流系统本—量—利分析……………………………………（262）
　　子任务三　物流成本预算管理……………………………………………（274）

**技能练习答案**……………………………………………………………………（292）

**参考文献**…………………………………………………………………………（305）

# 学习任务一
# 物流成本管理概述

## 任务描述

### 神龙公司的物流成本管理

神龙公司是由中国东风汽车公司与法国标致雪铁龙集团各出资50%于1992年5月成立的轿车生产经营企业。它分别在武汉、襄樊两地建有武汉一厂、武汉二厂、襄樊工厂共三家工厂，外购零部件来自我国各地和法国标致雪铁龙集团，现具备年产45万辆整车、60万台发动机的生产能力。目前，神龙公司主要生产经营东风雪铁龙C5、凯旋、世嘉和东风标致408、307、207等多种车型，在我国240余座城市有东风雪铁龙、东风标致两个品牌490家4S店和474家二级网点、直营店。2010年，神龙公司生产销售37.3万辆整车，实现销售收入370亿元。

神龙公司物流运行的总体方案如图1-1所示。

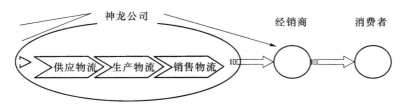

**图1-1 神龙公司物流运行的总体方案**

图1-1显示，神龙公司处于汽车产业供应链的核心，一方面，它是供应链物流的组织者和领导者，通过对上/下游企业的工厂和仓库选址、物流标准制定、物流信息系统建设、物流模式优化等方面的积极影响，领导供应链系统物流的建设和管理；另一方面，它也是供应链物流的参与者，其自身物流活动也非常频繁。与一般生产性企业的物流管理相比，神龙公司在物流成本控制方面面临着更大的挑战：

（1）供应物流面对的是国内外数百家供应商、万余种零部件，不仅运输和库存的成本高，而且物流管理工作的难度很大，缺货风险成本与库存成本这对矛盾很难平衡。

（2）生产物流要同时保证生产线上数千种零部件的及时（Just In Time）供应，线边空间异常紧张，上线物流的组织工作也很困难。

（3）销售物流需要在2~5天之内满足全国各地的客户对整车和维修备件的需求，尤其是整车的价值高、体积大，不能挤压和碰撞，其物流成本也很难控制。

像我国大部分企业一样，神龙公司在初建阶段的物流基础并不好，存在供应商分布广、工厂布局分散、物流流程与制造工艺不协调等问题。经过十几年的不断探索和改进，神龙公司逐步实现了对物流成本的有效控制。其成本控制的基本经验在于：

（1）夯实物流作业基础，努力降低各项物流功能成本。

为了减少在物流方面的投资、充分享受专业物流企业的优质服务、提高物流活动的规模经济性，神龙公司与捷富凯－大田物流有限公司、金鹰国际货运代理有限公司、中国远洋物流公司、武汉邮政物流公司等建立了战略合作关系，有序并可靠地外包了大部分物流业务，使运输、库存、装卸搬运等功能成本得到了较大幅度的降低。

对必须自营的物流业务，神龙公司构建了现代化的物流基础设施和管理系统，提高了自营物流的效率。神龙公司通过拉动式供货、供应商管理库存（VMI）供货、看板供货、多批次小批量供货、直送供货和同步供货等先进物流模式压缩中间库存，努力实现零库存，降低库存成本；通过与供应商共同投资和循环使用包装容器，降低包装作业成本和包装容器的摊销成本，降低包装总成本；建立基于互联网的连接企业内部各职能部门和外部所有供应商、经销商、第三方物流服务提供商的（3PL）物流信息系统，为加速货物流转和成本控制创造有利条件；整合内部物流组织，明确采购部、生产部、销售部、武汉一厂、武汉二厂和襄樊工厂下属各物流机构的职责，建立了覆盖全部业务的物流管理组织和统一的物流管理模式，为物流成本控制提供了可靠的组织保障和制度保障，提高了物流管理的效益。

（2）优化物流流程，降低物流流程成本。

近年来，神龙公司一直致力于物流流程的优化，先后实施了采购物流的"KD件批组转按件进货"项目、生产物流的"APOLO"（工位优化和交替式物流）计划、"销售物流的地区库存调整"项目等，有效地降低了各项流程成本。以"APOLO"计划为例，由于需要在一条生产线上同时组装数十种型号的汽车，生产线边无法容纳多种型号零部件的同时堆放，这导致装配效率下降，影响了企业的整体经济效益。增加新的生产线或者减缓生产节拍，虽然能解决线边空间紧张的问题，但显然都不是好的解决方案。神龙公司从生产现场物流流程的改进入手，通过减小工位零部件的包装容器尺寸并配合多频次配送，既减少了待装零部件对线边占用的空间，缩短了工人的操作时间，也保证了生产线零部件的供应，降低了企业的总成本。

(3) 协调供应链关系，降低供应链物流成本。

在关注内部物流成本控制的同时，神龙公司还通过整合供应链物流资源来降低物流成本。神龙公司先后动员了座椅、车灯、玻璃、结构件等多家供应商在神龙公司附近建厂，这不仅提高了供应链的弹性和抗风险能力，而且降低了供应链整体的运输成本和库存成本。为了解决各个供应商独自向神龙公司配送零部件过程中运输批量性与库存量上升的矛盾，神龙公司积极推进在供应商比较集中的地区采用集配方式进行配送。如图1-2所示，集配商能同时为多家供应商提供"集、配、送"功能，在降低供应链库存成本的同时还能保证运输的规模经济性，并且简化了神龙公司和供应商的物流管理工作，降低了供应链整体的物流成本。

图1-2 集配模式下的物流供应链

## 任务分析

本案例中神龙公司的物流成本管理经验给人们的启示是：物流成本的管理源于对物流的管理——通过构建现代化的物流基础设施和管理系统，优化物流流程，协调供应链关系，从而达到降低各项物流成本的目的。神龙公司根据自身的生产经营特点与存在的问题，从构建现代化的物流基础设施和管理系统入手，提高自营物流的效率，降低各项物流功能成本；从改进生产现场物流流程入手，降低物流流程成本；通过协调供应链关系、整合供应链物流资源，来降低供应链物流成本。

## 知识目标

通过对任务的分析，可以更清楚地了解企业物流、物流管理与物流成本管理之间的密切关系。首先需要了解与物流成本管理有关的一些基本概念，包括物流及其发展、物流管理的内容与方法；其次要掌握物流成本的概念及其分类与构成；最后还需要掌握物流成本管理及其内容与方法。通过对企业物流、物流管理有关基本概念的了解，才能熟悉企业物流活动的特点，从而做到根据企业的实际情况选择适合企业自身特点的方法实施物流成本管理。

## 技能目标

通过对任务的分析，能更清楚地认识到需要掌握哪些技能，从而更好地为加强企业物流成本管理服务。为了实施物流成本管理，需要熟练掌握物流成本的概念、分类与构成，能够根据企业物流经营活动的特点确定物流成本的具体内容；熟练掌握物流成本管理的概念、内容与方法，能够将这些方法运用到企业实际的物流成本管理工作中，解决企业在物流成本管理中的实际问题；了解与物流成本管理有关的理论，关注物流成本管理理论的发展，创新开展企业的物流成本管理工作。

# 子任务一　物流成本的含义

| 学习领域 | 物流成本管理概述 |
| --- | --- |
| 学习情境 | 物流成本的含义 |
| 任务描述 | 要求1：掌握物流成本的概念<br>要求2：了解物流的产生与发展<br>要求3：了解物流管理及其内容 |

## 一、物流与物流管理

### （一）物流的产生、发展与物流的概念

1. 物流的产生

人类的物质生产活动经历了漫长的过程，由自然经济发展到商品经济，再发展到现在的市场经济。在商品经济条件下，社会分工逐步细化，人们的生产活动是以交换为目的的，包括商品生产和商品交换。这样社会经济活动就有了生产领域、消费领域与流通领域之分。

（1）生产领域：将生产资料进行合理配置与配合，生产出各种产品以满足社会需求的经济活动领域。在经济不发达的条件下，其产品基本在原地消费，生产与消费在时间与空间上的间隔较小。而在经济发达的今天，某地所生产的产品，可以被全国乃至全世界消费，生产与消费在时间与空间上的间隔较大。

（2）消费领域：消耗产品或商品的使用价值，满足自身或社会的某种需求。随着消费领域与生产领域的间隔逐渐变大，连接两者的流通领域的作用日益突出。

（3）流通领域：连接生产与消费的社会经济活动领域，通过该领域实现产品或商品所有权的转移及其在时间、空间上的转移。

在流通领域，一方面实现产品或商品的所有权转移，简称"商流"，即通过经济手段取得产品的所有权，如人们在购买某种商品时，付款或承诺付款取得发

票后，获此商品的所有权；另一方面实现所有权者需要的产品或商品在时间或空间上的转移，简称"物流"，即产品或商品在时间/空间上流动的全过程。例如，钢铁生产企业在生产钢铁时，把铁矿石从矿山运到钢铁厂所要解决的是距离问题（空间上的间隔），在物流中称为"运输"；农业生产的粮食不会在当年全部消费掉，其中大部分会被储藏起来以备来年之用，这里要解决是储藏时间问题（时间上的间隔），在物流中称为"仓储"。在这期间，产品本身流动和停滞的全过程，包括运输、仓储、保管、搬运、配送及产品包装等，往往由不同的企业来完成。

社会经济的发展促使流通从生产中分化出来，并且伴随社会生产分工的升级和细化，流通领域中的商流和物流也进一步分离，从流通领域中的两种不同形式逐渐转变成两个有一定独立运动能力的运动过程。社会化的独立形态物流进一步系统化，使专业的物流职能向专业的物流经营方向发展，形成物流行业。

2. 物流的发展

物流伴随着人类的生产活动而产生，并在商品流通规模化后得以扩展。随着社会经济发展水平与管理要求的提高，人们对物流的认识与研究逐步加深，而物流的发展也与先进的科学技术水平密切相关。从传统物流到现代物流，物流的发展大体经历了以下几个阶段：

（1）初级阶段。

20世纪初，在北美和西欧一些国家，随着工业化进程的加快以及大批量生产和销售的实现，人们开始意识到降低物资采购成本及产品销售成本的重要性。单元化技术的发展为大批量配送提供了条件，同时也为人们认识物流提供了可能。第二次世界大战期间的1941—1945年，美国军事后勤活动的组织为人们对物流的认识提供了重要的实证依据，推动了战后对物流活动的研究以及实业界对物流的重视。1946年，美国正式成立了"全美输送物流协会"。日本物流观念的形成虽然比美国晚很多，但发展十分迅速。日本自1956年从美国引入物流概念以来，在对国内物流进行调研的基础上，将物流称为"物的流通"。至1965年，"物流"一词正式为理论界和实业界全面接受。"物的流通"包含运输、配送、装卸、仓储、包装、流通加工和信息传递等各种活动。

（2）快速发展阶段。

20世纪60年代以后，世界经济环境发生了深刻的变化，科学技术的发展，尤其是管理科学的进步，以及生产方式、组织规模化生产的改变，大大促进了物流的发展。物流逐渐为管理学界所重视，企业界也开始注意到物流在经济发展中所起的作用，将改进物流管理作为激发企业活力的重要手段。在美国，现代市场营销观念的形成使企业意识到顾客满意是实现企业利润的唯一手段，顾客服务成为经营管理的核心要素，物流在为顾客提供服务方面起到了重要的作用。物流，特别是配送得到了快速的发展。20世纪60年代中期至70年代初是日本经济高速增长、商品大量生产和大量销售的年代。随着这一时期生产技术向机械化、自动化方向发展以及销售体制的不断改善，物流已成为企业发展的制约因素。于是，日本政府开始在全国范围内进行高速道路网、港口设施、流通聚集地等基础设施的建设。这一时期是日本物流建设的大发展时期，原因在于社会各方面对物流的落后和物流对经济发展的制约性都有了共同的认识。

（3）合理化阶段。

20世纪80年代至90年代初，物流管理的内容从企业内部延伸到企业外部，物流管理的重点已经转移到对物流的战略研究上。企业开始超越现有的组织机构界限而注重外部关系，将供货商（提供成品或运输服务等）、分销商以及用户等纳入管理的范围，利用物流管理建立和发展与供货厂商及用户的稳定的、良好的、双赢的、互助合作伙伴式的关系，形成了一种联合影响力量，以赢得竞争的优势。物流管理已经意味着企业应用先进的技术，站在更高的层次上管理这些关系。电子数据交换、准时制生产、配送计划以及其他物流技术的不断涌现以及应用与发展，为物流管理提供了强有力的技术支持和保障。

（4）信息化、智能化、网络化阶段。

自20世纪90年代以来，随着新经济和现代信息技术的迅速发展，现代物流的内容仍在不断地丰富和发展。信息技术的进步使人们进一步认识到物流体系的重要性，现代物流的发展被提到日程上来。同时，信息技术，特别是网络技术的发展，也为物流的发展提供了强有力的支撑，使物流向信息化、网络化、智能化的方向发展。目前，基于互联网和电子商务的电子物流正在兴起，以满足客户越来越丰富的物流需求。

3. 物流的概念

物流的概念是人们通过对物流的认识与研究所进行的归纳与总结。随着社会经济的发展，人们对物流的认识处于不断深化的过程中，不同国家或区域经济发展水平与结构的差异，使物流的定义也存在不同程度的异同。目前人们普遍认同的是美国物流管理协会［2005年更名为美国供应链管理专业协会（CSCMP）］在2002年对物流的定义："物流是供应链运作的一部分，是以满足客户要求为目的，对货物、服务和相关信息在产出地和消费地之间实现高效且经济的正向和反向的流动和存储所进行的计划、执行和控制的过程"。《中华人民共和国国家标准物流术语》（GB/T 18354—2006）对物流的解释为"物流是物品从供应地向接收地的实体流动过程。根据实际需要，对运输、储存、装卸、搬运、包装、流通加工、配送、信息处理等基本功能实施有机结合"。除此之外，欧洲、日本等国家或地区的机构、学者也对物流概念有着各自不同的理解。

（二）物流管理

基于对物流的认识与研究，探究社会经济活动中的物流活动及其规律性，揭示物流活动中各个环节、要素之间的内在联系，利用先进、科学的管理方法，实现企业经营目标。

1. 物流管理的概念

《中华人民共和国国家标准物流术语》（GB/T 18354—2006）将物流管理定义为"物流管理是指为达到既定的目标，对物流的全过程进行计划、组织、协调与控制"。

物流管理最基本的目标就是以最低的成本向用户提供令人满意的物流服务，即在企业经营活动中寻求服务优势与成本优势的平衡，并由此创造企业在竞争中的战略优势地位。

2. 物流管理的发展

发达国家物流管理发展的历史，大致经历了以下几个阶段：

（1）物流功能个别管理阶段。在这个阶段，人们对物流的认识程度较低，真正意义上的物流管理意识还没有出现，企业生产经营中成本的降低分别停留在降低运输成本和保管成本等个别环节上，还不是以降低物流总成本为目标。

（2）物流功能系统化管理阶段。人们开始设立专门的物流管理部门，其管理对象已不仅限于现场的物流作业活动，而是站在企业整体的立场上整合物流业务，各种物流合理化对策开始出现并被付诸实施。

（3）物流管理领域扩大阶段。进入该阶段，物流管理部门可以出于物流合理化的目的向生产和销售部门提出自己的意见与建议。但是，物流管理部门对生产和销售部门提出的建议在具体实施上有一定局限性（特别是在销售竞争非常激烈的情况下）。

（4）企业内部物流一体化管理阶段。企业内部物流一体化管理是根据商品的市场销售动向决定商品的生产和采购，从而保证生产和采购的一致性。

（5）供应链管理阶段。供应链管理系统是一个将交易关联的企业整合进来的系统，即将供应商、制造商、批发商、零售商和顾客等所有供应链上的关联企业与消费者作为一个整体看待的系统结构。基于供应链顺利运行的物流管理使物流业为产品的实物空间位移提供时间和服务质量的保证，从而使物流管理进入更为高级的阶段。

3. 物流管理的内容

物流管理涉及物流活动的方方面面，站在不同的角度来观察，其包括的具体内容有所不同。

（1）从物流活动要素的角度来看，物流管理的内容主要包括：

① 运输管理，是指运输方式及服务方式的选择、运输线路的选择、车辆的调度与组织等。

② 储存管理，是指原料及半成品和产成品的储存策略、储存统计、库存控制等。

③ 装卸搬运管理，是指装卸搬运系统的设计、设备规划与配置、作业组

织等。

④ 包装管理，是指包装容器和包装材料的选择与设计、包装技术和方法的改进等。

⑤ 流通加工管理，是指加工场所的选定、加工机械的配置、加工技术与方法的研究和改进、加工作业流程的制定与优化等。

⑥ 配送管理，包括配送中心选址及优化布局、配送机械的合理配置与调度、配送作业流程的制定与优化等。

⑦ 物流信息管理，是指对反映物流活动内容、物流要求、物流作用和物流特点的信息进行搜集、加工、处理、存储和传输等。

⑧ 客户服务管理，包括对物流活动相关服务的组织和监督，如通过调查和分析客户对物流活动的反应，来决定客户所需要的服务水平与服务项目等。

（2）从构成物流系统要素的角度看，物流管理的内容包括：

① 人的管理，主要包括物流从业人员的选拔和录用、物流专业人才的培训与提高、物流教育和物流人才培养规划与措施的制定等。

② 物的管理。物是物流活动的客体，即物质资料实体。对物的管理贯穿物流活动的始终，它涉及物流活动的各个环节，即物品的包装、装卸搬运、储存、运输、流通加工、配送等。

③ 财的管理。财是指物流企业的资金及其运动，主要包括物流管理中有关降低物流成本、提高企业经济效益等方面的内容。对财的管理是物流管理的出发点，也是物流管理的归宿。其具体内容主要包括物流成本的核算与控制、物流经济指标体系的建立、资金的筹集与使用、提高经济效益的方法等。

④ 设备的管理，主要包括各种物流设备的选型与优化配置，对各种设备的合理使用与更新改造，对各种设备的研制、开发和引进等。

⑤ 方法的管理，主要包括物流技术的研究、推广普及、物流科学研究工作的组织与开展，新技术的推广普及、现代管理方法的应用等。

⑥ 信息的管理。信息是物流系统的神经中枢，只有有效地处理并及时传输物流信息，才能对物流系统内的人、财、物、设备、方法等物流系统要素进行有效管理，实现管理目标。

（3）从物流活动职能上来划分，物流管理的内容包括：

① 物流战略管理，是指站在企业长远发展的立场上，就物流企业的发展目标、物流在企业经营中的战略定位、物流服务水平与物流服务内容等问题作出规划。

② 物流系统的设计与运营管理，企业物流战略确定以后，必须要有一个完善的物流运作系统作保障。物流系统的设计与运营管理就是设计物流系统和物流网络、规划物流设施、确定物流运作方式和程序等，在形成一定物流能力的基础上，对系统运营进行监控并根据需要及时进行系统的维护与调整。

③ 物流作业管理，是指根据业务需求制订物流作业计划，并按照计划要求对物流作业活动进行现场监督和指导，同时对物流作业的质量进行监控。

## 二、物流成本的概念

1. 成本的概念

成本是商品经济的价值范畴，是商品价值的组成部分。人们要进行生产经营活动或达到一定的目的，就必须耗费一定的资源（人力、物力和财力），所耗费资源的货币表现及其对象化称为成本。随着商品经济的不断发展，成本概念的内涵和外延都处于不断的变化发展之中。

1）理论成本

根据马克思主义政治经济学原理，商品是使用价值和价值的统一体。商品价值取决于生产该种商品的社会必要劳动量，它由三个部分组成：一是生产中消耗的生产资料的价值（$C$）；二是劳动者为自己劳动所创造的价值（$V$）；三是劳动者为社会劳动所创造的价值（$M$）。在商品价值构成的三个部分（$C$、$V$、$M$）中，成本是前两部分价值之和，即 $C+V$。从理论上讲，成本是商品生产过程中已消耗的生产资料的价值与劳动者为自己劳动所创造的价值之和，这也是成本的经济实质。

随着社会经济的不断发展及其研究的深入，人们对成本的认识也在不断地变化，并且不同学科、不同研究机构、不同学者对成本有不同的具体解释与描述。在管理学中，成本被理解为企业生产、技术、经营活动的综合指标。就会计学科而言，成本则被认为是为了取得资产或某种利益而发生的耗费，并且传统中的成本仅指产品成本。美国会计学会（American Accounting Association，AAA）所属的成本概念与标准委员会在1951年将成本定义为"成本是指为达到特定目的而发生的价值牺牲，它可以用货币单位加以计量"；美国注册会计师协会（American Institute of Certified Public Accountants，AICPA）于1957年发布的《第4号会计名词公报》对成本的定义是"为获取财物或劳务而支付的现金或转移其他资产、发行股票、提供劳务或发生负债，而以货币衡量的数额"；美国财务会计准则委员会（Financial Accounting Standards Board，FASB）于1978年在《财务会计概念公告》第1号《企业编制财务报告的目的》的注释中对成本的描述是"成本是为了进行经济活动而有所失——也就是为了耗费、挽救、交换、生产等等而丧失或放弃的东西"。

2）实际成本

成本是商品价值中的"$C+V$"部分，这只是从理论上对成本的描述。商品生产（广义的商品生产包括生产产品和提供劳务）过程中已消耗的生产资料的价值，以及劳动者为自己劳动所创造的价值，以货币形式来表现，主要包括折旧费、材料费、职工薪酬等耗费。

在实际的成本核算与管理中,成本是企业为生产产品(或提供劳务)而发生的各种耗费。

企业生产经营活动中发生的耗费是多种多样的,不同的行业其发生耗费的具体内容也不同。为了满足经济核算和成本管理的需要,这些耗费有的应当计入所生产的产品和提供的劳务成本;有的不计入成本,而是直接在当期损益中扣除。实际成本具体应当包括哪些耗费,即成本的开支范围,应当遵循国家会计准则与财务通则的具体规定。

值得注意的是,要理解成本的概念,需要从耗费和补偿两个角度去思考。从耗费的角度来看,正如前面所讲的,成本是商品生产中所消耗的物化劳动和活劳动中必要劳动的价值($C+V$),这是成本最基本的经济内涵;从补偿的角度来看,成本是补偿商品生产中所耗费的价值尺度,这是成本最直接的表现形式。所以,成本是已耗费而又必须在价值或实物上得以补偿的支出。

2. 物流成本的概念

1)物流成本的定义

于 2007 年 5 月 1 日正式实施的《中华人民共和国国家标准——企业物流成本构成与计算》,将物流成本定义为"企业在物流活动中所消耗的物化劳动和活劳动的货币表现,包括货物在运输、储存、包装、装卸搬运、流通加工、物流信息、物流管理等过程中所耗费的人力、物力和财力的总和以及与存货有关的流动资金占用成本、存货风险成本和存货保险成本"。其中与存货有关的资金占用成本包括负债融资所发生的利息支出(即显性成本)和占用自有资金所产生的机会成本(即隐性成本)两部分内容。

根据这一定义,物流成本包括两部分内容:一是物流功能成本,其体现的是物流运作过程中所发生的各项成本支出;二是存货相关成本,其是指产品被锁闭在流通环节,从而导致事实上被企业所占用的资金及其存货在物流活动过程中所发生的风险损失和为防止损失所支付的投保费用。

2)物流成本的分类

现代物流业的发展带来了巨大商机和增值潜力,人们的物流管理意识逐渐增强,对物流成本也日益关心。为了更好地认识物流成本,了解物流成本的内涵,可以将物流成本按不同标准进行分类。

(1)按照人们对物流成本的认识和管理的角度不同,物流成本分为宏观物流成本、中观物流成本和微观物流成本。

宏观物流成本又称为社会物流成本,是指全社会在一定时间范围内,为了消除时间和空间障碍而发生的有价值的商品运动和静止行为所耗费的成本开支总额,具体包括有形的物流成本和无形的资金成本的总和。宏观物流成本是从国民经济总量的角度出发,分析国内物流活动的总开支水平,常见的指标是国内物流成本与该国 GDP 的比例，该比例越小，说明物流业越发达。

中观物流成本又称为行业物流成本，是指采用标准管理的理念，研究某个行业的"平均物流成本"数据，从而建立分行业的物流成本参考标准。广义的中观物流成本，甚至包括某个产品、某种服务的"平均物流成本"。行业物流成本的确定，其数据来源于对企业的抽样调查和问卷调查，进而通过统计学的分析方法来推断经验性的物流成本参考标准。

微观物流成本又称为企业物流成本，如《中华人民共和国国家标准——企业物流成本构成与计算》中对物流成本的定义。微观物流成本的大小，取决于物流活动的范围和采用的评价方法。企业物流成本按其所处的领域，又可分为生产制造企业物流成本、流通企业物流成本和物流企业物流成本。企业物流成本是本教材的核心内容。

（2）物流成本按其经济职能，可以分为运输成本、流通加工成本、仓储成本、包装成本、装卸搬运成本、配送成本等。

运输成本是指在一定时期内，企业为完成货物运输业务而发生的各种耗费；流通加工成本是指在商品从生产者向消费者流通的过程中，为了促进销售、维护商品质量、实现物流的高效率，从而使商品发生形状和性质上的变化，如对商品进行组装加工、分装加工、冷冻加工等操作所发生的各项耗费；仓储成本是指在一定时期内，企业为完成货物存储业务而发生的各种耗费；包装成本是指在一定时期内，企业为完成货物包装业务而发生的各种耗费；装卸搬运成本是指在一定时期内，企业为完成货物装卸搬运业务而发生的各种耗费；配送成本是指配送中心在进行商品分拣、组织配货、送货过程中所发生的各项耗费。

（3）物流成本按其经济内容，可以分为物化劳动耗费和活劳动耗费。

物流企业的生产经营活动过程，也是物化劳动（劳动对象和劳动手段）和活劳动的耗费过程，因而物流成本按其经济内容可以分为物化劳动耗费和活劳动耗费两大类，具体包括固定资产折旧费、材料费、燃料动力费、职工薪酬、利息支出、税金及其他支出等。

固定资产折旧费，包括使用中的固定资产应计提的折旧费和固定资产大维修费。

材料费，包括一切材料、包装物、维修用配件和低值易耗品等。

燃料动力费，包括各种固体、液体、气体燃料费、水费、电费等。

职工薪酬，是指企业为获得职工提供的服务而给予各种形式的报酬以及其他相关支出，包括职工在职期间和离职后提供给职工的全部货币性薪酬和非货币性福利。

利息支出，是指企业应计入财务费用的借入款项的利息支出减利息收入后的净额。

税金，是指应计入企业管理费用的各种税金，如房产税、车船使用税、土地使用税、印花税等。

其他支出，是指不属于以上各项要素的费用支出，如差旅费、租赁费、委托物流费、外部加工费及保险费等。

（4）物流成本按成本与业务量的关系，可以分为固定成本和变动成本。

固定成本是指成本总额在一定时期和一定业务量范围内，不受业务量的增减变动影响而能保持不变的成本，如按直线法计算的固定资产折旧、管理人员薪酬、机器设备的租金等。

变动成本是指成本总额在相关范围内随着业务量的变动而呈正比例变动的成本，如直接人工、直接材料都是典型的变动成本，在一定时期间它们的成本总额随着业务量的增减而呈正比例变动，但单位产品的耗费则保持不变。

（5）物流成本按其计入营业成本的方式，可以分为直接成本和间接成本。

直接成本是指为某一特定对象所耗费，可以直接计入该成本计算对象的成本，一般情况下，直接材料和直接人工都属于直接成本。

间接成本是指由几个成本计算对象共同耗费，需要通过归集并采用一定的方法分配计入各成本计算对象的成本，如部分直接材料、直接人工和制造费用等。

（6）物流成本按其是否具有可控性，可以分为可控成本和不可控成本。

可控成本是指在特定时期内，特定责任中心能够直接控制其发生的物流成本。

不可控成本是指在特定时期内，特定责任中心不能直接控制其发生的物流成本。

可控物流成本是针对特定责任中心而言的。一项物流成本，对某个责任中心来说是可控的，对另外的责任中心则是不可控的，如物流管理部门所发生的管理费用，对物流管理部门来说是可以控制的，而对其他部门来说则是不可控制的。有些物流成本对上级单位来说是可控成本，对下级单位来讲则是不可控成本，如物流管理部门人员的工资，一般是由上级领导来确定的。但是，从整个企业的空间范围和很长的时间范围来观察，所有成本都是某种决策或行为的结果，都是可以控制的。

（7）物流成本按其在会计核算中是否得到反映，分为显性成本和隐性成本。

显性物流成本主要是指现行会计核算中已经反映，可以从会计信息中分离和计算的物流成本。这部分成本支出是企业实际发生的，如在物流活动中实际发生的人工费、材料费、水电费、折旧费等。

隐性物流成本是指会计核算中没有反映，但在物流成本管理决策中需要考虑的成本，它属于管理会计领域中的成本。隐性物流成本的含义比较宽泛，如存货占用资金所产生的机会成本、物流服务不到位所造成的缺货损失与存货贬值损失等。这些成本支出和损失确实客观存在，但由于不符合会计核算中成本费用确认原则、难以准确量化和缺少科学的计量规则等原因，这部分支出没有在财务会计中得到反映。但在管理会计领域，为了保证管理决策的科学合理，又要求将这部分成本支出纳入物流成本范围予以考虑。

## 三、物流成本的特征

1. 物流成本与产品成本的差异

谈及成本，人们一般会想到产品成本，但物流成本与产品成本既有共性，也有差异。它们的共同之处在于其都是以货币来计量，都是特定对象的耗费。产品成本是针对某一特定产品来归集和分配并计算的成本；物流成本是针对特定物流活动而归集、计算的成本。两者的差异具体体现在以下几个方面：

（1）产品成本是财务会计中的成本概念，而物流成本是管理会计中的成本概念。企业产品的生产过程同时也是各种资源的耗费过程。例如，为生产产品需要耗费原材料、使用机器设备以及支付生产工人及管理人员薪酬等。当某种产品生产完工时，为生产该产品所发生的这些耗费即该产品的成本。企业在物流活动中，物流成本既包括在运输、仓储、包装、装卸搬运、流通加工、物流信息与物流管理等过程中的实际耗费，也包括虽未实际耗费，但在物流活动中因存货占用资金过多而产生的机会成本。

（2）产品成本是企业在正常生产经营过程中发生的耗费，而物流成本贯穿于企业的经营活动和筹资活动全过程。企业全部的经营活动从理论上可以分为生产经营活动、投资活动和筹资活动。只有生产经营活动的正常损耗才能计入产品成本，并从营业收入中扣减，以便能使营业利润反映生产经营活动的盈利水平。而物流成本既包括企业在正常经营过程中发生的与物流活动有关的费用支出，如物流人员的薪酬、物流设施维护费、物流管理费等；也包括经营过程中发生的非正常、意外的耗费，如存货丢失所发生的损失、废弃物处理所发生的成本支出等；还包括筹资过程中发生的与物流有关的支出，如与存货有关的负债融资所发生的利息支出等。

（3）产品成本包括物流过程中物的价值，计算起点是物（原材料等）的成本；物流成本不包括物流过程中物本身的价值，计算起点是为取得物（原材料等）所发生的有关费用。产品成本的计算通常从原材料投入使用开始，随着生产过程中人、财、物的投入直至完工入库，实物在流转，成本也在积累流转。其成本计算始终着眼于物，随着投入的不断增多，物的价值在增加，产品成本也在累积增大。而物流成本的计算则是以物流活动为主线，是因物的流动而发生的独立于物的价值之外的费用支出。

2. 物流成本的特征

通过对物流成本与产品成本差异的分析，可以看出物流成本具有以下几个重要特征：

（1）物流成本是特定物流活动过程中发生的费用支出，与物流活动无关的费用不能计入物流成本；

（2）物流成本属于管理会计观念中的成本，它既包括实际耗费的经济资源，也包括机会成本；

（3）物流成本贯穿于企业经营活动和筹资活动全过程，不仅包括正常的经营活动中的费用支出，也包括经营过程中发生的非正常的意外的耗费，如存货丢失的风险损失、废弃物处理的成本支出等，还包括筹资过程中发生的与物流有关的支出，如与存货有关的负债融资所发生的利息支出等；

（4）物流成本不包括物流活动过程中物的价值，是独立于物的价值之外的、在物的流动过程中发生的费用支出。

## 子任务二  物流成本的构成

| 学习领域 | 物流成本管理概述 |
| --- | --- |
| 学习情境 | 物流成本的构成 |
| 任务描述 | 要求1：掌握企业物流成本项目构成<br>要求2：掌握企业物流成本范围构成<br>要求3：掌握企业物流成本支付形态 |

企业物流成本按其所处的领域不同，可分为生产制造企业物流成本、流通企业物流成本和物流企业物流成本。其中生产制造企业和流通企业物流成本又称为货主企业物流成本。

生产制造企业的主要目的是生产能够满足市场和消费者需要的商品并以此获取利润，其生产经营活动主要包括原材料的购进、储存、生产耗费、搬运以及产品的销售等活动。另外，为了保证产品质量，为消费者提供优质服务，企业还要负责商品的返修和废品的回收等。因此，生产制造企业的物流成本贯穿于供应、生产、销售、回收和废弃等物流过程。与生产制造企业相比，流通企业的经验活动主要是组织商品的购销活动获取利润，其业务活动以购、存、销为主，不涉及复杂的生产过程。从产业链条上看，生产制造企业是物流业发展的原动力，流通企业是连接生产制造企业和最终客户的纽带。因此，流通企业的物流可以看成生产制造企业物流的延伸。从物流范围上看，生产制造企业包括供应、生产、销售、回收和废弃物处理的全过程，而流通企业不包括生产物流。所以，流通企业物流又可以看成生产制造企业物流的一部分。

物流企业就其服务类型而言，可以分为两类：一类是提供功能性物流服务的物流企业，这类企业一般只提供某一项或某几项主要的物流服务功能，如仓储服务、运输服务、装卸搬运服务等；另一类是提供一体化物流服务的第三方物流企业，这类企业能够提供综合性的物流服务。无论哪种类型的物流企业，其在运营过程中发生的各项费用支出，都不能简单地一概定为物流成本，而应按物流成本的定义和内涵进行分离与计算。在实际工作中，当货主企业把物流业务外包给物流企业运营时，物流企业发生的各项支出构成了它的成本，其中物流成本在总成本中占有相当大的比重，而物流企业向货主企业的收费（包括物流企业的成本费用、税金及其利润）就构成了货主企业的物流成本。

尽管不同类型的企业在经营目的与经营特点上有很大差异，但就物流成本构成的主要内容而言却大同小异，特别是从物流功能的角度来考查，其物流成本的构成内容基本是趋同的。根据国家标准（GB/T 20523—2006）《企业物流成本构成与计算》的要求，企业物流成本包括企业物流成本项目构成、企业物流成本范围构成和企业物流成本支付形态构成三种类型。

## 一、企业物流成本项目构成

按成本项目划分，物流成本由物流功能成本和存货相关成本构成。其中物流功能成本包括物流活动过程中所发生的运输成本、仓储成本、包装成本、装卸搬运成本、流通加工成本、物流信息成本和物流管理成本；存货相关成本包括企业在物流活动过程中所发生的与存货有关的资金占用成本、物品损耗成本、保险和税收成本。

运输成本是指在一定时期内，企业为完成货物运输业务而发生的全部费用，包括从事货物运输业务的人员费用，车辆（包括其他运输工具）的燃料费、折旧费、维修保养费、租赁费、养路费、过路费、年检费、事故损失费、相关税金等。

仓储成本是指在一定时期内，企业为完成货物储存业务而发生的全部费用，包括仓储业务人员费用，仓储设施的折旧费、维修保养费，水电费，燃料与动力消耗等。

包装成本是指在一定时期内，企业为完成货物包装业务而发生的全部费用，包括包装业务人员费用，包装材料消耗，包装设施折旧费、维修保养费，包装技术设计、实施费用以及包装标记的设计、印刷等辅助费用。

装卸搬运成本是指在一定时期内，企业为完成装卸搬运业务而发生的全部费用，包括装卸搬运业务人员费用，装卸搬运设施折旧费、维修保养费，燃料与动力消耗等。

流通加工成本是指在一定时期内，企业为完成货物流通加工业务而发生的全部费用，包括流通加工业务人员费用，流通加工材料消耗，加工设施折旧费、维修保养费，燃料与动力消耗费等。

物流信息成本是指在一定时期内，企业为采集、传输、处理物流信息而发生的全部费用，指与订货处理、储存管理、客户服务有关的费用，具体包括物流信息人员费用、软/硬件折旧费、维护保养费、通信费等。

物流管理成本是指在一定时期内，企业物流管理部门及物流作业现场所发生的管理费用，具体包括管理人员费用、差旅费、办公费、会议费等。

资金占用成本是指在一定时期内，企业在物流活动过程中负债融资所发生的利息支出（显性成本）和占用内部资金所发生的机会成本（隐性成本）。

物品损耗成本是指在一定时期内，企业在物流活动过程中所发生的物品跌价、损耗、毁损、盘亏等损失。

保险和税收成本是指在一定时期内，企业支付的与存货相关的财产保险费以及因购进和销售物品应交纳的税金支出。

## 二、企业物流成本范围构成

按物流成本产生的范围划分，物流成本由供应物流成本、企业内物流成本、销售物流成本、回收物流成本以及废弃物流成本构成。

供应物流成本指经过采购活动，将企业所需原材料（生产资料）从供给者的仓库运回企业仓库为止的物流过程中所发生的物流费用。

企业内物流成本指从原材料进入企业仓库开始，经过出库、制造形成产品以及产品进入成品库，直到产品从成品库出库为止的物流过程中所发生的物流费用。

销售物流成本指为了进行销售，产品从成品仓库运动开始，经过流通环节的加工制造，直到运输至中间商的仓库或消费者手中的物流活动过程中所发生的物流费用。

回收物流成本指退货、返修物品和周转使用的包装容器等从需方返回供方的物流活动过程中所发生的物流费用。

废弃物流成本指将经济活动中失去原有使用价值的物品，根据实际需要进行收集、分类、加工、包装、搬运、储存等，并分送到专门处理场所的物流活动过程中所发生的物流费用。

## 三、企业物流成本支付形态构成

按物流成本支付形态划分，企业物流总成本由委托物流成本和内部物流成本构成。其中内部物流成本按支付形态分为材料费、人工费、维护费、一般经费和特别经费。

材料费包括资材费、工具费、器具费等。

人工费包括工资、福利、奖金、津贴、补贴、住房公积金等。

维护费包括土地、建筑物及各类物流设施设备的折旧费、维护维修费、租赁费、保险费、税金、燃料与动力消耗等。

一般经费包括办公费、差旅费、会议费、通信费、水电费、煤气费等。

特别经费包括存货资金占用费、物品损耗费、存货保险费和税费。

委托物流成本是指企业向外部物流机构所支付的各项费用。

## 子任务三　物流成本管理

| 学习领域 | 物流成本管理概述 |
| --- | --- |
| 学习情境 | 物流成本管理 |
| 任务描述 | 要求1：掌握物流成本管理的概念与内容<br>要求2：熟悉物流成本管理的方法<br>要求3：了解物流成本管理的意义与相关理论 |

### 一、物流成本管理的内涵

经济的发展使科学技术与生产经营日益结合，企业一方面靠科学技术积极开拓市场，另一方面注重管理，挖掘内部潜力，控制和降低成本，以低成本、高质量求生存。在许多企业中，物流成本占企业总成本的比重很大，物流成本的高低直接关系到企业的盈利水平及竞争力，所以，物流成本管理成为企业物流管理的核心内容。现代物流管理的不断发展及现代成本管理模式为物流成本管理提供了可靠的依据和科学的方法，使物流成本降低的空间进一步扩大。企业从分析物流成本入手，管理企业物流活动，控制企业物流成本，这对提高企业的经济效益具有重要意义。

#### （一）物流成本管理的概念

虽然人们对物流成本管理的研究还处于起步的初级阶段，还处于不断的探索中，但一般认为，物流成本管理是以物流成本信息的产生和利用为基础，按照物流成本最优化的要求对企业的物流成本有组织地进行预测、决策、计划、控制、分析和考核等，从而达到在既定服务水平下降低物流成本的目的。因此，物流成本管理兼具成本管理和物流管理的特性，它是以成本为手段，通过成本去管理物流，通过对物流活动的管理来降低物流成本，提高物流企业的经济效益。

#### （二）物流成本管理的意义

通过对物流成本的把握，利用物流要素之间的效益背反关系，科学、合理地组织物流活动，加强对物流活动过程中费用支出的有效控制，降低物流活动中产生的各项耗费，从而达到降低总物流成本、提高企业和社会经济效益的目的。

1. 物流成本管理的微观作用

（1）降低成本，提高利润。物流成本在产品成本中占有很大比重，在其他条件不变的情况下，降低物流成本就意味着扩大企业的利润空间，提高企业的利润水平。当某个企业的物流活动效率高于所属行业的平均物流活动效率，物流费用低于所属行业平均的物流费用水平时，该企业就有可能因此获得超额利润；反之，企业的利润水平就会下降。正是由于这种与降低物流成本相关的超额利润的存在（而且其具有较大的降低空间），促使企业积极关注物流成本管理，致力于努力降低物流成本。

（2）改善物流运作效率，提高服务质量。根据物流成本的计算结果，不仅可以知道物流成本占企业生产总成本的比重，而且还可以发现物流活动中存在的问题，通过对问题的进一步分析，可以有针对性地加以改进，实现物流的合理化。通过物流成本管理可以改善企业物流活动的流程，削减不必要的环节，减少低效率的作业，提高响应速度和服务质量。

（3）增强竞争优势。物流成本的降低，意味着企业在产品价格方面的竞争优势，企业可以利用相对低廉的价格在市场上出售产品、扩大销售，并以此为企业带来更多的利润。在市场竞争中，价格竞争在某些情况下是市场竞争的重要手段。在进货价格、销售价格不变的情况下，降低物流成本可以增加企业的利润；若进货价格和利润保持不变，降低物流成本可以通过降低价格实现销售，从而提高企业的竞争力。

2. 物流成本管理的宏观意义

从宏观的角度讲，进行物流成本管理给行业和社会带来的经济效益体现在以下几个方面：

（1）提高经济运行质量和总体竞争力。随着经济全球化和信息技术的迅速发展，企业生产资料的获取与产品营销范围日益扩大，社会生产、物资流通、商品交易及其管理正在不断发生深刻变化。企业物流成本管理水平的高低，将直接影响物流成本水平，进而影响产品成本。对于我国工商企业而言，可以利用高质量的现代物流系统，降低物流成本，提高企业及其产品参与国际市场活动的竞争力。降低物流成本，可以降低物品在运输、装卸、仓储等流通环节的损耗，对于全社会而言，这意味着创造同等数量的财富，在物流领域所消耗的物化劳动和活劳动会较少，即以尽可能少的资源投入，创造出尽可能多的物质财富。物流成本的降低，不但能为社会节约大量的物质财富，同时也可增加全社会在生产领域的投入，从而创造更多的物质财富。

（2）加速产业结构的调整，支撑新型工业化。在区域经济的发展中，合理的物流系统起着基础性的作用。加强物流成本管理，促进现代物流的发展，改变区域经济的增长方式，引导企业走新型工业化之路，实现用集约式经营来提高效益和效率。加强以物流成本为手段的物流管理，可以促进新的产业形态的形成，优化区域产业结构。现代物流产业本质上是第三产业，是现代经济分工和专业化高度发展的产物，它的发展将对第三产业的发展起到促进作用。实践证明，现代物流的发展，推动和促进了当地的经济发展，既解决了当地的就业问题，又增加了地方财政收入，促进了其他行业的发展。此外，它还能进一步带来商流、资金流、信息流、技术流的集聚。加强物流成本管理还有利于对分散的物流进行集中处理，量的集约必然要求利用现代化的物流设施、先进的信息网络进行协调和管理。相对于分散经营、功能单一、技术原始的储运业务，现代物流属于技术密集型和高附加值的高科技产业，有利于促进区域产业结构向高度化方向发展。

总之，加强物流成本管理，降低物流成本，从微观角度看，可以提高企业的物流管理水平、加强企业的经营管理能力、促进经济效益的提高、改善物流运作效率、增强企业的竞争力；从宏观角度看，降低物流成本可提高国民经济的总体运行质量和竞争力，促进产业结构的调整，支撑新型工业化，发展国民经济，提高人民的生活水平。

## 二、物流成本管理的内容

物流成本管理是以把握物流成本、分析物流成本为手段的物流管理活动。它以物流成本的形式，对整个物流系统进行管理和优化。就其本质来讲，物流成本管理仍是一个成本管理体系，但同时又兼有物流管理的特征。因此，物流成本管理的内容包括物流成本核算、物流成本分析、物流成本预测、物流成本决策、物流成本计划、物流成本控制等。

### （一）物流成本核算

物流成本核算是指在物流成本计划执行后，根据企业确定的物流成本计算对象，采用适当的物流成本计算方法，按规定的成本项目，通过一系列的物流费用归集与分配，计算出各物流活动成本计算对象的实际总成本和单位成本。物流成本计算可以如实地反映生产经营过程中的实际耗费，同时也反映出各种物流活动费用实际支出与计划支出的差异。

### （二）物流成本分析

物流成本分析是在成本核算及其他有关资料的基础上，运用一定的方法，揭示物流成本水平的变动，进一步查明影响物流成本变动的各种因素。通过物流成本分析，检查和考核物流成本计划的完成情况，找出导致实际与计划产生差异的原因，及时发现问题，总结经验，并提出改进的建议，采取有效的措施，及时发现并解决物流环节中的主要矛盾。

### （三）物流成本预测

物流成本预测是在对本年度物流成本分析的基础上，根据有关物流成本数据和企业具体的发展情况，运用一定的技术方法，对未来的成本水平及其变动趋势作出科学的估计。物流成本预测是物流成本决策、物流成本计划和物流成本控制的基础，可以提高物流成本管理的科学性和预见性。

### （四）物流成本决策

物流成本决策是在物流成本预测的基础上，结合其他有关资料，运用一定的科学方法，进行研究、分析，从若干个方案中选择确定最优方案的过程，如新建、改建、扩建配送中心的决策，装卸搬运设备、设施的决策，流通加工合理下料的决策等。进行成本决策、确定目标成本是编制成本计划的前提，也是实现物流成本的事前控制、提高经济效益的重要途径。

### （五）物流成本计划

物流成本计划是根据成本决策所确定的方案、计划期的生产任务、降低成本的要求以及有关资料，通过一定的程序，运用一定的方法，以货币的形式规定计划期内物流各环节的耗费水平和成本水平，并提出保证成本计划顺利实现所采取的措施。通过物流成本计划管理，可以在降低物流各环节成本上给企业提出明确的目标，推动企业加强成本管理责任制，增强企业成本意识，控制物流环节的费用，挖掘降低物流成本的潜力，保证企业降低物流成本目标的实现。

### （六）物流成本控制

物流成本控制是根据物流成本计划目标，在物流活动过程中对影响物流成本的各种因素和条件主动施加影响，以保证物流成本计划的落实。从企业生产经营过程来看，物流成本控制包括事前控制、事中控制和事后控制。物流成本事前控制是整个成本控制活动中最重要的环节，它直接影响以后各作业流程成本的高低。物流成本事中控制是对物流作业过程实际劳动耗费的控制，包括设备耗费的控制、人工耗费的控制、劳动工具耗费和其他费用支出的控制等方面。物流成本事后控制是通过定期对过去某一段时间内物流成本控制的总结、反馈来控制物流成本。通过物流成本控制，可以及时发现存在的问题，采取措施，保证物流成本目标的实现。

## 三、物流成本管理的方法

### (一) 物流成本横向管理法

物流成本横向管理是指通过对物流成本进行预测和编制计划而实施的管理。物流成本预测是在编制物流成本计划之前进行的。物流成本预测要对本年度物流成本进行分析，找出降低物流成本的有关技术经济方法，充分挖掘降低物流成本的潜力，以保证物流成本计划的先进性和可靠性。物流成本计划的编制按实施时间的长短划分，可分为短期计划（半年或一年）、中期计划和长期计划。

### (二) 物流成本纵向管理法

物流成本纵向管理是指通过对物流过程的优化而进行的管理。物流过程是一个创造时间性和空间性价值的经济活动过程。为使其能提供最佳的价值效能，必须保证物流各个环节的合理化和物流过程的迅速、通畅。物流系统是一个庞大而复杂的系统，要对它进行优化，需要借助先进的管理方法和管理手段。

(1) 物流管理中采用物流标准化。物流标准化是指在物流这个大系统中，制定系统内部设施、机械设备、专用工具等各分系统的标准。制定系统内各个分系统的工作标准，如包装、装卸、运输等方面的工作标准，研究各分系统中技术标准与工作标准的配合性，统一整个物流系统的标准。如将现有的托盘标准与各种运输设备、装卸设备标准之间有效衔接，提高托盘在整个物流过程中的通用性，来促进货物运输、储存、搬运等过程的机械化和自动化水平，进而提高物流配送系统的运作效率，从而降低物流成本。

(2) 用线性规划、非线性规划制订最优运输计划，实现物品运输优化。物流过程中遇到最多的是运输问题。例如，某产品现由某几个企业生产，又需供应某几个客户，怎样才能使企业生产的产品运到客户所在地的总运费最小？假定这种产品在企业中的生产成本为已知，从某企业到消费地的单位运费和运输距离以及各企业的生产能力和消费量都已确定，则可用线性规划来解决，如企业的生产数量发生变化，生产费用函数是非线性的，就应使用非线性规划来解决。

(3) 运用系统分析技术，选择货物最佳的配比和配送线路，实现货物配送优化。配送线路是指各送货车辆向各个客户送货时所要经过的路线，它的合理与否，对配送速度、车辆的利用效率和配送费用都有直接影响。目前较成熟的优化配送线路的方法是节约法，也称节约里程法。

(4) 运用存储论确定经济合理的库存量，实现物资存储优化。存储是物流系统的中心环节。物资从生产到客户之间需要经过几个阶段，几乎在每一个阶段都需要存储。在每个阶段库存量保持多少为合理？为了保证供给，需隔多长时间补充库存？一次进货多少才能达到费用最节约的目的？这些都是确定库存量的问题，都可以在存储论中找到解决的方法。其中应用较广泛的方法是经济订购批量模型（Economic Order Quantity，EOQ）。

（5）运用模拟技术对整个物流系统进行研究，实现物流系统的最优化。如克莱顿·希尔模型，它是一种采用逐次逼近法的模型。这个方法提出了物流系统的三项目标：最高的服务水平、最小的物流费用、最快的信息反馈。在模拟过程中采用逐次逼近的方法来求解下列决策变量：流通中心的数目、对客户的服务水平、流通中心收发货时间的长短、库存分布、系统整体的优化。

### （三）计算机管理系统管理法

计算机管理系统可以将物流成本的横向与纵向连接起来，从而形成一个不断优化的物流及其成本信息系统循环。通过对物流成本及其相关信息的一次次循环、计算、评价，使整个物流系统不断地优化，最终找出其总成本最低的最佳方案。

## 四、与物流成本及其管理相关的理论学说

### （一）"黑大陆"学说

1962年，著名的管理学家彼得·德鲁克在《财富》杂志上发表了题为《经济的黑色大陆》一文，他将物流比作"一块未经开垦的处女地"，强调应高度重视流通及流通过程中的物流管理。彼得·德鲁克曾经讲过，"流通是经济领域的黑暗大陆"。"黑大陆"主要是指尚未被认识、尚未被了解的事物。如果理论研究和实践探索照亮了这块"黑大陆"，那么摆在人们面前的可能是一片不毛之地，也可能是一片宝藏。"黑大陆"学说是对20世纪中经济学界存在的愚昧认识的一种批驳和反对，指出在市场经济繁荣和发达的情况下，无论是科学技术还是经济发展，都无止境。"黑大陆"学说也是对物流本身的正确评价，即这个领域中未知的东西还很多，理论与实践皆不成熟。

### （二）物流成本"冰山"理论

物流"冰山"理论是日本早稻田大学教授、权威物流成本研究学者西泽修先生于1970年首先提出来的，他在潜心研究物流成本时发现，现行的财务会计制度和会计核算方法都不可能掌握物流费用的实际情况，因而人们对物流费用的了解是一片空白，甚至有很大的虚假性，他把这种情况比作物流"冰山"。冰山的特点是大部分沉在水面以下，是人们看不到的黑色区域，而人们看到的不过是它的一部分。

### （三）"第三利润源"理论

"第三利润源"理论最初是由日本早稻田大学教授西泽修提出的，是对物流潜力及效益的描述。人类历史上曾经有两个大量提供利润的领域：一个是资源领域，挖掘对象是生产力中的劳动对象；另一个是人力领域，挖掘对象是生产力中的劳动者；第三个是物流领域，挖掘对象是生产力中的劳动工具，同时注重劳动对象与劳动者的潜力，因而更具全面性。"第三利润源"理论认为，物流通过合理组织产、供、销环节，将货物按必要的数量以必要的方式，在要求的时间内送到指定的地点，就是让每一个要素、每一个环节都做到最好。物流可以为企业提供大量直接或间接的利润，是形成企业经营利润的主要活动之一。

### （四）"效益背反"理论

"效益背反"指的是物流的若干功能要素之间存在损益的矛盾，即某一功能要素在优化和产生利益的同时，必然会存在另一个或几个功能要素的利益损失，反之亦如此。这是一个此消彼长、此盈彼亏的现象，虽然这种现象在许多领域中都存在，但在物流活动中尤为突出。物流系统的效益背反包括物流成本与服务水平的效益背反和物流功能活动之间的效益背反。高水平的物流服务往往是由较高的物流成本作保证的。在没有较大技术进步的情况下，企业很难做到既提高物流服务水平，同时也降低物流成本。但两者之间也并非呈线性关系，即投入相关的物流成本并不一定能得到相应的物流服务水平的增长。通常当物流服务处于低水平阶段时，增加物流成本投入的效果最佳。现代物流是由运输、仓储、装卸搬运、包装、流通加工、配送、信息处理等物流活动组成的集合。构成物流系统的各个环节处于一个相互矛盾的系统之中，当要达到某一方面的目的或收益时，必然会使另一方面的目的或收益受到一定的损失，即一方面某些成本降低了，另一方面有些成本会增加。如减少物流网络中仓库的数目并减少库存数量，必然会使库存补充变得频繁而增加运输的次数；简化包装可以降低包装成本，但包装强度的降低却会导致运输与装卸中破损率的上升，而且在仓库中摆放时亦不能堆放过高，从而降低了保管效率；将铁路运输改为航空运输，虽然增加了运费，但却可以节省运输时间，减少库存，降低库存费用。

企业物流成本的效益背反关系实质上是研究企业物流的经营管理问题，即将管理目标定位于降低物流成本的投入并取得较大的经营效益。

## 学习任务小结

社会经济的发展促使流通从生产中分化出来，并且伴随社会生产分工的升级和细化，流通领域中的商流和物流也进一步分离。流通领域中的两种不同形式逐渐转变成两个有一定独立运动能力的运动过程。社会化的独立形态物流进一步系统化，使专业的物流职能向专业的物流经营方向发展，形成物流行业。

物流伴随着人类的生产活动而产生，并在商品流通规模化后得以扩展。随着社会经济发展水平与管理要求的提高，人们对物流的认识与研究逐步加深，而先进的科学技术水平也与物流的发展密切相关。从传统物流到现代物流，物流的发展大体经历了初级阶段、快速发展阶段、合理化阶段到信息化、智能化、网络化阶段。

《中华人民共和国国家标准物流术语》（GB/T 18354—2006）对物流的解释为"物流是物品从供应地向接收地的实体流动过程。根据实际需要，将运输、储存、装卸、搬运、包装、流通加工、配送、信息处理等基本功能实施有机结合"。

"物流管理是指为达到既定的目标，对物流的全过程进行计划、组织、协调与控制。"物流管理最基本的目标，就是以最低的成本向用户提供令人满意的物流服务，即在企业经营活动中寻求服务优势与成本优势的平衡，并由此缔造企业在竞争中的战略优势地位。

发达国家物流管理发展的历史，大致经历物流功能个别管理阶段、物流功能系统化管理阶段、物流管理领域扩大阶段、企业内部物流一体化管理阶段与供应链管理阶段。

物流管理的内容，从物流活动要素的角度来看，主要包括运输管理、储存管理、装卸搬运管理、包装管理、流通加工管理、配送管理、物流信息管理和客户服务管理；从构成物流系统要素的角度看，主要包括人的管理、物的管理、财的管理、设备的管理、方法的管理和信息的管理。从物流活动职能上来划分，物流管理的内容包括物流战略管理、物流系统的设计与运营管理和物流作业管理。

物流成本是指企业在物流活动中所消耗的物化劳动和活劳动的货币表现，包括货物在运输、储存、包装、装卸搬运、流通加工、物流信息、物流管理等过程中所耗费的人力、物力和财力的总和以及与存货有关的流动资金占用成本、存货风险成本和存货保险成本等。

按照人们对物流成本认识和管理的角度不同，物流成本分为宏观物流成本、中观物流成本和微观物流成本。物流成本按其经济职能，可以分为运输成本、流通加工成本、仓储成本、包装成本、装卸搬运成本、配送成本等；物流成本按其经济内容，可以分为物化劳动耗费和活劳动耗费；物流成本按成本与业务量的关系，可以分为固定成本和变动成本；物流成本按其计入营业成本的方式，可以分为直接成本和间接成本；物流成本按其是否具有可控性，可以分为可控成本和不可控成本；物流成本按其在会计核算中是否得到反映，可以分为显性成本和隐性成本。

物流成本与产品成本既有共性，也有差异。

按成本项目划分，物流成本由物流功能成本和存货相关成本构成；按物流成本产生的范围划分，物流成本由供应物流成本、企业内物流成本、销售物流成本、回收物流成本以及废弃物流成本构成；按物流成本支付形态划分，企业物流总成本由委托物流成本和内部物流成本构成，其中内部物流成本按支付形态分为材料费、人工费、维护费、一般经费和特别经费。

物流成本管理是以把握物流成本、分析物流成本为手段的物流管理活动。它以物流成本的形式，对整个物流系统进行管理和优化。就其本质来讲，物流成本管理仍是一个成本管理体系，但同时又兼有物流管理的特征。因此，物流成本管理的内容包括物流成本核算、物流成本分析、物流成本预测、物流成本决策、物流成本计划、物流成本控制等。物流成本管理的方法包括横向管理法、纵向管理法及计算机管理系统管理法。

## 近三年我国社会物流总费用及其分析

### 一、2013年我国社会物流总费用情况分析

2013年，我国物流运行总体平稳，物流需求规模保持较高增幅，物流业增加值平稳增长，但经济运行中的物流成本依然较高。

1. 社会物流总额增长较快

2013年，全国社会物流总额为197.8万亿元，按可比价格计算，同比增长9.5%，增幅比上年回落0.3个百分点。分季度看，1季度增长9.4%，上半年增长9.1%，前三季度增长9.5%，呈现由"稳中趋缓"向"趋稳回升"转变的态势。

从构成情况看，工业品物流总额为181.5万亿元，同比增长9.7%，增幅比上年回落0.3个百分点。进口货物物流总额为12.1万亿元，同比增长6.4%，增幅比上年回落1.3个百分点。农产品物流总额同比增长4.0%，增幅比上年回落0.6个百分点。受电子商务和网络购物快速增长的带动，单位与居民物品物流总额保持快速增长态势，同比增长30.4%，增幅比上年提高6.9个百分点；受绿色经济、低碳经济和循环经济快速发展的带动，再生资源物流总额快速增长，同比增长20.3%，增幅比上年提高10.2个百分点。

2. 社会物流总费用增速放缓

2013年，社会物流总费用为10.2万亿元，同比增长9.3%，增幅比上年回落2.1个百分点。社会物流总费用与GDP的比率为18.0%，与上年基本持平。

其中，运输费用为5.4万亿元，同比增长9.2%，占社会物流总费用的比重为52.5%，与上年基本持平；保管费用为3.6万亿元，同比增长8.9%，与

社会物流总费用的比重为35.0%，同比下降0.2个百分点；管理费用为1.3万亿元，同比增长10.8%，占社会物流总费用的比重为12.5%，同比提高0.2个百分点。

3. 物流业增加值平稳增长

2013年，全国物流业增加值为3.9万亿元，按可比价格计算，同比增长8.5%，增幅比上年回落0.7个百分点。物流业增加值占GDP的比重为6.8%，占服务业增加值的比重为14.8%。

其中，交通运输物流业增加值同比增长7.2%，增幅比上年回落1.5个百分点。贸易物流业增加值同比增长9.5%，增幅比上年回落0.3个百分点。仓储物流业增加值同比增长9.2%，增幅比上年回升2.4个百分点。邮政物流业增加值同比增长33.8%，增幅比上年回升7.1个百分点。

## 二、2014年我国社会物流总费用情况分析

2014年，我国物流需求规模增速减缓，物流业转型升级加快，社会物流总费用与GDP的比率有所下降。

1. 社会物流总额增速放缓

2014年，全国社会物流总额为213.5万亿元，按可比价格计算，同比增长7.9%，增幅比上年回落1.6个百分点。分季度看，一季度为47.8万亿元，增长8.6%，回落0.8个百分点；上半年为101.5万亿元，增长8.7%，回落0.4个百分点；前三季度为158.1万亿元，增长8.4%，回落1.1个百分点。全年呈现"稳中趋缓"的发展态势。

从构成情况看，工业品物流总额为196.9万亿元，同比增长8.3%，增幅比上年回落1.4个百分点；进口货物物流总额为12.0万亿元，同比增长2.1%，增幅比上年回落4.3个百分点；再生资源物流总额为8 455亿元，同比增长14.1%，增幅比上年回落6.2个百分点；农产品物流总额为3.3万亿元，同比增长4.1%，增幅比上年提高0.1个百分点；单位与居民物品物流总额为3 696亿元，同比增长32.9%，增幅比上年提高2.5个百分点。

2. 社会物流总费用与GDP的比率有所下降

2014年，社会物流总费用为10.6万亿元，同比增长6.9%。其中，运输费用为5.6万亿元，同比增长6.6%，占社会物流总费用的比重为52.9%；保管费用为3.7万亿元，同比增长7.0%，占社会物流总费用的比重为34.9%；管理费用为1.3万亿元，同比增长7.9%，占社会物流总费用的比重为12.2%。社会物流总费用与GDP的比率为16.6%，比上年下降0.3个百分点。

3. 物流业总收入平稳增长

2014年，物流业总收入为7.1万亿元，同比增长6.9%。

### 三、2015 年 1～11 月社会物流总额情况

2015 年 1～11 月，全国社会物流总额为 202.4 万亿元，按可比价格计算，同比增长 5.8%，增速较 1～10 月回升 0.1 个百分点。其中，工业品物流总额为 188.4 万亿元，可比增长 6.1%，增速与 1～10 月基本持平；进口货物物流总额为 9.4 万亿元，同比下降 0.3%，降幅比 1～10 月收窄 1 个百分点；再生资源物流总额同比增长 18.6%，增速比 1～10 月提高 0.2 个百分点；单位与居民物品物流总额同比增长 35.0%，增速比 1～10 月提高 1.7 个百分点。

## 技能练习

### 一、选择题

1. 降低物流成本的目的是追求（　　）的最小化。
   A. 局部物流成本　　　　　　B. 各个部门的物流成本
   C. 设备费、运输费、仓储费　D. 物流总成本
2. 企业在物流活动中所消耗的物化劳动和活劳动的货币表现称为（　　）。
   A. 物流价格　　　　　　　　B. 物流成本
   C. 物流价值　　　　　　　　D. 物流效益
3. 按成本项目划分，物流成本由（　　）构成。
   A. 物流功能成本　　　　　　B. 运输成本
   C. 存货相关成本　　　　　　D. 装卸搬运成本
4. （　　）是根据有关成本数据和企业具体的发展情况，运用一定的技术方法，对未来的成本水平及其变动趋势作出科学的估计。
   A. 物流成本预测　　　　　　B. 物流成本分析
   C. 物流成本决策　　　　　　D. 物流成本核算
5. （　　）是指通过对物流过程的优化而进行的管理。
   A. 物流成本横向管理　　　　B. 物流成本纵向管理
   C. 计算机管理系统　　　　　D. 物流成本综合管理
6. 按照人们对物流成本认识和管理的角度不同，物流成本分为（　　）。
   A. 微观物流成本　　　　　　B. 宏观物流成本
   C. 中观物流成本　　　　　　D. 运输成本
7. 下列（　　）是物流成本按其经济职能的分类。
   A. 装卸搬运成本　　　　　　B. 运输成本
   C. 流通加工成本　　　　　　D. 仓储成本
8. 物流成本按其在会计核算中是否得到反映，分为（　　）。
   A. 固定成本　　　　　　　　B. 显性成本

C. 隐性成本 D. 变动成本
9. 物流管理的内容从物流活动要素的角度来看，主要包括（　　）。
   A. 运输管理 B. 流通加工管理
   C. 物流信息管理 D. 客户服务管理
10. 物流成本管理的内容包括（　　）。
    A. 物流成本核算 B. 物流成本决策
    C. 物流成本分析 D. 物流成本预测

## 二、思考题

1. 什么是物流成本？
2. 物流成本的构成有哪些？
3. 物流成本如何进行分类？
4. 物流成本管理的意义和作用有哪些？
5. 物流成本管理的主要内容包括哪些？
6. 物流成本的管理方法主要有哪些？

# 学习任务二
# 物流成本核算

## 任务描述

厦门三德兴公司为生产硅橡胶按键的企业，主要给遥控器、普通电话、移动电话、计算器和电脑等电器设备提供按键。该企业的生产特点为品种多、数量大、成本不易精确核算。

厦门三德兴公司在成本核算和成本管理方面大致经过三个阶段：

（1）第一阶段（1980—1994 年）：无控制阶段。

1994 年以前，国内外硅橡胶按键生产行业的竞争很小，基本上属于一个卖方市场，产品的质量和价格完全控制在生产商手里，厦门三德兴公司作为国内主要的硅橡胶按键的生产商之一，在生产管理上最主要的工作是如何尽可能地增加产量，基本上没有太多考虑成本核算与成本管理的问题。

（2）第二阶段（1994—2000 年年底）：传统成本核算阶段。

从 1994 年开始，一方面，硅橡胶按键行业的竞争者增多，如台湾大洋、旭利等企业的加入；另一方面，由于通信电子设备的价格下降，硅橡胶按键产品的价格也不断下降，1994 年硅橡胶按键价格跌了近 20%。硅橡胶按键行业逐渐变为买方市场，成本核算问题突出，此时公司才开始意识到成本核算问题的重要性。在这个阶段，公司主要采用传统成本法进行核算，即首先将直接人工和直接原材料等计入产品的生产成本，再将各项间接资源的耗费归集到制造费用账户，然后再以直接人工作为分配基础对整个制造过程进行成本分配。

分配率的计算公式为：分配率 = 单种产品当月所消耗的直接人工/当月公司消耗的总直接人工。

由此分配率可得到各产品当月被分配到的制造成本，再除以当月生产的产品数量，从中可以得到产品的单位制造成本，将单位制造成本与直接原材料和直接人工相加即得到产品的单位生产总成本。企业简单地将产品的单位总成本与产品单价进行比较，从中计算出产品的盈亏水平。

（3）第三阶段（2000 年至今）：作业成本核算阶段。

1997 年下半年的亚洲金融风暴造成整个硅橡胶按键市场需求量的大幅度下降，硅橡胶按键生产商之间的竞争变得异常激烈，产品价格一跌再跌，产品价格已经处在产品成本的边缘，稍不注意就会亏本，因此，对订单的选择也开始成为一项必要的决策。厦门三德兴公司的成本核算及管理变得非常重要和敏感。此时，硅橡胶按键已经从单纯的生产过程转向生产和经营过程：一方面，生产过程复杂化，厦门三德兴公司每月生产的产品型号多达数百个，而且经常变化，每月不同，其中消耗物料达上千种，工时或机器台时在各生产车间很难精确界定，已经无法按照传统成本法对每个产品分别进行合理、准确的成本核算，也无法为企业生产决策提供准确的成本数据；另一方面，企业中的行政管理、技术研究、后勤保障、采购供应、营销推广和公关宣传等非生产性活动大大增加，进行此类活动而产生的成本在总成本中所占的比重不断提高，而此类成本在传统成本法下又同样难以进行合理的分配。如此一来，以直接人工为基础来分配间接制造费用和非生产成本的传统成本法不再适用，公司必须寻找其他更为合理的成本核算和成本管理方法。

在作业成本法下，作业被认为是由生产引起的，生产导致作业的发生，产品消耗作业，作业消耗资源，并导致间接成本和间接费用的发生。产品成本就是制造和运送产品所需要的全部作业的成本总和。因此，根据作业成本法的处理方法，间接费用或间接成本不在各产品之间进行间接分配，而是在各作业项间进行分配，这体现了费用分配的因果关系，从而使作业成本乃至产品成本的计算都较为准确。作业成本法的实质就是在资源耗费与产品耗费之间借助"作业"这一"桥梁"来分离、归纳、组合，最后形成产品成本。具体来说，厦门三德兴公司实施的作业成本法包括以下三个步骤：

（1）确认主要作业，明确作业中心。

作业是企业内与产品相关或对产品有影响的活动。企业的作业可能多达数百种，通常只能对企业的重点作业进行分析。根据厦门三德兴公司产品的生产特点，从公司作业中划分出备料、油压、印刷、加硫和检查共五种主要作业。其中，备料作业的制造成本主要是包装物，油压作业的制造成本主要是电力的消耗和机器的占用，印刷作业的成本大多为与印刷相关的成本与费用，加硫作业的制造成本则主要为电力消耗，而检查作业的成本主要是人工费用。各项制造成本先后被归集到上述五项作业中。

（2）选择成本动因，设立成本。

成本库按作业中心设置，每个成本库代表其所在作业中心由作业引发的成本。成本库按照某一成本动因解释其成本变动。这当中成本动因的选择非常重要，成本动因是对一项作业产出的定量计算。通常成本动因的选择可以从两个方面来考虑，一是作业的层次，二是驱动的特点。所谓层次，指作业概念中的单位作业、批作业和产品作业等构成；所谓驱动，指产品消耗作业的性质。驱动一般包括经济业务驱动、期间驱动、密度或直接收费驱动等。其中经济作业驱动指依作业发生的频率来计量的驱动；期间驱动指用完成每一项作业所花费的时间来计量的驱动；密度或直接收费驱动则指根据每次完成一项作业所实际消耗的资源来计量的驱动。

在厦门三德兴公司备料、油压、印刷、加硫和检查共五项主要作业里，对成本动因各自选择如下：

① 备料作业。

该作业很多工作标准或时间的设定都是以质量为依据。因此，该作业的制造成本与该作业产出半成品的质量直接相关，也就是说，产品消耗该作业的量与产品的重量直接相关。选择产品的质量作为该作业的成本动因。

② 油压作业。

该作业的制造成本主要表现为电力的消耗和机器的占用，这主要与产品在该作业阶段的生产时间有关，即与产品消耗该作业的时间有关。因此，选择油压小时作为该作业的成本动因。

③ 印刷作业。

从工艺特点来看，该作业主要与印刷的道数有关，因此，选择印刷道数作为该作业的成本动因。

④ 加硫作业。

该作业有两个特点：一方面，该作业的制造成本主要为电力消耗，而这与时间直接相关；另一方面，该作业产品的加工形式为成批加工。因此，选择批产品的加硫小时作为该作业的成本动因。

⑤ 检查作业。

该作业以人工为主，而厦门三德兴公司的工资以绩效时间为基础，因此，选择检查小时作为该作业的成本动因。

此外，厦门三德兴公司还包括工程部、品管部以及计算机中心等基础作业，根据公司产品的特点，产品直接原材料的消耗往往与上述基础作业所发生的管理费用没有直接相关性，所以，在基础作业的分配中没有选择直接原材料，而是以直接人工为基础予以分配。

（3）最终产品的成本分配。

根据所选择的成本动因，对各作业的动因量进行统计，再根据该作业的制造成本求出各作业的动因分配率，将制造成本分配到相应的产品中去；然后根据各产品消耗的动因量算出各产品的总作业消耗及单位作业消耗；最后将所算出的单位作业消耗与直接原材料和直接人工相加，得出各个产品的实际成本状况。

厦门三德兴公司总生产品种为 6 000 多种，月总生产型号达 378 种，这里主要列出厦门三德兴公司有代表性型号的产品各自在传统成本法与作业成本法下分配制造成本上的差别。

根据上述步骤，选择厦门三德兴公司在 2000 年 9 月的生产数据，对 378 种型号的产品分别进行计算。可以看出：

（1）传统成本法对成本的核算与作业成本法对成本的核算有相当大的差异。作业成本法是根据成本动因将作业成本分配到产品中去，而传统成本法则是用数量动因将成本分配到产品中去。按照传统成本法核算出来的成本，停止那些亏本型号产品的生产事实上可能是一个错误的决策。

（2）在传统成本法下完全无法得到反映的各作业单位和各产品消耗作业的信息却可以在作业成本法中得到充分的反映。公司可以分析在那些亏本的型号产品中，究竟是哪些作业的使用偏多，进而探讨减少使用这些作业的可能。比如对于与传统成本法相比较成本较高的 20578940 型号产品，可以看出其主要的消耗在油压和加硫两项作业上，这样公司就可以考虑今后如何改善工艺，减少此类产品在这两项作业上的消耗，从而降低产品成本。

（3）对于在传统成本法中核算为亏本而在作业成本法中核算为不亏本的产品型号，可以通过作业成本法来了解成本分配的信息。比如型号为 3DS06070ACAA 的产品在传统成本法中分配到的每单位制造成本为 0.014 99 美元，而在作业成本法中每单位制造成本却仅为 0.000 54 美元。此型号的各项作业消耗实际上都很小，主要是直接人工消耗相对较大，但按照传统成本法以直接人工作为分配基础，就导致该型号产品分摊到过多的并非其所消耗的制造成本，因而出现成本虚增，传递了错误的成本信号，这容易导致判断和决策上的失误。

（4）通过作业成本法的计算，还可以了解到在公司总的生产过程中，哪一类作业的消耗最多，哪一类作业的成本最高，从而知道从哪个途径来降低成本，提高生产效率。油压作业的单位动因成本最高，其作业的总成本也最大。印刷作业的成本动因量及作业总成本次之。因此，今后应对这两项作业从不同的角度来考虑如何予以改善，比如通过增加保温，减少每小时电力消耗的方法来降低油压作业每小时作业的成本；通过合并工序来减少印刷作业的动因量。如此，通过加强成本核算与成本管理把企业的管理水平带动到作业管理层次上来。

## 任务分析

通过本案例中厦门三德兴公司的物流成本核算，可以发现作业成本法把企业的生产活动看成由一系列的作业所组成，通过一定的成本动因将产品与实际所使用的作业联系在一起，而作业又再与所消耗的资源相联系，每完成一项作业都要消耗一定的资源。这样核算出来的成本就能较好地反映出企业真实的成本状况，从而为管理者提供较为真实的成本信息，有利于企业的成本核算和成本管理。那么，应该如何核算企业的物流成本呢？物流成本核算的传统方法有哪些呢？

## 知识目标

通过对任务的分析，可以更清楚地认识到核算物流成本的重要性。首先需要了解物流成本核算中的一些常用概念、物流成本控制的原则及目的；其次要掌握物流成本核算的传统方法，通过对物流成本核算的基本概念及其传统方法的了解，根据企业的实际情况选择企业是否应该应用作业成本核算方法。

**技能目标**

通过对任务的分析，能更清楚地认识到需要掌握哪些技能，才能更好地核算物流成本。为了核算物流成本，需要熟练掌握物流成本核算的原理及内容，在实际应用中能够知道哪些费用是不属于物流成本范畴的；熟练掌握物流核算的程序；熟练掌握产品成本核算的常用方法，能够应用品种法、分批法、分步法核算产品或物流服务的成本；熟练掌握作业成本法，并且能够运用作业成本法核算物流成本。

## 子任务一　物流成本核算概述

| 学习领域 | 物流成本核算 |
| --- | --- |
| 学习情境 | 物流成本核算概述 |
| 任务描述 | 要求1：了解物流成本核算的特点<br>要求2：掌握物流成本核算的原则<br>要求3：掌握物流成本核算的内容<br>要求4：了解物流成本核算的方法 |

物流成本核算是根据企业确定的成本计算对象，采用相应的成本计算方法，按照规定的成本项目，通过一系列物流费用的汇集与分配，计算出各物流环节成本计算对象的实际总成本和单位成本。

### 一、物流成本核算的特点

物流成本核算具有以下几个特点：
（1）物流成本核算的范围广。

物流成本比传统成本计算范围大得多。如从供应链的角度看，物流包括原材料的供应物流、企业的内部物流、销售物流、回收物流以及废弃物物流，物流成本涵盖的范围如此广泛，但是目前绝大多数企业的物流成本核算仅着重于供应物流、销售物流环节所发生的费用，忽视了其他环节所发生的费用。

（2）物流成本的计算方法不统一。

目前我国对物流成本的计算方法还没有形成统一的规范，在传统的会计核算中没有专门针对物流成本的会计科目和账簿，因而对于相关物流费用的计算就由各个企业根据自身的情况，或单独计算部分物流成本，或与其他成本费用混合计入相关科目。例如，产品在制造过程中发生的物流费用被计入制造费用并最终分配计入产品成本；在商品退货以及处理废弃物等环节所发生的有关费用则被计入管理费用、其他业务成本等科目等。

(3) 归集物流费用所涉及的要素难以界定。

物流成本核算过程与传统成本核算过程基本相同，就是将费用按照一定的成本项目归集到某成本计算对象的过程。但是物流成本核算与传统成本核算又有不同之处：它是"大成本"概念。哪些费用要素应该计入物流成本很难界定，通常企业只是把支付给外部运输、仓储企业的物流费用归集到物流成本，而企业内部发生的与物流相关的人工费，设施设备的折旧费、维修费等物流费用则与企业的其他生产经营费用混在一起计算，并没有被单独列入物流成本。

(4) 物流成本核算的计算对象比较多维。

计算物流成本，明确物流成本计算对象是前提。传统成本核算的计算对象，如按品种、步骤、类别等相对比较容易确定，但是物流设计的过程复杂，涵盖的内容广泛，费用要素较难确定。因此，物流成本对象的可选性就比较大，如按功能、范围、客户等计算，但是以不同的对象来计算物流成本结果往往相差很多。若以多维来计算物流成本，尽管会提高计算结果的准确性，但是工作量会大大增加。

(5) 现行会计制度核算物流成本难度高。

现行的会计制度和会计核算方法对物流成本没有分列记账，一般并不单独核算物流成本，而是将企业所有的成本都列在成本费用项目中，如将其分散到"材料采购""生产成本"及各项期间费用中进行混合核算，企业不会因为计算物流成本打乱传统的会计核算体系。如果把包括在这些成本费用中的物流费用划分出来并单独加以汇总计算则会增加操作成本，所以在现行制度下核算物流成本难度较大。

## 二、物流成本核算的原则

物流成本核算以现金支出为中心，以实际发生为基础。在实际核算的过程中，物流成本的处理应该合乎逻辑以及实际情况。为提高物流成本核算的质量，发挥成本核算应有的作用，物流成本核算应该遵循以下原则。

### 1. 客观性原则

客观性原则包括真实性和可核实性。真实性是指物流成本核算要求提供的成本信息是真实的，各项数据准确真实，要与客观的经济事项一致，不应该人为增加或降低成本；可核实性是指成本核算资料按照一定的原则由不同的会计人员加以核算都能得到相同的结果，以保证成本信息正确可靠。

2. 相关性原则

相关性原则包括成本信息的有用性和及时性。有用性是指成本核算中所提供的成本信息应该满足信息使用者的需要，为成本分析、预测和决策等服务；及时性是指强调信息取得的时间性，必须在经济业务发生时即时进行，讲求实效，以便信息的即时使用。

3. 一致性原则

企业根据自身的经营特点和管理要求，确定适合本企业的物流成本核算对象、核算方法、核算项目，并且一经确定就不能随意变更，如需要变更，应该根据管理权限，经股东大会或董事会或经理（厂长）会议或类似机构批准，并在会计报表附注中予以说明。其目的是使各期的成本资料有统一的口径，前后连贯，互相可比，以提高成本信息的利用程度。

4. 可比性原则

可比性原则是指物流成本核算应该按照规定的会计方法进行处理，会计指标应该一致，有可比性。这样所有企业的物流成本核算都在相互可比的基础上，从而使各企业之间的信息具有可比性。

5. 合法性原则

合法性原则是指计入成本的支出都必须符合国家法律、法令、制度等关于成本支出范围和标准的规定，不符合规定的支出不能计入成本。所谓成本支出范围，是指哪些支出可计入成本，哪些支出不可计入成本。所谓成本开支标准，是指可计入成本支出范围的数据限制。

6. 权责发生制原则

权责发生制原则是指成本核算应该以权责发生制原则为基础，对于应由本期成本负担的支出，不论其是否在本期已经支付都要计入本期物流成本；不应由本期物流成本负担的支出，即使在本期支付，也不应计入本期物流成本。

权责发生制原则是为了划分支出发生时间以及支出收益时间的界限，以便正确处理各项待摊费用和预提费用，进而为正确划分各期物流成本的界限提供保证，以准确地提供各项物流成本信息。

7. 分期核算原则

企业为了取得一定期间所发生的物流成本，必须将川流不息的生产经营活动按照一定阶段划分各个时期，分别计算各期的物流成本。成本核算的分期必须与会计年度的分月、分季、分年一致，这样便于利润的计算。

8. 重要性原则

重要性原则是指在物流成本核算过程中，应基于管理要求，区分主次，把那些对物流成本有重大影响的项目作为管理重点，力求精确。而对于那些不太重要的琐碎项目，则可以从简处理。

发生的经济业务是否重要，既取决于该项业务的金额的大小，还取决于各项业务的性质以及它对信息使用者所起的作用和影响力的大小。成本核算遵循重要性原则，其目的是在满足管理要求的前提下，讲求成本核算工作本身的成本效益原则。

## 三、物流成本核算的内容及费用界限的划分

### （一）物流成本核算的内容

企业物流的一切活动最终体现为经济活动，经济活动必然要求进行经济核算、成本计算、业绩考核，所以物流成本核算贯穿于企业整个物流活动的全过程。企业的物流活动包括运输、仓储、装卸、搬运、包装、流通加工、配送和信息处理等多个环节，这决定了企业物流成本核算必然包括以下内容：

（1）仓储成本核算；

（2）运输成本核算；

（3）配送成本核算；

（4）物流包装成本核算；

（5）装卸搬运成本核算；

（6）流通加工成本核算；

（7）物流信息成本核算；

（8）其他物流成本核算。

### （二）正确划分各项费用界限

会计核算资料包括企业一定时期内所有的费用支出，而确认哪些费用支出应该计入物流成本，直接关系到物流成本的正确性，所以在计算显性成本时，还要注意分清有关费用支出的界限。

1. 正确划分应计入物流成本和不应计入物流成本的费用界限

企业的活动是多方面的，企业耗费和支出的用途也是多方面的，其中只有一部分费用可以计入物流成本。为了正确计算产品的成本，首先要划清各种费用支出的界限。

（1）投资和筹资活动等支出不能计入生产经营成本。按现金流量表的规范，企业的全部活动可以分为生产经营活动、投资活动、筹资活动三个方面。在会计上只有生产经营活动和与流动资金有关的筹资活动的成本才可计入生产经营成本。筹资活动和投资活动的一些耗费不能计入生产经营成本，其属于筹资成本和投资成本。按照我国现行会计制度的规定，这部分支出和耗费包括：

① 对外投资的支出、耗费和损失；
② 对内长期资产投资的支出、耗费和损失，包括有价证券的销售损失、固定资产出售损失和报废损失等；
③ 捐赠支出；
④ 各种筹资费用，包括应计利息、贴现费用、证券发行费用等。

（2）非正常的业务支出不能计入生产经营成本。企业的所有支出包括正常的支出和非正常的支出。在会计上，只有正常的生产经营活动支出才能计入生产经营成本，非正常的业务支出不能计入生产经营成本，而应计入营业外支出等账户。非正常的业务支出包括：

① 灾害损失、盗窃损失等非正常损失；
② 滞纳金、违约金、罚款、损害赔偿等赔偿支出；
③ 短期投资跌价损失、长期投资跌价损失；
④ 固定资产盘亏、处置固定资产净损失、处理无形资产净损失、计提的无形资产减价准备、计提的固定资产减值准备、计提的在建工程减值准备；
⑤ 债务重组损失。

2. 正确划分应计入物流成本的费用界限

企业正常的生产经营活动成本又分为产品成本和期间费用。这两部分支出是物流成本的主要构成内容，所以计算物流成本时首先应从与产品成本和期间费用有关的会计科目出发，按物流成本的内涵，逐一归集和计算物流成本。

物流成本就其范围而言，贯穿企业生产经营活动的始终，从其成本项目构成来看，既包括与物流运作和管理有关的物流功能成本，也包括与存货有关的物流成本。因此，物流成本既包括正常生产经营活动支出，也包括一部分非正常经营活动支出。

3. 正确划分不同会计期间物流成本的费用界限

企业发生的各项支出，有的应计入当期物流成本，有的则应计入以前或以后各期的物流成本。如预付一年的保险费，根据权责发生制的原则，应在 12 个月内分期计入成本、费用。而对于那些本期尚未支付，而应由本期负担的费用，则应以预提方式计入本期成本。

4. 正确划分不同成本对象的费用界限

如果企业生产经营的成本对象不止一种，那么为了正确地计算各种成本对象的成本，正确地分析和考核各种成本对象的成本计划或定额成本的执行情况，必须将应计入当期物流成本的费用在各种成本对象之间进行正确的划分。凡属于某种成本对象单独发生，能够直接计入该成本对象的物流费用，均应直接计入该种对象的成本；凡属于几种成本对象共同发生，不能直接计入某种成本对象的物流费用，则应采用适当的分配方法，分别计入这几种成本对象的成本。

企业为生产经营而发生的直接材料、直接工资等直接费用，一般应直接计入各种物流成本;为生产经营而发生的间接费用,一般应选择合理的分配法分别计入各成本对象。

以上四方面费用界限的划分,总的来说就是要贯彻收益原则,即何者收益何者负担费用;何时受益何时负担费用;负担多少,按受益程度比例分担。

### ➡ 知识链接

费用与支出的关系:在会计上,支出比费用所含范围要广泛。只有那些在企业生产经营活动中为取得营业收入而发生的各种支出才是费用,即会计上所说的"狭义费用"。

## 四、物流成本核算的方法

常用的物流成本核算方法有以下几种:会计方法、统计方法、会计方法和统计方法相结合的混合方法。

1. 会计方法

会计方法是通过凭证、账户、报表的完整体系,对物流耗费予以连续、系统、全面记录的计算方法。采用这种方法核算物流成本所提供的成本信息比较系统、全面、连续、准确和真实。该方法一般有以下三种形式:

(1) 双轨制。

它也被称为独立的物流成本核算体系,要求把物流成本核算与财务会计核算截然分开,单独建立起物流成本的凭证、账户和报表体系。在单独核算的形式下,物流成本的内容在传统成本核算和物流成本核算中得到双重反应。具体做法是,对于每项物流业务,均由车间成本员或基层核算员根据原始凭证编制物流成本记账凭证,一式两份,一份连同原始凭证转交财务科,据以登记财务会计账户,一份留给基层核算员,据以登记物流成本账户。

该方法的优点:所提供的成本信息比较系统、全面、连续、准确和真实,可以向不同的信息要求者提供各自所需的信息,对现行成本核算的干扰不大;该方法的缺点:工作量较大,容易引起核算人员的不足,物流成本核算的准确性可能因为基层核算人员财务核算知识的缺乏而受到影响。

(2) 单轨制。

它也被称为结合财务会计体系的物流成本核算,这种模式需要把物流成本核算与财务会计和成本核算结合起来进行,即在产品成本核算的基础上增设一个"物流成本"科目,并按物流领域、物流功能分别设置二级、三级明细账,按费用形态设置专栏。当费用发生时,借记"物流成本"及有关明细账,月末按照会计制度的规定,根据各项费用的性质再还原分配到有关的成本科目中去。其核算流程如图2-1所示。

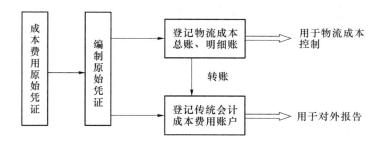

**图 2-1　结合财务会计体系的物流成本核算流程**

在会计处理上，采用这种模式时，当各项费用发生时，与物理成本无关的部分直接计入相关的成本费用账户，而与物流成本相关的部分计入设置的相应物流成本账户。例如：

借：×××物流成本
　　贷：材料、应付工资、现金等

会计期末，再将各个物流成本账户归集的物流成本余额按照一定的标准分摊到相应的成本费用账户中，以保证成本费用账户余额的完整性和真实性，会计处理为：

借：管理费用、营业费用或制造费用、生产成本等
　　贷：×××物流成本

这种核算模式的优点：所提供的成本信息较全面、系统、连续，在一套账表中提供两种不同类型的信息，可减少一定的工作量；这种核算模式的缺点：需要对现有的产品成本计算体系进行较大的，甚至彻底的调整，需要划分现实物流成本、观念物流成本的界限等，责任成本、质量成本等管理成本都要与产品相结合，核算难度很大。

（3）辅助账户制。

辅助账户制是指在不影响当前财务会计核算流程的前提下，通过在相应的成本费用账户下设置物流成本二级账户（或辅助账户），进行独立的物流成本二级核算统计。

以制造企业为例，可在含有物流成本的一级科目下设供应物流成本、生产物流成本、销售物流成本等二级科目或增设费用项目，或者在编制记账凭证时设置"物流成本"辅助账户，在各二级账户（或辅助账户）下按物流功能设置运输费、保管费、装卸费、包装费、流通加工费、物流信息费和物流管理费等三级账户，并按费用支付形态（如人工费、材料费等）设置专栏。在按照财务会计制度的要求编制记账凭证、登记账簿，进行正常的财务会计成本核算的同时，根据记账凭证上的二级科目或辅助账户，登记有关的物流成本辅助账户及其明细账，进行账外的物流成本计算。将各种物流成本归入二级账户或辅助账户中，最后将

各物流成本的二级科目分类汇总即可求得总的物流成本。

通过以上二级科目或辅助账户的应用，可以有效地核算和归集货主企业的物流成本，并在此基础上实施有效的管理和控制。

若期中收集物流成本信息，企业在按照会计制度的要求编制记账凭证、登记账簿、进行正常产品成本核算的同时，登记相关的物流成本辅助账户，在不影响现行成本费用归集分配的基础上，通过掌握核算得到物流成本资料。

若不与日常会计核算同时进行，企业平日则不需要进行额外的会计处理，按照财务会计制度的要求进行会计核算，然后定期（最好是旬或月）对有关物流业务的原始凭证和单据进行再次归类整理，对现行成本核算资料进行剖解分析，从中分离出物流成本部分，计入有关账户，加工成所需物流成本的信息。其优点：既不像双轨制核算工作量那么大，也不像单轨制需要对原有会计核算体系进行重大调整；其缺点：若辅助账户设置不当或登记方法不科学，会增加工作量。

### 2. 统计方法

统计方式的物流成本核算不要求设置完整的凭证、账户、报表体系，而主要是在不影响当前财务会计核算体系的基础上，通过对有关物流业务的原始凭证和单据进行再次归类整理，对企业现行成本核算资料进行解剖分析，从中抽出物流耗费部分，然后再按物流管理的要求对上述费用按不同的物流成本核算对象进行重新归类、分配、汇总，加工成物流管理所需要的成本信息。

由于统计计算不需要对物流成本作全面、系统和连续的反映，所以运用起来比较简单、灵活和方便。但是由于不能对物流成本进行连续、系统和全面的追踪反映，所以得到信息的精确程度受到很大影响，而且易流于形式，使人误认为物流成本管理是权宜之计，容易削弱物流管理的意识。另外，在期末一次性地进行物流成本的归类统计，花费的时间也较多，对于财务会计人员来说，一次性工作量大。如果在日常会计处理过程中没有做相应的基础工作，按不同的物流成本核算对象进行成本归集，有时也无法确定某项成本的具体归属。

统计方式的物流成本核算，平时不需进行额外的会计处理，会计人员按照财务会计制度的要求进行会计核算，在会计期末（月末、季末或者年末）才进行物流成本的统计计算。具体说来，统计方式的物流成本核算的基本步骤如下：

（1）通过对材料采购、管理费用账户的分析，抽出供应物流成本部分，如材料采购账户中的外地运输费、管理费用账户中的材料市内运杂费、原材料仓库中的折旧维修费、保管人员的工资等，并按功能类别、形态类别进行分类核算。

（2）从生产成本、制造费用、辅助生产、管理费用等账户中抽出生产物流成本，并按功能类别、形态类别进行分类核算，如人工费部分按物流人员的人数比例或物流活动工作量比例确定，折旧维修费按物流作业所占固定资产的比例确定。

（3）从销售费用中抽出销售物流成本部分，包括销售过程中发生的运输、包装、装卸、保管、流通加工等费用。

（4）外企业支付的物流费用部分、现有成本核算资料没有反映的供应外企业支付的物流费用，可根据在本企业交货的采购数量，每次以估计单位物流费用率进行计算；销售外企业支付的物流费用可根据在本企业交货的销售量乘以估计单位物流费用率进行计算，单位物流费用率的估计可参考企业物资供应、销售在对方企业交货时的实际费用水平。

（5）物流利息的确定，可按企业物流作业所用资产资金占用额乘以内部利率进行计算。

（6）从管理费用中抽出专门从事物流管理人员的耗费，同时推估企业管理人员用于物流管理的时间占其全部工作时间的比率。由于客户退货成本及相应物流成本都计入管理费用，应该在计算物流成本时，将退货物流成本剥离出来。

（7）废弃物流成本数额较小时，可以不单独抽出，而并入其他物流费用；委托物流费用的计算比较简单，在计算物流成本时总的原则是单独为物流作业所耗费的费用直接计入物流成本，间接为物流作业所耗费的费用以及物流作业与非物流作业共同耗费的费用，按一定比例，如按从事物流作业人员比例、物流工作量比例、物流作业所占资金比例等进行分配计算。

与会计核算方法的物流成本计算相比较，由于统计方法的物流成本计算没有对物流耗费进行连续、全面、系统的核算，所以这种方法运用起来比较简单、方便，但其结果的精确程度受到一定的影响。

3. 会计方法与统计方法相结合的混合方法

物流成本核算的目的是更好地进行物流成本的管理，因此企业可以按照物流成本管理的不同要求和目的设置相应的成本计算项目，并根据成本计算项目所需的数据设置成本费用科目的明细科目。但是，过细的会计科目设置会给企业会计工作增加很多负担，是不经济的。因此，企业在设置会计科目前应考虑物流成本核算可能给企业带来的收益，以及增加物流成本核算科目将会增加的会计操作成本。在这种前提下，统计方法与会计方法相结合的混合方法是企业进行物流成本核算的一个不错的选择。

这种方法的实质是，将物流成本的一部分通过统计方式予以计算，另一部分则通过会计核算予以反映。这种方法虽然也要设置一些物流成本账户，但它不像会计方式那么全面系统，而且这些物流成本账户不纳入现行财务会计成本核算的账户体系，是一种账外计算，具有辅助账户记录的性质。

会计方法和统计方法相结合的物流成本核算的具体做法如下：

（1）设置物流成本辅助账户。按照物流领域设置供应、生产、销售和回收废弃物物流成本明细账户，在各明细账户下按照物流功能设置运输费、保管费、装卸费、包装费、流通加工费以及物流信息费和物流管理费等三级账户，并按照费用支付形式设置人工费、材料费、办公费、水电费、维修费等专栏。实际上，账户的设置不是固定的，可以根据企业自身的要求来确定。

（2）登记相关的物流成本辅助账户。将现行成本核算体系中已经反映，但分散于各科目之中的物流成本，如计入管理费用中的对外支付的材料市内运杂费、物流相关固定资产折旧、本企业运输车队的费用、仓库保管人员的工资、产成品和原材料的盘亏损失、停工待料损失，计入制造费用的物流人员工资及福利费、物流相关固定资产的折旧、维修费、保险费、在产品盘亏或毁损等，在按照会计制度的要求编制凭证、登记账簿、进行正常成本核算的同时，据此凭证登记相关的物流成本辅助账户，进行账外的物流成本核算。例如，企业以银行存款支付购进材料的货款和运费共计6 000元，其中货款5 000元，运费1 000元，则企业可以用如下的会计分录进行处理：

借：材料采购　　　　　　　　　　　　　　6 000
　　（××物流成本　　　　　　　　　　　1 000）
　贷：银行存款　　　　　　　　　　　　　6 000

其中，材料采购账户和银行存款账户是正常登记，而括号中的物流成本账户则是登记有关的物流成本总账、明细账和三级账户。

（3）将现行成本计算中没有包括，但应该计入物流成本的费用，根据有关统计资料进行计算，并单独设置台账反映。各项费用的计算方法与统计核算方式的计算方法相同。物流相关的资金利息费用按企业物流资产占有额乘以一定的机会成本率得到，而外企业代垫的物流成本按照本企业的采购数量（或销售数量）乘以单位物流费率计算确定。

（4）月末，根据物流成本辅助账户所提供的成本信息，加上物流成本台账的信息，合计编制各种类型的物流成本报告。

## 子任务二　物流成本核算程序

| 学习领域 | 物流成本核算 |
| --- | --- |
| 学习情境 | 物流成本核算程序 |
| 任务描述 | 要求1：掌握物流成本核算的程序<br>要求2：了解物流费用的归集和分配<br>要求3：了解物流成本核算的基本步骤 |

物流成本核算就是按照国家有关的法规、制度和企业经营管理的要求，对物流服务过程中实际发生的各种劳动耗费进行计算，提供真实有效的物流成本信息。

物流成本核算的程序是指对企业在生产经营过程中发生的各项物流费用，按照成本核算的要求，逐步进行归集和分配，最后计算出各项期间费用、物流总成本和各项成本对象的物流成本的基本过程。其程序一般主要包括以下几个步骤。

## 一、审核原始资料

物流成本的核算是以原始记录为依据的，如根据原始记录可以计算材料费用的领料单和领料登记表，计算工资费用的考勤记录和业务量记录等。对原始记录要进行审核，是审核其内容是否填写完全、数字计算是否正确、签章是否齐全、费用应不应该开支，所耗费的种类和用途是否符合规定，用量有无超过定额或计划等。为了保证成本核算的真实、正确和合法，成本核算人员必须严格审核有关的原始记录。只有经过审核无误后的会计记录才能作为成本核算的依据。

审核原始记录要对企业发生的各项支出进行严格的审核和控制，并且要按照国家的有关规定确定是否要计入物流成本，是应该计入生产成本还是期间费用。要在对各项支出的合理性、合法性进行严格审核、控制的基础上，对不符合制度和规定的费用，以及各种浪费、损失等加以制止或追究经济责任，其目的就是确保计入物流成本的数据是有效的。

## 二、确定物流成本的核算对象

物流成本核算对象是指企业或成本管理部门为归集和分配各项成本费用而确定的以一定期间和空间范围为条件而存在的成本计算实体，也就是物流费用的承担者。成本计算对象不是由人们的主观意愿决定的，而是根据不同的生产经营的特点和管理的要求，选择不同的成本核算对象来归集、分配物流费用。确定物流成本核算对象是设置成本明细、分配物流费用和计算物流成本的前提，也是区别不同成本核算方法的主要标志。

一般来说，物流成本核算对象的选取主要取决于物流范围、物流成本项目、物流成本支付形态以及企业物流成本控制的重点。其中前三项是计算物流成本的基础，是最基本的物流成本核算对象，各企业核算物流成本时一般应以物流范围、物流成本项目、物流成本支付形态作为物流成本核算对象，也可以根据企业物流成本管理和控制的重点来选取物流成本核算对象，当然也可以以最基本的三维物流成本核算对象作为基础。

1. 以物流活动范围作为物流成本核算对象

以物流活动的范围作为物流成本核算对象，是对物流的起点与终点以及起点与终点间的物流活动过程的选取，也就是对物流活动过程空间的截取，具体包括供应物流、企业间物流、销售物流、回收物流和废弃物物流等不同阶段所发生的成本支出。

它的主要任务是从材料采购和管理费用等科目中分离出供应物流成本，例如材料采购账户中的外地运输费、装卸搬运费等，管理费中的市内运杂费等以及列入有关费用科目中的采购环节中所发生的企业自行运输的人工费、燃料费，运输工具的折旧费、维修费等；从生产成本、制造费用、管理费用等账户中分离出企业内物流成本，如企业内的包装费用以及仓储存货的资金占用成本、风险损失等；从销售费用中分离出销售物流成本，如销售过程中发生的运输、装卸搬运、流通加工等费用；若企业发生退货、物品返修、包装容器的周转使用以及废弃物处理等业务，还应该从销售费用、管理费用以及其他业务成本等账户中分离出回收物流费用和废弃物物流费用。通过上述数据分离和计算，就可以得出不同范围的物流成本以及物流成本的总额，可使企业管理者一目了然地了解各范围预留成本的全貌，并据此进行比较分析。

2. 以物流成本项目作为物流成本核算对象

以物流成本项目作为物流成本核算对象，是将物流成本按其是否属于功能性成本分为物流功能成本和存货成本。

物流功能成本是指在运输、仓储、包装、装卸搬运、流通加工、物流信息和物流管理过程中所发生的物流成本。

存货相关的成本是指企业在物流活动过程中所发生的与存货有关的流动资金占用成本、风险成本和保险成本。

这种物流成本核算对象的选取不仅对加强每个物流功能环节的管理、提高每个功能环节的作业水平具有重要意义，而且可以直观地了解与存货相关的物流成本支出数额，对加强存货资金周转速度、减少资金风险损失具有重要意义。同时在整个物流成本构成中，物流功能成本及功能成本之外的支出各自所占的份额，对物流成本控制和成本管理工作具有重要意义。物流成本项目是基本的物流成本核算对象。

3. 以物流成本的支付形态作为物流成本核算对象

以物流成本的支付形态作为物流成本核算对象，是把一定时期内的物流费用从财务会计数据中分离出来，按照成本支付形态进行分类计算，这里一般将企业的物流成本分为企业自营物流成本和委托物流成本。

企业自营物流成本是指企业在物流活动过程中所发生的人工费、材料费、办公费、差旅费、折旧费、维修费、利息费、保险费等。以支付形态表现的物流成本是企业物流成本发生的最原始的状态，通常可以将上述形式多样的支付形态按其性质归为五类：材料费、人工费、维护费、一般经费和特别经费。

委托物流成本是指企业委托外单位组织物流活动所支付的运输费、保管费、装卸搬运费等。以支付形态作为物流成本的核算对象，可以得到不同形态的物流成本支出数据，从中了解企业本身的物流成本支出和对外的物流成本支出，尤其是可以获得较为详细的内部支付形态信息，为企业制定标准成本和编制物流成本预算提供资料。

除了以物流成本项目、物流范围和物流的支付形态作为基本的物流成本核算对象外，物流成本核算对象的选择还取决于企业物流成本管理的要求和物流成本控制的重点。不同的企业在这方面会有所不同，基于这样的思想，企业为加强物流成本管理，在基本的物流成本核算对象之外，还可以选择其他对象作为物流成本核算的对象，常用的有以下几种：

（1）以客户作为物流成本核算对象；
（2）以产品作为物流成本核算对象；
（3）以部门作为物流成本核算对象；
（4）以营业网点作为物流成本核算对象。

企业可以根据自身的特点和管理要求，选择任意成本核算对象进行物流成本管理。物流成本核算对象可以是一维、二维、三维，甚至更多维。

## 三、确定物流成本的成本项目

为了便于归集生产费用，正确计算物流成本，需要对构成物流成本的各项物流费用进行合理的分类，这就是成本项目。为了正确反映成本的构成，必须合理地规定成本项目。要根据具体情况与需要设置成本项目，既要有利于加强成本管理，又要便于正确核算物流成本。企业一般应该设置直接材料、燃料及动力、直接人工和间接费用等成本项目。在实际工作中，为了使成本项目更好地适应企业的生产经营特点和管理要求，企业可以对上述成本项目进行适当的调整。在规定或调整成本项目时，应考虑以下几个问题：

（1）各项费用在管理上有无单独反映、控制和考核的需要；
（2）各项费用在物流成本中所占的比重；
（3）某种费用专设成本项目所增加的核算工作量。

对于管理上需要单独反映控制和考核的费用，以及在物流成本中所占比重比较大的费用,应该专设成本项目;否则,为了简化成本核算工作,不必专设成本项目。

## 四、确定物流成本的计算期

物流成本计算期是指汇集费用、计算成本的时间、范围,可以按年、月、日、周经营周期作为物流成本的计算期。物流成本的计算期从理论上来说应是某项经营活动从开始到完成这一周期,但是物流经营活动是连续不断地进行的,很难对某一项经营活动确定经营期和单独计算物流成本。根据权责发生制原则,一般以月份作为成本计算期,有的是以季度作为成本计算期,但是对于一些经营周期比较短的特殊物流活动,可将经营周期作为成本计算期。

跨期费用是指按照权责发生制原则,虽是本期支付,但应由本期和以后各期共同负担的物流费用,以及本期尚未支付,但应由本期负担的物流费用。对于这类物流费用,在会计核算上采用待摊或预提的办法处理。将在本月开支的成本和费用中应该留待以后月份摊提的费用,记作待摊费用,摊入本月成本和费用;将在本月尚未开支,但应由本月负担的成本和费用,预提计入本月的成本和费用。

## 五、计算物流成本的归集和分配

应计入本月物流成本的各项物流费用,在各种成本核算对象之间按照成本项目进行归集和分配,计算出按成本项目反映的各种成本对象的成本,这是本月物流费用在各种成本对象之间横向的归集和分配。

从一定意义上讲,物流成本的核算就是对成本进行归集和分配,首先是成本的归集,然后是成本的分配。

### (一)物流成本的归集

物流成本的归集,是指对企业生产经营过程中所发生的各种物流费用,按一定的对象所进行的成本数据的收集和汇总。收集某类成本的汇集环节称为成本"归集点"。正确的成本归集是保证成本核算质量的关键。要保证成本归集的正确性,一是费用的划分要正确,如果费用划分错误,如应由甲对象负担的成本,误归入乙对象负担的成本,则成本核算就不可能正确;二是汇总要按照一定程序进行,如果汇总程序弄乱了,就会发生费用漏记或重记的情况,影响成本核算的正确性。

物流费用按其计入物流成本对象的方式分为直接费用和间接费用,两者最主要的区别在于是否能直接计入成本核算对象。一般来说,直接材料费、直接人工费等直接费用应按成本核算对象,如物流服务的功能、支付形态、部门等直接进行归集;对于间接费用,则应按发生地点或用途等进行归集,然后再通过分配计入各成本对象。物流成本核算对象的选取,不仅影响成本核算方法的选择,还会直接影响物流成本的核算结果,因此,正确地确定成本核算对象是进行成本核算的基础。

若企业只有一个成本核算对象,那么所有的费用(包括直接费用和间接费用)都是直接计入费用,都可以直接归集到该成本对象。若企业同时有多个成本核算对象,那么间接费用都是间接计入费用,必须通过分配才能归集到相关对象;直接费用则有的是直接计入费用,归集到某成本对象,有的是间接计入费用,需要通过分配才能归集到相关成本对象。

### (二)物流成本的分配

在有多个物流成本计算对象的情况下,为求得各成本计算对象的成本,对不能直接计入成本计算对象的费用,在按照费用发生的地点和用途归集后,按一定分配标准进行分配。成本的分配,是指将归集的间接成本分配给成本对象的过程,也叫间接成本的分摊或分派。对于能直接计入的物流费用,只要掌握一定的成本核算方法和步骤,就可以直接核算出结果;对于不能直接计入的物流费用,为求得各成本核算对象的成本,则需要对归集的物流费用采用一定的分配原则和方法进行分配。

物流间接费用分配是使用某种参数作为成本分配基础。成本分配基础是指能联系成本对象和成本的参数。可供选择的分配基础有许多,如人工工时、机器台时、占用面积、直接人工工资、订货次数、采购价值、品种数、直接材料成本、直接材料数量等。在实践中,不同类型的企业间的实际运作各不相同,所以物流间接费用的分配原则也各不相同,企业可以根据自身的特点和企业的实际情况,在考虑成本-收益原则的前提下,选择适合本企业的特点和有利于成本管理决策的分配方法。

## 六、设置和登记成本明细账

为了使成本核算结果真实、可靠、有据可查,成本核算的过程必须有完整的记录,即通过有关的明细账或计算表来完成计算的全过程。要正确地核算各种对象的成本,必须正确编制各种费用分配表和归集的计算表,并且登记各类有关的明细账,这样才能将各种费用最后分配、归集到成本的明细账中,计算出各种对象的成本。物流成本核算程序是指从物流费用的发生开始,到核算出物流总成本和单位成本对象的成本为止的整个成本核算过程,如图2-2所示。

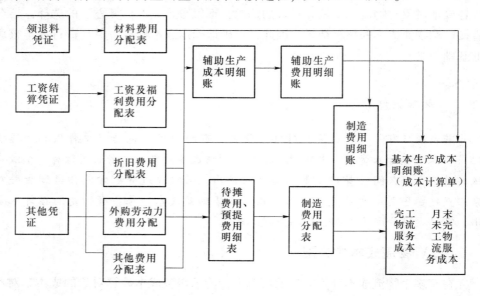

图2-2 物流成本核算过程

## 子任务三  产品成本核算方法

| 学习领域 | 物流成本核算 |
| --- | --- |
| 学习情境 | 产品成本核算方法 |
| 任务描述 | 要求1:掌握品种法<br>要求2:了解分批法<br>要求3:了解分步法 |

"产品"在这里是广义的,实际上是指企业的产出物,即最终的成本计算对象,它不仅可指企业生产的产成品,还可指企业提供的劳务,如运输、保管装卸、包装等。在这里,"产品"是指企业最终完成的各项物流服务。

产品成本是在生产经营过程中形成的。产品的生产经营过程和生产组织不同,故所采用的产品成本核算方法也有所不同。核算产品成本是为了加强成本管理，因而还应该根据管理要求的不同，采用不同的产品成本核算方法。因此，企业只有按照企业生产经营的特点和管理要求，选用适当的成本核算方法，才能正确、及时地核算产品成本，为成本管理提供有效的成本信息。常用的产品成本核算方法有以下三种。

## 一、品种法

品种法是以产品的品种（如劳务作业种类）作为成本计算对象来归集生产经营费用，计算产品成本的一种成本计算方法。

1. 品种法的特点

（1）品种法直接以产品品种（物流企业的劳务作业种类）作为成本核算对象，并按产品品种（去留企业的劳务作业种类）开设明细账。

（2）品种法对期末费用的处理有两种情况：一是期末不计算在产品成本，当期发生的物流费用就是完工产品的物流总成本；二是期末计算在产品成本，需要采用适当的方法在月末将本期发生的费用在完工产品和未完工产品之间进行分配。

（3）用品种法核算产品成本一般按月定期进行。

2. 品种法的适用对象

品种法适用于大量大批单步骤经营的企业，多步骤大量大批经营的企业在品种单一的情况下，可采用简单法计算产品成本。在生产经营多品种的情况下，就需要按产品的品种分别设置成本明细账。

物流活动的产品成本计算可用品种法中的简单法计算。此方法一般运用于大量大批单步骤的简单生产，如运输作业等。此类生产品种单一，月末一般没有在产品存在。当期发生的物流费用总和就是该种完工产品的总物流成本。根据作业量，可算出产品的单位成本。生产经营中发生的一切费用都属于直接费用，直接计入该种产品成本。

3. 用品种法核算产品成本的程序（如图 2-3 所示）

（1）按产品品种（物流企业的劳务作业种类）设立成本明细账，根据各项费用的原始凭证及相关资料编制有关记账凭证并登记有关明细账，编制各种费用分配表分配各种要素费用。

（2）根据上述各种费用分配表和其他有关资料，登记辅助生产明细账、基本生产明细账、制造费用明细账等。

（3）根据辅助生产明细账编制辅助生产成本分配表，分配辅助生产成本。

（4）根据制造费用明细账编制制造费用分配表，在各种产品之间分配制造费用，并据以登记基本生产成本明细账。

（5）根据各产品（物流企业的劳务作业）的基本生产明细账编制产品成本核算单，分配完工产品成本和在产品成本。

(6) 汇编产成品（物流企业的劳务作业）的成本汇总表或计算单，结转产成品成本。

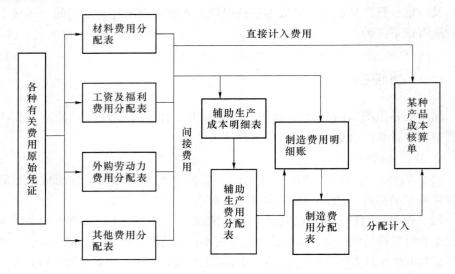

图 2-3　用品种法核算产品成本的程序

【例 2.1】　某物流企业对 A、B 两种产品进行包装及配送服务，1 月份完成 A 产品 1 000 件、B 产品 2 000 件。企业以 A、B 两种产品作为产品品种进行成本核算，该月份发生制造费用 80 000 元，A 产品的直接材料费为 32 000 元，直接人工费（工资和福利费）为 19 380 元；B 产品的直接材料费为 46 000 元，直接人工费（工资和福利费）为 25 650 元。

根据以上资料：

（1）分别计算对 A、B 产品进行包装和配送的总成本和单位成本（制造费用以人工工资为标准进行分配）。

（2）编制成本核算单。

**解**：（1）计算直接工人工资。

A 产品的工人工资 $= \dfrac{19\ 380}{1 + 14\%} = 17\ 000$（元）

B 产品的工人工资 $= \dfrac{25\ 650}{1 + 14\%} = 22\ 500$（元）

（2）分配制造费用。

A 产品应负担的制造费用 $= 17\ 000 \times \dfrac{80\ 000}{17\ 000 + 22\ 500} \approx 34\ 430$（元）

B 产品应负担的制造费用 $= 22\ 500 \times \dfrac{80\ 000}{17\ 000 + 22\ 500} \approx 45\ 570$（元）

（3）计算 A、B 两种产品的总成本和单位成本。

A 产品的总成本 = 32 000 + 19 380 + 34 430 = 85 810（元）

A 产品的单位成本 = $\frac{85\ 810}{1\ 000}$ = 85.81（元）

B 产品的总成本 = 46 000 + 25 650 + 45 570 = 117 220（元）

B 产品的单位成本 = $\frac{117\ 220}{2\ 000}$ = 58.61（元）

（4）编制成本核算单（表 2-1、表 2-2）。

表 2-1　A 产品的成本核算单

| 成本项目 | 总成本/元 | 单位成本/(元·件$^{-1}$) |
|---|---|---|
| 直接材料费 | 32 000 | 32 |
| 直接人工费 | 19 380 | 19.38 |
| 制造费用 | 34 430 | 34.43 |
| 合计 | 85 810 | 85.81 |

表 2-2　B 产品的成本核算单

| 成本项目 | 总成本/元 | 单位成本/(元·件$^{-1}$) |
|---|---|---|
| 直接材料费 | 46 000 | 23 |
| 直接人工费 | 25 650 | 12.825 |
| 制造费用 | 45 570 | 22.785 |
| 合计 | 117 220 | 58.61 |

## 二、分批法

分批法是按照产品批次（如劳务作业的批次）或客户的订单来归集生产经营费用，核算产品成本的一种方法。

1. 分批法的特点

（1）成本计算对象是产品的批次（劳务作业的批次），如果客户的一张订单包括几种产品，或只有一种产品，但数量较大，也可以根据实际情况分成若干批次，并且按照批次核算物流成本。如果不同客户或不同订单都涉及同一产品，但数量又不大，也可以将之合为一个批次进行成本核算。

（2）产品成本的计算是不定期的。成本计算期与生产周期基本一致，而与核算报告期不一致。

（3）计算月末产品成本一般不需在完工产品与在产品之间分配。

2. 适用对象

分批法适用于单件小批、管理上不要求分步骤计算成本的多步骤作业。

3. 品种法核算成本的程序（如图2-4所示）

（1）按产品批次（物流企业的劳务作业批次）设立成本明细账，根据各项费用的原始凭证及相关资料编制有关记账凭证并登记有关明细账，并编制各种费用分配表分配各种要素费用。

（2）根据上述各种费用分配表和其他有关资料，登记辅助生产明细账、基本生产明细账、制造费用明细账等。

（3）根据辅助生产明细账编制辅助生产成本分配表，分配辅助生产成本。

（4）根据制造费用明细账编制制造费用分配表，在各种产品之间分配制造费用，并据以登记基本生产成本明细账。

（5）根据各产品批次（物流企业的劳务作业批次）的基本生产明细账编制产品成本核算单，分配完工产品成本和在产品成本。

（6）汇编产成品批次（物流企业的劳务作业批次）的成本汇总表或核算单，结转产成品成本。

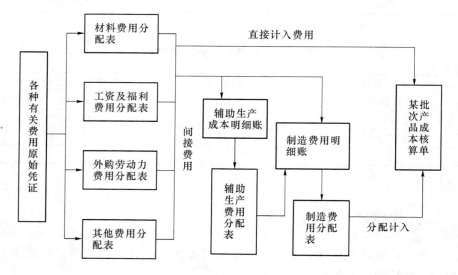

图2-4 用分批法核算产品成本的程序

【例2.2】 某物流配送企业1月份收到三张订单送出产品，订单批号分别是01、02、03，用车数量分别是10辆、20辆、12辆，该月发生的费用共计82 800元。各批产品费用发生的有关资料见表2-3。

表2-3 各批产品费用发生的有关资料

元

| 批次号 | 直接材料费 | 工人工资 | 职工福利费 |
| --- | --- | --- | --- |
| 01 | 15 000 | 25 000 | 2 800 |
| 02 | 20 000 | 30 000 | 4 200 |
| 03 | 40 000 | 35 000 | 4 900 |

根据以上资料：

（1）计算各批次提供劳务的总成本和单位成本（制造费用以人工工资为标准进行分配）。

（2）编制各批次成本核算单。

**解**：（1）计算分配制造费用。

批次 01 应分配的制造费用 $= 25\,000 \times \dfrac{82\,800}{25\,000 + 30\,000 + 35\,000} = 23\,000$（元）

批次 02 应分配的制造费用 $= 30\,000 \times \dfrac{82\,800}{25\,000 + 30\,000 + 35\,000} = 27\,600$（元）

批次 03 应分配的制造费用 $= 35\,000 \times \dfrac{82\,800}{25\,000 + 30\,000 + 35\,000} = 32\,200$（元）

（3）计算各批次劳务的总成本和单位成本。

批次 01 的总成本 $= 15\,000 + 25\,000 + 2\,800 + 23\,000 = 65\,800$（元）

批次 01 的单位成本 $= \dfrac{65\,800}{10} = 6\,580$（元）

批次 02 的总成本 $= 20\,000 + 30\,000 + 4\,200 + 27\,600 = 81\,800$（元）

批次 02 的单位成本 $= \dfrac{81\,800}{20} = 4\,090$（元）

批次 03 的总成本 $= 40\,000 + 35\,000 + 4\,900 + 32\,200 = 112\,100$（元）

批次 03 的单位成本 $= \dfrac{112\,100}{12} \approx 9\,341.7$（元）

（4）编制成本核算单（表 2-4）。

表 2-4　各批次的成本核算单

元

| 批次号 | 成本项目 | 总成本 | 单位成本 |
| --- | --- | --- | --- |
| 01 | 直接材料费 | 15 000 | 1 500 |
| | 直接人工费 | 27 800 | 2 780 |
| | 制造费用 | 23 000 | 2 300 |
| | 合计 | 65 800 | 6 580 |
| 02 | 直接材料费 | 20 000 | 1 000 |
| | 直接人工费 | 34 200 | 1 710 |
| | 制造费用 | 27 600 | 1 380 |
| | 合计 | 81 800 | 4 090 |
| 03 | 直接材料费 | 40 000 | 3 333.3 |
| | 直接人工费 | 39 900 | 3 325 |
| | 制造费用 | 32 200 | 2 683.4 |
| | 合计 | 112 100 | 9 341.7 |

## 三、分步法

分步法是按照产品（物流作业）的生产步骤归集生产经营费用，核算产品成本的一种方法。分步法可分为逐步结转分步法（如图2-5所示）和平行结转分步法。

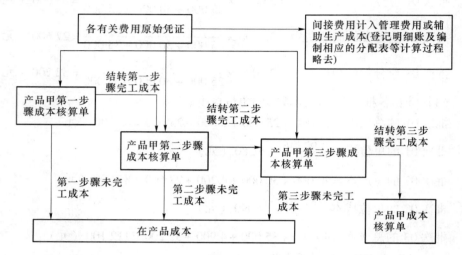

**图2-5　逐步结转分步法（综合结转法）的核算程序**

1. 分步法的特点

（1）成本计算对象是各种产品（物流作业）的生产步骤，所以要按产品的（物流作业）生产步骤设立产品成本明细账。

（2）定期在每个月月末计算成本，计算期与产品的生产周期不一致。

（3）以生产步骤为成本计算空间，即在各个生产步骤范围内归集生产费用，并按步骤计算产品成本。

（4）需要采用一定的方法将本步骤归集的生产费用，在完工产品和月末在产品之间进行分配，以确定完工产品成本和月末在产品成本。

2. 适用对象

分步法适用于大量大批多步骤生产企业，也适用于多环节、多功能、综合性营运的物流企业。

在这类企业中，产品生产可以分为若干个生产步骤，往往不仅要求按照产品成本计算成本，而且还要求按照生产步骤计算成本，以便为考核和分析各种产品及各生产步骤的成本计划执行情况提供资料。

3. 分步法的一般程序

（1）按各步骤结合生产步骤所生产的产品品种设置产品成本核算单。

(2) 各步骤发生的用于产品生产并能够具体到某种产品的直接费用,应直接计入该步骤该种产品的成本核算单的相应成本项目中;对于不能直接计入产品成本的间接费用,可按照一定的方法,分配计入各步骤的产品成本核算单中。

(3) 月末根据各步骤各种产品成本核算单所汇集的生产费用,采用适当的方法在各步骤的完工成品与在产品之间进行分配,以计算各步骤完工产品成本与月末在产品成本。

(4) 据完工产品的产量与总成本,计算完工产品的单位成本。

知识拓展

### 物流企业成本核算方法的选择

物流企业自身的发展战略是其物流业务成本核算方法选择的决定性因素。在物流企业的起步阶段,其发展战略通常确定为如何抢占物流业务市场、如何展现自身的业务品牌。在这一阶段,物流企业将目标锁定在物流业务市场份额上,至于承接某一项物流业务以后这项业务是盈利还是亏损则是次要问题。为了抢占市场,即使亏损的业务企业也会承接。我国物流企业绝大多数还停留在起步阶段。此时,物流企业发展战略中物流业务的盈利能力并非首要目标,这影响了物流业务成本信息决策有用性的充分体现,决定了该阶段的物流企业可以暂时放松对物流业务成本信息的准确性要求。在这样的环境条件下,物流企业没有必要选择能够提供相对准确的成本信息,但核算代价大的作业成本法,而应选择营运成本法。但是,当物流企业处于稳步发展阶段,或者在物流企业抢占的物流业务市场基本饱和时,物流企业的战略目标会发生重大的变化。物流企业是追逐盈利的,其期待起步阶段的亏损由发展阶段的盈利弥补,从而扭亏为盈。这一战略目标的改变表明物流企业开始关注其承接的物流业务的盈利状况,由此物流业务成本信息的决策有用性得以充分体现。物流业务的盈利能力取决于物流业务收入和物流业务成本两大因素。当物流业务收入上升的空间不大时,物流企业会将管理的重心移到如何降低物流业务成本上。此时,作业成本法的选择显示了营运成本法所不能比拟的两大优势,即作业成本核算信息的相对准确性和作业成本管理的相对科学性。在这样的环境条件下,物流企业可以考虑选择作业成本法核算物流业务的成本。

物流费用包括直接费用和间接费用,直接费用通过一定的程序和方法可以直接归入成本对象,间接费用则需要按照一定的方法对其进行分配,分配方法的选择是影响物流成本核算结果的一个非常重要的因素。间接费用的分配要用某种参数作为分配的基础,如在传统制造业中,间接费用(如制造费用)通常直接按照直接工时或工资、机器小时、材料耗用额等进行分配,然后分摊到产品中去,这种与产量直接关联的分配方法相对简单。但在物流间接费用的分配上，由于物流作业和分配参数的复杂性，使用传统的成本核算方法必然严重影响到成本信息的准确性，难以对企业物流成本进行有效的管理。

随着物流管理越来越受到人们的重视，物流作业管理也成为现代物流管理的重要组成部分。作业成本的管理为物流作业管理提供了有效的成本核算方式和控制工具，企业可以利用作业成本管理所得到的信息，对物流作业流程进行改善，实行有效的作业管理，从而实现物流成本最低和作业流程最优的目标。作业成本法正是满足了这样的要求，以作业为中心，细化间接费用的分配标准，提供了比传统标准更为准确的成本信息。

## 子任务四　作业成本法

| 学习领域 | 物流成本核算 |
| --- | --- |
| 学习情境 | 作业成本法 |
| 任务描述 | 要求1：了解作业成本法的定义及特点<br>要求2：掌握作业成本法的程序<br>要求3：会应用作业成本法核算成本 |

作业成本法又叫作业成本计算法或作业量基准成本计算方法（Activity - Based Costing，ABC），它是以成本动因理论为基础，通过对作业进行动态追踪、反映、计量作业和成本，评价作业业绩和资源利用情况的方法。它是以作业（Activity）为核心，确认和计量耗用企业资源的所有作业，将耗用的资源成本准确地计入作业，然后选择成本动因，将所有作业成本分配给成本计算对象（产品或服务）的一种成本计算方法。

**知识拓展**

美国会计大师埃里克·科勒教授在1952年编著的《会计师词典》中，首次提出了"作业""作业账户""作业会计"等概念。之后，在1971年，乔治·斯托布斯教授在《作业成本计算和投入产出会计》中对"作业""成本""作业会计""作业投入产出系统"等概念作了全面系统的讨论。20世纪80年代后期，随着MIS、MRPII、FMS和CIMS的兴起及广泛应用，美国实业界普遍感到传统的成本计算所得到的产品成本信息与现实脱节，成本扭曲普遍存在，严重影响了公司的盈利能力和战略决策。美国芝加哥大学的青年学者罗宾·库伯和哈佛大学教授罗伯特·S·卡普兰在对美国公司进行了调查研究之后,发展了斯托布斯的思想,在1988年提出了以作业为基础的成本计算方法。目前,作业成本法已在各国企业管理实践中得到广泛应用,其应用领域包括制造业、商业批发、零售业、金融、保险机构、医疗卫生、会计师事务所、咨询类社会中介机构及物流产业。

## 一、作业成本法的基本概念

1. 作业

作业是作业成本计算中最基本的概念,是指企业为提供一定量的产品或劳务所发生的、以资源为重要特征的各项业务活动的总称。它是汇集资源耗费的第一对象,是连接资源耗费和产品成本的中介。作业成本法将作业作为成本核算的核心,并将作业成本最终分配给最终产品(如产品、服务或客户),形成产品成本。物流作业包括运输作业、仓储作业、包装作业、装卸搬运作业、配送作业、物流信息处理、流通加工作业、信息处理作业等,由这些作业构成物流整体作业。

作业可以分为增值作业和非增值作业。增值作业可以提高产品价值,是企业应大力提倡的部分,如合理的运输、包装,这部分的消耗是必需的;非增值作业也称为消耗作业,它对企业提供最终产品或服务的目的本身并不直接做出贡献,是应该被消除的对象,如企业内部不合理的搬运消耗。

2. 资源

资源是指作业所消耗的各种成本资源,它是支持作业的成本和费用的来源,是企业生产耗费的最原始状态。物流作业需要消耗人力、物力、财力资源,如包装作业需要占用和消耗一定的人员、材料、工具和机器等资源。当一项资源只服务于一种作业时,成本计算简单,该资源可以直接归集到该作业中去;当一项资源服务于多种作业时,就必须通过成本动因把资源的消耗恰当地分配到相应的作业中去。

3. 成本动因

成本动因是导致成本发生的各种因素,是决定成本发生额与作业消耗量之间的内在数量关系的根本因素,如直接人工小时、机器小时、货物挪动次数、订购次数等。在作业成本计算中,成本动因就是资源成本的分配标准。要把间接成本分配到各产品中去,就要了解成本行为,恰当识别成本动因。根据成本动因在资源流动中所处的位置,可将其划分为资源动因和作业动因。

(1)资源动因。其是作业成本计算的第一阶段动因。按作业成本法的规则,作业量的多少决定资源的耗用量,资源的耗用量的多少与作业量有直接关系,与最终的产品量没有直接关系,资源的耗用量与作业量的这种关系称为资源动因。

资源动因是资源被各种作业消耗的方式和原因,它反映某项作业对资源的消耗情况，是将资源成本分配到作业中去的基础。例如，人工费用主要与从事各项作业的人数相关，那么，就可以按照人数向各作业中心（作业成本库）分配人工费用，从事各项作业的人数就是一个资源动因；搬运设备所耗费的燃料直接与搬运设备的工作时间、搬运次数或搬运量有关，因此可以把设备的工作时间、搬运次数或量作为作业成本的资源动因。

（2）作业动因。其是作业成本计算的第二阶段动因，可认为是各项作业被最终产品或劳务消耗的方式和原因，它反映产品消耗作业的情况。比如订单处理这项作业，其作业成本与其产品订单所需的处理份数有关，那么，订单处理份数就是一个作业动因，就可以按订单处理份数向产品分配订单处理作业的成本；机械包装作业的多少取决于要钻孔的数量，可以按照机械包装服务的产品实际钻孔的数量把机械包装作业成本分配给各种产品，因此，钻孔数量就是机械包装作业成本的作业动因。

4. 作业中心与作业成本库

作业中心是成本归集和分配的基本单位，它由一项作业或一组性质相似的作业所组成。一个作业中心，就是生产流程的一个组成部分。根据管理上的要求，企业可以设置若干个不同的作业中心，其设立方式与成本责任单位相似。但作业中心的设立是以同质作业为原则，是相同的成本动因引起的作业的集合。例如，为保证产品质量，对 A 产品所花费的质量监督成本与对 B 产品所花费的质量监督成本虽然不同，但它们都是由监督时所消耗的时间引起的，因而在性质上是相同的，可以归集到一个作业成本中心中。由于作业消耗资源，所以伴随作业的发生，作业中心也就成为一个资源成本库，也称为作业成本库或作业成本池。

## 二、作业成本法的基本思想

1. 基本原理

作业成本法的理论基础是成本因素理论，即企业的制造成本发生时企业产品生产必需的各种作业所"驱动"的结果，其发生额的多少与产品产量无关，只与"驱动"其发生的作业数量相关，成本驱动因素是分配成本的标准。例如，接收货物的订单驱动收获部门的成本发生；发送货的订单驱动发货部门的成本发生。

作业成本法的基本思想是：在资源和产品之间引入一个中介——作业，先确定作业活动归集发生的间接费用，然后根据决定或影响作业活动发生的因素，将其分配给不同的产品。其基本原则是："产品消耗作业，作业消耗资源；生产导致作业的产生，作业导致成本的发生"。作业成本法以作业为单位收集成本，首先根据资源动因将资源的成本追踪到成本，形成作业成本，再依据作业动因将作业的成本追踪到产品，最终形成产品成本。

作业成本法总是先确定那些能直接追溯到成本对象的成本，然后再把其余的成本分配给作业成本库，通过作业成本库，按作业成本动因将成本分配给产品或劳务。由于有的作业直接为最终的产品或劳务所消耗，有的又通过其他的作业再作用到产品或劳务上，如搬运装卸，可能为产品的加工服务，也可能为其他作业服务，而其他作业又是为产品生产服务的，因此，作业成本的计算分配方法有两种——两阶段法和多阶段法，如图2-6、图2-7所示。

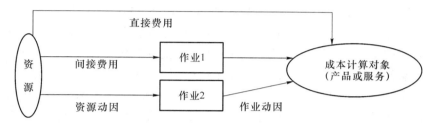

图2-6 两阶段作业成本计算程序

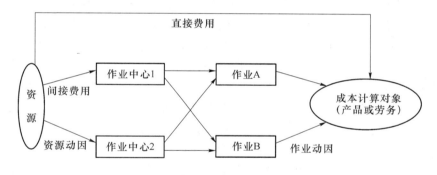

图2-7 多阶段作业成本计算程序

2. 作业成本法的特点

作业成本法通过作业这一中介，将费用的发生与成本的形成联系起来，形象地揭示了成本形成的动态过程，使成本的概念更为完整、具体。从成本管理的角度来看，作业成本法的优越性表现在：

（1）利用作业成本法可对企业的产品、服务进行准确定价，使收入与成本配比。例如，对于大批量生产的标准产品，通过作业成本计算可以看出，它们的成本比用传统成本计算方法所得出的成本低，这时价格就可以适当降低一些；而对于小批量生产的特制产品，通过作业成本计算可以看出，它们的成本比用传统成本计算法所得出的成本高，这时价格就应适当提高一些，以便使该产品不至于亏损。

（2）利用作业成本法提供的信息，企业可更好地选择产品组合。如今，随着时代的变迁，顾客对产品的需求越来越趋于多样化和个性化，这使企业不得不面对改变产品组合的问题。越来越多的企业选择了生产小批量、多样化产品的战略。但是在估计该战略对企业成本所造成的影响这个问题上，许多管理者存在着错误的想法，他们认为许多成本，尤其是间接成本是固定的，因此从大批量标准产品转向小批量特制产品并不会引起企业成本的明显变化。但是，新的产品组合由于包含许多小批量特制产品，它对于批层次和产品层次的支持性作业将会有较多需求。如果企业没有多余的生产能力来实施这些作业，则企业必须负担增加的开销来购买用于实施这些作业的资源。利用作业成本法，管理者可以预先比较精确地估计每一种产品组合的成本，从而作出正确的产品组合决策以增加企业利润。当然，定价和产品组合并不是孤立的两个问题，管理者可以把定价作为手段得到最佳的产品组合。例如，管理者通过提高小批量特制产品的价格和降低大批量标准产品的价格可以使它们的收入与成本更好地配比，同时，这一举措还有一项附加成果，就是可以鼓励客户多购买大批量标准产品，而少购买小批量特制产品。同样，通过提高亏损或低利润产品的价格的方法，企业可以逐渐挤出那些亏损和低利润产品并调整自己的产品组合以达到利润最大化。

(3) 利用作业成本法能进行合理的预算，能使企业更好地对企业的资源进行管理和处置。在作业成本法所提供的信息的帮助下，管理者可以清楚而准确地看到企业将来对资源的需求和企业现在对资源的提供之间的差额，并改进企业将来对资源的提供和提高企业的利润。那些预计供给量小于需求量的资源，需要额外的企业开销来补充；而对于那些预计供给量多于需求量的资源，管理者可以采取措施将这些对资源需求的减少转化为企业开销的减少，比如将员工从不再有需求的作业岗位安排到人员紧缺的岗位，或者裁去多余员工。这些行为使企业能够用少量的开销获取同样多的收入，从而增加企业利润。从实质上看，作业成本法就是一种制定更加精确的资源消耗模型的工具，它可以使企业管理者更加准确地预测企业对资源的消耗，并据此作出比在传统成本制度下更加合理的决策。

(4) 关注成本发生的因果关系。由于产品的技术要求、项目种类、工艺复杂程度不同，其耗费的间接费用也不同，但传统成本核算方法认为产品是根据其产量均衡消耗企业的资源，因此，在传统成本核算方法下，产量高、生产工艺复杂的产品的成本往往低于其实际耗用的成本。而作业成本法则是先确定生产作业消耗了何种资源，进而直接追踪作业发生的决定因素，是根据作业动因将归集在作业成本库中的间接费用分配到产品成本中，而不是依据产量均衡地分配。作业成本管理把着眼点放在成本发生的前因后果上，通过对所有作业活动进行动态跟踪和反映，可以更好地发挥决策、计划和控制作用，以促进企业管理水平的不断提高。

当然，在实施作业成本法核算物流成本时也会存在一定的问题，具体如下：

① 作业中心的划分有一定难度，对于与成本动因不直接相关的制造费用，还要选择一定的标准将之分配计入各作业中心，这在一定程度上影响了作业成本法的准确性。

② 增加了成本核算的工作量，加大了核算成本。

## 三、物流作业成本核算

物流管理注重物流活动各环节的协调，实现各物流环节的无缝对接，在满足客户物流服务要求的前提下，最大限度地降低物流成本。从某种意义上讲，物流管理是一种基于"作业"的管理。物流作业成本核算是采用作业成本法的思想，将物流间接成本和辅助资源更准确地分配到物流作业，再分配到最终成本计算对象，这能准确反映物流成本的实际情况，非常适合物流成本的核算。因此，作业成本系统被认为物流成本最优的核算系统。

一般物流作业成本核算需要经过以下几个步骤：取得物流成本信息，建立资源成本库；分析和确定作业，建立作业成本库；确定资源动因，分配资源成本至作业成本库；确定作业成本动因，分配作业成本至成本核算对象；计算某成本核算对象的物流成本。

1. 分析和确定资源

一般来说，企业物流成本项目并未从产品成本中分离出来，而是混在产品成本内。如果一个企业的会计科目分类足够细，会计科目的子科目应当可以足够辨识成本费用属于何单位，物流成本项目可由会计记录中直接取得或经成本分离、推估等方式取得。例如，产品输送及仓储保管成本在一般情况可以按照下列方式剥离出来：

（1）直接人工费，包括仓储行政、入库、拣货、包装、贴标等。

（2）仓储厂房费用，包括仓储空间的租金或折旧、货架、仓储设备折旧等。

（3）装卸设备费，按照使用年限计提折旧。

（4）车辆相关成本，包括自有车辆折旧、租用车辆的租金、车船使用税等。

（5）其他材料费，包括包装材料、标签的费用等。

当企业在其会计记录中确实无法理清各项细目时，需合理估算以上物流成本项目。

（1）直接人工费。其是物流成本的一大要素，因此首先确认执行物流（仓管、配送）功能的相关人员，按照人数计算，也就是说，如果某员工花费其工作时间的 1/3 执行仓管功能，花费其工作时间的 2/3 执行其他非物流功能，则将该员工工资的 1/3 计为物流成本。

（2）仓储厂房费用。对它根据不同情况进行考虑。仓储空间若是租用的，可按照租金计算；若是自建的，可按照机会成本概念确定。货架等的投资则可依照使用年限或租赁期间计提折旧。

（3）装卸设备费。装卸设备的成本费用按照使用年限计提折旧。

（4）车辆相关成本。如为外车运输，直接以所付运费计算；如为自有车辆，则按照其使用年限计算每年折旧。其他如燃料费用、车船使用税等按照实际成本计算。

（5）其他材料费。其他材料费，如包装材料、胶带、标签等的费用可以按照实际成本计算，也可以按每件产品的平均成本乘以产品总数推估。

2. 分析和确定物流作业

定义物流作业需要借助作业流程图法。其具体做法是把为完成特定业务所要求的各种作业步骤画成一张张系统的流程图，根据每一个细部作业来选定物流作业。在确定作业时，作业既不能太细，又不能过于综合，必须把握好作业合并和分解的平衡。作业合并是指把所有性质相同的业务集合起来组成一个具有特定功能的作业的分析过程。以特定功能对作业进行合并，目的在于将单个的、细小的作业组合成可以作为成本核算对象的作业。比如检验发票作业和付款作业就可以整合为会计这一大作业来管理。作业分解是指把一个较大作业分解成为具有不同功能的作业的过程，它与作业合并过程相反。比如运输作业可以分解为调度作业、运行作业、到达作业等作业；获取原材料作业可以分解为购货、验货和收货作业等。该过程的作用是深入活动内部，分析组成特定活动的作业，分析各个作业的成本动因，选择更合理的成本动因分配作业成本。物流作业经分析、确认后，要为每一项作业设立一个作业成本库，然后以资源动因为标准将各项资源耗费分配至各作业成本库。

物流部门在进行物流作业（或作业中心）的划分时，其主要作业包括下述项目：

（1）采购作业。其又包括供应商管理、向供应商订货、货物验收以及货物入库等作业。供应商管理包括签订采购合约、订货、进货、验收、付款等作业；向供应商订货主要包括控制存货、操作计算机，以及处理订单等作业；验收作业包括开箱、清点等作业；入库作业包括搬运、堆码、标签、登记台账等作业。

（2）销售订单处理。订单若以电子订货系统传来，则无须输入工作；若以传真方式传来，则必须有专人做输入工作。若通过计算机网络传到仓库现场，则不需打印拣货单；若未与仓库现场联网，则需有人按批次打印拣货单，交给仓库现场人员拣货。

（3）拣货作业。拣货方式若为半自动化拣货，即不必人为判断商品，只看编号，人工动作主要为搬运货物及驾驶电动拖板车行进。

（4）补货作业。其包括割箱、人工补货、堆高机补货等作业。

（5）配送作业。其包括配车、打印派车单、核对货品项、拉货上车、配送运输、卸货、点收等作业。

（6）退货作业。其包括运输、商品整理分类、重新上架等作业。

3. 确定资源动因，分配资源成本至作业成本库

企业经营所耗费各种资源的活动要比作业相对简单。确定物流资源动因应依

照资源被消耗的情况而定,主要有以下几种情况:

(1) 如果能直观地确定某一项资源被最终的成本核算对象(产品或物流服务)所消耗,如材料消耗,那么资源动因按传统的方法确定,比如消耗量等。

(2) 如果某项资源被某项作业所消耗,则这种资源具有专属性,如特定的固定资产折旧被特定的作业所消耗,特定的人工费用被特定的作业所消耗,运输人员的工资费用、燃料费用被运输作业所消耗等。在这种情况下,资源动因按作业消耗资源的关系确定,比如将所使用设备的价值、人数、消耗量等作为资源动因。

(3) 如果某项资源被多项作业所消耗,如各作业中心发生的信息费、办公费等,按多收益、多分摊的原则确定资源动因。

物流作业的资源动因确定之后,各资源库的价值要根据资源动因逐项分配到各作业中去,形成作业成本库。每个成本库可以归集人工费用、材料费用、机器设备折旧费用、管理性费用等,如设备调整人员的工资、福利、调整所用的物料、工具的损耗等。

4. 确定作业成本动因,分配作业成本至成本核算对象

由于物流作业的复杂性,作业成本动因的确定远比资源动因复杂。选择作业动因,即选择驱动成本发生的因素。一项作业的成本动因往往不止一个,应选择与实耗资源相关程度较高且易于量化的成本动因作为分配作业成本、计算产品成本的依据。成本计量要考虑成本动因材料是否易于获得。成本动因和消耗资源之间相关程度越高,现有的成本被歪曲的可能性就越小。常见的物流作业成本动因主要有直接人工工时、托盘数量、订单数量、货物的货值等。这些成本动因也需要在日常工作中加以计量。表2-5列举了一些常见的物流作业成本动因。

表2-5 物流作业成本动因示例

| 作业 | 作业成本 | 可能的成本动因 |
| --- | --- | --- |
| 1. 采购处理 | 采购人员成本、采购处理成本、采购设备折旧及维护费用 | 采购次数 |
| 2. 进货验收 | 进货验收人员成本、验收设备折旧及维护费用 | 托盘数 |
| 3. 进货入库 | 进货人员成本、堆高机设备折旧费用 | 托盘数 |
| 4. 仓储 | 仓库管理员成本、仓库租金、折旧费用、维护费用 | 体积、所占空间 |
| 5. 存货盘点 | 盘点人员成本、盘点设备折旧及维护费用 | 盘点耗用时间 |
| 6. 客户订单处理 | 接受订单人员成本、订单处理成本 | 订单数 |
| 7. 拣货 | 拣货人员成本 | 拣货次数 |
| 8. 配送 | 车辆调配费用、油料费用、车辆维护折旧费用、配送人员成本 | 出货托盘数 |
| 9. 人工补货 | 割箱人员成本、搬运人员成本、设备折旧及维护费用 | 补货箱数 |
| 10. 拉货上车 | 拉货上车人工成本、辅助设备折旧费用 | 订单量 |

确定作业成本动因后,需确定作业成本动因分配率,将作业分配到最终的成

本核算对象上。作业成本动因分配率的确定可采用如下计算方法：

作业成本动因分配率＝某作业或作业中心发生的作业成本/该作业或作业中心提供的作业量

某成本核算对象应分摊的某项作业成本＝该对象耗用的该项作业的成本动因数×作业成本动因分配率

某成本核算对象的物流作业成本＝该成本核算对象应分配的各项作业成本之和

作业成本动因分配率确定之后，采用两阶段或多阶段作业成本法分配作业成本至成本核算对象，计算某成本核算对象的物流成本。

## 四、企业物流作业成本核算举例

【例2.3】 某公司某月采购10 000个单位A、3 000个单位B两种原材料，库存中尚存A材料4 545个单位、B材料455个单位。该月为采购A、B两种原材料所消耗的服务资源总费用为44 565元，其中人工费10 500元、电费3 835元、折旧费24 030元、办公费5 200元、存货占用资金利息费1 000元。现要求采用物流作业成本法核算该公司A、B两种原材料的物流作业成本。

（1）确认和计量企业本月所提供的各类资源耗费，将资源耗费价值归集到各资源库中去。本月该企业所提供的各类资源价值情况见表2-6。

表2-6 该企业所提供的各类资源价值

元

| 资源项目 | 人工费用 | 电费 | 折旧费 | 办公费 | 存货占用资金利息费 |
| --- | --- | --- | --- | --- | --- |
| 资源价值 | 10 500 | 3 835 | 24 030 | 5 200 | 1 000 |

（2）确定作业，建立作业成本库。对该公司采购业务流程进行分析，确定采购的物流作业包括购货、收货、验货、存储、票款处理、一般管理共六项作业。

（3）确定资源动因，将各资源库中所汇集的资源耗费分配到各作业成本库中。公司采购资源包括人工费用、电费、折旧费、办公费、存货占用资金利息费等，其资源动因见表2-7。

表2-7 资源项目及资源动因

| 资源项目 | 人工费用 | 电费 | 折旧费 | 办公费 | 存货占用资金利息费 |
| --- | --- | --- | --- | --- | --- |
| 资源动因 | 员工人数 | 耗电度数 | 设备价值 | 作业量 | 存货价值 |

根据表 2-7 所示的资源动因及各作业实际数据资料，利用一定的分摊系数可对相应资源按作业进行分配。汇总计算各作业的作业成本，形成作业成本库，见表 2-8。

表 2-8 资源向各作业分配形成的各作业成本库

元

| 作业资源 | 购货 | 收货 | 验货 | 存储 | 票款处理 | 一般管理 | 合计 |
|---|---|---|---|---|---|---|---|
| 人工费用 | 2 200 | 1 600 | 2 400 | 700 | 1 600 | 2 000 | 10 500 |
| 电费 | 200 | 1 100 | 1 200 | 1 000 | 175 | 160 | 3 835 |
| 折旧费 | 2 430 | 3 460 | 6 890 | 8 650 | 800 | 1 800 | 24 030 |
| 办公费 | 1 000 | 300 | 1 400 | 1 200 | 400 | 900 | 5 200 |
| 利息费 | — | — | — | 1 000 | — | — | 1 000 |
| 作业成本合计 | 5 830 | 6 460 | 11 890 | 12 550 | 2 975 | 4 860 | 44 565 |

（4）确定作业成本动因，分配作业成本至成本核算对象。对公司各项采购作业进行成本动因分析，确定作业成本动因，见表 2-9；依据作业成本动因数量确定作业成本动因分配率，见表 2-10；将各项作业成本，按作业成本动因及作业成本动因分配率分配到 A、B 两种原材料上，计算两种原材料的物流作业成本，见表 2-11。

表 2-9 各项作业成本动因

| 作业项目 | 购货 | 收货 | 验货 | 存储 | 票款处理 | 一般管理 |
|---|---|---|---|---|---|---|
| 作业成本动因 | 购货单 | 货单数量 | 货单数量 | 存货单 | 计算机时数 | 原材料数量 |

表 2-10 各项作业成本动因分配率

| 作业资源 | 购货 | 收货 | 验货 | 存储 | 票款处理 | 一般管理 | 合计 |
|---|---|---|---|---|---|---|---|
| 作业成本/元 | 5 830 | 6 460 | 11 890 | 12 550 | 2 975 | 4 860 | 44 565 |
| 提供的作业量/元 | 116 | 170 | 13 000 | 18 000 | 340 | 18 000 | — |
| 作业成本动因分配率/% | 50.26 | 38 | 0.915 | 0.7 | 8.75 | 0.27 | — |

表 2-11  A、B 两种产品的物流作业成本

| 作业 | 作业成本/元 | 作业成本动因分配率/% | A 材料（14 545 单位） | | B 材料（3 455 单位） | |
|---|---|---|---|---|---|---|
| | | | 消耗动因数 | 金额/元 | 消耗动因数 | 金额/元 |
| 购货 | 5 830 | 50.26 | 24 | 1 206 | 92 | 4 624 |
| 收货 | 6 460 | 38 | 150 | 5 700 | 20 | 760 |
| 验货 | 11 890 | 0.915 | 10 000 | 9 150 | 3 000 | 2 745 |
| 存储 | 12 550 | 0.7 | 14 545 | 10 181 | 3 455 | 2 419 |
| 票款处理 | 2 975 | 8.75 | 40 | 350 | 300 | 2 625 |
| 一般管理 | 4 860 | 0.27 | 14 545 | 3 927 | 3 455 | 933 |
| 作业成本合计 | 44 565 | — | — | 30 514 | — | 14 106 |
| 单位原材料物流作业成本 | — | — | — | 2.10 | — | 4.08 |

## 学习任务小结

企业开展物流成本的核算，首先必须结合自身实际确定核算的目的与核算对象，可以选取形态别、功能别、客户别、范围别、制品别、部门别、地域别、过程别等物流成本核算对象；明确物流成本的核算对象后，就要按照核算对象设置相应的物流成本账户，然后设置相应的账簿，选择合适的成本核算方法，按步骤进行物流成本的核算。

物流成本核算可以采用会计方法、统计方法或会计方法与统计方法相结合的混合方法。其中会计方式的物流成本核算相对复杂，但得到的成本信息更为准确，而统计方式则相反。隐性物流成本主要包括存货所占压资金的机会成本以及物流服务不到位所造成的缺货成本，物流成本是企业在经营过程中消耗在物流业务方面的显性物流成本与隐性物流成本之和。

作业成本法是物流成本核算和管理的一种新方法，其基本思想是：在资源和产品之间引入一个中介——作业，先确定作业活动归集发生的间接费用，然后根据决定或影响作业活动发生的因素，将其分配给不同的产品。作业成本法是针对制造费用、间接费用比例较高的企业提出的，这正与物流管理过程涉及无形服务、产生大量制造费用和间接费用的特点吻合。作业成本法被认为是物流成本管理最有前途的方法。物流作业成本核算的一般步骤是：取得物流成本信息，建立

资源成本库;分析和确定作业,建立作业成本库;确定资源动因,分配资源成本至作业成本库;确定作业成本动因,分配作业成本至成本核算对象;计算某成本核算对象的物流成本。

### 基于作业成本法的汽车零部件入厂物流研究

在汽车零部件入厂的物流过程中,根据物流运作主导方的不同,其物流模式可以分为供应商主导物流模式、汽车制造企业主导物流模式和第三方物流主导物流模式。随着汽车市场竞争的日益激烈以及第三方汽车物流服务市场的逐步成熟,越来越多的汽车制造企业采用第三方物流模式来完成其零部件入厂的物流过程。因此,汽车制造企业与供应商签订的零部件价格一般是离岸价格,零部件的入厂物流费用则统一支付给第三方汽车物流服务商。那么第三方物流服务费用应该支付多少及其合理与否就成为汽车制造企业面临的一个难题。同时,零部件入厂物流体现出的极高的专业性和复杂性也使零部件入厂物流成本的计算在传统的成本计算方法下难上加难。现采用作业成本法——它被认为是确定和控制物流费用最有前途的方法——来显示零部件入厂物流成本冰山的真实面貌,为汽车制造企业在确定和降低汽车零部件入厂物流成本上提供借鉴和帮助。

1. 分析汽车零部件入厂物流过程,建立作业中心作业

作业是指组织内为了某种目的而进行的消耗资源的活动。要界定汽车零部件入厂物流过程中存在的各项作业,必须清楚整个入厂物流的过程。鉴于我国汽车制造业的现状,我国汽车零部件入厂物流主要可以分为两种情况:一种是全散装件(CKD件)的入厂物流过程;另一种是国产化零部件的入厂物流过程。将两类汽车零部件入厂物流过程简单绘制出来,如图2-9所示。

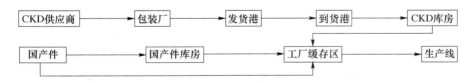

图2-9 零部件入厂物流过程

通过对汽车零部件入厂物流过程的详细分析,可建立如下作业中心:运输、包装、装卸搬运、仓储、备货、配送以及物流管理,可编制其作业层级目录,见表2-12。

表 2-12　物流作业层级目录

| 一级作业 | 二级作业 | 三级作业 |
| --- | --- | --- |
| 运输 | CKD 件运输 | CKD 件供应商处到包装厂的运输 |
| | | 包装厂到发货港的集装箱公路运输 |
| | | 发货港到到货港的集装箱海上运输 |
| | | 到货港到海关监管箱站的集装箱公路/铁路运输 |
| | | 海关监管箱站到 CKD 件库房的集装箱公路运输 |
| | | CKD 件空器具与索赔件的反向运输 |
| | 国产件运输 | 国产件供应商处到中转库房的长途公路运输 |
| | | 国产件供应商处到工厂缓存区的短途公路运输 |
| | | 国产件空器具与索赔件的反向运输 |
| 包装 | CKD 件集装化包装 | CKD 件在供应商处的小模块化包装 |
| | | CKD 件在包装厂的集合包装 |
| | 国产件集合化包装 | 国产件在供应商处的集合化运输包装 |
| 仓储 | CKD 件仓储 | CKD 件在集装箱站的存储 |
| | | CKD 件在 CKD 件库房的存储 |
| | | CKD 件在工厂缓存区的存储 |
| | 国产件仓储 | 国产件在中转库房的存储 |
| | | 国产件在工厂缓存区的存储 |
| 装卸搬运 | CKD 件装卸搬运 | CKD 件供应商处的装卸搬运 |
| | | CKD 件到包装厂入厂时的装卸搬运 |
| | | CKD 件集装化后出包装厂时的装卸搬运 |
| | | CKD 件到 CKD 件库房入库时的装卸搬运 |
| | | CKD 件出 CKD 件库房时的装卸搬运 |
| | | CKD 件到缓存区的装卸搬运 |
| | | CKD 件出缓存区时装卸搬运 |
| | | CKD 件到生产线上的装卸搬运 |
| | 国产件装卸搬运 | 国产件出供应商处时的装卸搬运 |
| | | 国产件到中转库房时的装卸搬运 |
| | | 国产件到缓存区时的装卸搬运 |
| | | 国产件出缓存区时的装卸搬运 |
| | | 国产件到生产线上的装卸搬运 |

续表

| 一级作业 | 二级作业 | 三级作业 |
|---|---|---|
| 备货 | CKD 件备货 | CKD 件在 CKD 件库房的备货 |
| | | CKD 件在工厂缓存区的备货 |
| | 国产件备货 | 国产件在中转库房的备货 |
| | | 国产件在工厂缓存区的备货 |
| 配送 | CKD 件配送 | CKD 件库房到工厂缓存区的配送 |
| | 国产件配送 | 中转库房到工厂缓存区的配送 |
| 物流管理 | — | — |

2. 资源动因分析

汽车零部件入厂物流过程所消耗的资源主要包括燃料费、人工费、电费、养路费/路桥费、折旧费、办公费和库存资金占用成本等。此外，CKD 件还涉及进口过程中的代理费、港杂费和检验检疫费等。这些费用的准确数据一方面可以从汽车企业每月做账的数据中得到；另一方面与第三方物流公司签订的服务合同也应该体现每一笔费用的产生，否则汽车企业也有权要求第三方物流公司提供详细的费用清单。各作业中心所消耗资源情况见表 2 – 13。

表 2 – 13 资源消耗情况

| 作业中心 | 费用 |
|---|---|
| 运输 | 车辆折旧费、燃油费、路桥费、轮胎费、维修费、车辆清理费、保险费、海运费、代理费、港杂费、检验检疫费、人工费 |
| 包装 | 折旧费、包装材料费、电费、人工费 |
| 仓储 | 折旧费、电费、水费、库存资金占用成本、人工费 |
| 装卸搬运 | 折旧费、燃油费、电费、人工费 |
| 备货 | 电费、人工费、燃油费、折旧费 |
| 配送 | 车辆折旧费、燃油费、养路费、人工费 |
| 物流管理 | 折旧费、电费、水费、办公用品消耗、人工费 |

在明确所消耗资源的基础上，根据"作业消耗资源"的原理，可以将资源分配到各级作业，形成作业成本库。资源分配的依据是资源动因，如装卸搬运的燃油量与装卸搬运机械的作业时间密切相关，因此可选择装卸搬运机械的作业小时数为资源动因，在"国产件出供应商处时的装卸搬运""国产件到中转库房时的装卸搬运""国产件到缓存区时的装卸搬运"等不同作业间分配燃油费。常见

的资源动因包括作业小时数、千米数、面积比例、零件数、使用次数及人数等。在资源动因的基础上所进行的资源分配确保了各项作业所消耗的资源与实际情况相符。

3. 作业成本动因分析

通过前面的资源动因分析，可以掌握每一项作业所消耗的资源量，即每一项作业所带来的成本，根据"产品消耗作业"的原理，可将作业成本库里的每一项成本分配到其所涉及的每一个零部件上，以便最终能准确计算每一辆车的物流成本投入。作业成本分配的依据是作业成本动因，如"国产件到生产线上的装卸搬运"所涉及的零部件多种多样，可以每种零部件装卸作业的小时数来分摊装卸搬运机械的燃油费用。常见的作业成本动因为作业小时数、千米数、使用次数等。通过作业成本动因分析，可以揭露多余作业，改善作业过程，达到加快入厂物流速度同时降低入厂物流成本的目的。

4. 汽车零部件入厂物流成本核算

汽车零部件入厂物流成本核算的关键是确定成本分配率，其计算公式如下：

$$某作业成本分配率 = \frac{某作业成本总额}{某作业成本动因数量总和}$$

则某汽车零部件应该分摊的某项作业的成本分配额的计算公式为：

某汽车零部件应该分摊的某项作业的成本分配额 = 该零件消耗的作业成本动因数量 × 该作业成本分配率

通过上述两个公式可算出每一个零部件在经历运输、包装、仓储、装卸搬运、备货及配送六项作业后所产生的成本。而对于物流管理这一作业中心所带来的成本，在传统的物流成本计算方法下就是将当月物流管理总成本除以当月生产的车辆，即将物流管理成本平均分摊到每一辆车上。而在作业成本法下，物流管理成本则以更科学的方法进行分摊。首先，必须计算出物流管理成本分配率，其计算公式如下：

$$物流管理成本分配率 = \frac{物流管理总成本}{前六项作业成本总和}$$

然后根据物流管理成本分配率就可以得出每个作业中心应该分摊的物流管理成本，其计算公式如下：

运输作业应分摊的物流管理成本 = 运输作业的总成本 × 物流管理成本分配率

各作业中心分摊到的物流管理成本则以各作业中心的作业成本分配率为基础分摊到各个零部件上。若不能直接根据作业成本分配率分摊，则继续寻找作业成本动因，使物流管理成本进一步在二级作业及三级作业之间的分配，从而最终得出每个汽车零部件在经历了入厂物流的各项作业活动后的物流成本。

5. 总结

从理论上讲，作业的划分越细越好，但是考虑到成本–效益原则以及"重要的少数，次要的多数"原理，将相当复杂的汽车零部件入厂物流过程细分为六个作业中心，在此基础上进行作业成本分析。希望能帮助汽车企业在明晰零部件入厂物流过程的同时，明晰入厂物流过程的每个作业所产生的成本，消除不增值作业，进一步改进增值作业。总的来说，作业成本法的实施是可以给汽车企业带来明显的经济效益的，但是想短期内就实现这种经济效益是比较难的，这需要操作人员实践经验的积累、大量数据的收集以及长期的纵向数据的对比分析等。

## 技能练习

### 一、选择题

1. 企业计算物流成本时一般应以（　　）作为物流成本的基本计算对象。
   A. 物流范围　　　　　　　　B. 物流客户
   C. 物流成本项目　　　　　　D. 物流成本支付形态

2. 以物流成本项目作为成本计算对象时，将物流成本按其是否属于功能性成本分为（　　）。
   A. 运输成本　　　　　　　　B. 物流功能成本
   C. 存货相关成本　　　　　　D. 库存持有成本

3. 物流成本核算的客观性原则包括（　　）。
   A. 一致性　　　　　　　　　B. 相关性
   C. 真实性　　　　　　　　　D. 可核实性

4. 从一定意义上讲，物流成本核算就是物流费用（　　）两大项工作。
   A. 归集和记账　　　　　　　B. 分配和控制
   C. 记账和控制　　　　　　　D. 归集和分配

5. 物流成本核算的一般方法包括（　　）。
   A. 会计方法　　　　　　　　B. 双轨制法
   C. 统计方法　　　　　　　　D. 混合方法

6. 核算物流成本时，（　　）需要采用一定的方法进行分配，以计入物流成本。
   A. 期间费用　　　　　　　　B. 直接费用
   C. 所有费用　　　　　　　　D. 间接费用

7. 下面关于作业成本法的基本原理概括正确的是（　　）。
   A. 产品消耗作业　　　　　　B. 作业消耗资源
   C. 资源消耗费用　　　　　　D. 费用耗费资金

8. 在作业成本法中，作业成本动因依其在资源流动中所处的位置可划分为（　　）。
   A. 费用动因　　　　　　　　　B. 资源动因
   C. 作业动因　　　　　　　　　D. 数量动因
9. 实行作业成本法的企业，在生产经营过程中，初始形态上的各种劳动耗费被称为（　　）。
   A. 费用　　　B. 支出　　　C. 成本　　　D. 资源
10. 作业消耗资源，所以伴随作业的发生，作业中心也就成为一个（　　）。
   A. 资源成本库　　　　　　　　B. 费用归集点
   C. 成本核算对象　　　　　　　D. 作业成本库

## 二、思考题

1. 物流成本核算的一般方法有哪些？
2. 物流成本核算的程序是什么？
3. 产品成本核算方法主要包括哪些？各自有哪些特点？
4. 作业成本法的步骤是什么？
5. 各项费用的界限如何确定？

## 三、实训应用

某流通企业计算其供应物流和销售物流所发生的物流成本。2017年8月，该企业发生的资源耗费主要有工资费117 700元、电费4 067元、折旧费73 700元、办公费9 760元，两阶段所涉及的作业包括：运输作业、装卸搬运作业、物流信息作业、物流管理作业。其他有关资料如下：

（1）该企业有运输车7辆，每月可提供的运输作业为1 220小时，其中，为供应物流提供运输580小时，为销售物流提供运输530小时，剩余110小时。

（2）该企业有装卸搬运机3台，每月可提供作业605机时，其中，供应阶段耗费的作业为306机时，销售阶段耗费的作业为288机时，剩余11机时。

（3）该企业物流信息管理作业采用计算机辅助系统完成，该系统全月可提供作业198机时，其中，为供应物流提供作业98机时，为销售阶段提供作业92机时，剩余8机时。

（4）该企业物流管理作业的人员及设施全月可提供作业180小时，其中，为供应阶段提供作业74小时，为销售阶段提供作业62小时，剩余44小时。

（5）电力资源的消耗。运输作业没有耗费电量；装卸搬运作业耗费电量1 080度，物流信息作业耗费电量790度，物流管理作业耗费电量540度，非物流管理作业耗费电量3 400度。所有作业共耗费电量5 810度。已知每度电的价格为 0.7 元。

（6）办公费用的消耗。办公费用以作业人数为分配动因进行分配。

（7）工资资源的消耗见表 2-14。

表 2-14　工资资源的消耗

| 作业<br>资源 | 运输 | 装卸搬运 | 物流信息 | 物流管理 | 非物流作业 | 合计 |
| --- | --- | --- | --- | --- | --- | --- |
| 职工人数/人 | 10 | 18 | 5 | 6 | 22 | 61 |
| 每人月工资额/元 | 1 900 | 1 300 | 2 300 | 2 200 | 2 300 | — |

（8）折旧费分配见表 2-15。

表 2-15　折旧费用分配

元

| 作业<br>资源 | 运输 | 装卸搬运 | 物流信息 | 物流管理 | 非物流作业 | 合计 |
| --- | --- | --- | --- | --- | --- | --- |
| 各作业折旧费 | 28 000 | 9 300 | 5 400 | 0 | 31 000 | 73 700 |

根据上述资料采用作业成本法计算企业供应物流成本和销售物流成本。

## 四、案例分析

莫科公司是一个大集团公司的一部分，只有 100 多人，它的会计部门有 6 人，包括 1 名财务控制员，他的职责为把作业成本法导入企业。财务控制员的前一家工作单位是位于墨尔本的汽车零部件生产商，由于那家公司的高层对于作业成本法带来的效益不能认同，他在那家企业导入作业成本法失败了。

这家集团公司内部以前从未使用过作业成本法，莫科公司是这个集团内第一家成功应用作业成本法的企业。它以前的成本核算系统是传统成本核算系统，其中制造费用按照人工小时分配。莫科公司的客户广泛，产品系列很多，生产过程既有高度复杂的自动化生产，也有部分手工生产。为了满足客户的特殊需求，其订单量都非常小，因此市场要求公司具有高度的柔性和快速反应能力。

莫科公司早在 5 年前就开始在现代制造技术方面投资，包括自动焊接机器人等，这导致莫科公司产品的成本结构发生了显著的变化。现在的人力资源成本仅是以前的人力资源成本的一小部分，但是由新技术带来的成本节约并没有使顾客获得好处，也没有使企业的产品在市场上获得价格优势。许多客户转向从国外供应商进货，虽然他们还是希望能够采用莫科公司的产品。

尽管公司的边际利润在增长，但客户还是慢慢地向海外供应商流失。公司不清楚到底是哪一部分导致了边际利润的增长。只是他们很清楚，目前的会计系统存在不足。因为信息不足，高层无法据此作出正确的决策。

他们从一个前高层经理那里了解到作业成本法，但是他们自己没有关于作业成本法的任何经验，既不知道这个系统是如何运作的，也不知道该如何建立一个作业成本法系统，但是他们认为作业成本法是解决莫科公司目前面临问题的一个方案。后来，财务控制员被指定为在莫科公司导入作业成本法的负责人。接到这项任务后，财务控制员建立了一个包括他自己、一个制造部门的工程师和一个成本会计师的项目组，在之后的 3 个月时间里，作业成本法项目小组与公司内部其他部门的人员进行了大量的非正式交流。工程师和财务控制员都全职参与 ABC 实施工作，成本会计师大约把 2/3 的时间投入到这个项目上。该小组为全企业建立了 25 个成本库，并用了大量的时间就作业成本动因达成一致。一些认定的作业成本动因如下：

（1）机床调试的频率（包括编程数控机床）；

（2）制造订单数量（这是很多作业的驱动因素，包括从报价到送货的很多作业）；

（3）采购订单数量（这是采购部门工作量的主要驱动因素）；

（4）产品销售的商店数量；

（5）检查的次数（很多地方需要抽样检查）；

（6）工作面积（分配给过程和设备）；

（7）单个服务人员成本。

很多作业成本动因对于多个作业成本库是相同的，项目小组在成本分配上没有用多少时间。莫科公司实施作业成本法的软件系统是基于 PC 的，其中包含大量由财务控制员建立的 Excel 表格。购买软件只需要 1 000 美元，但是需要做很多基础工作来使软件适合公司的特殊需要，另外收集和输入数据也很花时间。

作业成本法系统最初计划在 40~50 个产品上试运行，这些产品覆盖了公司产品的所有系列。当他们分析了产品的同质性后，将品种数量降低到 25 个。老的成本核算系统仍旧在使用，主要是为了存货估价、差异分析、评估劳动生产率等。

作业成本法系统能够计算出真实的成本并用于定价，自动计算出业绩计量和产品的利润率，能给管理者提供很多与决策相关的信息，当前年度的预算也将基于作业成本法提供的信息和建立的作业成本核算模型做出。

1. 实施中的问题

缺少资源是实施过程中的一个持续的问题，尤其是在总经理要求尽早得出结果时。由于缺乏有相关技能和知识的人员，公司项目实施之初不得不进行大量的培训。这主要是由财务控制员以非正式的形式来完成，需要时，也会为管理高层进行一些正式的培训，主要讲述作业成本法的基本原理以及如何在企业中实施该方法。

对于成本会计的培训在整个项目计划期间以及实施期间持续进行。作为交流和收集数据的一部分，财务控制员不得不与工会人员打交道。他对工会成员进行了大量的访谈以确定他们一天中是如何支配他们的时间的。在很多情况下，工会人员勉强地回答了问题，并间接地对实施作业成本法表示反对。他们对如何实施作业成本法，尤其是实施后对他们的工作有何影响保持警惕。他们被告知这只是一个简单的成本核算系统，总体上，他们认为实施作业成本法对企业长期的生存发展并无多大价值。

2. 作业成本法的实施结果

根据财务控制员的消息，莫科公司实施作业成本法带来了多方面的效益，包括：

（1）获得了更准确的成本信息和定价信息，由此改变公司在市场中的地位。

（2）建立针对进口的、有竞争力的产品的基准库。

（3）更好的成本信息使管理层把一些内部低效率的制造转向外包。

（4）由于针对不同方面更好地进行衡量，公司作出了更好的资本投资决策。

（5）明确了一些消耗成本较高的问题区域，包括数控加工段，现在，它的成本已经降下来了。

（6）建立了对改进状况进行评价的业绩评价标准。

（7）建立了详细而精确的年度预算。

尽管实施作业成本法需要花费 12 个月时间，但是公司获得的效益明显超过投入。简单地说，基于作业成本法带来的效益，管理层可以使用更精确和更具有相关性的信息，作业成本法为管理层的商业决策提供了一个好的工具。

3. 作业成本法系统目前的状况

缺乏适当的资源来支持作业成本法的运行仍然是莫科公司作业成本法系统面临的问题，这可能会在近期成为一个主要的问题，因为高级管理层发生了变化。在莫科公司推动实施作业成本法的总经理近期离开了，新来的总经理对莫科公司的作业成本法系统不熟悉，并且不完全赞同作业成本法的价值。新来的总经理可能不会为 ABC 系统的进一步开发和运行分配足够的资源，好在集团的高级管理层认识到了作业成本法的潜力，继续推动作业成本法在集团内的应用。财务控制员一直认为作业成本法对集团的进一步发展来说是一个好的工具，应该在集团全面推广。在集团内部又成功实施两个作业成本法系统之后，财务控制员认为作业成本法对于集团来说是一个"必需的系统,它很显然能够解决制造商当前面临的许多问题,系统所提供信息的质量是很高的,它促进了基于事实的决策"。

**案例思考:**

(1) 该企业是如何实施作业成本法的?

(2) 该企业在实施作业成本法的过程中遇到了什么问题?取得了哪些成果?

# 学习任务三
# 物流成本控制

## 任务描述

### 飞机运啤酒的启示

布鲁啤酒公司在美国分销布鲁克林拉格和布朗淡色啤酒。虽然在美国它还没有确立起一种知名品牌,但在日本市场却已创建了一个每年200万美元的市场销售规模。

布鲁啤酒公司将啤酒空运到日本,并通过广告宣传其进口啤酒具有独一无二的新鲜度。这不仅是一个令人感兴趣的营销战略,而且也是一种独一无二的物流作业,因为成本高,目前还没有哪一家酿酒厂通过航空运输将啤酒出口到日本。布鲁啤酒公司于1987年11月装运了它的第一箱布鲁啤酒到达日本,并在最初的几个月里使用了各种航空承运人。最后,日本球际航空公司被选为布鲁啤酒公司唯一的航空承运人。球际公司之所以被选中,是因为它向布鲁克林酿酒厂提供了增值服务。球际公司在其J. F. K.国际机场的终点站交付啤酒,并在飞往东京的商务航班上安排运输。球际公司通过其日本报关行办理清关手续。这些服务有助于保证产品完全符合新鲜要求。

啤酒之所以能达到新鲜要求,是因为这样的物流作业可以在啤酒酿造后的1周内将啤酒从酿酒厂直接运达顾客手中,而海外装运啤酒的平均订货周期为40天。啤酒的新鲜度使之能够超过一般价值定位,高于海外装运的啤酒价格的5倍。虽然布鲁啤酒在美国是一种平均价位的啤酒,但在日本,它是一种溢价产品,获得了极高的利润。布鲁啤酒的高价并没有阻碍它在日本销售。1988年,即布鲁啤酒进入日本市场的第一年,布鲁酿酒公司就获得了50万美元的销售额。1989年,销售额增加到100万美元,而1990年则增至130万美元,其出口总量占布鲁啤酒公司总销售额的10%。

目前,布鲁啤酒公司已改变其包装,通过装运小桶啤酒而不是瓶装啤酒来降低运输成本。虽然小桶啤酒的重量与瓶装啤酒的重量相等,但其减少了玻璃破碎而使啤酒损毁的机会。此外,小桶啤酒对保护性包装的要求也较低,这将进一步降低装运成本。

**任务分析**

本案例中的布鲁啤酒公司在物流运作中有两点值得借鉴：一是通过航空公司运送啤酒，虽然运输成本高，但啤酒由于具有独一无二的新鲜度而成为一种溢价产品，仍赢得市场欢迎；二是通过改变包装，用小桶啤酒代替瓶装啤酒，降低了包装和存储成本。通过以上两点，实际总的物流成本仍能够得到有效的控制。布鲁啤酒降低了包装和存储成本，虽然运输成本有所增加，但是总的物流成本仍然是减少的。那么，应该如何控制企业的物流成本呢？物流成本控制的途径和方法有哪些呢？

**知识目标**

通过对任务的分析，可以更清楚地了解控制物流成本的重要性。首先需要了解物流成本控制中的一些常用概念、物流成本控制的原则及程序，其次要掌握物流成本控制的常用方法。只有了解物流成本控制的基本概念及其常用方法，才能根据企业的实际情况选择适合企业自身特点的物流成本控制方法。

**技能目标**

通过对任务的分析，能更清楚地认识到需要掌握哪些技能才能更好地为控制企业物流成本而服务。为了控制物流成本，需要熟练掌握目标成本法的原理，能够制定企业的目标成本；熟练掌握标准成本法中标准成本的制定、标准成本的差异分析，以及能够将差异分析形成书面报告反馈给相应的责任部门；熟练掌握责任成本的业绩报告，能够通过责任成本的业绩报告发现问题，反馈给相应的责任单位。

# 子任务一　物流成本控制的基本概念

| 学习领域 | 物流成本控制 |
| --- | --- |
| 学习情境 | 物流成本控制的基本概念 |
| 任务描述 | 要求1：掌握物流成本控制的概念<br>要求2：了解物流成本控制的原则<br>要求3：了解物流成本控制的程序 |

## 一、物流成本控制的概念

物流成本控制是企业在物流活动中依据物流成本标准,对实际发生的物流成本进行严格的审核,发现浪费时,采取降低物流成本的措施去实现预定的物流成本目标。进行物流成本控制,应根据物流成本的特性和类型,在物流成本的形成过程中,对其事先进行规划,事中进行指导、限制和监督,事后进行分析,总结经验教训,不断采取改进措施,使企业的物流成本不断降低。

物流成本控制是加强企业物流成本管理的一项重要手段,贯穿于企业生产经营活动的全过程。物流成本控制按照物流成本发生的时间先后划分为事前成本控制、事中成本控制和事后成本控制三个阶段,也就是成本控制循环中的设计阶段、执行阶段和考核阶段。

(1) 事前成本控制又称为物流成本的前馈控制和预防控制,是指在物流活动发生前,在对物流活动的成本功能关系进行分析、研究的基础上,明确企业对物流功能和目标成本的要求,从根本上剔除过剩功能,降低成本。同时在对物流成本形成的各种因素进行分析的基础上,根据物流成本的个性和类别分别采取不同方法约束成本开支,防止偏差和浪费的发生。

(2) 事中成本控制是在物流成本的形成过程中,随时对实际发生的物流成本与目标成本进行对比,及时发现差异并采取相应措施予以纠正,以保证物流成本目标的实现,它是物流成本控制的执行阶段。事中成本控制应在物流成本目标的归口分级管理的基础上进行,严格按照物流成本目标对一切生产经营耗费进行随时随地的检查审核,把可能产生浪费的苗头消灭在萌芽状态,并且把各种成本偏差的信息及时反馈给有关的责任单位,以有余力及时采取纠正措施。

(3) 事后成本控制又称为成本的后馈控制,是指在物流成本发生后,对物流成本预算的执行情况进行分析评价,总结经验教训,不断采取改进措施,为以后进行物流成本控制和制定新的物流成本提供依据。

事中成本控制主要是针对各个物流成本费用项目进行实时实地的分散控制。而物流成本的综合性分析控制,一般只能在事后才可进行。事后成本控制的意义并非消极的,大量的物流成本控制工作有赖于事后成本控制来实现。从某种意义上说,事前控制与事后控制是相对的,本期的事后控制也是下期的事前控制。

## 二、物流成本控制的原则

### 1. 经济性原则

这里说的"经济"是指节约,也就是对人力、物力和财力等的节约,这是提高企业经济效益的核心。经济性原则是在物流经济活动过程中进行物流成本控制的基本原则，也是物流成本控制过程中要时刻注意的原则。

2. 全面性原则

全面性原则具体包括全过程控制、全方位控制和全员控制。全过程控制原则是指物流成本不仅限于生产过程，而是从生产向前延伸到投资、设计，向后延伸到用户服务成本的全过程；全方位控制原则是指物流成本控制不仅对各项费用发生的数额进行控制，而且还要对费用发生的时间和用途进行控制，讲究物流成本开支的经济性、合理性、合法性；全员控制原则是指物流成本控制不仅要有专职成本管理机构的人员参与，而且还要发挥广大职工在物流成本控制中的重要作用，使物流成本控制更加深入和有效。

3. 责、权、利相结合的原则

只有贯彻责、权、利相结合的原则，物流成本控制才能真正发挥其效用。企业管理机构在要求机构、企业内部各部门和单位完成物流成本控制职责的同时，也要相应地赋予规定范围内决定费用是否可用的权力。此外，还要对物流成本控制进行业绩评价，据此进行奖惩，以便充分调动各单位和职工进行物流成本控制的主动性和积极性。

4. 目标控制原则

目标控制原则要求企业管理机构以既定的目标作为管理人力、物力、财力和各项重要经济指标的基础。物流成本控制是目标控制的一项重要内容，即以目标物流成本为依据，对企业物流活动进行指导和约束，力求以最小的成本获得最大的收益。

5. 重点控制原则

重点控制原则要求对超出常规的关键性差异进行控制，旨在保证管理人员将精力集中于偏离标准的一些重要事项上。企业的日常物流成本差异往往成千上万，管理人员对异常差异实行重点控制，有利于提高物流成本控制的工作效率。

## 三、物流成本控制的基本程序

1. 制定物流成本标准

物流成本标准是物流成本控制的准绳，是对各项物流费用开支和资源耗费所规定的数量限度，是检查、评价实际物流成本水平的依据。物流成本标准应包括物流成本计划中规定的各项指标。在实践中，物流成本标准的制定方法多种多样，如计划指标分解法、预算法、定额法、标准法等。在采用这些方法时，企业应进行充分的调查研究和科学计算，从完成企业的总体目标出发，综合平衡，选择适合企业自身实际情况的方法。

2. 监督物流成本的形成过程

根据标准，对物流成本形成的各个项目要实施日常控制，如对设施设备的使用效率、员工的工作效率、业务流程的优化等要经常进行检查、评比和监督。不仅要检查指标本身的执行情况，还要检查和监督影响指标的各项条件。为了加强控制的效果，日常控制要设专人监督管理，而且要使费用发生的执行者实行自我控制，并在责任制中加以规定。这样就可以调动全体员工的积极性，使成本的日常控制具有群众基础。

3. 计算分析差异，及时揭示并纠正不利偏差

揭示物流成本差异即核算确定实际物流成本脱离标准的差异，分析差异的成因，明确责任的归属。针对物流成本差异发生的原因，分析情况，分清轻重缓急，提出整改措施，并加以贯彻执行。对于重大的差异，应进行专题研究，明确研究目标，选择解决方案，制定研究的步骤，并设专人管理实施，以便使偏差得到及时纠正。

4. 成本绩效评价和激励

经过成本的计算和分析，评价物流成本控制目标的执行情况，结合企业员工工作绩效管理办法实施奖励。

# 子任务二　目标成本法

| 学习领域 | 物流成本控制 |
| --- | --- |
| 学习情境 | 目标成本法 |
| 任务描述 | 要求1：了解目标成本法的定义及特点<br>要求2：掌握目标成本法的程序<br>要求3：会用"倒扣法"计算目标成本 |

目标成本法是一种针对市场导向（market–driven），对有独立的制造过程的产品进行利润计划和成本管理的方法。目标成本法的目的是在产品的研发及设计（RD&E）阶段设计好产品的成本，而不是试图在制造过程中降低成本。目标成本法是一种全过程、全方位、全人员的成本管理方法。

## 一、目标成本法的特点

（1）目标成本法是一种全过程、全方位、全人员的成本管理方法。"全过程"是指从供应链产品生产到售后服务的一切活动，包括供应商、制造商、分销商在内的各个环节；"全方位"是指从生产过程管理到后勤保障、质量控制、企业战略、员工培训、财务监督等企业内部各职能部门各方面的工作以及企业竞争环境的评估、供应链管理、知识管理等；"全人员"是指从高层经理人员到中层

管理人员、基层服务人员、一线生产员工。目标成本法在作业成本法的基础上考查物流作业的效率、人员的业绩、物流的成本，弄清每一项资源的来龙去脉以及每一项物流作业对整体目标的贡献。

（2）从本质上看，目标成本法是一种对企业的未来利润进行战略性管理的技术。目标成本法改变了传统的"为降低成本而降低成本"的观念，取而代之为战略性成本管理的观念。战略性成本管理所追求的是在不损害企业竞争地位的前提下降低成本。一方面，如果在降低成本的同时削弱了企业的竞争地位，这种成本降低的策略就是不可取的。另一方面，如果成本的增加有助于增强企业的竞争实力，则这种成本增加就是值得鼓励的。比如，市场调查表明顾客需要某种产品增加一种功能，这种做法会导致产品制造成本上升，但如果不增加这种成本，企业的竞争地位就会受到削弱，产品的设计者就必须为产品增设这种功能。成本管理中的这种辩证思维在传统的成本管理观念中是很难找到其影子的。原因很简单，传统的成本管理只注重事中管理和事后管理，完全忽视了事前管理，而目标成本管理旨在确定各个层次的目标成本，这表明该方法或技术的落脚点完全是事前管理。目标成本法以实现目标利润为目的，以目标成本为依据，对企业的经营活动发生的各种支出进行全面的管理。

（3）对企业物流成本实施系统化管理。传统成本管理的范围只局限于事中、事后的成本管理；目标成本法的范围是将企业的全部经营活动作为一个系统，从事前的成本预测到成本的形成及事后的成本分析，实行全面的、全过程的管理，将全部经营活动中的一切耗费都置于成本控制之下，并把工作重点放在事前控制和事中控制上，及时分析差异，采取措施，消除不利因素，加强成本的控制地位。

## 二、目标成本法的实施程序

物流目标成本的制定要遵循一定的程序，该程序可能会因为企业物流活动内容的不同而不同，但大体上可以分为以下几个阶段。

1. 初步确立物流成本目标

物流目标成本的制定，在实践中一般采用"倒扣法"，"倒扣法"也称为"倒扣测算法"，即在事先确定目标利润的基础上，首先预计产品的售价和销售收入，然后扣除价内税和目标利润，余额即目标成本。此法既可以预测单一产品生产条件下的产品目标成本，也可以预测多产品生产条件下的全部产品的目标成本。当企业生产新产品时，也可以采用这种方法预测，此时新产品目标成本的预测与单一产品目标成本的预测相同。其计算公式为：

单一产品生产条件下产品目标成本 = 预计销售收入 − 应缴税金 − 目标利润
多产品生产条件下全部产品目标成本 = $\Sigma$ 预计销售收入 − $\Sigma$ 应缴税金 − 总体目标利润

公式中的销售收入必须结合市场销售预测及客户的订单等予以确定，应缴税金指应缴流转税金，它必须按照国家的有关规定予以缴纳，由于增值税是价外税，因此这里的应缴税金不包括增值税，目标利润通常可采用先进（指同行业或企业历史较好水平）的销售利润率乘以预计的销售收入、先进的资产利润率乘以预计的资产平均占用额、先进的成本利润率乘以预计的成本总额确定。

**【例3.1】** 某企业生产甲产品，假定甲产品产销平衡，预计明年甲产品的销售量为1 500件，单价为50元。生产该产品需缴纳17%的增值税，销项税与进项税的差额预计为20 000元；另外还应缴纳10%的消费税、7%的城建税、3%的教育费附加，假定同行业先进的销售利润率为20%。

要求：运用"倒扣测算法"预测该企业的目标成本。

**解**：目标利润 = 1 500 × 50 × 20% = 15 000（元）

应缴税金 = 1 500 × 50 × 10% +（20 000 + 1 500 × 50 × 10%）×（7% + 3%）
　　　　 = 10 250（元）

目标成本 = 1 500 × 50 − 10 250 − 15 000 = 49 750（元）

2. 物流目标成本的可行性分析

物流目标成本的可行性分析是指对初步测算出的物流目标成本是否切实可行作出的分析和判断。

（1）对已有的和可比的物流项目进行可行性分析。目标成本的可行性分析主要是根据本企业的实际成本及成本变化趋势，充分考虑本企业成本节约的能力，考虑材料、燃料、动力的消耗定额和价格变动对成本的影响、劳动生产率提高超过平均工资增长对成本的影响等，测算节约措施是否达到目标成本。如果达不到则应采取新的节约措施。

（2）对新开发的物流项目的目标成本进行可行性分析。目标成本的可行性分析需要分析服务项目、服务程序设计等是否符合目标成本的要求。在新项目的设计阶段，设计成本一般小于目标成本，否则若设计不合理造成物流服务成本过高，则在实施阶段再加以控制会很困难。

在实施阶段，根据物流目标成本和设计好的业务流程，全方位分析各个业务环节、各个相关管理部门的各种费用开支，在现有企业外部经济环境、内部管理水平和资源条件下，是否满足目标成本的要求。否则应重新调整目标利润，以确定适合企业发展的目标成本。

3. 物流目标成本的分解

物流目标成本的分解，是指设立的物流目标成本通过可行性分析后，将其自上而下按照企业的组织结构逐级分解，落实到有关责任中心。物流目标成本的分解通常不是一次完成的，需要不断修订，有时甚至要修改原来设立的目标。常用的物流目标成本分解的方法有以下几种：

(1)按管理职能分解。将物流目标成本通过管理层次按照管理部门来分解,如将运输费用分配给运输部门、将工资成本分配给劳动部门、将仓储费用分配给仓库管理部门、燃料动力费用分配给后勤部门等。

(2)按管理层次分解。将物流目标成本按照总公司、分公司、业务部门、班组、个人进行分解。这是一种自上而下的过程。分解内容包括工、料、费三项。

(3)按成本的经济内容分解。把物流服务成本分解成固定成本和可变成本,再将固定成本进一步分解成折旧费、日常费、办公费、差旅费、维修费等项目,把可变成本分解成直接材料、直接人工、各项变动费用。

4. 物流目标成本的分析修正与考核

物流目标成本的分析,是将以实际业务量计算出的目标成本与实际可控成本进行比较,计算出成本差异,以检查目标成本的完成情况,找出成本差异产生的原因,采取有效的成本控制措施。目标成本的考核是目标成本管理得以顺利进行的保证。考核一般采用财务指标和非财务指标相结合的办法,通过公平合理的评价机制,激发员工对成本持续改进的积极性。

## 子任务三  标准成本法

| 学习领域 | 物流成本控制 |
|---|---|
| 学习情境 | 标准成本法 |
| 任务描述 | 要求1:了解标准成本法的概念及分类<br>要求2:掌握并会应用标准成本的制定方法<br>要求3:掌握并会应用标准成本差异的分析方法 |

## 一、标准成本法概述

1. 标准成本法的产生和发展

最初的标准成本是独立于会计系统之外的一种计算工作,是在科学管理之父泰勒的生产过程标准化思想的影响下产生的。1904年,美国效率工程师哈尔顿·爱迪生首先在美国铁道公司应用标准成本法。1919年,美国会计师卡特·哈里逊第一次设计出一套标准成本制度。1920年,美国全国成本会计师协会召开的首届年会设计了一套将实际成本和标准成本相结合的方法,对推广标准成本曾起到很大的作用。1923年,随着间接费用差异分析方法的形成,标准成本制度进入实施阶段。1930年,哈里逊写成了《标准成本》一书,这是世界上第一部论述标准成本制度的专著。1920—1930年，美国会计学界经过长期争论，才把标准成本纳入会计系统，从此出现了真正的标准成本会计制度。此后标准成本制度从美国传入英国、德国、日本和瑞典等国家。20世纪70年代末，标准成本制度通过世界性管理会计学术会议传入我国，我国的一些大企业（如宝钢、安钢等）采用了标准成本法，自此标准成本法在我国开始使用，并逐渐形成比较科学的标准成本制度。

标准成本法，也称作标准成本会计，是西方管理会计的重要组成部分。它是以预先制定的标准成本为基础，用标准成本与实际成本进行比较，核算和分析成本差异的一种产品成本计算方法，也是加强成本控制、评价经济业绩的一种成本控制制度。它的核心是按标准成本记录和反映产品成本的形成过程与结果，并借以实现对成本的控制。

"标准成本"一词准确地讲有两种含义：一种含义是指"单位产品的标准成本"，它是根据产品的标准消耗量和标准单价计算出来的：

单位产品标准成本 = 单位产品标准消耗量 × 标准单价

它又被称为"成本标准"；另一种含义是指"实际产量的标准成本"，它是根据实际产品产量和成本标准计算出来的，即

标准成本 = 实际产量 × 单位产品标准成本

标准成本是目标成本的一种预计成本，是指产品、劳务、工程项目等在生产经营活动前，根据预定的目标所预先制定的成本。这种预计成本与目标管理的方法结合起来，就称为目标成本。目标成本一般指单位成本，它一般有计划成本、定额成本、标准成本和估计成本等，而标准成本相对来讲是一种较科学的目标成本。

标准成本法并不是一种单纯的成本计算方法，而是将成本计算和成本控制相结合，是一个包括制定标准成本、计算和分析成本差异、处理成本差异三个环节的完整体系。

标准成本法是一种理想的事中控制方法，它的原理是对控制对象事先设定标准成本，并设立标准成本卡，在实际工作过程中，将实际消耗量与标准成本进行比较，计算成本差异，分析差异原因，采取相应的控制措施进行控制，并将各项成本支出控制在标准成本范围之内。

标准成本是早期管理会计的主要支柱之一。美国工业在南北战争以后有很大的发展，许多工厂发展成为生产多种产品的大企业。但是由于企业管理落后，劳动生产率较低，许多工厂的产量大大低于额定生产能力。为了改进管理，一些工

程技术人员和管理者进行了各种试验，他们努力把科学技术的最新成就应用于生产管理，大大提高了劳动生产率，并因此而形成了一套科学管理制度。为了提高工人的劳动生产率，他们首先改革了工资制度和成本计算方法，以预先设定的科学标准为基础，发展奖励计件工资制度，采用标准人工成本的概念。在此之后，他们又把标准人工成本概念引申到标准材料成本和标准制造费用等。

2. 标准成本的分类

（1）按制定时所依据的生产技术和经营管理水平，标准成本分为理想标准成本和正常标准成本。

理想标准成本是在最优的生产条件下，利用现有规模和设备能达到的最低成本。它是理论上的业绩标准、生产要素的理想价格和可能实现的最高生产能力的利用水平。理想的业绩标准是指在生产过程中毫无技术浪费、最熟练的工人全力以赴地工作、不存在废品损失和停工时间等条件下可能实现的最优业绩。最高生产能力的利用水平是指理论上可能达到的设备利用程度，只扣除不可避免的机器维修、改换品种、调整设备的时间，而不考虑产品销路不畅、生产技术故障造成的损失。这种标准是"工厂的极乐世界"，很难成为现实，即使出现也不可能持久。它的主要用途是提供一个完美无缺的目标，以揭示成本下降的潜力。

正常标准成本是指在效率良好的条件下，根据企业的正常生产能力，以有效的生产经营条件为基础，并根据适用期合理的耗费量、合理的耗费价格和生产能力可能利用程度等条件制定的切合实际情况的标准成本，它是正常情况下企业经过努力可以达到的成本标准。正常标准成本具有以下特点：

① 它是用科学方法，根据客观实验和实践经验，经充分研究后制定出来的，具有客观性和科学性。

② 它既排除了各种偶然性和意外情况，又保留了目前条件下难以避免的损失，代表正常情况下的消耗水平，具有现实性。

③ 它是应该发生的成本，可以作为评价业绩的尺度，成为督促职工努力争取的目标，具有激励性。

④ 它可以在工艺技术水平和管理有效性水平变化不大时持续使用，不需要经常修订，具有稳定性。

（2）标准成本按其适用期，分为现行标准成本和基本标准成本。由于基本标准成本不按各期实际修订，不宜用来直接评价工作效率和成本控制的有效性。

现行标准成本，是指根据其使用期间应该发生的价格、效率和生产经营能力利用程度等预计的标准成本。通常企业的生产经营条件发生变化后，成本标准也会随之发生变化，一般每年制定一次。这种标准可以成为评价实际成本的依据，也可以用来对存货和销货成本计价，还可以用于直接评价工作效率和成本控制的有效性。

基本标准成本是指以上年度或过去某一年度的实际成本为参照确定的标准成本。这种标准成本确定后，除非产品的生产或制造方法发生重大变化，已确定的直接材料、直接人工和制造费用的数量标准和价格标准一般长期不变，费用的数量标准和价格标准也保持长期不变。这种标准成本不能有效发挥成本控制的作用。

## 二、物流标准成本的核算

### （一）物流标准成本核算的程序

（1）为各成本计算对象制定单位产品或服务的标准成本，又称为单位标准成本。

（2）根据实际业务量和单位标准成本，计算产品或服务的标准成本。

（3）汇总并计算实际成本。

（4）计算标准成本和实际成本之间的差异，如果企业将标准成本纳入会计核算体系，要进行相关的账务处理。

（5）分析差异产生的原因。

（6）将成本差异产生的原因反馈给相关责任人和责任单位。

### （二）物流标准成本的制定

物流标准成本是指经过调查分析和运用技术测定等科学方法制定的在有效经营条件下应当实现的成本。进行物流成本控制，先要制定物流标准成本，包括直接材料标准成本、直接人工标准成本和物流间接费用标准成本三大部分。在制定时，其中每一个项目的标准成本均应分为用量标准和价格标准。其中，用量标准包括单位产品消耗量、单位产品人工小时等；价格标准包括原材料单价、小时工资率、小时制造费用分配率等。

1. 直接材料标准成本的制定

直接材料标准成本是指直接在物流活动中（如包装和流通加工）所使用的各种材料所耗费的成本，它包括标准用量和标准单价两方面。其公式如下：

$$直接材料标准成本 = 标准用量 \times 标准单价$$

其中，对于材料标准用量，首先要根据技术文件进行产品研究，列出所需的各种材料以及可能的代用材料，并说明这些材料的种类、质量以及库存情况；其次，通过对过去用料经验的记录进行分析，以实际测定或技术分析等方法科学地制定用量标准。对于标准单价，应根据事先预计的单位成本，包括发票价格、运费、检验费用、正常损耗等取得材料的完全成本，需要咨询采购部门后制定。

## 2. 直接人工标准成本的制定

直接人工标准成本是指直接用于物流活动过程的人工成本。

直接人工标准成本 = 标准工时 × 标准工资率

其中，标准工时是在现有的技术条件下，提供某项物流作业服务所需的时间，包括直接加工操作或提供服务必不可少的时间、必要间歇和停工时间。标准工资率是标准工资总额与标准总工时的比率，即标准工资率 = 标准工资总额/标准总工时。如果采用计件工资制，标准工资率是预定的每件产品支付的工资除以标准工时；如果采用计时工资制，标准工资率是指每一标准工时应分配的工资。标准工资率应根据工种、操作工人技术等级以及其所在车间等情况分别确定。

## 3. 物流间接费用标准成本的制定

物流间接费用可以分为变动物流间接费用和固定物流间接费用两部分。这两部分物流间接费用都按标准用量和标准分配率的乘积计算，标准用量一般都采用工时表示，是指在现有的物流运作条件和经营管理水平下单位服务的标准工时。标准分配率是指物流间接费用的价格标准。

（1）变动物流间接费用标准成本的制定。

变动物流间接费用标准成本 = 单位物流服务直接人工标准工时 × 每小时变动物流间接费用的标准分配率

每小时变动物流间接费用的标准分配率 = 变动物流服务费用总额 ÷ 物流直接人工标准总工时

（2）固定物流间接费用标准成本的制定。

固定物流间接费用标准成本 = 单位物流服务直接人工标准工时 × 每小时固定物流间接费用的标准分配率

每小时固定物流间接费用的标准分配率 = 固定物流服务费用总额 ÷ 物流直接人工标准总工时

【例3.2】 某物流公司在2017年6月正常运营能力为9 000直接人工小时，直接人工工资总额为45 000元，营运间接费用总额为24 600元。其中变动间接费用为8 200元，某项单位物流服务直接人工标准工时为10小时，直接材料的标准消耗定额为10千克，每千克标准单价为12元，计算该项物流服务的标准成本。

**解**：首先计算标准工资分配率及间接费用的标准分配率。

标准工资分配率 = 直接人工工资总额 ÷ 直接人工标准工时总额

$$= 45\,000 \div 9\,000$$

$$= 5（元/小时）$$

每小时变动物流间接费用的标准分配率 = 变动物流服务费用总额 ÷ 物流直接人工标准总工时

$$= 8\,200 \div 9\,000$$

= 0.8（元/小时）

每小时固定物流间接费用的标准分配率 = 固定物流服务费用总额 ÷ 物流直接人工标准总工时

= (21 700 − 8 200) ÷ 9 000

= 1.5（元/小时）

结果整理为表 3 − 1。

表 3 − 1　某项物流服务的标准成本

| 成本项目 | | 数量标准 | 价格标准 | 单位标准成本/元 |
|---|---|---|---|---|
| 直接材料 | | 10 千克 | 12 元/千克 | 120 |
| 直接人工 | | 10 小时 | 5 元/小时 | 50 |
| 间接费用 | 变动间接费用 | 10 小时 | 0.8 元/小时 | 8 |
| | 固定间接费用 | 10 小时 | 1.5 元/小时 | 15 |
| 合计 | | | 193 元 | |

如果企业采用变动成本法计算成本，固定间接费用不计入物流成本，所以标准成本中不包括固定间接费用，因此也就不需要制定固定间接费用的标准成本。

### （三）物流标准成本差异的计算与分析

物流标准成本差异，是指企业物流的实际成本与标准成本之差。实际成本超过标准成本的差异叫作不利差异，也称逆差或超支；实际成本低于标准成本的差异叫作有利差异，也称节约或顺差。物流成本差异的内容如图 3 − 1 所示。

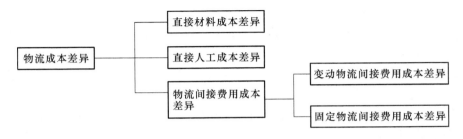

图 3 − 1　物流成本差异的内容

其中，直接材料成本差异、直接人工成本差异、变动物流间接费用成本差异为变动成本差异，固定物流间接费用成本差异为固定成本差异。

成本差异的计算公式为：

成本差异 = 实际成本 – 标准成本 = 实际数量×实际价格 – 标准数量×标准价格
       = 实际数量×实际价格 – 实际数量×标准价格 + 实际数量×标准价格 – 标准数量×标准价格
       = （实际数量 – 标准数量）×标准价格 + （实际价格 – 标准价格）×实际数量
       = 数量差异 + 价格差异

知识拓展

数量差异 = （实际数量 – 标准数量）× 标准价格
价格差异 = （实际价格 – 标准价格）× 实际数量

这种分析方法是连环替换分析法的一种，叫作差额计算分析法。各因素替换时排序的原则是：如果既有实物数量因素又有价值数量因素，先计算实物数量因素变动的影响，后计算价值数量因素变动的影响。

1. 直接材料成本差异分析

直接材料实际成本与标准成本之间的差额，是直接材料成本差异。该项差异形成的基本原因有两个：一个是材料价格脱离标准（价差），另一个是材料用量脱离标准（量差）。有关计算公式如下：

材料价格差异 = 实际数量×（实际价格 – 标准价格）
材料数量差异 = （实际数量 – 标准数量）×标准价格
直接材料成本差异 = 价格差异 + 数量差异

材料价格差异是在采购过程中形成的，采购部门未能按标准价格进货的原因主要有：供应厂家价格变动、未按经济采购批量进货、未能及时订货造成紧急订货、采购时舍近求远使运费和途耗增加、采用不必要的快速运输方式、违反合同被罚款、承接紧急订货造成额外采购等。

材料数量差异是在材料耗用过程中形成的，形成此差异的具体原因有：操作疏忽造成废品和废料增加、工人用料不精心、操作技术改进而节省材料、新工人上岗造成多用料、机器或工具不适用造成用料增加等。有时多用料并非生产部门的责任，如购入材料质量低劣、规格不符也会使用料超过标准，又如加工工艺变更、检验过严也会使材料数量差异加大。

【例3.3】 某企业在运输A产品的过程中，对A产品进行了包装，其中材料耗用定额为5千克，每千克A材料的标准价格为2元，本月投入生产甲产品1 000件，实际消耗A材料5 500千克，A材料实际每千克2.1元。试对A产品包装成本差异进行分析。

解：直接材料成本差异 = 5 500×2.1 – 1 000×5×2 = 11 550 – 10 000 = 1 550（元）

直接材料数量差异 = (5 500 − 1 000 × 5) × 2 = 1 000 (元)
直接材料价格差异 = (2.1 − 2) × 5 500 = 550 (元)
由此可知：
直接材料成本差异 (1 550 元) = 直接材料数量差异 (1 000 元) + 直接材料价格差异 (550 元)

通过以上计算可知，实际发生的物流成本高出标准成本 1 550 元。用量增加致使物流成本增加了 1 000 元，材料价格上升导致物流成本增加了 550 元。在今后的工作中，应控制材料的耗费，降低原材料的采购价格。由生产部门找出材料耗费高的原因，并找出降低成本的途径；由采购部门找出实际采购价格高的原因，同样也要找出降低成本的途径。

2. 直接人工成本差异分析

直接人工成本差异，是指直接人工实际成本与标准成本之间的差额。它也被区分为"价差"和"量差"两部分。价差是指实际工资率脱离标准工资率，其差额按实际工时计算确定的金额，又称为工资率差异。量差是指实际工时脱离标准工时，其差额按标准工资率计算确定的金额，又称人工效率差异。有关计算公式如下：

工资率差异 = 实际工时 × (实际工资率 − 标准工资率)
人工效率差异 = (实际工时 − 标准工时) × 标准工资
直接人工成本差异 = 工资率差异 + 人工效率差异

工资率差异形成的原因，包括直接生产工人升级或降级使用、奖励制度未产生实效、工资率调整、加班或使用临时工、出勤率变化等。人工效率差异形成的原因，包括工作环境不良、工人经验不足、劳动情绪不佳、新工人上岗太多、机器或工具选用不当、设备故障较多、作业计划安排不当、产量太少无法发挥批量节约优势等。

【例3.4】 某物流企业在 2017 年 11 月对 B 产品进行加工，本期包装量为 150 件，实际耗用工时为 4 500 小时，平均每件 30 小时，平均每小时工资率为 20 元，标准工资率为 19.2 元，单位产品耗用工时标准为 32 小时。请对该物流企业 B 产品进行成本差异分析。

**解**：直接人工成本差异 = 4 500 × 20 − 150 × 32 × 19.2 = 90 000 − 9 2160 = −2 160 (元)
人工效率差异 = (4 500 − 150 × 32) × 19.2 = −5 760 (元)
工资率差异 = (20 − 19.2) × 4 500 = 3 600 (元)

由此可知：
直接人工成本差异 (−2 160 元) = 人工效率差异 (−5 760 元) + 工资率差异 (3 600 元)

通过计算可知，实际成本的支出低于标准成本 2 160 元，人工效率较高导致成本比标准成本节约了 5 760 元，工资上升使成本增加了 3 600 元，今后的成本控制重点应是进一步控制工人的人均工资。

3. 物流间接费用成本差异分析

物流间接费用在不分为变动物流间接费用和固定物流间接费用时，其成本差异的计算和直接人工成本差异的计算相似。

在物流间接费用分为变动物流间接费用和固定物流间接费用时，物流间接费用成本差异可以分为变动物流间接费用成本差异和固定物流间接费用成本差异。

(1) 变动物流间接费用成本差异分析。变动物流间接费用成本差异，是指实际变动物流间接费用与标准变动物流间接费用之间的差额。它也可以分解为"价差"和"量差"两部分，价差是指变动制造费用的实际小时分配率脱离标准，按实际工时计算的金额，称为耗费差异。量差是指实际工时脱离标准工时，按标准的小时费用率计算确定的金额，称为变动费用效率差异。有关计算公式如下：

变动物流间接费用耗费差异 = 实际工时 ×（变动物流间接费用实际分配率 – 变动物流间接费用标准分配率）

变动物流间接费用效率差异 =（实际工时 – 标准工时）× 变动物流间接费用标准分配率

变动物流间接费用成本差异 = 变动物流间接费用耗费差异 + 变动物流间接费用效率差异

出现变动物流间接费用耗费差异是部门经理的责任，其有责任将变动物流间接费用控制在弹性预算限额之内。

变动物流间接费用效率差异的形成原因与人工效率差异相同。

【例3.5】 某项物流服务费用的标准成本为：工时耗时为3小时，每小时变动物流间接费用分配率为5元。本月实际提供500次服务，实际使用工时为1 400小时，实际发生变动物流间接费用为7 700元。试分析变动物流间接费用的耗费差异和效率差异。

解：实际工时 = 1 400 ÷ 500 = 2.8（小时）

实际物流间接费用分配率 = 7 700 ÷ 1 400 = 5.5（元）

变动物流间接费用耗费差异 =（5.5 – 5）× 2.8 × 500 = 700（元）

变动物流间接费用效率差异 =（2.8 – 3）× 5 × 500 = – 500（元）

变动物流间接费用总差异 = 700 – 500 = 200（元）

通过计算可知，实际物流间接费用比标准成本高出200元，其中服务时间增加致使成本提高了700元，服务效率提高使成本降低了500元，因此在今后的工作中应加大对服务时间的控制。

(2) 固定物流间接费用成本差异分析。固定物流间接费用与变动物流间接费用不同，它主要与企业运营能力和日常的维护、管理有关，而与业务量没有直接关系。固定物流间接费用通常通过预算确定其数额。在实行标准成本法后，固定物流间接费用成本差异会存在实际发生额与其预算数额的差异，以及实际发生额与标准成本之间的差异。根据考虑的因素不同，常有以下两种分析方法：

① 二因素分析法。它是将固定物流间接费用成本差异分为耗费差异和能量差异。

固定物流间接费用耗费差异 = 固定物流间接费用实际数 − 固定物流间接费用预算数

固定物流间接费用能量差异 = 固定物流间接费用预算数 − 固定物流间接费用标准成本

= （运营能量工时 − 实际产量标准工时）× 固定物流间接费用标准分配率

② 三因素分析法。它是将物流间接费用成本差异分为耗费差异、效率差异和闲置能量差异三部分。耗费差异的计算与二因素分析法相同。不同的是将二因素分析法中的"能量差异"进一步分解为两部分：一部分是实际工时未达到标准能量而形成的闲置能量差异；另一部分是实际工时脱离标准工时而形成的效率差异。有关计算公式如下：

固定物流间接费用耗费差异 = 固定物流间接费用实际数 − 固定物流间接费用预算数

固定物流间接费用闲置能量差异 = （运营能量工时 − 实际工时）× 固定物流间接费用标准分配率

固定物流间接费用效率差异 = （实际工时 − 实际能量标准工时）× 固定物流间接费用标准分配率

**【例3.6】** 某物流企业在2017年12月实际提供了某项商品（800件）的物流服务，预算运营能量工时为2 600工时，实际耗用直接人工1 400小时，其一件商品的物流服务的标准工时为0.4小时。实际发生固定物流间接费用为4 450元。本月固定物流间接费用预算总额为4 480元，固定物流间接费用标准分配率为1.16元/小时。分析该物流企业物流服务的固定物流间接费用成本差异。

**解**：（1）二因素分析法。

固定物流间接费用耗费差异 = 固定物流间接费用实际数 − 固定物流间接费用预算数

= 4 450 − 4 480

= −30（元）

固定物流间接费用能量差异 = 固定物流间接费用预算数 − 固定物流间接费用标准成本

= （运营能量工时 − 实际产量标准工时）× 固定物流间接费用标准分配率

= （2 600 − 800 × 0.4）× 1.16

= 2 644.8（元）

固定物流间接费用（2 614.8元）= 耗费差异（-30元）+ 能量差异（2 644.8元）

（2）三因素分析法。

固定物流间接费用耗费差异 = 固定物流间接费用实际数 - 固定物流间接费用预算数

$$= 4\ 450 - 4\ 480$$
$$= -30（元）$$

固定物流间接费用闲置能量差异 =（运营能量工时 - 实际工时）× 固定物流间接费用标准分配率

$$=(2\ 600 - 1\ 400) \times 1.16$$
$$= 1\ 392（元）$$

固定物流间接费用效率差异 =（实际工时 - 实际能量标准工时）× 固定物流间接费用标准分配率

$$=(1\ 400 - 800 \times 0.4) \times 1.16$$
$$= 1\ 252.8（元）$$

固定物流间接费用成本差异（2 614.8元）= 固定物流间接费用耗费差异（-30元）+ 固定物流间接费用能量闲置差异（1 392元）+ 固定物流间接费用效率差异（1 252.8元）

## 子任务四 责任成本法

| 学习领域 | 物流成本控制 |
| --- | --- |
| 学习情境 | 责任成本法 |
| 任务描述 | 要求1：了解责任成本法的概念及意义<br>要求2：掌握责任成本的内容<br>要求3：能够看懂责任成本报告单 |

## 一、责任成本法概述

责任成本（Responsibility Cost Method）是以具体的责任单位（部门、单位或个人）为对象，以其承担的责任为范围所归集的成本，也就是特定责任中心的全部可控成本。所谓可控成本是指在责任中心内，能为该责任中心所控制，并为其工作好坏所影响的成本。确定责任成本的关键是可控性，它不受发生区域的影响。责任成本是按照谁负责谁承担的原则，以责任单位为计算对象来归集的，它所反映的是责任单位与各种成本费用的关系。

 知识拓展

从一般的意义上讲，责任成本应该具备四个条件。第一，可预计性。也就是说，责任中心有办法知道成本的发生以及发生什么样的成本。第二，可计量性。责任中心有办法计量成本的大小。第三，可控制性。责任中心完全可以通过自己的行为来对成本加以控制与调节。第四，可考核性。责任中心可以对耗费的执行过程及其结果进行评价与考核。

责任成本法是介于制造成本和变动成本之间的一种成本方法，有人称之为"局部吸收成本法"或"变动成本法和吸收成本法结合的成本方法"。

责任成本法按可控原则把成本归属于不同的责任中心，谁控制谁负责，不仅可控的变动制造费用要分配给责任中心，可控的固定间接费用也要分配给责任中心。

1. 责任成本法的意义

（1）采用责任成本法，对于合理确定与划分各部门的责任成本，明确各部门的成本控制责任范围，进而从总体上有效地控制成本有着重要的意义。

（2）使成本的控制有了切实保障并建立了责任成本制。由于将各责任部门、责任人的责任成本与其自身的经济效益密切结合，可将降低成本的目标落实到具体部门及个人，使其自觉地把成本管理纳入本部门或个人的本职工作范围，使成本管理落到实处。

（3）使成本的控制有了主动力。建立责任成本制，可促使企业内部各部门及个人主动寻求降低成本的方法，积极采用新材料、新工艺、新能源、新设备，充分依靠科学技术来降低成本。

2. 成本责任单位的划分

责任单位的划分不在于单位大小，凡是在成本管理上需要、责任可以分清、其成本管理业绩可以单独考核的单位都可以划分为责任单位。通常可以按照物流活动中特定的经济任务来划分责任单位。物流企业或企业物流部门，其内部各个活动环节相互紧密衔接并相互交叉，形成一个错综复杂的网络。

（1）横向责任单位。它是指企业为了满足生产经营管理上的需要而设置的平行职能机构。它们之间的关系是协作关系而不是隶属关系，例如供应部门、设计部门、生产部门、劳资部门、技术部门、销售部门、售后服务部门等。

（2）纵向责任单位。它是指企业及其职能部门为了适应分级管理的需要，自上而下层层设置的各级部门或单位。纵向责任单位之间虽有隶属关系，但因其

在成本的可控性上有各自的责任与职权,所以有必要在责任单位划分上将其区别出来。以运输部门为例,其纵向责任单位为:公司总部、分公司、车队、单车。

从成本发生地点来看,责任成本有以下两种形式:

第一,本责任中心所发生,并且能够为该责任中心所控制和影响的成本。第二,发生在其他部门而应由本责任中心承担的成本。前者一般是指本责任中心承担的成本。后者一般是指本责任中心的其他部门所提供的材料、半成品及劳务费用。

## 二、责任成本法的内容

1. 判别每一项成本费用支出的责任归属

(1)判别成本费用责任归属的原则。假如某责任中心通过自己的行动能有效地影响一项成本,那么该责任中心就要为这项成本负责。假如某责任中心有权决定是否使用某种资产或劳务,它就应对这些资产和劳务的成本负责。某管理人员虽然不直接决定某项成本,但是上级要求他参与有关事项,从而对该项成本的支出施加重要影响,则他对该成本也要承担责任。

(2)制造费用的归属和分摊方法。(略)

2. 责任成本的计算方法

为了明确各单位责任的执行情况,必须对其定期进行责任成本的计算与考核,以便对各责任单位的工作作出正确的评价。责任成本的计算方法包括直接计算法和间接计算法。

(1)直接计算法。其是将责任单位的各项责任成本直接加和汇总,以求得该单位责任成本总额的方法。其计算公式为:某责任单位的责任成本=该单位各项责任成本之和。该方法的计算结果比较准确,但是工作量比较大。此法可用于所有责任单位。

(2)间接计算法。其是以本责任单位的物流成本为基础,扣除该责任单位的不可控成本,再加上从其他责任单位转来的责任成本的计算方法。其计算公式为:

某责任单位的责任成本=该责任单位发生的全部成本-该单位的不可控成本+其他单位转来的责任成本

该方法不需要逐笔计算各责任单位的责任成本,计算量较小,但在运用该法时要注意确认该单位的不可控成本和其他单位转来的责任成本。

3. 根据责任成本对单位业绩的评价与考核

在实际工作中,对责任单位的责任成本进行评价考核的依据是责任预算和业绩报告。对责任单位业绩的考核涉及成本控制报告、差异调查和奖惩等问题。考核的目的是纠正偏差，改进工作。

 知识拓展

业绩报告中的"差异"是按"实际"减去"预算"的差额。负值为"节约"，也称为"有利差异"；正值为"超支"，也称为"不利差异"。成本差异是评价考核各责任单位成本管理业绩的重要标志，也是企业进行奖惩的重要依据。

（1）班组责任成本的计算与考核。

班组责任成本由班组长负责，各班组应在各月月末编制班组责任成本业绩报告并交付车间。在业绩报告中，应列出班组各项责任成本的实际数、预算数和差异数，以便进行分析。

【例3.7】 甲车间A生产班组的责任成本业绩报告见表3-2。A班组所采用的责任成本计算方法是间接计算法。

表3-2 责任成本业绩报告

××××年×月

责任单位：甲车间A班组　　　　　　　　　　　　　　　　　　　　　　　　元

| 项目 | | 实际 | 预算 | 差异 |
| --- | --- | --- | --- | --- |
| 直接材料 | 原料及主要材料 | 12 000 | 12 200 | -200 |
| | 辅助材料 | 11 710 | 11 500 | +210 |
| | 燃料 | 11 580 | 11 550 | +30 |
| | 其他材料 | 2 450 | 2 460 | -10 |
| | 小计 | 37 740 | 37 710 | +30 |
| 直接人工 | 生产工人工资 | 16 300 | 15 200 | +1 100 |
| | 生产工人福利费 | 2 120 | 100 | +20 |
| | 小计 | 18 420 | 17 300 | +1 120 |
| 制造费用 | 管理人员工资及福利费 | 12 140 | 12 000 | +140 |
| | 折旧费 | 11 450 | 10 660 | +790 |
| | 水电费 | 2 680 | 3 000 | -320 |
| | 其他制造费用 | 11 350 | 11 500 | -150 |
| | 小计 | 37 620 | 37 160 | +460 |

续表

| 项目 | | 实际 | 预算 | 差异 |
|---|---|---|---|---|
| | 合计 | 93 780 | 92 170 | +1 610 |
| 其他费用 | 减：折旧费 | 11 450 | 10 660 | +790 |
| | 废料损失 | 150 | — | +150 |
| | 加：维修费 | 5 300 | 5 000 | +300 |
| | 责任成本 | 87 480 | 86 510 | +970 |

表3-2表明，甲车间A班组本月归集的实际成本93 780元减去不该由该班组承担的折旧费11 450元，并减去废料损失150元，再加上从维修车间转来的应由该班组承担的维修费5 300元，即A班组的责任成本87 480元。

从总体上看，A班组当月的责任成本预算执行情况较差，超支970元。但从各成本项目来看，"直接材料"中的"原料及主要材料"和"其他材料"共节约210元；"制造费用"中的"水电费"和"其他制造费用"共节约470元。"直接人工"实际比预算超支1 120元，经调查，这主要是企业提高计件工资单价所致；对于由企业机修车间转来的维修费5 300元（比预算超支300元），还应进一步加以分析，看是本班组对设备操作不当导致维修费用增加，还是机修车间提高了维修费用（如多计算休息工时等）。对节约的费用项目应进一步加以分析，找出原因以巩固取得的成绩。

（2）车间责任成本项目的计算和考核。

车间责任成本也是定期（一般以月为周期）以业绩报告形式汇总上报企业总部。其格式见表3-3。

表3-3 责任成本业绩报告

责任单位：甲车间

××××年×月

元

| 项目 | 实际 | 预算 | 差异 |
|---|---|---|---|
| A班组责任成本 | 87 480 | 86 510 | +970 |
| B班组责任成本 | 68 930 | 67 890 | +1 040 |
| C班组责任成本 | 76 890 | 77 880 | -990 |
| 合计 | 233 300 | 232 280 | +1 020 |

续表

| 项目 | 实际 | 预算 | 差异 |
|---|---|---|---|
| 甲车间可控成本： | | | |
| 　管理人员工资 | 24 500 | 24 300 | +200 |
| 　设备折旧费 | 22 960 | 23 000 | -40 |
| 　设备维修费 | 22 430 | 22 500 | -70 |
| 　水电费 | 5 600 | 5 200 | +400 |
| 　办公费 | 3 000 | 2 500 | +500 |
| 　低值易耗品摊销 | 6 980 | 6 800 | +180 |
| 合计 | 85 470 | 84 300 | +1 170 |
| 本车间责任成本合计 | 318 770 | 316 580 | +2 190 |

从表 3-3 可以看出，甲车间 A、B、C 三个班组中，C 班组的成本业绩是最好的，甲车间当月责任成本超支 2 190 元，其中下属三个班组共超支 2 010 元（970 元 + 1 040 元），是成本控制的重点。

对于甲车间可控成本的超支项目，还应该进一步进行详细分析，查找原因，采取措施加以控制。

（3）企业总部责任成本的计算和考核。

企业总部责任成本应包括所属各管理部门的责任成本，所以当企业总部财务部门收到各部门报送的业绩报告后，应汇总编制成公司的责任成本业绩报告。其格式见表 3-4。

表 3-4　××公司责任成本业绩汇总表

××××年××月

元

| 业绩报告 | 实际 | 预算 | 差异 |
|---|---|---|---|
| 甲车间业绩报告 | | | |
| A 班组责任成本 | 87 480 | 86 510 | +970 |
| B 班组责任成本 | 68 930 | 67 890 | +1 040 |
| C 班组责任成本 | 76 890 | 77 880 | -990 |
| 车间可控成本 | 85 470 | 84 300 | +1 170 |
| 甲车间责任成本合计 | 318 770 | 316 580 | +2 190 |
| 乙车间业绩报告 | | | |
| …… | …… | …… | …… |

续表

| 业绩报告 | 实际 | 预算 | 差异 |
|---|---|---|---|
| 供应科业绩报告 | | | |
| …… | …… | …… | …… |
| 总部责任成本业绩报告 | 131 500 | 132 000 | -500 |
| 责任成本总计 | 1 223 450 | 1 221 400 | +2 050 |
| 销售收入总额 | 1 455 450 | 1 445 300 | +10 150 |
| 盈利及盈利净增额 | 232 000 | 223 900 | +8 100 |

表3-4表明，该公司销售收入实际数超出预算 10 150 元，在抵减责任成本超支 2 050 元后，其盈利额实际比预算净增 8 100 元。对销售收入增加 10 150 元的原因，还需要进一步加以分析，比如看其是否与成本增加有关等。

## 学习任务小结

物流成本控制是成本管理的核心内容，是根据物流成本计划目标，对物流成本的形成和发生过程以及影响物流成本的各种因素与条件加以规划、引导、限制和监督，以保证物流成本目标实现的一种管理活动。物流成本控制必须和企业的竞争优势结合，以获取企业最大的利润为目标。物流成本的降低虽然是物流成本控制的一个重要方面，但不是全部。物流成本控制的目标通常包括三个层次：一是通过成本控制配合企业的战略选择与实施，以获取成本优势，帮助企业取得竞争优势；二是利用资源、成本、质量、数量、价格之间的联动关系，配合企业尽可能获取最大利润；三是降低成本。

物流成本控制分为广义的物流成本控制和狭义的物流成本控制。广义的物流成本控制是对物流活动的整个过程的成本控制；狭义的物流成本控制仅指事中控制。物流成本控制应该遵循一定的程序：制定物流成本标准→监督物流成本的形成过程→计算差异并进行差异分析→找出差异的原因并纠正偏差→将成本差异反馈给相应的责任单位。常用的物流成本控制的方法有目标成本法、标准成本法、责任成本法，企业可以根据自己的特点选择适合自己的成本控制方法。

目标成本法是一种针对市场导向（market - driven），对有独立的制造过程的产品进行利润计划和成本管理的方法。目标成本法的目的是在产品的研发及设计（RD&E）阶段设计好产品的成本，而不是试图在制造过程中降低成本。目标成本法是一种全过程、全方位、全人员的成本管理方法。

标准成本法，也称为标准成本会计，是西方管理会计的重要组成部分。它是指以预先制定的标准成本为基础，用标准成本与实际成本进行比较，核算和分析成本差异的一种产品成本计算方法，也是加强成本控制、评价经济业绩的一种成本控制制度。它的核心是按标准成本记录和反映产品成本的形成过程和结果，并借以实现对成本的控制。

责任成本是以具体的责任单位（部门、单位或个人）为对象，以其承担的责任为范围所归集的成本，也就是特定责任中心的全部可控成本。所谓可控成本是指在责任中心内，能为该责任中心所控制，并为其工作好坏所影响的成本。确定责任成本的关键是可控性，它不受发生区域的影响。责任成本是按照谁负责谁承担的原则，以责任单位为计算对象来归集的，其所反映的是责任单位与各种成本费用的关系。

**供应链成本控制的价值引擎和方法集成分析**

伴随着市场经济的繁荣发展和科学技术的不断进步，各行各业之间的市场竞争日益激烈，从而推动了价值创造分工的细化和深入，使供应链成本控制成为各个企业经营成败的关键。关于供应链成本控制的问题，各个学派都积极发表本学派的观点，还没有形成统一的结论。在这种情况下，这里针对供应链成本控制问题从两个方面展开研究：一是供应链成本控制的价值引擎；二是供应链成本控制方法的集成与拓展。希望可以使供应链成本控制形成一个统一的系统，进而提高供应链成本控制的水平。

## 一、供应链成本控制的价值引擎

价值引擎就是研究供应链成本控制进而提高顾客价值的途径，同时它也是供应链组成成员通过伙伴关系和学习共享等手段共同创造价值的组织属性及过程。这里所谓的组织属性和一般的市场关系不同，它是一种紧密的伙伴关系。这种紧密的伙伴关系具有很大的优越性，可以增强市场分工的确定性，减弱组织内分工的高代理成本。另外这种紧密的伙伴关系，还能够使组织内的成员加强沟通和交流，进而创造更高的顾客价值。

1. 关系性租金

关系性租金是一项基于供应链伙伴关系的价值引擎，是基于伙伴关系产生的一种超额利润，也是供应链成本控制的最终目标。如何实现关系性租金的最大化，是供应链所有成员企业面临的一个最为重要的问题。供应链伙伴关系的属性主要包括承诺、协调和信任这三个方面的内容，其发展的基础是伙伴之间的相互依赖。供应链伙伴之间相互依赖程度的不断提高，可以减少伙伴之间的冲突，并使伙伴之间的信任和承诺增多，进而在伙伴之间产生一种廉价对谈的效果，提高供应链成员适应环境的能力和解决问题的能力，达到"1+1>2"的效果，创造出比单个企业更高的绩效。

2. 跨组织学习

跨组织学习是一种基于供应链信息共享的价值引擎。要实现跨组织学习，就必须运用信息共享机制。供应链的成员通过信息共享机制能够更好地进行信息的交流，增强供应链成员之间相互了解的程度，提高供应链成员之间关系和信息的透明度，进而使彼此拥有更多的机会参与和影响对方的经营活动。这样，不仅供应链对环境的反应能力将大大提高，而且还有利于供应链成员之间进行共同学习，进而提高各个成员企业的成本控制能力，使供应链所有成员的实力得到极大的提升，将供应链价值创造的能力发挥到极致。从另一个方面来说，企业进行成本控制和改进本质上就是一个组织学习的过程，这里所说的组织学习包括组织内部的学习和组织外部的学习，企业通过组织内、外部的学习，可以使企业掌握更多的资源，从而在技术和管理方面进行创新，使企业获得更大的竞争优势，最终提高整个供应链成本控制和价值创造的能力。

## 二、供应链成本控制方法的集成与拓展

1. 产品生命周期成本控制

产品生命周期成本控制是基于时间序列的成本控制方法的集成与拓展，它包括对产品从产生到消亡的整个过程的管理。产品生命周期是产品成本和顾客价值不断积累的过程，在这个过程中形成了不同的成本控制手段和成本控制内容。产品生命周期成本控制是在产品生命周期的基础上，对产品各个阶段的成本控制的内容和方法通过时间序列进行集成，这样有利于加强对各个阶段和各个主体的协调控制，降低产品整个生命周期的成本，实现顾客价值最大化，从而增强企业的竞争力。

产品生命周期成本控制得以有效实施的条件就是积极参与主体间的伙伴关系和信息共享。很明显，产品生命周期成本控制这种沿时间序列的供应链管理必将体现出不同阶段和不同价值，创造主体之间的成本控制系统在时间上进行衔接、协同和集成。这种成本控制的方法从价值形成的角度诠释了供应链成本，也是对传统成本控制的集成与拓展。

2. 跨组织成本控制

跨组织成本控制是基于空间范围的成本控制方法的集成与拓展，目标成本法是其核心组成部分，这种方法可以传递和分解市场竞争对产品成本造成的压力，对企业的发展具有重要意义。要真正实现跨组织成本控制，必须构建相应的组织基础，即精益型的伙伴关系，这种紧密的伙伴关系能够使各个成员之间的交流更加畅通。精益型的伙伴关系还可以分为四个层次，越往上成员之间的联系越紧密，相互依赖的程度也越高。在选择跨组织成本控制方法的时候，一定要充分考虑伙伴关系的层次性，并根据不同的层次设计不同交流程度的信息。另外，跨组

织成本控制能够极大地拓展传统成本控制企业之间的壁垒和空间范围，进而提升整个供应链价值创造的能力。

3. 协同价值链分析

协同价值链分析是基于流程深化的成本控制方法的集成与拓展，它的核心就是作业成本法。协同价值链分析不再局限于某一个方面，而是很好地将各个有关方面结合，最终形成一个贯穿整个供应链的作业分析链，大大扩展和深化了供应链成本控制的流程。这样，不仅作业之间的链接效率大大提高，而且还扩大了成本改善的空间，并且随着信息技术的不断进步，在全球范围内实现多地点、多企业的供应链成本集成控制将变得非常容易，进而使我国的企业参与到国际竞争中，并获得竞争优势。

### 三、供应链管理启示

供应链管理系统是在供应链管理思想和信息技术的支持下形成的，它将供应链管理的各个主体、各个流程、各个时段的成本控制和成本控制的方法集中在一起，体现出全周期的成本控制思想。因此，供应链管理启示包括以下四个方面：

（1）随着外界经济环境的不断变化，成本控制方面的问题也会不断发生变化，其中最突出的表现就是成本产生的原因和结果在时间及空间上都出现越来越分离的现象，并出现各种形式的替代效应和转移效应。

（2）近年来我国企业参与国际分工的程度越来越深，要想在激烈的国际竞争中立于不败之地，我国的企业必须提高成本控制的能力，积极在全球范围内开展物资、智力和资本的整合工作，对全球范围内的廉价资源进行优化配置，以提高企业经营的效益。

（3）长期以来，我国拥有着制造大国的地位，但是，目前随着各项经营成本的不断增加，我国制造大国的地位面临着巨大的威胁，这同时给中国从制造大国转型为制造强国提供了一个很好的契机。要想实现这一伟大的转变，我国的企业必须将成本控制和供应链管理相结合，并加强跨组织学习，提高供应链成本控制的水平和能力，进而使企业获得能力型的优势。

（4）在新形势下，构建基于供应链的新型成本控制体系是我国企业增强国际竞争力的必然选择，它能够使我国企业从整体上对各个环节的成本进行控制，从而实现供应链整体的竞争优势。

### 四、结语

供应链成本控制是社会经济和企业发展的必然选择，其优越性非常明显。做好供应链成本控制的研究工作，对我国所有企业的发展都具有重要的意义，有利于我国企业积极加入国际化竞争，并获得竞争优势，进而促进我国企业更快、更好地发展。

技能练习

一、选择题

1. 物流成本控制按其控制的时间可以分成三个环节,其中物流成本的过程控制是指（　　）。
   A. 事前控制　　　　　　　　B. 事中控制
   C. 事后控制　　　　　　　　D. 反馈控制
2. 以下除了（　　）之外,其余都是横向责任单位。
   A. 供应部门　　　　　　　　B. 生产部门
   C. 销售部门　　　　　　　　D. 车队
3. 根据试用期所发生的价格、效率和生产经营能力程度等预计的标准成本是（　　）。
   A. 理想标准成本　　　　　　B. 基本标准成本
   C. 正常标准成本　　　　　　D. 现行标准成本
4. 标准成本法下的产品成本不是产品的实际成本,而是（　　）。
   A. 目标成本　　　　　　　　B. 理想成本
   C. 标准成本　　　　　　　　D. 现行成本
5. 当材料的实际采购价格与其计划价格发生偏差时,其所造成的成本差异属于（　　）。
   A. 材料用量差异　　　　　　B. 材料价格差异
   C. 工资率差异　　　　　　　D. 人工效率差异
6. 物流成本控制的原则有（　　）。
   A. 经济原则　　　　　　　　B. 全面原则
   C. 目标控制原则　　　　　　D. 重点原则
7. 物流标准成本的制定主要包括（　　）。
   A. 直接材料　　　　　　　　B. 直接人工
   C. 资源消耗　　　　　　　　D. 物流间接费用
8. 造成材料用量差异的原因有（　　）。
   A. 国家对原材料价格的调控　　B. 生产工人的技术熟练程度
   C. 机器或工具不适用　　　　　D. 材料的加工工艺变更
9. "标准成本"一词准确地讲有两种含义:一种是"单位产品的标准成本",另一种是（　　）。
   A. "单项成本"　　　　　　　B. "单位成本"
   C. "目标成本"　　　　　　　D. "成本标准"
10. 导致物流成本差异的原因多种多样,但是从计算的角度看,这些因素可归纳为（　　）。

A. 耗费因素　　　B. 用量因素　　　C. 资效因素　　　D. 价格因素

## 二、思考题

1. 物流成本控制的原则有哪些？
2. 实施目标成本法的程序是什么？
3. 标准成本可以分成几种形式？如何制定物流标准成本？
4. 物流成本差异如何分析？
5. 如何理解责任成本业绩报告单？

## 三、实训应用

某物流企业加工 A 产品，有关资料如下：标准总工时为 5 万小时，标准产量为 1 万件，直接材料的标准耗用量为 4 万千克，直接材料的标准单价为 5 元/千克，直接人工标准工资率为 2 元/小时，标准变动物流间接费用为 2 万元，标准固定物流间接费用为 3.2 万元，该产品的实际数量指标见表 3－5。

表 3－5　产品的实际数量指标

| 项目 | 总数 | 单位数 |
| --- | --- | --- |
| 实际耗用人工工时 | 45 125 小时 | 4.75 小时/件 |
| 实际产量 | 9 500 件 | — |
| 直接材料 | 33 250 千克 | 6 元/千克 |
| 直接人工 | 112 812.5 元 | 2.5 元/小时 |
| 变动物流间接费用 | 19 178.125 元 | 0.425 元/小时 |
| 固定物流间接费用 | 30 000 元 | — |

要求：进行物流成本的差异分析。

## 四、案例分析

### 美的集团——供应链双向挤压

中国制造企业将 90％ 的时间花费在物流上，物流仓储成本占据了总销售成本的 30％ ~40％，供应链上物流的速度以及成本是令中国企业苦恼的"老大难"问题。美的集团针对供应链的库存问题，利用信息化技术手段，一方面从原材料的库存管理做起，追求零库存标准；另一方面针对销售商，以建立合理库存为目标，从供应链的两端实施挤压，加速了资金、物资的周转，实现了供应链的整合成本优势。

### (一) 零库存梦想

从 2002 年中期开始,利用信息系统,美的集团在全国范围内实现了产销信息的共享。有了信息平台做保障,美的集团原有的 100 多个仓库精简为 8 个区域仓,运输时间在 8 小时以内的地方,全靠配送。这样,美的集团流通环节的成本降低了 15%~20%。运输距离长(运货时间为 3~5 天)的外地供应商,一般都会在美的集团的仓库里租赁一个片区(仓库所有权归美的集团),并把其零配件放到片区里面储备。美的集团在 ERP(企业资源管理系统)的基础上与供应商建立了直接的交货平台。供应商在自己的办公地点,通过互联网(Web)的方式就可登录到美的集团的页面上,看到美的集团的订单内容(品种、型号、数量和交货时间等),然后由供应商确认信息,这样一张采购订单就已经合法化了。实施 VMI 后,供应商不需要像以前一样疲于应付美的集团的订单,而只需做一些适当的库存即可。供应商则不用备很多货,一般能满足 3 天的需求即可。美的零部件年库存周转率在 2002 年上升到 70~80 次/年。其零部件库存也由原来平均的 5~7 天存货水平,大幅降低为 3 天左右,而且这 3 天的库存也是由供应商管理并承担相应成本。

库存周转率提高后,一系列相关的财务"风向标"也随之"由阴转晴",让美的集团"欣喜不已":资金占用降低、资金利用率提高、资金风险下降、库存成本直线下降。

### (二) 消解分销链存货

在前端销售环节,美的集团作为经销商的供应商,为经销商管理库存。这样的结果是,经销商不用备货了。经销商缺货时,美的集团立刻就会自动送过去,而不需经销商提醒。经销商的库存"实际是美的集团自己的库存"。这种存货管理上的前移,使美的集团可以有效地削减和精准销售渠道上昂贵的存货,而不是任其堵塞在渠道中,让其占用经销商的大量资金。

2002 年,美的集团以空调为核心对整条供应链资源进行整合,更多的优秀供应商被纳入美的集团的供应体系,美的集团供应体系的整体素质有所提升。依照企业经营战略和重心的转变,为满足制造模式"柔性"和"速度"的要求,美的集团对供应资源布局进行了结构性调整,供应链布局得到优化。通过厂商的共同努力,整体供应链在"成本""品质""响应期"等方面的专业化能力得到了不同程度的成长,供应链能力得到提升。

目前,美的空调成品的年库存周转率接近 10 次,而美的集团的短期目标是将成品空调的年库存周转率提高 1.5~2 次。目前,美的空调成品的年库存周转率不仅远低于戴尔等电脑厂商,也低于年库存周转率大于 10 的韩国厂商。库存周转率提高一次,可以直接为美的集团节省超过2 000万元人民币的费用。由于采取了一系列措施,美的集团已经在库存上尝到了甜头,2002年度,美的集团销售量较2001年度增长50%~60%,但成品库存却降低了9万台,从而在激烈的市场竞争下维持相当高的利润。

**案例思考:**

(1) 美的集团成功的原因是什么?

(2) 从美的集团供应链双向挤压中可以得到什么启示?

## 学习任务四
# 运输成本管理

**任务描述**

**沃尔玛公司运输成本降低的学问**

沃尔玛公司是世界上最大的商业零售企业，在物流运营过程中尽可能地降低成本是其经营的哲学。

沃尔玛公司有时采用空运，有时采用船运，还有一些货物采用卡车公路运输。在中国，沃尔玛公司百分之百地采用公路运输，所以如何降低卡车运输成本，是沃尔玛公司物流管理面临的一个重要问题，为此它主要采取了以下措施：

（1）沃尔玛公司使用一种尽可能大的卡车，加长的货柜长约16米，这种卡车比集装箱运输卡车更长或更高。沃尔玛公司把卡车装得非常满，产品从车厢的底部一直装到最高，这样非常有助于节约成本。

（2）沃尔玛公司的车辆都是自有的，司机也是其员工。沃尔玛公司的车队大约有5 000名非司机员工，还有3 700多名司机，车队每周每一次运输的距离可以达7 000~8 000千米。

沃尔玛公司知道，卡车运输是比较危险的，有可能会发生交通事故。因此，对于运输车队来说，保证安全是节约成本最重要的环节。沃尔玛公司的口号是"安全第一，礼貌第一"，而不是"速度第一"。在运输过程中，卡车司机们都非常遵守交通规则。沃尔玛公司定期在公路上对运输车队进行调查，卡车上面都带有公司的号码，如果看到司机违章驾驶，调查人员就可以根据车上的号码报告，以便进行惩处。沃尔玛公司认为，卡车不出事故，就是节省公司的费用，就是最大限度地降低物流成本，由于狠抓安全驾驶，运输车队已经创造了300万千米无事故的纪录。

（3）沃尔玛公司采用全球定位系统对车辆进行定位，因此在任何时候，调度中心都可以知道这些车辆在什么地方，离商店有多远，还需要多长时间才能到达商店，这种估算可以精确到小时。沃尔玛公司知道卡车在哪里，产品在哪里，就可以提高整个物流系统的效率，这有助于降低成本。

（4）沃尔玛连锁商场的物流部门，24小时进行工作，无论白天或晚上，都能为卡车及时卸货。另外，沃尔玛公司的运输车队利用夜间进行从出发地到目的地的运输，从而做到了当日下午进行集货，在夜间进行异地运输，翌日上午即可送货上门，保证在15～18个小时内完成整个运输过程，这是沃尔玛公司在速度上取得优势的重要措施。

（5）沃尔玛公司的卡车把产品运到商场后，商场可以把货物整个卸下来，而不用检查每个产品，这样就可以节省很多时间和精力，加快了沃尔玛物流的循环过程，从而降低了成本。这里有一个非常重要的先决条件，就是沃尔玛公司的物流系统能够确保商场所得到的产品与发货单完全一致。

（6）沃尔玛公司的运输成本比供货厂商自己运输产品要低，所以厂商也使用沃尔玛公司的卡车来运输货物，从而做到了把产品从工厂直接运送到商场，大大节省了产品流通过程中的仓储成本和转运成本。

沃尔玛公司的集中配送中心把上述措施有机地组合在一起，进行了最经济合理的安排，从而使沃尔玛公司的运输车队能以最低的成本高效率地运行。

## 任务分析

本案例中的沃尔玛公司在物流运作中值得借鉴的优点：一是沃尔玛公司使用一种尽可能大的卡车，有助于节约成本；二是沃尔玛公司的车辆都是自有的，司机也是其员工；三是沃尔玛公司采用全球定位系统对车辆进行定位；四是沃尔玛连锁商场的物流部门24小时进行工作；五是沃尔玛公司的卡车把产品运到商场后，商场可以把整个卸下来，而不用检查每个产品，这样就可以节省很多时间和精力，加快了沃尔玛物流的循环过程，从而降低了成本；六是沃尔玛公司的运输成本比供货厂商自己运输产品要低。通过以上做法，可以看出：沃尔玛公司的集中配送中心把上述措施有机地组合在一起，进行了最经济合理的安排，从而使沃尔玛公司的运输车队能以最低的成本高效率地运行。那么，运输成本包括哪些方面？应该如何核算和管理企业的运输成本？可以通过哪些方法降低运输成本？

## 知识目标

通过对任务的分析，可以更清楚地了解运输成本管理的重要性。首先需要了解运输成本的内容、五大运输方式的特点，其次要掌握运输成本的核算方法。了解运输成本的构成项目，才能根据企业的实际情况核算出企业的运输成本。

## 技能目标

通过对任务的分析，更清楚地认识到需要掌握哪些技能，才能更好地为降低企业的运输成本而服务。为了降低运输成本，需要熟练掌握汽车运输成本的核算及其构成要素，能够核算出企业的汽车运输成本；熟练掌握企业的海洋运输成本的核算及其构成要素，能够核算出企业的海洋运输成本；能够通过运输成本的核算及其要素构成，找出降低企业运输成本的方法。

# 子任务一　运输成本管理概述

| 学习领域 | 运输成本管理 |
| --- | --- |
| 学习情境 | 运输成本管理概述 |
| 任务描述 | 要求1：了解运输成本的构成<br>要求2：了解五大运输方式及其经济特征<br>要求3：掌握运输成本的影响因素 |

运输是物流系统中最关键的核心功能要素，在物流系统的三大功能要素中，运输功能的主导地位日益显现。实现物流合理化的关键是运输；"第三利润"的主要源泉是运输。因此，充分理解各种运输方式的技术经济特征，合理选择适当的运输方式，有效地降低运输成本是有效降低物流成本、实现物流合理化的必经之路。

## 一、运输与运输的特点

运输就是人或货物借助运输工具基础设施在空间产生的位置移动。在现代物流系统中，运输是最重要的环节之一，它承担物流改变空间状态的主要任务。只有与包装、装卸搬运、储存保管、流通加工、配送和信息处理等功能有机结合，运输才能最终圆满完成物品的空间状态、时间状态和形质状态，实现物品从供应地到接收地的流动转移任务。

1. 运输的特点
（1）运输具有生产的本质属性。
（2）运输服务具有公共性。
（3）运输产品是无形产品。
（4）运输生产和运输消费同时进行。
（5）运输产品具有非储存性。
（6）运输产品具有同一性。

2. 运输的功能与原理
（1）运输的功能。
① 货物位移。运输的主要功能就是随着运输对象在价值链上的不断移动，

以及运输时间的推移和货物空间位置的转移，使运输对象的价值得到不断提升。换言之，运输通过创造"空间效用"和"时间效用"来提升运输对象的价值。

② 货物临时储存。利用运输工具作为临时储存设施是一种权宜之计。货物运输生产的过程是实现货物位移的过程。在实现货物的位移成本的运输过程中会产生包括资料的耗费，如车辆、装卸机械、燃料、配件、工具等的价值耗费和相当于职工工资部分的价值耗费，这些价值耗费构成了运输成本，即运输成本是运输经营者完成运输任务所消耗的全部物化劳动和活劳动的货币表现。

（2）运输的原理。

① 规模经济。运输的规模经济体现为：随着运输工具装载规模的增长，每单位货物载重量运输成本呈下降趋势。

② 距离经济。运输的距离经济体现为：每单位运输距离成本随着运输距离的增加而减少。运输的距离经济是递远递减原理的体现，即运费率随运输距离的增加而逐渐减小。

在确定运输方案时，应重点考虑充分利用运输的两大基本原理，即在满足客户服务需求的前提下，追求运输规模和距离的最大化。

## 二、五大运输方式及其经济技术特征

1. 铁路运输及其技术经济特征

铁路运输是借助铁路，以车辆编组成列车，利用机车牵引载运客货的一种运输方式。它主要承担长距离、大批量的客货运输，是我国目前最重要的客货运输方式之一，具有昼夜不间断、全天候作业的特点。其技术经济特征主要体现为：运输能力大；运行速度快；运输成本低；运输经常性好；能耗低；通用性强、机动性差；投资大、建设周期长、占地多。

2. 道路运输及其技术经济特征

道路运输亦称公路运输，是在公路上使用机动车辆或人力车、畜力车等非机动车辆载运客货的一种运输方式。它适用于近距离、小批量客货运输或水路、铁路等其他运输方式难以到达地区的长途、大批量客货运输。公路运输是我国现代交通运输的重要方式之一。其最大的优势在于机动灵活，可实现"门到门"运输，不需要转运或反复搬运。其最主要的缺点是能耗高、污染大。公路运输的技术经济特征主要表现为：机动灵活；驾驶人员易培训；包装简单、货损少；运输成本高；能耗大、运输能力小、劳动生产率低；占地多；环境污染严重；一般不适宜长距离运输。

3. 水路运输及其技术经济特征

水路运输是最古老，也是现代化程度较高的，利用船舶或其他浮运工具在江河、湖泊、水库等天然或人工水道和海洋上运送客货的一种运输方式。其一般主要承担大批量、远距离运输。由于水运航道多系天然形成，因而相对于公路、铁路等其他运输方式，其建设投资较低。同时，又由于船舶运量较大，因此水路运输在运输能力、运输成本上均优于公路、铁路运输。其技术经济特征具体体现为：运输能力大；能耗低、运输成本低；建设投资少、土地占用少；劳动生产率高；平均运距长、运输速度慢；受自然环境条件影响大、可达性差。

### 4. 航空运输及其技术经济特征

航空运输是利用飞机或其他航空器在空中进行客货运输，它既是最新的，也是利用程度最低的一种运输方式。其优势在于速度极快、不受地形限制，在其他运输工具无法到达的地区，航空运输可完成对客货的运输工作。飞机振动较小，货物在空中运输时也不大可能被盗。因此，航空运输是一种十分安全的运输方式。但是，由于航空运输成本极高，所以需要航空运输的货物种类较少，空运人次也较低。大多数航空运输承担价值高、运费负担能力较高的贵重物品，或时间紧急的物品运输。其技术经济特征主要表现为：具有高速可达性；安全性高；经济价值独特；包装要求低；载运量小、投资大、成本高；易受气候条件限制；机动性差。

### 5. 管道运输及其技术经济特征

管道运输是通过钢管、泵站和加压设备等利用管道加压运输气体、液体、粉状固体的一种运输方式。由于管道运输的运输设备在运输过程处于静止状态，不存在其他运输方式中普遍存在的运输设备随货物移动消耗动力所产生的无效运输，并且管道是密封的，货物不会散失，也不会污染环境。其具体的技术经济特征体现为：运输量大；建设周期短、投资费用低；占地少，符合绿色运输要求；能耗小、成本低；运输经常性好、机动性差。管道运输仅适宜单向、定点、量大的流体状且连续不断的货物运输。

## 三、运输成本的含义

### 1. 成本

成本俗称"本钱"，是指企业为进行某种生产经营活动所发生的各项耗费支出的货币表现，即能以货币计量的各种耗费的总计。其具体包括三部分：一是物化劳动耗费，是指生产经营过程中消耗的各种物质材料的价值；二是活劳动消耗，是指支付给劳动者的工资；三是生产经营过程中发生的各项损失费用。

### 2. 运输成本

运输服务是一种创造价值的经济活动，运输成本是承运人为完成特定货物位移而消耗的物化劳动和活劳动的总和，即运输企业进行运输生产活动所发生的各项耗费的货币表现。

**知识拓展**

在现代物流企业中，运输在其经营企业中占有主导地位，因此，物流运输成本在物流业务中占有较大比例。经综合分析计算，运输费用在社会物流中约占50%。由于运输是物流中最重要的功能之一，物流合理化在很大程度上依赖运输合理化。运输合理与否直接影响着运输费用的高低，进而影响着物流成本的高低。一般来讲，运输总成本包括货运、车队、燃料、设备维护、劳动力、保险、装卸、税收、跨国等费用。

## 四、运输成本的分类

1. 运输成本的构成

（1）营运成本。它是指与运输企业运输工具营运生产直接有关的各项费用支出，包括实际消耗的各种燃料、物料、润料、用具器械，运输固定资产折旧费、维修费、维护保养费、租赁费、保险费、业务代理费、雇员工资福利费及事故净损失等。

（2）管理费用。它是指运输企业行政管理部门为管理和组织运输营运生产活动而发生的各种费用支出，包括公司经费、工会经费、劳动保险费、财产、土地使用费、技术转让费、技术开发费等。

（3）财务费用。它是指运输企业为筹措资金而发生的各项费用支出，包括企业营运期间发生的利息支出、汇兑净损失、调剂外汇手续费、金融机构手续费以及为筹资发生的其他财务费用。

2. 运输成本的其他分类

（1）按成本形态划分，运输成本可分为固定成本和变动成本。固定成本是指为维持运输工具的营运状态所支付的费用。这类费用不因运行和停留时间的长短而异，且此类成本不受运输工具一次装运量的直接影响，如起点站、终点站、港站、运输设施、运输工具、信息系统的建立和购置成本等。

变动成本是指运输工具在运行过程中所发生的费用，此类费用随运输距离、停留的港站数及停留时间、货物种类及运送数量、劳动工资、维修保养费用、燃料电力消耗而异，如工人的工资、津贴、奖金、燃料费、轮胎的保养维修费、折旧费、养路费等。

联合成本又称综合成本，是指决定提供某种特定的运输服务而产生的不可避免的费用。联合成本对运输费用有很大的影响，因为承运人索要的运价中必须包括隐含的联合成本，它的确定要考虑托运人有无适当的回程货，或者这种回程运输由原先的托运人来弥补。

（2）按计入成本的方式划分，运输成本可分为直接成本和间接成本。直接成本是指可以直接计入运输工具的费用，它包括除企业管理费和事故损失费以外的所有费用。这类费用的特点在于花费在彼物的费用与花费在此物的费用界限明确，彼物与此物的费用不能混淆分摊。

间接成本是指企业管理费和事故损失费，此项费用均按一定的分摊方法，摊入企业内每一运输工具的总成本中。此类费用（事故损失费除外）的基本特点在于：所花费的费用无法在运输工具上划分彼此，仅能以分摊的形式予以冲销。

## 五、运输成本核算

### 1. 运输成本的计算对象

运输成本的计算对象主要包括：货运、车队设施、燃料、设备维护、劳动力、装卸、保险、税收、滞留费用和跨国费用等。

### 2. 运输成本的计算周期

运输成本的计算周期是指成本的计算时间范围。企业将一定时期内所发生的各项消耗，按一定的对象进行归类，并将一定的时间范围作为一个成本计算周期核算某项业务的成本。确定成本计算周期既为企业成本核算规定了一个时间范围，为生产经营决策提供了成本信息，又为成本比较形成了时间可比性。

### 3. 运输成本的计算单位

运输成本的计算单位规定为运输量和运输周转量。对于货运为计费吨或计费吨千米；对于客运为人或人千米；对于集装箱为标准箱或标准箱千米。

## 六、影响运输成本的因素

虽然不同的运输方式都具有自身特定的成本因素，但从运输整体特征的角度来看，成本因素主要体现在产品特征、运输特征和市场因素三方面。

### 1. 产品特征

（1）产品密度（产品的积载因数）。它把重量和空间方面的因素结合起来考虑。这类因素之所以重要，是因为运输成本通常表示为每单位重量所花费的数额，如每吨金额数等。在重量和空间方面，单独的一辆运输卡车更多的是受空间限制，而不是受重量限制。即使该产品的重量很轻，车辆一旦装满，也不可能再增加装运数量。既然运输车辆实际消耗的劳动成本和燃料成本不受重量的影响，那么产品的密度越高，相对地可以把固定运输成本分摊到增加的重量上去，使这些产品所承担的运输成本相对较低。单位重量的运输成本随产品密度的增加而下降的关系如图 4-1 所示。

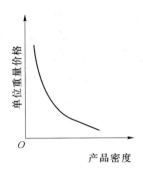

图 4-1　产品密度与运输成本之间的关系

一般来说，物流管理人员会设法增加产品密度，以便更好地利用货车的容积，使货车能够装载更多数量的货物。增加货物包装密度，可以将更多单位的产品装载进具有固定体积的车辆中去。在某种程度上，由于车辆已经满载，即使再增加产品的密度，也无法再增加利润。例如：从容积的角度来看，像啤酒或汽水之类的液体产品在装入公路货车容量的一半时，重量就会达到满载程度。显然，这类产品在还没有充分利用容量时，就有可能受到重量的限制。尽管如此，努力增加产品的密度常会使运输成本降低。

（2）产品的可靠性。对容易破坏或者容易被盗的、单位价值高的产品而言，可靠性是非常重要的一个指标。产品运输时承运人提供的可靠性越高（如计算机、珠宝及家用娱乐产品等产品的运输），产品的运输成本就越高。产品种类不同，其重要性因素也不同，例如：产品是否为危险品，是否需要牢固、严格地包装等，对化学行业和塑料行业的产品而言，这些因素尤其重要。为了尽可能降低运输成本，承运人必须通过向保险公司投保来预防可能发生的索赔。托运人可能通过改善保护性包装，或减少产品灭失损失的可能性，降低其风险，最终降低运输成本。

（3）产品的装载性能。装载性能这一因素是指产品的具体尺寸及其对运输工具（如铁路车、拖车或集装箱）空间利用程度的影响。有些产品可以完全填满运输工具（如火车车厢、货车车厢、管道等），因而它们具有良好的装载性能。而具有异常的尺寸和形状以及超重或具有超常特征的产品，通常不能很好地进行装载，会浪费运输工具的空间。一般来说，具有标准柜形的产品要比形状异常的产品更容易装载。

2. 运输特征

（1）货物运送距离。它是影响运输成本的主要因素，因为它直接对劳动、燃料和维修保养等变动成本起作用。距离与运输成本的一般关系，主要有以下两个要点：

① 成本曲线不是从原点开始的，因为存在着与距离无关，但与货物的提取

和交付活动所产生的固定费用有关的一部分费用。

② 距离经济。成本曲线的增长幅度是随着距离的增加而减小,这种特征被称作递减原则,即运送距离越长,城市间的运送距离所占的比例越高,于是承运人可以使用更高的速度,使城市间每千米单位费用相对较低,并且有更多的距离适用相同的燃料和劳动费用,而在市内运送时通常会频繁地停车,因此要增加额外的装卸成本,如图 4-2 所示。

(2) 载货量。装载量之所以会影响运输成本,是因为与其他许多物流活动一样,大多数运输活动中存在着规模经济。这种关系如图 4-3 所示,它说明了每单位重量的运输成本随装载量的增加而减少。之所以会产生这种现象,是因为提取和交付活动的固定费用及行政管理费用可以随装载量的增加而被分摊。但是,这种关系受到运输工具(如卡车)最大尺寸的限制,一旦车辆满载,下一辆车会重复这种关系。这种关系对管理部门的启示是,小批量的载货应整合更大的载货量,以利用规模经济。

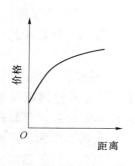

图 4-2　距离与运输成本之间的关系　　图 4-3　装载量与运输成本之间的关系

(3) 装卸搬运效率。卡车、铁路车或船舶等的运输可能需要的装卸搬运设备,运输成本通常较高,产品大小或形状一致的产品(如纸箱、罐头、筒)或可以用专门搬运设备(如用带子捆起来、装箱或装在托盘上等)处理的产品,搬运费用一般较低,因此运输成本也较低。

3. 市场因素

(1) 竞争性。不同运输模式之间的竞争、同一运输模式之间的竞争往往会导致运输费用的波动。铁路运输、水路运输、航空运输之间长期以来都存在着不同程度的竞争,有时为了赢得市场份额,提升企业的竞争力,承运人会提供一些不同的价格策略或优惠策略。例如:起讫地相同的产品可采用不同的方式进行运输,运输速度较慢的方式往往实行较低的运价。

(2) 运输需求的不平衡性。它主要表现为运输时间的不平衡性和运输方向的不平衡性。运输通道流量和通道流量均衡等市场因素也会影响运输成本。这里的运输通道是指起运地与目的地之间的移动,显然是运输车辆和驾驶员都必须返回到起运地,对他们来说,要么找一批货带回来进行"回程运输",要么只能空车返回。当发生空车返回时,有关劳动、燃料和维修保养等的费用仍然必须按照原先的"全程"运输支付。于是,理想的情况就是"平衡"运输,即运输通道两端的流量相等。但由于制造地点与消费地点的需求不平衡,通道两端流量相等的"平衡"情况很少见。例如,有许多产品在美国东海岸加工制造,然后装运到美国西部的消费市场,这样就会出现西部的流量大于东部的流量的情况。

4. 责任

责任主要关系到货物损坏风险和索赔事故的发生。承运人必须通过向保险公司投保来预防可能发生的索赔,否则有可能承担任何赔偿责任;托运人可以通过改善保护性包装,或通过减少货物灭失损坏的可能性来降低风险,最终降低运输成本。

## 子任务二  汽车运输成本管理

| 学习领域 | 运输成本管理 |
|---|---|
| 学习情境 | 汽车运输成本管理 |
| 任务描述 | 要求1:了解汽车运输成本的分类<br>要求2:掌握汽车运输成本的核算<br>要求3:掌握降低汽车运输成本的方法 |

## 一、汽车运输成本的概念及分类

1. 汽车运输成本的概念

汽车运输成本是指汽车运输企业为完成客货位移所发生的一切费用的总和。一定时期内的运输支出总额称为该期的运输总成本;一定时期内的单位运输劳务支出称为单位运输成本。

运输总成本与单位运输成本的关系可用如下公式表示:

$$某一时期的单位运输成本 = \frac{该期的运输总成本}{该期完成的周转量}$$

成本反映的是运输企业在完成客货位移时的消耗,它是综合反映运输企业经济效益的重要指标,是运输企业技术、管理、劳动等多方面工作水平的综合反映。

2. 汽车运输成本的构成

(1) 按生产要素分类。其可以反映企业在一定时期内同类性质费用的全部支出，便于按费用性质归口管理。可将汽车运输企业营运费用按其要素构成分为以下九种：外购材料费、外购燃料费、外购动力费、外购低值易耗品、职工工资、职工福利费、固定资产维修费、固定资产折旧费、其他费用支出。

(2) 按成本形态分类。汽车运输的消耗主要取决于运输距离的长短，即在汽车运输成本中相当一部分是随车距离的变动而变动，有一部分是随着产量的变动而变动。这两部分成本称为相对变动成本。还有一部分成本，其在一定产量和行驶里程内不受其影响，称为固定成本。所以，汽车运输成本按成本形态可以分为以下三类：

① 固定成本。它也称为甲类成本，计量单位为元，这是在一定的产量范围内，与行驶里程和产量基本无关的那一部分相对固定的成本支出，如管理人员的工资及其提取的职工福利费和五险一金等，以及营运间接费用、管理费用和其他费用。

② 车千米变动成本。它也被称为乙类成本，计量单位为元/千车千米。在汽车运输成本中，随着行驶里程变动的成本还有营运车耗用燃料费、营运车装用轮胎费、营运车维修费、按行驶里程计提的营运车辆折旧费等。这些成本费用，无论车辆是空驶还是重载均会发生，而且随行驶里程的变动而变动。

③ 吨千米变动成本。它也被为丙类成本，计量单位为元/千吨千米，如吨千米燃料附加、按营运收入和规定比例计算缴纳的养路费、运输管理费（由于营运收入是周转量的正比函数，所以，养路费与运输管理费是周转量的间接正比函数）以及按周转量计算的行车补贴等。

(3) 汽车运输成本按其经济用途，可分为车辆费用和营运间接费用两类。

① 车辆费用，指企业营运车辆从事生产活动所发生的各项费用。车辆费用具体包括以下几方面：

a. 人工费：汽车运输司机及随车人员的工资、津贴、补贴、奖金；按比例、计提范围提取的职工福利费、五险一金、工会经费等。实行承包经营企业的司乘人员个人所得的承包收入也包括在本项目内。

b. 燃料：营运车辆运行过程所耗费的各种燃料，如汽油、柴油等。自卸车时及装有空调的车辆使用空调时所耗用的燃料，也在本项目核算。

c. 轮胎费：营运车辆耗用的外胎、内胎、垫带、轮胎翻新和修补充气的费用等。

d. 维修费：营运车辆进行各级维护和维修所发生的工料费用、修复旧件费用和行车用机油费用等。维修部门领用周转总成价值和卸下总成的维修费用，也包括在本项目内。

e. 折旧：营运车辆按规定计提的折旧费。

f. 养路费：营运车辆按规定缴纳的养路费。

g. 运输管理费：按规定向汽车运输管理部门缴纳的运输管理费。

h. 车辆保险费：向保险公司缴纳的营运车辆的保险费用。

i. 事故损失：营运车辆在营运过程中，因行车事故所发生的损失和扣除保险公司赔偿后的事故费用。

j. 税金：营运车辆按规定缴纳的车船使用税。

k. 其他：营运车辆在营运过程中发生的不属于以上项目的行车杂费等，如过桥费、过路费、过隧道费、司机途中住宿费、车辆清洗费及营运司机领用的低值易耗品（帐篷、工具、保温套等）和劳动保护用品等。

② 营运间接费用。它包括运输企业以下的基层分公司、车队、车站发生的营运管理费用，但不包括企业行政管理部门发生的管理费用。

## 二、汽车运输成本的核算

汽车运输企业的成本核算工作与企业的营运范围、管理体制和规模及生产组织机构有关。汽车运输企业一般都是区域性独立的生产经营单位，通常实行企业和分公司两级核算。企业核算运输完全成本，只需核算直接管理的车辆费用和车队管理费用，不负担车站经费和燃料、材料的成本差异。车队不设成本明细账，不进行账务处理，只是在月终通过汇总表、分配表及有关的原始凭证，汇总计算车辆费用和车队管理费用，编制车队运输成本表。企业审核汇集车队的各项费用消耗表、计算分配表和车队费用表，进行账务处理，并调整成本差异，编制企业的运输成本表。车辆较少的小型运输企业，可由企业集中核算成本，而不进行车队成本核算。为了对运输成本进行有效监控，在必要的情况下，也可按单车核算其运输成本。

### （一）汽车运输成本的核算对象和核算单位

汽车运输成本是指为完成客、货运输所支出的各种费用的总和。按完成一个运次或一定期间的运输量计算的成本称为汽车运输总成本，平均单位运输量的成本称为汽车单位运输成本。汽车单位运输成本是反映汽车运输单位生产技术水平和经营管理水平的综合指标。精确地核算汽车运输成本，可以掌握运输生产消耗的补偿尺度，为确定运价和运输盈利额提供依据，并揭示降低成本的方向。

1. 确定汽车运输成本的核算对象

汽车运输成本通常按客车运输成本（简称"客车成本"）和货车运输成本（简称"货车成本"）分别计算，而不是按旅客运输成本和货物运输成本计算。

汽车运输成本的各项直接费用,不是按运输业务类别(旅客运输、行李包裹运输、货物运输)归集,而是按车辆类别(客车、货车)归集;间接费用一般是按车辆分配,而不是按客运和货运的运输量分配。由于车型和使用燃料不同,其所产生的消耗有所差异,所以汽车运输成本按不同车型、不同燃料分别计算;如有需要,还可分别计算不同道路、货种的运输成本。

2. 确定汽车运输成本的核算单位

汽车运输成本的核算单位,是以汽车运输工作量的计量单位为依据确定的。货物运输工作量,通常称为货物周转量,其计量单位为"吨千米",即实际运送的货物吨数与运距的乘积。为计量方便起见,通常以"千吨千米"作为成本核算单位。

大型车组的成本核算单位为"千吨位小时",集装箱车辆的成本核算单位为"千标准箱千米"。

集装箱以 20 英尺①为标准箱,小于 20 英尺的,每箱按 1 标准箱计算;40 英尺箱或其他大于 20 英尺的集装箱,每箱按 1.5 标准箱计算。其他特种车辆,如零担车、冷藏车、油罐车等的运输业务,其运输工作量仍以"千吨千米"为成本核算单位。

### (二)确定汽车运输成本核算期

汽车运输成本应按月、季、年计算从年初至各月月末的累计成本。营运车辆在经营跨月运输业务时,一般不计算"在产品"成本,以行车路单签发日期所归属的月份计算其运输成本。

### (三)确定汽车运输成本核算项目

根据企业物流成本构成中运输成本所包括的内容,将汽车运输各项费用归集到四个成本项目中,即人工费、材料费、维护费、一般经费。也可以根据企业管理的需要,将上述各项费用适当归类设为成本计算项目。

### (四)汽车运输成本的归集和分配

汽车运输企业应按车型分类核算完全成本,以满足会计核算的需要。在核算分类成本时,可直接根据有关分配表或核算表中的数字计入分类成本。

1. 直接人工费的归集和分配

根据工资分配表和职工福利费核算表中分配给各车型分类成本的金额计入成本。

对于有固定车辆的驾驶员的工资、行车津贴和津贴,应由有关车型的运输成本负担,将其实际发生数直接计入运输成本的工资项目。按照工资负担对象和金额计算应计提的职工福利费,直接计入各类运输成本的"职工福利费"项目。

---

① 1 英尺 = 0.304 8 米。

对于不固定车型的驾驶员的工资及津贴，应按营运车吨位或营运车日，分配计入有关车辆的分类运输成本。其分配计算公式如下：

$$每营运车吨日工资分配额 = \frac{应分配的司机工资总额}{总营运车吨日}$$

某车型应分摊的司机工资 = 该车型实际总营运车吨日 × 每营运车吨日工资分配额

2. 直接材料费用的归集和分配

（1）燃料费。营运车辆消耗的燃料，应根据行车路单或其他有关燃料消耗报告所列的实际消耗量计入成本。燃料消耗计算的范围与期间，应与车辆运行情况一致，以保证燃料实际消耗量与当月车辆行驶总车千米和所完成的运输周转量相对应。

已实行满油箱制的运输企业，在月初、月末油箱加满的前提下，车辆当月加油的累计数，即当月燃料实际消耗数。企业根据行车路单领油记录核实的燃料消耗统计表，即可计算当月燃料实际消耗数。

实行实地盘存制的企业，应在月底实地测量车辆油箱存油数，并根据行车路单加油记录，计算各车当月燃料实际消耗数，其可按下列公式计算：

当月燃料实际消耗数 = 月初库存数 + 本月领用数 − 月末库存数

营运车辆在本企业以外的油库加油，其领发数量不作为购入和发出处理的企业，应在燃料费发生时按照分类成本领用的数量和金额，直接计入各分类运输成本。

（2）轮胎费。营运车辆领用的内胎、垫胎以及轮胎零星修补费用和轮胎翻新费用，按实际领用数和发生数计入各分类运输成本。外胎可以按领用轮胎实际成本计入当月运输成本，但在一次领用轮胎较多时，可以在一年内分月摊入各月运输成本。

大中型汽车运输企业，一般按每胎千米摊销额和月度内实际行驶胎千米数计算列入成本。其计算公式如下：

$$千胎千米摊提费 = \frac{外胎计划价格 - 计划残值}{新胎到报废行驶里程定额 \div 1\,000}$$

外胎的轮胎摊提费用应按月计入运输成本。其计算公式为：

$$某车型外胎应计摊提费用 = 千胎公摊提额 \times \frac{该车型外胎实际使用胎千米}{1\,000}$$

【例4.1】 某型号轮胎外胎计划价格为 4 000 元/胎，计划残值为 100 元/胎，新胎到报废行驶里程定额为 100 000 千米，求其千胎千米摊提额。

**解**：该型号轮胎千胎千米摊提额 = $\dfrac{外胎计划价格 - 计划残值}{新胎到报废行驶里程定额 \div 1\,000}$

$$千胎千米摊提额 = \frac{(4\,000 - 100) \text{ 元/胎}}{100\,000 \text{ 千米} \div 1\,000}$$

$$=39 \text{ 元/千胎千米}$$

如果该型号轮胎当月使用里程为 1 500 000 千米，试求其轮胎应计摊提费用。

$$\text{某车型外胎应计摊提费用} = \text{千胎公摊提额} \times \frac{\text{该车型外胎实际使用胎千米}}{1\ 000}$$

$$= 39 \text{ 元/千胎千米} \times \frac{1\ 500\ 000\ \text{胎千米}}{1\ 000}$$

$$= 58\ 500 \text{ 元}$$

报废的外胎应按照新胎到报废的里程定额计算其超亏里程，并按月分车型计算其超亏里程差异，调整运输成本。其计算公式为：

$$\text{某车型外胎超亏里程应调整成本差异} = \text{千胎公摊提额} \times \frac{\text{该车型外胎超亏胎千米}}{1\ 000}$$

如果该型号轮胎当月报废外胎超额使用里程为 110 000 千米，试求其超亏里程应调整成本差异。

$$\text{该型号轮胎超亏里程应调整成本差异} = \text{千胎公摊提额} \times \frac{\text{该车型外胎超亏胎千米}}{1\ 000}$$

$$= 39 \text{ 元/千胎千米} \times \frac{-110\ 000\ \text{胎千米}}{1\ 000}$$

$$= -4\ 290 \text{ 元 （应调减成本）}$$

3. 其他直接费用的归集和分配

（1）维修费。营运车辆因维护和维修而领用的各种材料、配件费，直接计入各类成本的维修费项目；预提的车辆大维修费用，可根据"预提大维修费用计算表"计入本项目。

营运车辆的大维修费用，按实际行驶里程计算预提，特种车、大型车可按使用年限计算预提。其计算公式为：

① 按使用年限计提。

$$\text{某车型月大维修费用提存率} = \frac{\text{预计大维修次数} \times \text{每次大维修费用}}{\text{该车型平均原值} \times \text{预计使用年限} \times 12} \times 100\%$$

某车型某月大维修费用提存额 = 某车型当月平均原值 × 该车型月大维修费用提存率

【例 4.2】 某型号货运汽车，预计大维修次数为 3 次，每次大维修费用为 15 000元，该车型平均原值为 600 000 元，预计使用年限为 10 年，如果当月该型号货车平均原值为 1 800 000 元，试计算该车型当月大维修费用提存额。

**解**：$\text{某车型月大维修费用提存率} = \frac{\text{预计大维修次数} \times \text{每次大维修费用}}{\text{该车型平均原值} \times \text{预计使用年限} \times 12} \times 100\%$

$$= \frac{3 \text{ 次} \times 15\ 000 \text{ 元/次}}{600\ 000 \times 10 \times 12} \times 100\%$$

$$= 0.062\ 5\%$$

某车型某月大维修费用提存额 = 某车型当月平均原值 × 该车型月大维修费用

提存率

$$= 1\ 800\ 000 \times 0.062\ 5\%$$
$$= 1\ 125\ (元)$$

② 按实际行驶里程计提。

某车型千车千米大维修费用预提额 = $\dfrac{预计大维修次数 \times 每次大维修费用}{该车型平均新至报废行驶里程定额} \times 1\ 000$

某车型营运车月大维修费用提存额 = 该车型千车千米大维修费用预提额 $\times \dfrac{该车型当月实际总行程}{1\ 000}$

【例 4.3】 某型号货运汽车,预计大维修次数为 3 次,每次大维修费用为 15 000 元,该车型新至报废行驶里程定额为 180 万千米,如果该型号货车当月实际行驶里程为 45 000 车千米,试计算该车型当月大维修费用提存额。

解:某车型千车千米大维修费用预提额 = $\dfrac{预计大维修次数 \times 每次大维修费用}{该车型平均新至报废行驶里程定额} \times 1\ 000$

$$= \dfrac{3\ 次 \times 15\ 000\ 元/次}{1\ 800\ 000\ 车千米} \times 1\ 000$$

$$= 25\ 000\ 元/车千米$$

$$= 25\ 元/千车千米$$

某车型营运车月大维修费用提存额 = 该车型千车千米大维修费用预提额 $\times \dfrac{该车型当月实际总行程}{1\ 000}$

$$= 25\ 元/千车千米 \times 45\ 000\ 车千米 \div 1\ 000$$

$$= 1\ 125\ 元$$

实际大修间隔里程与大修间隔里程定额比较,所发生的超亏里程造成的多提或少提费用差异以及大修后实际大修费用与预提每次大修费用的差额,应调增或调减项目。

(2) 车辆折旧费。其按实际行驶里程计算,特种车、大型车按年限法计算列入本项目。不采取预提大修费用的企业,可不分大修和小修,将所发生的维修费用直接计入本项目。

① 按使用年限法计提折旧的计算。

某车型营运车月折旧率 = $\dfrac{1 - 残值率}{该车型预计使用年限 \times 12} \times 100\%$

某车型营运车月折旧额 = 该营运车月初原值 $\times$ 该车型营运车月折旧率

【例 4.4】 某型号货运汽车原值为 600 000 元,预计使用年限为 10 年,残值率为 5‰,该型号货车当月月初原值为 1 800 000 元,试计算该车型当月折旧额。

**解**：某车型营运车月折旧率 = $\dfrac{1-\text{残值率}}{\text{该车型预计使用年限}\times 12}\times 100\%$

$= \dfrac{1-0.005}{10\times 12}\times 100\%$

$= 0.83\%$

某车型营运车月折旧额 = 该营运车月初原值 × 该车型营运车月折旧率
= 1 800 000 元 × 0.83%
= 14 940 元

② 营运车辆按行驶车千米计提折旧的计算。

某车型营运千车千米折旧额 = $\dfrac{\text{车辆原值}-(\text{预计残值}-\text{清理费用})}{\text{该车型折旧里程定额}/1\,000}$

某车型营运车折旧费用 = 该车型营运车当月实际行驶里程 × 该车型营运千车千米折旧额 ÷ 1 000

**【例 4.5】** 某型号货运汽车原值为 600 000 元，预计残值为 3 000 元，清理费用预计为 500 元，该车型新至报废行驶里程定额为 180 万千米，该型号货车当月实际行驶里程为 45 000 车千米，试计算其当月折旧额。

**解**：某车型营运车千车千米折旧额 = $\dfrac{\text{车辆原值}-(\text{预计残值}-\text{清理费用})}{\text{该车型折旧里程定额}/1\,000}$

$= \dfrac{600\,000\,\text{元}-(3\,000\,\text{元}-500\,\text{元})}{1\,800\,000\,\text{车千米}/1\,000}$

= 331.94 元/千车千米

某车型营运车折旧额 = $\dfrac{\text{该车型营运车当月实际行驶里程}\times\text{该车型营运车千车千米折旧额}}{1\,000}$

= 45 000 车千米 × 331.94 元/千车千米 / 1 000
= 14 937.3 元

月终，根据固定资产折旧计算表，将提取的营运车辆折旧额计入各类运输成本的本项目内。

（3）养路费及运输管理费。其按运输收入的一定比例计算，应按不同车型分别计算应交纳的养路费和运输管理费，计入各分类成本；按车辆吨位为月初或季初先交纳养路费及运输管理费的企业，应根据实际交纳数分摊计入分类运输成本的本项目内。

（4）车辆保险费。按实际支付的投保费用和投保期，并按月份分车型分摊计入各分类成本的本项目内。

（5）事故费。营运车辆在运营过程中因碰撞、倾翻、碾轧、落水、失火、机械故障等原因而造成的人员伤亡、车辆损伤、物资毁损等行车事故所发生的维修费用、救援费和赔偿费，以及支付给外单位人员的医药费、丧葬费、抚恤费、生活补助费等事故损失，在扣除向保险公司收回的赔偿收入以及事故对方或过失人的赔偿金额后，计入有关分类成本的本项目内。在事故发生时，可预计事故损失。在预计事故损失后，通过预提费用账户进行核算。当年结案事故的实际损失与预提数的差额，调整本年度有关业务成本。因车站责任发生货损、货差等事故损失，应计入"营运间接费用"账户，不列入本项目。

（6）其他费用。营运车辆发生的其他费用，内容比较复杂，但费用发生时同样可以根据费用凭证直接计入各成本计算对象内。

车辆牌照和检验费、车船使用税、洗车费、过桥费、轮渡费、司机途中住宿费、行车杂费等费用发生时都可以根据付款凭证直接计入各类运输成本。此外，领用随车工具及其他低值易耗品，可以根据领用凭证，一次摊入各类运输成本。

4. 营运间接费用的归集和分配

企业营运过程中发生的不能直接计入成本核算对象的各种间接费用，但不包括企业管理部门的管理费用，其主要内容是运输公司或公司以下的基层分公司、车队、车场、车站的营运管理费用。

（1）车队管理费用的分配。车队管理费用应分配计入本车队各类车型的运输成本。为方便起见，其分配方法通常先按车队发生的营运车辆的车辆费用和其他业务的直接费用比例，由运输业务和其他业务分摊，然后将按运输业务分摊的车队管理费按各类车辆的直接费用比例或营运车日比例，由各类运输成本分摊。

车队费用分配率初次分配的计算公式如下：

$$车队费用分配率 = \frac{当月车队费用总额}{运输业务直接费用 + 其他业务直接费用} \times 100\%$$

运输业务应分摊车队费用 = 当月运输业务直接费用总额 × 车队费用分配率

车队管理费用按各种车辆的直接费用比例分配的计算公式为：

$$车队费用按车型分摊的分配率 = \frac{运输业务应分摊的车队费用}{该车队各车型营运车的直接费用} \times 100\%$$

某车型营运车应分摊的车队管理费用 = 当月该车型营运车直接费用总额 × 车队费用按车型分摊的分配率

（2）车站经费的分配。为简便起见，车站经费应在车站各种业务之间分配，通常按运输直接费用、其他业务直接费用比例分摊。由运输业务负担的车站费用，应按车型类别的直接费用比例分摊。

5. 辅助营运费用的归集和分配

汽车运输企业的辅助营运费用，主要是指为企业车辆进行维修作业而设置的保养场或车间的生产业务，包括制造小量零星配件，以及供应水、电、气等生产业务所发生的费用。

辅助营运费用的计算，应按照费用计算对象和费用类别进行归集，并按受益部门和一定的方法进行分配。

企业应分别设置"辅助营运费用"总分类账和明细分类账,按规定的费用项目设置专栏进行核算。辅助生产部门在生产过程中发生的费用,能直接计入各成本计算对象的应直接计入,不能直接计入的间接费用,应采取适当的分配方法,分配计入各成本计算对象的分类明细账。

各级维护和小修作业、自制设备和配件、轮胎修补、旧件修复以及对外维修等直接耗用的各种材料,月终根据材料库转来的领料单,按成本计算对象编制"材料耗用汇总分配表",据以登记各成本计算对象的分类明细账。其他直接材料费用可根据有关原始凭证登记各有关分类明细账。

辅助生产人员工资及职工福利费和车间经费等不能按成本计算对象归集的间接费用,应按实际支付的工资及费用,按照实际总工时计算单位工时分配额,再按各成本计算对象所耗费的实际工时进行分配。其分配公式如下:

$$单位工时工资(费用)分配额 = \frac{辅助生产人员工资及职工福利费(或车间经费)}{辅助生产实际总工时}$$

该类维修作业或产品应分摊工资或费用额 = 该类维修作业或产品实际耗用工时 × 单位工时工资(费用)分配额

### (五)汽车运输成本的核算方法

汽车运输成本的核算,是通过"运输支出""辅助营运费用""营运间接费用"等会计账户进行归集和分配的,从而计算出运输总成本和单位成本,然后再按费用项目设置多栏式明细账。

"运输支出"账户按货车车型、大型车、集装箱车、特种车等成本计算对象设立运输成本明细账;"营运间接费用"账户按车队管理费、车站经费等设立费用明细账。企业营运车辆所发生的直接费用,根据原始费用分配表计入运输成本明细账有关项目。月终再根据"运输支出"账户记录,计算各成本对象的总成本、单位成本、成本降低率和成本降低额。

1. 运输总成本的计算

运输总成本是成本计算期内,各运输成本计算对象的成本总额之和。

2. 运输单位成本的计算

运输单位成本是指成本计算期内,按成本计算对象完成单位周转量(千吨千米)的成本额。其计算公式如下:

$$某运输成本计算对象的单位成本 = \frac{该成本计算对象的当月运输成本总额}{该成本计算对象的当月周转量}$$

对于不按千吨千米计算其生产成果的大型平板车、集装箱装用车等,应按照各自计算生产成果的"千吨位小时""千标准箱千米"计算其运输单位成本。

3. 运输成本降低额和运输成本降低率

（1）运输成本降低额。它是考核成本计划完成情况的主要指标，是以上年度实际单位成本与本期周转量计算的总成本减去本期实际总成本的差额。运输成本降低额是按成本计算对象计算的。其计算公式如下：

运输成本降低额 = 上年度实际单位成本 × 本年度实际周转量 − 本年度实际成本

当计算结果为负值时，表示成本超支额；计算结果为正值时，表示成本节约额。

（2）运输成本降低率。它是考核成本降低幅度计划完成程度的主要指标，是成本降低额与上年度实际单位成本计算的总成本的比率。其计算公式如下：

$$运输成本降低率 = \frac{运输成本降低额}{上年度实际单位成本额 \times 本期周转量} \times 100\%$$

**【例 4.6】** 某生产制造企业本月有关账户资料如下：销售费用——运输费 149 500 元，查相关资料，外部运输对应行驶里程数为 23 000 千米，其中材料采购阶段行驶里程数为 7 000 千米，产品销售阶段行驶里程数为 16 000 千米；销售费用——汽车相关费用 3 510 元，经查资料，该费用主要是汽车维修维护费及燃料动力费，其中一部分为从事零星物流业务发生的费用，根据资料，该车辆本月行驶 2 700 千米，用于零星物流业务的运输里程数为 800 千米，其中，采购阶段 500 千米、销售阶段 300 千米。

**解**：外付运输费分配率 $= \dfrac{149\ 500}{7\ 000 + 16\ 000} = 6.5$（元/千米）

供应阶段负担的外付运费 = 7 000 × 6.5 = 45 500（元）

销售阶段负担的外付运费 = 16 000 × 6.5 = 104 000（元）

运输作业维护费分配率 $= \dfrac{3\ 510}{2\ 700} = 1.3$（元/千米）

供应阶段运输作业维护费 = 500 × 1.3 = 650（元）

销售阶段运输作业维护费 = 300 × 1.3 = 390（元）

计入有关物流成本辅助账簿：

  物流成本——运输成本——供应物流成本——委托物流成本 45 500

    ——运输成本——销售物流成本——委托物流成本 104 000

    ——运输成本——供应物流成本——维护费 650

    ——运输成本——销售物流成本——维护费 390

## 三、降低汽车运输成本的措施

影响汽车运输成本的因素很多，有企业内部因素，也有企业外部因素。企业内部因素有运输生产方面的，也有经营管理方面的，如车辆技术状况、车辆保修质量、企业职工素质和经营管理水平等。企业外部因素包括：企业所在地工农业生产发展速度、客流、货源、运输市场竞争情况、公路等级、通过能力、气候调价和其他各种运输方式发展情况等。概括起来，降低企业运输成本的措施主要包括以下几方面。

### 1. 提高人员素质

目前大多数汽车运输企业的职工业务素质偏低。随着科技的进步和市场的迅速发展，汽车运输业对从业人员的素质要求也随之提高。为了提高企业员工素质，必须抓好智力开发和职业培训，使广大员工的自我价值得到充分实现，成为具有良好的道德修养、精通业务技术、懂得管理、会经营的骨干。在此基础上，尽量压缩非生产人员，严格执行定编、定员、定岗，以减少这些人员的非必要开支。只有这样才能有效地降低运输成本。

### 2. 提高车辆的装载率

提高车辆的装载率，是组织合理运输、提高运输效率和降低运输成本的重要内容。一方面，应最大限度地利用车辆载重吨位；另一方面，应充分使用车辆装载容积。主要做法如下：

（1）组织轻重配装。这是把实重货物和轻泡货物装在一起，既可以充分利用车辆装载容积，又可以达到装载重量，以提高运输工具的使用效率，降低运输成本。

（2）实行解体运输。对一些大且笨重，不宜装卸又容易碰撞致损的货物，如自行车、缝纫机和科学仪器、机械等，可将其拆卸装车，分别包装，以缩小空间，这易于装卸和搬运，可以提高运输装载效率，降低单位成本。

（3）使用高效的堆码方法。根据车辆的货位情况和不同货物的包装形式，采取各种有效的堆码方法，如多层装载、紧密装载等，以提高运输效率。当然，推进物品包装的标准化，逐步实行单元化、托盘化，是提高车量装载技术的一个重要条件。

### 3. 加强管理

企业运输生产经营管理的好坏，直接影响运输单位成本水平的高低。加强企业运输生产管理、降低运输虚耗、提高运输效率等都对降低运输成本有重要意义。

（1）加强行车耗用燃料管理，降低燃料消耗。

（2）加强轮胎和车辆技术管理，延长轮胎使用胎千米和大修间隔里程。

（3）加强车辆技术管理，提高保修质量，降低小修费用。

（4）加强全面质量管理，提高工作质量。

(5) 实行成本管理责任制，搞好单车和保修班组的经济核算。

4. 优化道路条件

道路条件虽不属于汽车运输企业自身的问题，但它对运输单位成本水平具有直接影响。道路条件好，可以提高车辆技术速度和车辆生产率，可以节约燃料，延长车辆配件和车辆的寿命。

# 子任务三　海洋运输成本管理

| 学习领域 | 运输成本管理 |
| --- | --- |
| 学习情境 | 海洋运输成本管理 |
| 任务描述 | 要求1：了解海洋运输成本的类别及特点<br>要求2：掌握沿海运输成本的核算<br>要求3：掌握远洋运输成本的核算 |

## 一、海洋运输成本的类别及特点

我国的海洋自然条件十分优越，整个海岸线超过 18 000 千米，若把沿海岛屿的海岸线也计算在内，长度超过 32 000 千米。

海洋运输根据船舶航行的海域范围不同，可以分为沿海运输和远洋运输。

1. 沿海运输的特点

沿海运输是指海运企业船舶在近海航线上航行，往来于国内各沿海港口之间，负责运送旅客和货物的运输业务。通常情况下，沿海运输的航行距离和航次时间均较短，数日内即可往返。沿海运输企业一般称为海运局，海运局一般下设船队，船队是内部核算单位。

船舶进出港口，由港口单位提供码头相关设备和各种服务，航运单位按规定向港口单位支付各种港口使用费用。海运企业的沿海运输业务由港口单位代理，海运企业支付其代理单位费用。海运企业船舶吨位较大，费用较多，所以应按单船归集船舶营运费用，计算营运成本。海运企业的运输船舶，有时从事非运输工作，如船舶临时出租、援救遇难船舶等，这些属于其他业务，这类业务所发生的船舶运输成本应予以扣除。其详细特点见表 4 – 1。

表 4-1  沿海运输的详细特点

| 特点 | 详述 |
|---|---|
| 成本计算对象 | 按我国现行制度规定，海河运输企业，不论是沿海、远洋或内河运输都统一以客运、货运业务作为成本计算对象 |
| 成本计算单位 | 客、货运综合成本的计算单位是千换算吨海里。客、货周转量的换算，以一个吨海里等于一个铺位人海里或三个座位人海里计算。客运成本的计算单位是千人海里。货运成本的计算单位是千吨海里 |
| 成本计算期 | 沿海运输企业由于航次时间较短，未完航次的费用比较少，也比较稳定，所以一般以月、季、年作为成本计算期 |
| 成本项目 | 沿海运输企业的成本项目为：工资及福利费、燃料、润料、材料、船舶折旧、船舶维修费、港口费、事故损失及其他 |
| 营运费用的归集和分配 | 沿海运输企业应按单船设立营运费用明细账，归集所发生的营运费用；按单船归集的营运费用，月末应根据成本计算的要求，将其分配到各成本计算对象上去。客、货轮的营运费用也可按照客运和货运所占船舱容积的比例分配 |
| 成本计算 | 沿海运输企业月末应编制沿海运输成本计算表，以反映运输总成本及其组成内容，换算吨海里单位成本。沿海运输企业应由运输业务负担的营运费用构成运输总成本 |

2. 远洋运输的特点

远洋运输是指远洋运输企业的船舶在国际航线上航行，往来于国内外港口之间，负责运送旅客和货物的运输业务。远洋运输因为要跨洋越海，因此其具有船舶吨位大、航线不固定、运输距离和航次时间长的特点。远洋运输的这些特点使远洋运输成本计算具有不同于沿海运输成本计算的许多特点。

远洋运输船舶进出国内港口，使用码头相关设备，与沿海船舶相同，需要按照规定向港口单位支付各种港口使用费；其货运业务由港口代理，支付代理费用。远洋船舶进出国外港口，必须按各港口的规定支付各种港口使用费；在国外港口，船舶运输业务由代理行代理，支付代理费用。船舶通过海峡时，必须出示海峡通行证。按照国际运输的规定，行方往往根据运输条款支付某些运输业务费用，如垫仓费用、装卸费用、揽货佣金、退货费用等。其详细特点见表 4-2。

表4-2 远洋运输的详细特点

| 特点 | 详述 |
|---|---|
| 成本计算对象 | 远洋运输也是以客运、货运业务作为成本计算对象。为了正确计算成本，远洋运输企业通常分别按航次计算成本 |
| 成本计算单位 | 客运、货运综合成本的计算单位是千换算吨海里。客、货周转量的换算以一人海里等于一吨海里计算。客运成本的计算单位是千人海里。货运成本的计算单位是千吨海里 |
| 成本计算期 | 航次成本的成本计算期是航次时间 |
| 成本项目 | 远洋运输企业根据远洋运输的特点和航次成本计算的要求，将成本项目分为营运运行费用和营运固定费用两大部分 |
| 营运费用的归集和分配 | 船舶运行费用按航次归集，直接由航次成本负担。因此，远洋运输企业发生的船舶运行费用应直接计入按照船舶航次设立的船舶航次费用明细账。船舶固定费用按船归集，月末根据各船已完航次和未完航次的营运天数，分配由各航次成本负担 |
| 成本计算 | 船舶航次终了，根据船舶航次明细账计算该航次的运输总成本和单位成本 |

 知识拓展

运输船舶是指载运旅客和货物的船舶，通常又称为商船。在几千年的船舶发展史中，船舶大致经历了舟筏、木帆及蒸汽机船三个阶段，目前正处于以柴油机为主要动力的钢船时代。随着世界经济的发展，现代运输船舶已形成了种类繁多、技术复杂及高度专业化的运输船舶体系。船舶按用途主要分为客船和货船。客船是专门用于载运旅客及其行李和邮件的运输船舶；以载运旅客为主，兼运一定数量货物的运输船舶称为客货船。客船必须具有良好的航行性能，并能为旅客提供舒适的居住和生活条件。如大型国际客船设有影剧院、花园、咖啡馆、图书馆、医院、理发厅、百货商场和银行等，还设有供旅客进行体育活动的游泳池、球场、健身房、运动场等。因此，客船一般有较大的甲板面积和舱室面积，其长度比一般同吨位货船大，上层建筑庞大，甲板层数较多，一般有8~9层，最多可达十几层。为保证旅客安全，客船应具有良好的稳定性、抗沉性，且船体结构必

须设置双层底，同时还应设有足够数量的消防、通信、救生等设备。客船一般有较高的航速和较大的功率储备。为改善船舶操纵性，客船通常采用双螺旋桨推进，以便其中一个推进器发生故障时，另一个推进器仍能保证船舶继续航行。货船是专门运输各种货物的船只。

## 二、海运成本的构成

### （一）海运成本计算项目的设置

海运成本分为船舶费用和营运间接费用两大类。

船舶费用是指运输船舶从事运输业务所发生的各项费用，包括为保持船舶正常营运状态而发生的船舶经常性费用、船舶在航行过程中所发生的航行费用以及船舶在各港口所发生的费用和代理业务费用。

营运间接费用是指企业为管理和组织经营业务所发生的各项营运费用和业务费用。

远洋运输企业因为要计算航次成本，还需将船舶费用分为"航次营运费用"和"船舶固定费用"两部分，且下面各设若干费用项目。沿海运输企业如果要计算航次运输成本，或由于管理需要，也可将船舶费用分为"航次营运费用"和"船舶固定费用"。船舶固定费用则需要通过分摊，计入航次费用。在营运期间租入船舶所发生的租费也应设立专项科目进行反映。

### （二）海运成本计算项目的内容

海运成本计算项目，可分为航次营运费用、船舶固定费用、船舶租费、集装箱固定费用和营运间接费用。在各成本计算项目下设有明细账目。

1. 航次营运费用

航次营运费用，指船舶在运行过程中可以直接归属于航次负担的费用。航次直接费用受货种、运量、运距、航次时间、靠港次数、运费等因素的影响。

（1）燃料费，指船舶在航行、装修、停泊等时间内耗用的全部燃料费用。

（2）港口费，指船舶进出港口、停泊等应付的港口费用，包括全部船舶吨税、灯塔费、饮水费、拖轮费、码头费、浮筒费、系/解缆费、海关检验费、运河及海峡通过费等。

（3）货物费，指运输船舶载运货物时发生的应由船方负担的业务费用，如装卸搬运工工资、加班费、装卸工具费、下货费、翻仓费、货物代理费等。

（4）中转费，指运输船舶载运的货物到达中途港口换装其他运输工具运往目的地，在港口中转时发生的应由船方负担的各种费用，如汽车接运费、铁路接运费、水运接运费、改港费等。

（5）垫隔材料，指船舶在同一库仓内装运不同类别的货物需要分垫隔，或在同一货仓内装同类货物需要防止摇动、移位，以及货物通风需要等所耗用的材料、隔货网、防摇装置、通风筒灯等。退回可以再利用的材料，应作价冲回项目。

（6）速遣费，指有装卸协议的营运船舶，提前完成装卸作业，按照协议付给港口单位的速遣费用。如发生延期，收回的延期费冲减本项目。

（7）事故费用，指船舶在营运生产过程中发生的海损、机损、货损、货差、污染、人身伤亡等事故的费用，包括施救、赔偿、维修、诉讼、善后等直接损失。

（8）航次其他费用，指不属于以上各项而仍由航次负担的其他费用，如淡水费、交通车船费、邮电费、清洁费、国外港口接待费、航次保险、领事签订、代理行费、业务杂支、冰区航行破冰费等。

2. 船舶固定费用

船舶固定费用指为保持船舶适航状态所发生的经常性维持费。这些费用不能直接归属于某一次航次负担，但可以按单船进行归集。

（1）工资，指船员的标准工资、船岸差、副食品价格补贴、回民伙食津贴、航行津贴、油轮津贴、运危险品津贴、船员伙食以及其他按规定支付的工资性津贴。

（2）职工福利费，指根据规定比例、提存范围，按实际发放船员工资总额计算提取的职工福利费。

（3）润料，指船舶耗用的润滑油脂。

（4）船舶材料，指船舶在运输生产和日常维护保养中耗用以及劳动保护等事务耗用的各种材料、低值易耗品等。

（5）船舶折旧费，指企业以确定折旧方法按月计提的折旧费。

（6）船舶维修费，指已完工的船舶的实际维修、日常维护保养所耗用的维修用料、备品配件等费用，以及船舶大维修费用摊销的支出。

（7）船舶保险费，指企业向保险公司投保各种船舶保险所支付的保险费用。保险公司退回的保险费应予以冲减。

（8）车船使用税，指按规定缴纳的车船使用税。

（9）船舶非营运费用，指船舶在厂修、停船自修、事故停航、定期熏仓等非营运期内所发生的费用，包括为维修目的空驶至船厂期间发生的费用。为了反映年度内船舶非营运费用总额及其组成的内容，也可在船舶固定费用以外，设置"非营运费用"成本项目，归集非营运费用。

（10）船舶共同费用，指船舶共同受益，但不能或不便按单船归集的船舶费用，主要包括：

① 工资，指替补公休船员、后备船员、培训船员等按规定支付的工资、津

贴、补贴等。

② 职工福利费，指根据规定发给船员的福利费。

③ 船员服装费，指根据规定发给船员的服装费。

④ 船员差旅费，指船员报到、出差、学习、公休、探亲、调遣等发生的差旅费。

⑤ 文体宣传费，指用于船员文娱体育活动和对外宣传购置的书报杂志、电影片、录像带、幻灯片等支出以及放映机、录像机、电视机的更新和维修费等。

⑥ 广告及业务活动费，指通过报刊、电台、电视、画册、展览等进行广告或宣传的费用，以及为疏港、揽货业务支付的招待费用等。

⑦ 单证资料费，指印制各种票据、货运单、行单，图书、技术业务资料的费用以及各类单据资料的寄递费用。

⑧ 船员疗养休养费，指因工作环境特殊，企业为船员安排疗养休养的支出。

⑨ 电信费，指船岸使用电台、电缆、卫星、高频电话等通信设备时发生的国内外通信费用。

⑩ 其他，包括船员体检费、签证费、油料化验费、技术改造和合理化建议奖等。

3. 船舶租费

船舶租费，指企业租入运输船舶参加营运，按照规定应列入成本的期租费或程租费。

知识拓展

期租费是指按照租赁时期计算的船租费用；程租费是指按船舶航次计算的租费。

4. 集装箱固定费用

集装箱固定费用指为保证集装箱的良好使用状态所发生的经常性费用，一般包括空箱保管费、折旧费、租费、维修费、保险费用、底盘车费等。

5. 营运间接费用

营运间接费用指企业在营运过程中所发生的不能直接计入运输成本核算对象的各种间接费用。其包括：企业各个生产单位（分公司、船队）为组织和管理运输生产所发生的运输生产管理人员工资、职工福利费、燃料费、材料费、低值易耗品费用、折旧费、办公费、水电费、租赁费、差旅费、设计制图费、业务票据费、燃材料盘亏和毁损（减盘盈）、取暖费、会议费、出国人员经费、保险费、交通费、运输费、仓库经费、警卫消防费、劳动保护费、排污费等。

## 三、海运成本的核算

### （一）确定海运成本核算对象

按照我国现行制度的规定，不论是沿海运输还是远洋运输，都统一以客货运业务作为成本核算的对象，这是从连续不断地、大量地提供单一的运输劳务的角度看的。综合的客货运业务成本虽然在很大程度上反映海洋运输企业的管理水平，但对于加强企业的成本管理还远远不够。因此，海洋运输企业还分别以旅客运输、货物运输、航线、航次、船舶类型（货轮、油轮、拖轮、驳船等）和单船作为成本核算对象，以满足成本管理的需要。在以上成本核算对象中，单船成本是基础，其他成本如货运成本、航线成本和船舶类型成本可以根据其计算出来，航次成本是单船成本按航次分解而来的。

沿海运输企业具有船舶吨位较大、航线固定、航次时间短的特点，可以按单船设立船舶费用明细账，在此基础上，定期或不定期地计算客货运综合成本、客运成本、单船成本和船舶类型成本。

远洋运输企业也是以客货运业务作为成本核算对象的，但远洋运输的航次时间长，报告期期初跨进和期末跨出的运输量和运输费用都较大，且不稳定。因此为了正确核算成本，远洋运输企业通常按航次核算成本。

航次分为单程航次和往返航次。单程航次是指船舶在两港或多港间进行单程运输；往返航次是指船舶在两港或多港之间进行往返运输。船舶航次成本一般按单程航次计算，也可以按往返航次计算。

### （二）确定海运成本核算单位

客货运综合成本的核算单位是千换算吨海里。在沿海运输中，客货周转量的换算以一个吨海里等于一个铺位人海里或三个座位人海里计算；在远洋运输中，客货周转量的换算以一人海里等于一吨海里计算。客运成本的核算单位是千人海里，货运成本的核算单位是千吨海里。

### （三）确定海运成本核算期

沿海运输企业由于航次时间较短，未完航次的费用较少，也比较稳定，因此一般以月、季、年作为成本核算期。

航次成本的成本核算期是航次时间。远洋运输企业只核算报告期内已完成航次的成本，而将期末未完成航次的运输费用转入下期。报告期已完成航次的运输成本的核算公式为：

报告期已完成航次的运输成本 = 报告期期初未完成航次成本 + 报告期运输费

用-报告期期末未完成航次成本

对于航次时间较短、航次跨进跨出不太悬殊的航线，也可以按月、季、年核算成本。

### （四）确定海运成本核算项目

海运成本核算相对复杂，可以将各项海运费用归集到四个成本项目中，即人工费、材料费、维护费、一般经费。也可以根据情况把以上所述的航次运行费用、船舶固定费用、船舶租赁费用、集装箱固定费用和营运间接费用等作为成本核算对象，进行费用的归集和分配。

### （五）进行海运费用的归集和分配，登记账簿

#### 1. 船舶费用的归集和分配

远洋运输企业由于每艘运输船舶的吨位较大，船舶费用较多，可按单船归集其所发生的船舶费用。

沿海运输企业较远洋运输企业每艘船的吨位小一些，但船舶的数量较多，船舶种类也较多，不同吨位级和燃料类船舶的费用水平各不相同，因此按单船设置明细账工作量较大，通常可按船舶种类设置明细账归集和登记船舶费用。当然对于船舶吨位较大，各艘船舶的费用水平又相差悬殊时，也可以按单船设立船舶费用明细账，归集各自发生的船舶费用。

对于不同种类的船舶，如对于燃油船和燃煤船，其燃料费用水平相差很大，可以根据不同种类的船舶分别设立费用明细账，归集其所发生的船舶费用。

（1）航次运行费用的归集。海运企业船舶所发生的航次运行费用，应根据原始凭证或费用计算表编制记账凭证，分别按不同的成本核算对象，直接计入"运输支出"科目的明细分类账的有关项目。按单船核算成本的企业，直接计入各船月度成本；按航次核算成本的企业，直接列入各船的航次成本。按航次核算成本的远洋运输企业，在"运输支出"科目下按船舶航次设立"船舶航次费用明细账"或"航次成本核算单"，归集船舶每航次所发生的航次直接费用，用以结算成本。

（2）船舶固定费用的归集和分配。

① 综合性费用的归集和分配。在船舶固定费用中有两项综合性费用，即船舶共同费用和船舶非营运期费用。其归集和分配方法如下：

a. 船舶共同费用的归集和分配。船舶共同费用是指应由企业所有船舶共同负担，需要经过分配再由各船负担的船员费用和船舶业务费用。船舶共同费用发生时，一般都不能确定船名或船型，不能按船名或船舶种类归集船舶费用，必须经过归集和分配的手续计入单船或船型的船舶费用。

船舶共同费用发生时，财务部门应根据有关记账凭证和费用汇总表，按照费

用发生的先后，计入"船舶固定费用——船舶共同费用"二级明细科目，并按照规定费用项目设立费用明细账进行归集登记。

船舶共同费用在月度终了，通常按各船的船天、吨天或其他比例，分摊编制"船舶共同费用分配表"并分别计入各船的"船舶固定费用明细账"。

b. 船舶非营运期费用的归集和分配。船舶非营运期，是指船舶由于技术状况不良，不能从事运输生产工作的时间。船舶在非营运期间所发生的费用就是船舶非营运期费用。

为了反映船舶非营运期费用在运输成本中的情况，分析和考核非运输期的费用支出，在"船舶固定费用"科目内设置"船舶非营运期费用"二级明细科目，其计算内容包括船舶在非营运期内发生的燃料费、港口费和其他非营运期费用。船舶在非营运期内发生的固定费用，如船员工资及福利费、材料费、船舶折旧费、船舶维修费用和其他船舶费用，发生时不易分开，为了简化计算手续，可直接在"船舶固定费用"的有关项目内归集，不包括在"船舶非营运期费用"二级科目之内。

船舶非营运期费用发生时，直接在"船舶固定费用明细账"内归集，可不单独设立明细账。沿海运输船舶如不计算航次成本，航次运行费用和船舶固定费用都直接由船舶运输成本负担。因此船舶在非营运期发生的燃料费、港口费用等，可以计入航次运行费用，不必再在"船舶固定费用"项目单独设立"船舶非营运期费用"项目，以简化核算手续。

② 各航次船舶固定费用的归集和分配。海运企业的船舶固定费用，通常设立"船舶固定费用"明细账，企业运输船舶所发生的固定费用，应根据原始凭证或费用计算表编制记账凭证，分别按不同的成本核算对象，直接计入各船"船舶固定费用"明细账的有关项目。

按月核算成本的企业，船舶固定费用应按月计入各月运输成本；按航次核算成本的企业，月度终了将船舶固定费用按各船营运天数分配计入该船本月内已完和未完的航次成本。船舶从事与运输无关的工作时，均按各项工作的营运天数和每营运天的费用计算，计算公式如下：

$$某船某月每营运天船舶固定费用 = \frac{该船该月的船舶固定费用}{该船该月营运天数}$$

某航次应负担的船舶固定费用 = 该船该月每营运天船舶固定费用 × 该航次营运天数

与运输无关的工作应负担的船舶固定费用 = 该船该月每营运天船舶固定费用 × 该船从事与运输无关工作的天数

【例 4.7】 某船在 2017 年 9 月船舶固定费用为 90 000 元，该月份营运 30 天，其中 20 天为第 2 航次，8 天为第 3 航次（航次未结束），另有 2 天从事施救工作。试求该月船舶固定费用的分配。

解：某船某月每营运天船舶固定费用 = $\dfrac{\text{该船该月的船舶固定费用}}{\text{该船该月营运天数}}$

$$= \dfrac{90\,000 \text{元}}{30 \text{天}} = 3\,000 \text{元/天}$$

该船 9 月第 2 航次应负担的船舶固定费用 = 该船该月每营运天船舶固定费用 × 该航次营运天数

$$= 3\,000 \text{元/天} \times 20 \text{天} = 60\,000 \text{元}$$

该船 9 月第 3 航次应负担的船舶固定费用 = 该船该月每营运天船舶固定费用 × 该航次营运天数

$$= 3\,000 \text{元/天} \times 8 \text{天} = 24\,000 \text{元}$$

该船 9 月施救工作应负担的船舶固定费用 = 该船该月每营运天船舶固定费用 × 该船从事与运输无关工作的天数

$$= 3\,000 \text{元/天} \times 2 \text{天} = 6\,000 \text{元}$$

在上述计算结果中，施救工作应负担的船舶固定费用在核算运输成本时应予以扣除。

③ 船舶租赁费的归集和分配。船舶租赁费是企业租入运输船舶，按租赁合约所支付的船舶租程（航次）费用或期租费用。程租费用按航次计入当月航次成本，实行单船成本核算的企业，计入航次结束月度的单船成本。期租费用按航次日历天数分摊计入有关航次成本。航次跨年度时，按当年日历天数分配；属于未完航次的部分，计入未完航次成本。实行单船成本核算的企业，期租费用按日历月度划分，分别计入有关月度的单船成本；上年支付的属于下年的租费，作为待摊费用结转至下一年度，临时退租在租费项目中减除。

某船每月支付的期租费为航次间接费用，其租费可以按船名设置"船舶租费明细账"。对本月某船发生的期租费，根据有关的原始凭证和费用计算表编制记账凭证，借记"劳务成本——营运间接费用（期租费）"，贷记"银行存款"等科目，同时将其计入船舶租费明细账。

月末根据船舶租费明细账中汇集的船舶期租费用总额和租入船舶的全月营运天数，求出每一营运天期租费，作为该船的已完航次、未完航次、船舶短期转租分摊船舶期租费的计算基础。某船某一航次应分摊的期租费，可按以下公式计算：

租入船舶有期租费分摊额 = $\dfrac{\text{该船当月期租额}}{\text{该船全月营运天数}}$ × 该航次本月营运天数

这样求得的租入船舶各航次分摊的期租费，应入各航次成本，借记"主营业务支出——运输支出"，贷记"劳务成本——营运间接费用（期租费）"科目，同时将其记入"船舶航次费用明细账"的"船舶租费分摊"项目内。

某船每月按航次支付的程租费，可直接记入各航次成本，记入时，借记"主营业务成本——运输支出"，贷记"银行存款"等科目，同时将其记入"船舶航次费用明细账"中。

（3）集装箱固定费用的归集和分配。集装箱固定费用是指为了维持集装箱适用状态所发生的日常维护费用。集装箱固定费用按集装箱类型设置费用明细账，按规定项目进行归集，按每标准箱的箱天费用和使用天数计算分配给集装箱运输船舶成本。

对集装箱固定费用在月终编制"集装箱固定费用分配明细表"计入各航次运输成本。有关计算公式如下：

$$每标准箱天集装箱固定费用 = \frac{集装箱固定费用}{集装箱标准箱天数}$$

船舶运输成本应分摊的集装箱固定费用 = 装用集装箱标准箱天数 × 每集装箱天集装箱固定费用

**【例 4.8】** 某远洋运输企业用 20 英尺集装箱 100 只、40 英尺集装箱 50 只，2017 年 9 月共支付集装箱固定费用 525 000 元，×轮×航次装 20 英尺集装箱 10 只，该航次计 25 天。求应分摊集装箱固定费用。

**解**：每标准箱天集装箱固定费用 $= \dfrac{集装箱固定费用}{集装箱标准箱天数} = \dfrac{525\,000\ 元}{30\ 天 \times (100 + 50 \times 1.5)\ 箱} = 100$ 元/天箱

船舶运输成本应分摊的集装箱固定费用 = 装用集装箱标准箱天数 × 每集装箱天集装箱固定费用

$$= 25\ 天 \times 10\ 箱 \times 100\ 元/天箱 = 25\,000\ 元$$

2. 营运间接费用的归集和分配

营运间接费用的明细分类核算，应按费用归口管理的要求和规定的费用项目设置明细账，反映营运间接费用的内容。一般采用多栏明细账格式，即按归口管理的部门或费用类别及规定的费用项目，分设专栏登记。

海运企业的营运间接费用，应先在企业所经营的各种营运业务之间进行分配，求得运输业务应负担的营运间接费用。如果海运企业只计算综合运输成本，应分配由运输业务负担的营运间接费用，可计入运输业务的综合成本，不必进行分配。若需要计算单船成本、船型成本、运输种类成本，则需要将运输业务负担的营运间接费用，在各船、各船型或运输种类之间进行分配。营运间接费用在各船之间的分配通常可采取船舶费用比例分配法和船舶营运吨天比例分配法。

（1）船舶费用比例分配法。船舶费用包括航次运行费用和船舶固定费用，如租赁船舶营运，还包括船舶租费，如有集装箱运输，还应包括集装箱固定费用。

如核算单船的完全成本，则需要按船舶进行分配；如按船型核算成本，则分别按船型分配。其计算公式如下：

$$\text{营运间接费用分配率} = \frac{\text{运输业务应负担的营运间接费用}}{\sum_{\text{船}} \text{运输船舶的船舶费用与集装箱固定费用之和}} \times 100\%$$

单船（船型）负担的营运间接费用 = 营运间接费用分配率 × 该船（船型）船舶费用与集装箱固定费用之和

远洋运输企业按航次核算成本时，运输企业应负担的营运间接费用可全部计入当期已完航次成本，不必分配计入该期未完航次成本。如果营运间接费用需要分配费单船或类型船成本，可按该期所有船舶已完航次的船舶费用（包括船舶固定费用和航次运行费用等）比例分配计算，其公式如下：

$$\text{营运间接费用分配率} = \frac{\text{运输业务应负担的营运间接费用}}{\sum_{\text{船}} \text{船舶已完航次船舶费用}} \times 100\%$$

某船应负担的营运间接费用 = 营运间接费用分配率 × 该船已完航次船舶费用

某船某已完航次应负担的营运间接费用 = 营运间接费用分配率 × 该船该航次船舶费用

（2）船舶营运吨天比例分配法。此种方法是按照在册船舶吨位大小来分配营运间接费用。

在仅按单船或船型核算运输成本时，其运输业务负担的营运间接费用仅需在各船、各船型或运输种类之间进行分配，而不需要在已完航次之间分配，在这种情况下可采用这种方法。其计算公式如下：

$$\text{每营运吨天营运间接费用} = \frac{\text{运输业务应负担的营运间接费用}}{\sum \text{船舶营运吨天}}$$

某船（船型）应负担的营运间接费用 = 每营运吨天营运间接费用 × 该船（船型）营运吨天

## 四、海运成本核算案例

1. 沿海运输成本核算案例

**【例 4.9】** 某海运公司本期发生的船舶类型费用总额为 5 050 000 元，其中：货船费用 3 050 000 元、油船费用 2 000 000 元。营运间接费用共计 2 626 000 元；本期营运间接费用全部由运输业务负担；货船货运周转量为 545 421 千换算吨千米，油船货运周转量为 584 615 千换算吨千米。试编制"运输分类成本计算表"。

**解：** 本期发生的营运间接费用共计 2 626 000 元，其全部由运输业务负担，该海运公司本期共发生两种业务，即货船货运和油轮货运，则先计算营运间接费用分配率。

$$\text{营运间接费用分配率} = \frac{\text{营运间接费用总额}}{\text{船舶类型费用总额}} = \frac{2\ 626\ 000\ \text{元}}{5\ 050\ 000\ \text{元}} = 0.52$$

货船应分摊营运间接费用 = 货船费用 × 营运间接费用分配率 = 3 050 000 元 × 0.52 = 1 586 000 元

油轮应分摊营运间接费用 = 油轮费用 × 营运间接费用分配率 = 2 000 000 元 × 0.52 = 1 040 000 元

编制"运输分类成本计算表",见表 4 – 3。

表 4 – 3 运输分类成本计算表

| 项目 | 运输种类 | | 合计 |
|---|---|---|---|
| | 货船货运 | 油轮货运 | |
| 船舶费用/元 | 3 050 000 | 2 000 000 | 5 050 000 |
| 分摊营运间接费用/元 | 1 586 000 | 1 040 000 | 2 626 000 |
| 运输总成本/元 | 4 636 000 | 3 040 000 | 7 676 000 |
| 运输周转量/千换算吨千米 | 545 421 | 584 615 | 1 130 027 |
| 运输单位成本/[元·(千换算吨千米)$^{-1}$] | 8.5 | 5.2 | 6.8 |

2. 远洋运输成本核算案例

【例 4.10】(1) 某远洋运输公司,甲船第 5 次航行于国外某航线,自 6 月开始至 7 月 20 日结束。甲船于 6 月末未完成该航次,当时"航次成本计算单"上所列费用见表 4 – 4。

表 4 – 4 航次成本计算单

元

| 航次运行费用 | 532 000 |
|---|---|
| 燃料费 | 400 000 |
| 港口费 | 30 000 |
| 货物费 | 100 000 |
| 航次其他费用 | 2 000 |
| 6 月份分配该船的船舶固定费用 | 600 000 |
| 6 月份分配该船的集装箱固定费用 | 20 000 |

甲船第 5 次航行尚未结束,计未完成航次成本 1 152 000 元,由于该航次尚未结束,不分配营运间接费用。

(2) 甲船于 7 月份结束航次,当月甲船第 5 次航行的运行费用及 7 月份船舶固定费用、集装箱费用见表 4 – 5。

表4-5  7月份甲船航次有关费用

元

| 航次运行费用 | 528 000 |
|---|---|
| 燃料费 | 350 000 |
| 港口费 | 25 000 |
| 货物费 | 150 000 |
| 航次其他费用 | 3 000 |
| 7月份分配该船的船舶固定费用 | 682 000 |
| 7月份分配该船的集装箱固定费用 | 372 000（第5航次使用集装箱2 000箱天，第6航次使用集装箱1 100箱天） |

（3）该公司7月份营运间接费用共为1 000 000元，7月份已完航次运行费用合计10 000 000元。营运间接费用按照月份已完航次直接费用比例计算。

（4）甲船第5航次完成运输周转量为216 200千换算吨海里。

试计算该企业第5航次的远洋运输成本。

**解**：（1）固定费用的分配。

甲船7月船舶固定费用为682 000元，按航次营运天数分配，由该月第5航次和第6航次负担（第5航次为已完航次，第6航次为未完航次）。分配如下：

$$甲船7月每天船舶固定费用 = \frac{该船该月的船舶固定费用}{该船该月营运天数} = \frac{682\,000\ 元}{31\ 天}$$

$$= 22\,000\ 元/天$$

甲船第5航次负担的船舶固定费用 = 该船该月每营运天船舶固定费用 × 该航次营运天数

$$= 22\,000\ 元/天 × 20\ 天 = 440\,000\ 元$$

（2）集装箱费用的分配。

$$每标准箱天集装箱固定费用 = \frac{集装箱固定费用}{集装箱标准箱天数} = \frac{372\,000\ 元}{2\,000\ 箱天 + 1\,100\ 箱天}$$

$$= 120\ 元/箱天$$

甲船第5航次7月使用集装箱应分摊的集装箱固定费用 = 装用集装箱标准箱天数 × 每集装箱天集装箱固定费用

$$= 120\ 元/箱天 × 2\,000\ 箱天$$
$$= 240\,000\ 元$$

（3）甲船第5航次已完航次成本见表4-6。

表 4-6  甲船第 5 航次已完航次成本

元

| 项目 | 6 月份 | 7 月份 | 合计 |
|---|---|---|---|
| 航次运行费用 | 532 000 | 528 000 | 1 060 000 |
| 燃料费 | 400 000 | 350 000 | 750 000 |
| 港口费 | 30 000 | 25 000 | 55 000 |
| 货物费 | 100 000 | 150 000 | 250 000 |
| 航次其他费用 | 2 000 | 3 000 | 5 000 |
| 7 月份分配该船的船舶固定费用 | 600 000 | 440 000 | 1 040 000 |
| 7 月份分配该船的集装箱固定费用 | 20 000 | 240 000 | 260 000 |
| 甲船第 5 航次直接费用合计 | 1 152 000 | 1 208 000 | 2 360 000 |

（4）7 月份营运间接费用的分配。

$$营运间接费用分配率 = \frac{运输业务应负担的营运间接费用}{\sum_{船}船舶已完航次船舶费用} \times 100\%$$

$$= \frac{1\ 000\ 000\ 元}{10\ 000\ 000\ 元} \times 100\% = 10\%$$

甲船第 5 航次应负担的营运间接费用 = 营运间接费用分配率 × 该船该航次船舶费用

$$= 10\% \times 2\ 360\ 000 = 236\ 000（元）$$

甲船第 5 航次总成本 = 甲船第 5 航次船舶费用 + 甲船第 5 航次应负担的营运间接费用

$$= 2\ 360\ 000 + 236\ 000 = 2\ 596\ 000（元）$$

（5）计算甲船第 5 航次单位成本。

$$甲船第 5 航次单位成本 = \frac{甲船第 5 航次总成本}{甲船第 5 航次运输周转量} = \frac{2\ 596\ 000\ 元}{216\ 200\ 千换算吨海里}$$

$$= 12\ 元/千换算吨海里$$

## 五、降低海运成本的措施

（1）努力提高劳动生产率。

劳动生产率的提高意味着单位时间的船运产量的提高，即单位产品消耗的活劳动的减少。提高劳动生产率，必须充分调动职工的积极性，不断提高职工的技术业务水平，不断提高企业的生产经营管理水平，进行科学管理、现代化管理，大力开展技术革新和技术改造，采用新技术、新设备，提高技术装备水平，推进科技进步，精简机构，减少非生产人员，提高第一线直接生产人员的比例。

（2）努力降低各种耗费，杜绝浪费，减少各种费用支出。

在企业船运中，应降低燃料、润料、维修材料及其他物资的消耗，避免浪费，减少各种不必要的费用开支。

（3）加强生产管理，合理组织运输生产过程，增加运输产量，提高船舶设备的利用率。

在运输过程中，客、货流的流向、流时、流量不均衡，对运输生产组织有很大的影响，积极组织客、货源，合理组织运输生产，减少空载航行和缺载，增加运输量，提高船舶设备的利用率，对于降低运输成本和费用有重要的作用。

（4）加强安全质量管理。

采取各种措施，保障运输安全，可以减少和避免事故造成的损失。在设备维修及零部件、备件选用过程中加强质量管理，提高设备的可靠性。在人力、物力、财力方面推行节约，这对降低成本和费用有一定的意义。

## 子任务四　铁路运输成本管理

| 学习领域 | 运输成本管理 |
| --- | --- |
| 学习情境 | 铁路运输成本管理 |
| 任务描述 | 要求1：了解铁路运输成本的构成<br>要求2：了解铁路运输成本的核算<br>要求3：了解降低铁路运输成本的措施 |

铁路运输成本是指铁路运输企业为完成货物运输任务实际发生的与运输生产直接有关的各项支出。铁路运输的运输能力大、速度快，能源消耗和运输成本低，而且污染少，因此铁路运输在我国运输体系中具有非常明显的优势。

## 一、铁路运输成本的特点

铁路运输成本除了具有一般交通运输业成本的特点外，还具有以下特点。

1. 同一管理

为了满足国民经济和人们生活水平的需要，全国营业铁路对客、货运输实行一票直通、四通八达的办法，但在经营管理上必须分设若干铁路局分管实际业务工作。这样，客、货运输常常是由几个铁路局共同完成的，但铁路运输成本不可能按铁路局管界截然划分清楚。

2. 共同协作

与其他运输方式不同，铁路运输作业是由铁路线上数以万计的站、段基层单位相互协作、共同完成的。铁路运输费用绝大部分发生于这些基层单位，因而其成本计算、分析等存在一定的复杂性。

3. 成本分摊

铁路运输企业在计算客运和货运成本时，用间接方法分配的支出所占的比重比其他运输方式要大，一般占到总成本的 2/3 左右。因此，采取适当的指标进行分配，关系到客运成本和货运成本的计算正确与否。

4. 成本比较

铁路运输成本包括线路的折旧和维修费用，而水运成本中不包括航道、灯塔、航标等的折旧和维修费用，汽车运输成本中也不包括道路的折旧和维修费用。

## 二、铁路运输成本的构成

铁路运输企业生产经营过程中的各种耗费按其经济用途和性质划分为营运成本、管理费用和财务费用。

1. 营运成本

营运成本是指铁路运输企业营运生产过程中实际发生的与营运生产直接有关的各项支出。其主要内容包括：

（1）运输企业直接从事营运生产活动人员的工资、奖金、津贴、补贴和按批准的工资结算收入与实际工资支出的差额。

（2）按规定提取的职工福利费。

（3）生产经营过程中运输设备运用所消耗的材料、燃料、电力费用和其他费用。

（4）生产经营过程中运输设备养护、维修所耗费的材料、配件、燃料、电力、工具备品费用及其他费用。

（5）固定资产折旧费。

（6）合理化建议及技术改进奖。

（7）运输生产经营过程中发生的季节性损失、维修期间的停工损失、事故净损失。

（8）按照国家有关规定可以在成本中列支的其他费用，如生产部门的办公差旅费、劳动保护费等支出。

2. 管理费用

管理费用是指企业行政管理部门为管理和组织运输生产所发生的各项费用以及管理费用性质的支出。其主要内容包括：

（1）铁路局（公司）、分局（公司）机关（以下简称"机关"）人员的工资、奖金、津贴、补贴。

（2）机关办公差旅费、劳动保护费、职工制服补贴、折旧费、维修费、物料消耗、低值易耗品摊销及其他管理费用。

（3）按规定计提的职工福利费、工会经费、职工教育经费、职工待业保险金、劳动保险费、税金、土地使用费、土地损失补偿费、技术转让费、技术开发费、业务招待费、咨询费、审计费、诉讼费、排污费、绿化费、广告费、展览费、董事会费、防疫经费。

（4）无形资产和递延资产摊销、坏账损失、存货盘亏（减盘盈）、毁损和报废。

（5）上缴上级管理费，指服务于各铁路局（公司）的有关费用，如统一印发全路各项规章制度的费用等。

3. 财务费用

财务费用是指企业为筹集资金而发生的各项费用。其主要内容包括：企业营运期间发生的利息支出（减利息收入）、汇兑净损益、调剂外汇手续费、金融机构手续费以及筹资发生的其他财务费用。

4. 成本费用的核算

（1）工资，指由成本费用负担的各类运输人员的标准（计时）工资、计件工资、职务工资、附加工资、加班加点工资、各种奖金、各种津贴、补贴和其他工资，及按批准的工资结算收入与实际工资支出的差额。

（2）材料，指运输生产经营过程中所耗费的材料、配件、油脂（含清洗用柴油、汽油）、工具备品、劳动保护用品等有实物形态的物品。材料支出的核算应严格执行定向定量制度，按用途列入有关成本费用科目。对已领未用的材料应在月末办理盘点退料手续，不得发生账外料。对存放在铁路沿线的线上料应加强管理，采取分存制进账，不得一次出账。低值易耗品领用后一次列销，实行账外数量管理。线上料及其他自购料的材料价差，应按支出用途分别摊入有关成本科目。铁路局物资部门集中供应材料的价差，应按材料供应分类和使用对象分别摊入相关款源项目。动用备用钢轨或互换配件报废时，应及时补充。在未作补充前作预提费用处理。

（3）燃料，指运输设备运用、养护和维修以及生产过程中所发生的固体、液体、气体等燃料。燃料支出的核算应根据燃料消耗报表及有关记录，严格按规定用途列入有关支出科目，不得一次出账；燃料差价的分摊，应按月编制分摊率计算表，据实反映燃料支出。

（4）电力，指铁路运输设备运用、维修、动力、照明的用电及其他用电。

（5）折旧。下列固定资产计提折旧：铁路运输企业生产经营过程中的主要设施、设备、工具等，如房屋建筑物、铁路路基、铁路线路上部建筑和桥梁、隧道、涵洞、铁路机车车辆、机器设备、仪器仪表、工具器具，季节性停用和大维修停用的设备，以经营租赁方式租出和以融资租赁方式租入的固定资产。

下列固定资产不计提折旧：房屋建筑物以外的未使用、不需用固定资产，以经营租赁方式租入的固定资产，继续使用的、提足折旧的逾龄固定资产，破产、关停企业的固定资产，提前报废的固定资产以及以前已经估价单独入账的土地等。

虽已交付使用但尚未办理竣工决算的工程，自交付使用之日起，按工程预算、造价或者工程成本等资料估价转入固定资产计提折旧；竣工决算办理完毕，按决算数调整原估价和已提折旧。

正常经营期间，月份内增加或开始使用的固定资产，当月不计提折旧，从下月起计提折旧；月份内减少或停用的固定资产，当月照提折旧，从下月起停提折旧。提前报废的固定资产，其净损失计入营业外支出，不得补提折旧。

货车、集装箱折旧费由铁道部按该项固定资产平均总值和折旧率统一计提，并按各铁路局运用车数、集装箱运用箱数分配列入营运成本。

固定资产折旧方法采用平均年限法。固定资产折旧按铁道部规定的固定资产分类及使用年限确定的分类折旧率计算。

（6）其他，指不属于以上各要素的支出，如按预算管理的支出项目、集中费、差旅费、福利费、职工教育经费、工会经费、职工待业保险金、损失性费用、冲减成本费用的收入、财务费用和委外加工维修等。

代办工作应独立核算成本，按规定分摊成本费用，冲减营运成本。铁路运输企业生产经营过程中的各种耗费按其经济用途和性质划分为营运成本、管理费用和财务费用。

## 三、铁路运输成本的核算

1. 确定铁路运输成本的核算对象

铁路运输成本核算以客、货运输业务为核算对象，具体以每种车型核算成本，进而核算每列车的成本。

2. 确定铁路运输成本的核算单位

客、货运换算成本的核算单位是千换算吨千米。客运成本的核算单位是千人千米。货运成本的核算单位是千计费吨千米。

3. 确定铁路运输成本的核算期

铁路运输成本一般按年或季进行。这是因为铁路运输作业是由许多基层单位分工协作、共同完成的，按月核算成本有一定的困难。

4. 确定铁路运输的成本范围和成本项目

铁路运输的成本范围，主要包括工资、材料、燃料、电力和其他五个方面；一般把上述铁路运输费用归集到四个成本项目即人工费、材料费、维护费和一般经费中。

5. 进行铁路运输成本费用的归集和分配，登记账簿

若某项铁路运输费用发生时属于直接能确认成本核算对象的直接费用，可直接归集计入该成本对象中；若属于间接费用，则需要计入营运间接费用进行归集，经过分配后计入有关成本对象中。

常用的铁路运输费用的归集和分配有以下两种方法：

（1）换算吨千米成本的计算方法。换算吨千米是客货运输量的综合指标，即将旅客人千米数按一定的换算比率折合成吨千米，再和货物计费吨千米数相加而得。我国铁路目前采用的换算比率为1:1，即

换算吨千米数 = 旅客人千米数 + 货物计费吨千米数

（2）旅客及货物运输成本的计算方法。客运和货运是铁路运输两种不同性质的业务。为了考核客运和货运各自的成本水平，有必要分别计算旅客人千米成本和货物吨千米成本。为了计算旅客运输成本和货物运输成本，将运输支出划分为客运支出和货运支出两部分后，分别除以旅客人千米和货物吨千米，即得客、货运成本。

### 四、降低铁路运输成本的措施

（1）在设计铁路建筑和选用运输设备方面，选择技术上可行、经济上合理的方案，以提高投资和运输的经济效益。

（2）在运输组织工作方面，提高运输组织水平，改善机车车辆的运用，在现有设备条件下增加运量，减少运输中的浪费和损失，尤其是充分发挥铁路运输适合中、长距离运输的优势，减少短途运量。

（3）在经济管理方面，合理确定固定资产折旧率、各类材料和工时的消耗定额，不断提高劳动生产率，对成本进行全面、科学的管理。

（4）及时更新和改造运输设备，根据需要不断采用新的科学技术和先进的技术设备。

## 子任务五　航空运输成本管理

| 学习领域 | 运输成本管理 |
| --- | --- |
| 学习情境 | 航空运输成本管理 |
| 任务描述 | 要求1：了解航空运输成本的构成<br>要求2：了解航空运输成本的核算<br>要求3：了解降低航空运输成本的措施 |

航空运输成本是指营运生产过程中实际发生的与航班生产直接有关的各项支出，在航空公司表现为运输成本，在机场表现为机场服务费。航空运输主要指民

用航空运输，民航业务包括运输飞行和专业飞行。运输飞行包括旅客运输和货邮运输；专业飞行的项目很多，如防火、造林、探矿、测量、播种、除草、防治虫害、人工降雨、抢险救灾、海上服务等。因此，民航又是一个直接为工农业服务的生产部门。

知识拓展

航空运输始于 1871 年。当时普法战争中的法国人用气球把政府官员和物资、邮件等运出被普军围困的巴黎。1918 年 5 月 5 日，飞机运输首次出现，航线为纽约—华盛顿—芝加哥。同年 6 月 8 日，伦敦与巴黎之间开始定期邮政航班飞行。20 世纪 30 年代出现民用运输机，各种技术性能不断改进，航空工业的发展促进了航空运输的发展。第二次世界大战结束后，在世界范围内逐渐建立了航线网，以各国主要城市为起讫点的世界航线网遍及各大洲。1990 年，世界定期航班完成总周转量达 2 356.7 亿吨千米。

## 一、民航运输成本的构成

民航企业按月核算成本，其成本项目分为飞行费用与飞机维修费用两大类。

### （一）飞行费用

飞行费用大部分是直接计入费用，费用发生时，可以直接计入有关的机型成本。其具体内容主要包括以下几方面。

1. 空勤人员工资及福利费

空勤人员工资及福利费主要是指空勤人员的工资及其月末按规定计提的福利费、五险一金、工会经费等。空勤人员的工资按照所飞机型分配计入各机型成本，乘务员工资按照各机型乘务员配备标准及本月飞行小时比例分配；空勤人员月末按规定计提的福利费、五险一金、工会经费等也应分配计入各有关的机型成本。

2. 航空燃料消耗费

航空燃料消耗费包括飞机在飞行过程中或在地面检查试车时所消耗的航空油料和润滑油费用。在国内各地的加油，按规定的计划单价计算航油预提数；在国外各地的加油，按规定的预提单价计算航油消耗预提数。

3. 飞机、发动机折旧费

民航运输企业的飞机和发动机折旧费的计提可以采用两种办法：一是按实际飞行小时计提折旧，采用这种办法应按机型分别计提折旧；二是按年限计提折旧，用这种办法时应按每架飞机分别计提折旧。

4. 飞机、发动机大维修费

飞机、发动机大维修费指各机型飞机定时进行大修所发生的费用。民航运输企业对飞机、发动机大维修费可采用预提大维修费或大维修费发生后分期摊销的办法进行核算。

5. 飞机租赁费

飞机租赁费指经营性租入飞机所支付的租赁费。融资性租入飞机所支付的租赁费应视作分期付款购入固定资产，计入"长期应付款"科目，不计入飞机租赁费。民航运输企业对飞机租赁费可采用按月预提或摊销的办法进行核算。

6. 飞机保险费

飞机保险费包括飞机险、战争险、旅客、货物意外险、第三者责任险等。民航运输企业对机身投保金额应以投保时的飞机及发动机的净值为准，并逐年予以调整。飞机保险费一般采用待摊的方式，按月平均摊入飞机保险费项目。

7. 飞机起降服务费

飞机起降服务费有三类，具体如下：

（1）飞机在国内外机场按照协议或规定支付的起降费、停场费、夜航设施费、场面服务费、通信导航费以及特种车辆设备的使用费；

（2）飞机飞越国外领空，按照协议或规定支付的过境费；

（3）借用外航空勤人员在该局飞机上工作，按照协议支付的费用。

以上三类飞机起降服务费从支付之日起计列机型成本。

8. 旅客供应服务费

配给机上的供应品凭乘务员签领的清单，按实际领用数分别计价，直接计入有关的机型成本。对于不能分清机型的旅客供应服务费，可按照各机型完成的周转量比例进行分配。

### （二）飞机维修费用

飞机维修费用是维护、检修飞机、发动机所发生的费用及零附件的维修费用，民航运输企业发生的维修费先通过"飞机维修费"账户进行汇集。"飞机维修费"账户下设"材料费""人工费""间接维修费"三个明细科目，月末再按下列方法分配到各机型成本中。

1. 材料费

材料费根据领料凭证上所列机型直接计入各机型成本。

2. 人工费

人工费按各机型维修实耗工时比例分配到各机型成本。其计算公式如下：

$$每工时人工费率 = \frac{本月人工费总额}{本月各机型维修实耗工时总数}$$

某机型应分配的人工费 = 本月某机型维修实耗工时数 × 每工时人工费率

3. 间接维修费

间接维修费可按各机型维修实耗工时比例分配到各机型成本中。其计算公式如下：

$$每工时间接维修费分配率 = \frac{本月间接维修费总额}{本月各机型维修实耗工时总数}$$

某机型应分配的间接维修费 = 本月某机型维修实耗工时数 × 每工时间接维修费分配率

## 二、民航运输成本的核算

1. 确定民航运输成本的核算对象

民航运输成本核算一般是以每种机型为基础，归集和分配各类费用，核算每种飞机的机型成本，再进一步核算每种飞机的运输周转量的单位运输成本。

2. 确定民航运输成本的核算单位

民航运输周转量的成本核算单位是吨千米。货物周转量和旅客周转量的换算比例为：

国内航线1人千米 = 72千克千米；国际航线1人千米 = 75千克千米。

3. 确定民航运输成本的核算期

民航企业以月作为成本核算期。

4. 确定民航运输成本的核算项目

民航运输成本的核算项目分为飞行费用与飞机维修费用两大类。

（1）飞行费用。其为与飞机飞行有关的费用，主要有空勤人员工资及福利、航空燃料消耗费、飞机和发动机的折旧费、飞机和发动机的大维修费、飞机租赁费、飞机起降服务费、旅客供应服务费等。

（2）飞机维修费。它是飞机、发动机除大修、改装以外的各级检修和技术维护以及零附件的维修费。

5. 进行民航运输费用的归集和分配，登记账簿

凡属可以直接汇集某一机型成本的维修费为直接计入费用，不能直接汇集于某机型成本的费用先要通过飞机维修费账户进行归集，然后按一定标准分配到各个机型成本中去。

正确计算各种对象的成本，必须正确编制各种费用分配表和计算表，成本计算过程要有完整的记录，即通过有关的会计科目、明细账或计算表来完成计算的全过程，并且登记各类有关的明细账，计算出各种物流对象的运输总成本和运输单位成本。

民航运输企业各种机型的飞行费用和飞机维修费之和组成各机型总成本。将各机型总成本相加就得到民航运输总成本。将民航运输总成本除以运输周转量就

得到运输单位成本。每月月末，民航运输企业应编制民航运输成本计算表，以反映运输总成本和运输单位成本。

## 三、降低民航运输成本的措施

**1. 延长飞行距离**

航空运输的飞行距离取决于飞行小时和每小时的飞行速度。延长飞行距离主要靠增加飞行小时，这里所说的飞行是指在一定业务载量下的飞行。如果达不到一定的业务载量，则飞行小时越多，成本上升越快。

**2. 增加运输数量**

增加运输数量，就是增加客、货运输量。旅客运输量经过换算，与货物等运输重量相加，为业务载重量。在机型成本既定的条件下，业务载重量越大，每吨业载的运输成本越低，业务载重量越小，每吨业载的运输成本越高。而当单位运输成本等于（尚须交营业税及附加）或高于单位运价时，就出现亏本。每吨运输成本或每吨千米运输成本是随着业务载重量或运输周转量的增加而降低的，业务载重量或运输周转量减少，则单位运输成本升高。这就是在研究降低运输成本时，增加飞行小时必须与一定的业务载重量相联系的原因。

**3. 节省各项生产费用的支出**

强化企业内部经济责任制，以避免损失、浪费的发生，对于已发生的损失，则要从总结教育入手，亡羊补牢。当前一些管理部门机构臃肿，人浮于事，办事拖拉，这既加大了成本，又易于产生官僚主义，应借当前整顿之机，精兵简政，充实生产第一线，以更好地为基层服务，这也可以减少管理费用的支出，降低运输成本。

**4. 全员动员**

降低运输成本，应是企业全体职工的自觉行动。为了降低运输成本，需要发动全体职工对运输成本进行控制。成本控制，就是在运输成本的形成过程中，采取各种有效的方法，使形成成本的诸因素按照人们预定的目标发生，从而达到人力、物力、财力的合理利用，促进运输成本的降低和经济效益的提高。

**5. 建立成本控制标准**

成本控制标准是劳动消耗、费用支出的数量界限，是成本控制的依据，是检查和评价是否达到规定的控制目标的尺度。成本控制标准必须坚持先进性与合理性，也就是说控制标准是单位、部门经过努力能够达到的。控制标准应随运输生产的发展、企业科学技术水平和经营管理水平的提高、职工技术熟练程度的提高而适时修订。同时，要把它落实到部门、单位、机组（班组）和个人。

执行成本控制，必须严格按成本控制标准管理生产费用的支出，及时把实际消耗同控制标准比较，确定偏离标准的程度，分析差异产生的原因，对不利于成本降低的差异，及时采取相应措施，使之扭转，对有利于成本降低的差异，则要总结经验，予以发扬光大。成本控制不仅是把实际支出控制在规定的标准之内，完成既定的运输成本降低任务，而是要从使企业取得最大的经济效益的原则出发，促使人力、物力、财力的充分利用。因此，必须使控制标准始终保持先进合理的水平，以推动经济效益的不断提高。

## 学习任务小结

运输是物流系统的主要功能之一——运输成本也是物流成本的重要组成部分。运输成本是一个重要的综合性质量指标，它能比较全面地反映运输企业的生产技术和经营管理水平。运量的增减、劳动生产率的高低、技术设备的改善和利用程度的好坏，以及燃料、油料、电力的消耗水平，最终都会在运输成本上反映出来。

一般汽车运输成本项目可以分为车辆直接费用和营运间接费用两大类。其中车辆直接费用包括工资、职工福利费、燃料费、轮胎费、维修费、折旧费、养路费、运输管理费、车辆保险费、事故损失费、税金等。在总成本既定的情况下，可以通过提高车辆周转量来提高车辆的效率。

海运成本分为船舶费用和营运间接费用两大类。船舶费用是指运输船舶从事运输业务所发生的各项费用，包括为保持船舶正常营运状态而发生的船舶经常性费用、船舶在航行过程中所发生的航行费用以及船舶在各港口所发生的费用和代理业务费用；营运间接费用是指企业为管理和组织经营业务所发生的各项营运费用和业务费用。可以通过几方面来降低海洋运输的成本：提高劳动生产率；降低各种耗费，杜绝浪费；加强生产管理，合理组织运程，增加产量，提高船舶利用率；加强安全质量管理。

铁路运输企业在生产经营过程中的各种耗费按其经济用途和性质划分为营运成本、管理费用和财务费用。营运成本是指铁路运输企业在营运生产过程中实际发生的与营运生产直接有关的各项支出；管理费用是指企业行政管理部门为管理和组织运输生产所发生的各项费用以及管理费用性质的支出；财务费用是指企业为筹集资金而发生的各项费用。其主要内容包括：企业营运期间发生的利息支出（减利息收入）、汇兑净损益、调剂外汇手续费、金融机构手续费以及筹资发生的其他财务费用。可以通过几个方面降低铁路运输的成本：在设计铁路建筑和选用运输设备方面，选择技术上可行、经济上合理的方案；在运输组织工作方面，提高运输组织水平，减少运输中的浪费和损失；在经济管理方面，合理确定固定资产折旧率、各类材料和工时的消耗定额，不断提高劳动生产率；根据需要和可能，不断采用新的科学技术和先进的技术设备。

航空运输成本是指营运生产过程中实际发生的与航班生产直接有关的各项支出，其成本项目分为飞行费用与飞机维修费用两大类。飞行费用大部分是直接计入费用，费用发生时,可以直接计入有关的机型成本;飞机维修费用是维护、检修飞机、发动机所发生的费用及零附件的维修费用。可以通过几方面措施降低成本:延长飞行距离、增加运输数量、节省各项生产费用的支出、全员动员、建立成本控制标准。

**物流成本探析——运输成本与库存成本的关系研究**

## 一、引言

运输管理与库存管理是物流管理中非常重要的组成部分,运输成本和库存成本也往往成为人们在控制物流成本时最先考虑的方面。运输成本通常在物流成本中占有最大的比重,而库存成本的重要性也是毋庸置疑的。但是,库存成本与运输成本的交替损益关系(trade-off)却是困扰人们多年的问题。尤其近年来随着现代信息技术的应用和普及,无论制造商、分销商、批发商还是零售商,为了提高物流效率和降低物流成本,都引入了先进的库存管理方法,如 JIT、快速反应(QR)和连续补货等。尽管这些做法极大地减少了缺货次数,在提高顾客满意度的同时降低了库存成本,却导致运输成本的上升,因为它们都需要快捷、可靠和灵活的运输服务作为支持,而相应的运输费率和运输频率都会增加。反之,如果为了节约运输成本而增加订货批量、减少运输次数,则可能造成库存积压和库存成本上升,最终也会增加总物流成本。因此,研究二者的最优化问题必须从系统角度出发,进行总体分析。

## 二、宏观运输成本与库存成本分析

宏观经济数据通常从整体上反映社会经济现象。一个经济体中所有企业的运输成本总和以及库存成本总和也会在宏观经济数值中得到直接或间接的反映,因此,首先从宏观角度研究运输成本与库存成本之间的关系。现采用美国的物流成本数据作为分析对象,而这些数据主要通过因特网获取。考虑到通货膨胀的影响和资金的时间价值,在数据方面采用年度运输成本与库存成本在 GDP 中所占的比例,而不是绝对数值。在回归模型中,将年度运输成本在 GDP 中的比例(TRAN/GDP)定义为自变量,将年度库存成本在 GDP 中的比例(INV/GDP)定义为因变量。

GDP 和运输成本的数据可以直接用于模型分析。库存成本可以根据以下的经验公式得出如:

库存成本 = 0.2 × 在库商品价值

根据这些统计数据可以作出相应的时间序列图,如图 4-4、图 4-5 所示。

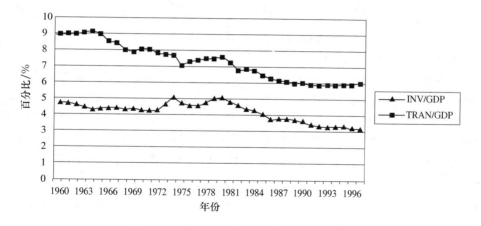

图4－4　运输成本与库存成本在GDP中的百分比

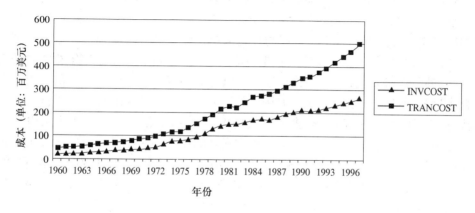

图4－5　运输成本和库存成本

图4－4表明，1960—1996年，运输成本与库存成本在GDP中所占的百分比都呈现下降的趋势，换句话说，运输成本与库存成本在国内生产总值GDP中所占的比例越来越小。特别在1990年之前，TRAN/GDP下降很快，从9%左右降到6%，中间略有波动；但1990年之后，这一比例逐渐稳定在6%上下。在此期间，INV/GDP则从5%左右降到约3%。

在图4－5中，INVCOST代表库存成本，TRANCOST代表运输成本，这里使用的是绝对数值。图4－5中的两条曲线表现出明显的上升趋势，这说明随着经济总量的增加，物流成本总量也相应增加。此外，图4－5还表明1960—1996年，整个社会支付的运输成本和库存成本的差值越来越大，运输费用的增长速度明显大于库存费用的增长速度。利用SPSS统计软件对1960—1996年的历史数据作回归分析，得到结果如下：

$B = 0.015\,4$，$\beta_1 = 0.364$，$INV/GDP = 0.015\,4 + 0.364 \times TRAN/GDP$

SPSS给出的正态概率图表明残差基本上服从标准正态分布，由方差分析得

到的 $F$ 值很大，这表明从统计角度来讲，在 0.05 的检验水平上 $\beta_1$ 不等于 0 是可以接受的。但是 $R^2$ 只有 0.502，说明库存成本比例变动中仅有 50.2% 可以通过运输成本比例的变动来解释。

直观地从图上判断，1980 年以前的数据点趋势表现不明显，而 1980 年之后的数据却表现出较强的线性关系，因此对 1980 年以后的数据再次进行回归分析，结果如下：$B_0 = -0.0312$，$\beta_1 = 1.093$，INV/GDP $= -0.0312 + 1.093 \times$ TRAN/GDP。$F$ 的值为 173.84，说明斜率 $\beta_1$ 不等于 0 的假设可以接受；$R^2$ 等于 0.916，说明库存成本比例中 91.6% 的变动可以通过回归模型来解释，二者强相关。

那么，什么原因使两次回归分析的结果出现了如此大的差异？通过追溯美国货运市场的发展历史，可以发现 1980 年前后确实发生了重大变化，对库存成本和运输成本产生了深刻的影响。20 世纪 70 年代末期，美国政府解除了对运输行业的管制，引进自由竞争。航空货运和客运分别于 1977 年和 1978 年先后解除管制，之后铁路和公路运输的管制也于 1980 年解除。在自由竞争的环境下，承运商获得了定价和运营的自由，可以与托运人就运输费率进行谈判，把业务拓展到别的地区，也可以与托运人建立长期的业务关系。同时，托运人有了更多的选择，能够同承运商讨价还价，让承运商提供特定的服务或者根据自己的要求选择适合的运输服务。通过对 1960—1996 年不同运输方式在运输成本中所占比例的趋势分析，可知铁路运输逐渐丧失了市场份额，从略低于 20% 下降到大约 8%；相比之下，航空和公路运输则显示出非常强劲的增长势头，其中航空运输的比例从 1% 上升到约 5%，而公路运输从略低于 70% 上升到 80%。这说明运输管制解除之后，制造商、批发商和零售商在运输方面得到了更多的选择权和价格谈判权。运输市场竞争的结果是运输速度加快，比以往更加准时可靠，但总的运输费率水平下降了。这就为制造商、批发商和零售商实施先进的库存管理方法（如 JIT、MRP、ECR 等）创造了有利的市场条件。企业采取多批次、少批量的订货方式来降低库存水平，把静态库存转变为动态库存，由此节省的库存成本完全可以弥补所增加的运输费用。这就是图 4 – 6 中运输成本总量比库存成本总量增加得快的原因。

## 三、制造业运输成本与库存成本分析

以上是对国民经济总量中运输成本和库存成本的关系分析，证明了二者之间存在强相关关系，并且在国民经济中所占的比例逐渐下降。该研究结果是否适用于单个行业呢？

使用相同的方法对美国制造业 1960—1996 年的运输成本和库存成本进行分析。制造业的运输成本和库存成本在制造业产值中所占的比例也呈现出同样的走势。尤其是在 1980 年之后，该趋势更加明显和稳定。因此，对 1980 年之后的数据作回归分析，得到运输成本和库存成本同样存在强相关（$R^2 = 0.919$）关系，用 SPSS 分析得到的回归方程如下：

INV/GDP = -0.028 69 + 2.282 × TRAN/GDP。

回归方程中的 INV/GDP 与 TRAN/GDP 分别代表制造业的库存成本与运输成本在制造业产值中各自所占的百分比。

由此可以看出，对制造业数据分析得到的结果与对宏观经济数据分析得到的结果是一致的。这说明无论在整个社会经济还是在某个行业中，运输成本与库存成本确实存在相关关系，但如何相关以及相关程度需要进一步具体分析。

## 四、结论

从以上对美国相关统计资料的分析，可以得出库存成本在 GDP 中所占的比例与运输成本在 GDP 中所占的比例线性强相关。而美国 40 年来库存成本与运输成本在 GDP 中的比例逐渐下降，一方面是因为物流费率下降，另一方面是因为产品附加价值增加。研究还发现 1978 年前和 1978 年后的物流成本结构有较大变化，这是因为在美国运输管制解除后，企业得到了更多的议价能力。运输服务和价格的变化为企业实施先进的库存管理方法提供了可能性。除此之外，单个行业（如制造业）的运输成本与库存成本也存在类似的关系，但这一关系可能会因行业而异。

在企业中运输成本与库存成本是否也存在类似的关系，或者企业运输费用在销售收入中的比例与库存成本在销售收入中的比例是否线性相关，都可以作为进一步研究的对象。这对企业管理者认识这种关系，并利用它来优化企业物流成本、降低物流费用、发挥物流作为"第三利润源泉"的作用，具有积极的意义。

## 技能练习

### 一、选择题

1. 影响运输成本的因素主要有（　　）。
   A. 输送的距离　　　　　　　　B. 载运量
   C. 同行的竞争　　　　　　　　D. 产品的密度
2. 关于距离与运输成本的关系描述中，下面说法错误的是（　　）。
   A. 当距离为 0 时，运输成本不为 0
   B. 随着运输距离的增加，运输成本增加的幅度在减小
   C. 随着运输距离的增加，运输成本也增加
   D. 随着运输距离的增加，运输成本增加的幅度在增加
3. 汽车运输成本以（　　）为核算单位。
   A. 输送的距离　　　　　　　　B. 不同燃料的营运车辆
   C. 货物周转量　　　　　　　　D. 不同用途的车辆

4. 在成本核算科目中,航次运行费用包括(　　)。
   A. 港口费　　　　　　　　　　　B. 职工福利费
   C. 标准成本　　　　　　　　　　D. 现行成本
5. 民航企业一般以(　　)作为成本核算期。
   A. 年　　　　　　　　　　　　　B. 月
   C. 天　　　　　　　　　　　　　D. 季
6. 某次沿海运输的总成本是 5 400 000 元,周转量(千换算吨海里)为 300 000,则该次运输单位成本为(　　)(单位:元/千换算吨海里)。
   A. 18　　　　　　　　　　　　　B. 26
   C. 0. 6　　　　　　　　　　　　D. 4 500 000
7. 集装箱以 20 英尺为标准尺寸,40 英尺的集装箱换算为(　　)标准箱。
   A. 1　　　　　　　　　　　　　 B. 1. 5
   C. 1. 8　　　　　　　　　　　　D. 2
8. 船舶期租费要按照(　　)计入船舶已完航次成本。
   A. 月　　　　　　　　　　　　　B. 租赁天数
   C. 季　　　　　　　　　　　　　D. 航行天数
9. 远洋船员的服装费属于(　　)。
   A. 航次运行费用　　　　　　　　B. 企业管理费用
   C. 船舶共同费用　　　　　　　　D. 营运费用
10. 航次运行费用包括(　　)。
    A. 燃料费　　　　　　　　　　　B. 速遣费
    C. 单证资料费　　　　　　　　　D. 淡水费

## 二、思考题

1. 公路运输的特点有哪些?
2. 汽车运输的核算程序是怎样的?
3. 海洋运输的成本是如何分类的?
4. 集装箱固定费用是如何核算的?
5. 航空运输成本是如何核算的?

## 三、实训应用

某汽车运输公司经营客、货两类运输业务。7 月份营运汽车 360 辆,其中客车 160 辆、货车 200 辆。本月客车运量为 50 000 千人千米,货车运量为 35 100 千吨千米。本月发生的各项营运费用如下:

(1) 直接燃料、直接材料、轮胎费用见表 4-7。

表4-7 直接燃料、直接材料、轮胎费用

元

| 项目 | 燃料 | 材料 | | 轮胎摊销费 |
| --- | --- | --- | --- | --- |
| | | 消耗材料 | 内胎、垫带 | |
| 运输支出——客车 | 150 000 | 10 000 | 8 000 | 11 000 |
| 运输支出——货车 | 120 000 | 5 000 | 10 000 | 5 000 |
| 辅助营运费用 | 15 000 | 17 000 | | |
| 营运间接费用 | 10 000 | 12 000 | | |
| 总计 | 295 000 | 44 000 | 18 000 | 16 000 |

（2）工资及福利费见表4-8。

表4-8 工资及福利费

元

| 项目 | 工资 | 福利费 |
| --- | --- | --- |
| 运输支出——客车 | 240 000 | 33 600 |
| 货车 | 120 000 | 16 800 |
| 辅助营运费用 | 20 000 | 2 800 |
| 营运间接费用 | 30 000 | 4 200 |
| 总计 | 41 000 | 57 400 |

（3）折旧费、预提维修费和其他费用见表4-9。

表4-9 折旧费、预提维修费和其他费用

元

| 项目 | 折旧费 | 预提维修费 | 其他费用 |
| --- | --- | --- | --- |
| 运输支出——客车 | 240 000 | 91 000 | 16 400 |
| 货车 | 200 000 | 94 000 | 29 200 |
| 辅助营运费用 | 30 000 | 10 200 | 5 000 |
| 营运间接费用 | 20 000 | 10 800 | 19 000 |
| 总计 | 490 000 | 206 000 | 69 600 |

（4）辅助生产部门发生的辅助营运费用按客车占20%，货车占60%，营运间接费用占20%进行分配。

(5) 营运间接费用按客、货车直接工资的比例进行分配。

要求：计算客、货车的运输总成本及单位成本，并编制成本核算单。

## 四、案例分析

### 降低连锁餐饮企业运输成本之道

对于连锁餐饮这个锱铢必较的行业来说，靠物流手段节省成本并不容易。然而，作为肯德基、必胜客等业内巨头的指定物流提供商，百胜物流公司抓住运输环节大做文章，通过合理地安排运输，降低配送频率，实施在歇业时间送货等优化管理方法，有效地实现了物流成本的"缩水"，给业内管理者指出了一条细致而周密的降低物流成本之路。对于连锁餐饮业（QSR）来说，由于原料价格相差不大，物流成本始终是企业成本竞争的焦点。据有关资料显示，在一家连锁餐饮企业的总体配送成本中，运输成本占60%左右，而运输成本中的55%～60%又是可以控制的。因此，降低物流成本应当紧紧围绕运输这个核心环节。

1. 合理安排运输排程

运输排程的意义在于，尽量使车辆满载，只要货量许可，就应该做相应的调整，以减少总行驶里程。由于连锁餐厅的进货时间是事先约定好的，这就需要配送中心就餐厅的需要，制作一个类似列车时刻表的主班表，此表是针对连锁餐厅的进货时间和路线详细规划制定的。

众所周知，餐厅的销售存在季节性波动，因此主班表至少有旺季、淡季两套方案。有必要的话，应该在每次营业季节转换时重新审核运输排程表。安排主班表的基本思路是，首先计算每家餐厅的平均订货量，设计出若干条送货路线，覆盖所有的连锁餐厅，最终达到总行驶里程最短、所需司机人数和车辆数最少的目的。

2. 减少不必要的配送

对于产品保鲜要求很高的连锁餐厅来说，尽量和餐厅相关人员沟通，减少不必要的配送，可以有效地降低物流配送成本。

如果连锁餐厅要将其每周配送次数增加1次，会对物流运作的哪些领域产生影响？

在运输方面，餐厅所在路线的总货量不会发生变化，但配送频率上升，结果会导致运输里程上升，相应的油耗、过路桥费、维护保养费和司机人工时都要上升。在客户服务方面，餐厅下订单的次数增加，相应的单据处理作业也要增加。餐厅来电沟通的次数相应上升，办公用品（纸、笔、电脑耗材等）的消耗也会增加。在仓储方面，所要花费的拣货、装货的人工会增加。如果涉及短保质期物料的进货频率增加，那么连仓储收货的人工都会增加。在库存管理上，如果涉及短保质期物料的进货频率增加，由于进货批量减少，进货运费很可能会上升，需处理的厂商订单及后续的单据作业数量也会上升。

由此可见，配送频率增加会影响配送中心的几乎所有职能，最大的影响在于运输里程上升所造成的运费上升。因此，减少不必要的配送，对于连锁餐饮企业尤其重要。

3. 提高车辆的时间利用率

车辆的时间利用率也是值得关注的，提高卡车的时间利用率可以从增大卡车尺寸、改变作业班次、二次出车和增加每周运行天数四方面着手。

大型卡车可以每次装载更多的货物，一次出车可以配送更多的餐厅，由此延长了卡车的在途时间，从而增加了其有效作业的时间。这样做还能减少干路运输里程和总运输里程。虽然大型卡车单次的过路费、过桥费、油耗和维修保养费高于小型卡车，但其总体上的使用费用绝对低于小型卡车。

运输成本是最大项的物流成本，所有别的职能都应该配合运输作业的需求。所谓改变作业班次就是指改变仓库和别的职能的作业时间，适应实际的运输需求，提高运输资产的利用率，否则朝九晚五的作业时间表只会限制发车和收货时间，从而限制卡车的使用。

如果配送中心实行24小时作业，卡车就可以利用晚间二次出车配送，大大提高车辆的时间利用率。在实际物流作业中，一般会将餐厅的收货时间分成上午、下午、上半夜、下半夜4个时间段，据此制定仓储作业的配套时间表，从而将卡车的时间利用率最大化。

4. 尝试在歇业时间送货

目前我国城市的交通限制越来越严，卡车只能在夜间时段进入市区。由于连锁餐厅一般营业夜间24点，如果赶在餐厅下班前送货，车辆的利用率势必非常有限。其解决办法就是在餐厅的歇业时间送货。

在歇业时间送货避开了城市交通高峰时间，既没有顾客的干扰，也没有餐厅运营的干扰。由于餐厅一般处在繁华路段，夜间停车也不用像白天那样有许多顾忌，可以有充裕的时间进行配送。由于送货窗口拓宽到了下半夜，卡车可以二次出车，这提高了车辆的利用率。

**案例思考：**

（1）降低连锁餐饮企业运输成本的措施有哪些？

（2）从降低连锁餐饮企业运输成本中能得到什么启示？

学习任务五
# 仓储成本管理

## 任务描述

快递仓储成本的控制

在快递活动中，仓储的任务是对供应和需求上的差异进行调整。对于使用自备仓库，其相关的仓储成本主要是仓库维护费、出入库和库存的操作费、仓库折旧、存货占积压资金的利息等；如果租用营业仓库，则仓储成本主要是仓库使用费和存货占积压资金的利息。

仓储成本控制的目标就是要实行货物的合理库存，不断提高保管质量，加快货物周转，发挥快递系统的整体功能。仓储成本管理的一个重要方面，是要研究保管的货物种类和数量是否适当。高价商品长期留在仓库中，就会积压资金。若是银行贷款，还需要付出利息支出。而过分地减少存储量，虽对减小利息负担有利，但对客户的订货来说又有脱销的危险，也会失去盈利的机会。由此可见，仓储保管成本控制也是快递成本控制的一项重要内容。一般来说，对于仓储保管成本控制应抓好以下工作：

①优化仓库布局，减少库存点，削减不必要的固定费用。目前，许多企业通过建立大规模的快递中心，把过去零星的库存集中起来管理，对一定范围内的用户进行直接配送，这是优化仓储布局的一个重要表现。需要注意的是，仓库的减少和库存的集中，有可能会增加运输成本，因此要从运输成本、仓储成本和配送成本的角度来综合考虑仓库的布局问题，使总的快递成本达到最低。②加强仓库内部管理，降低日常开支。在保证货物质量安全的前提下，更好地堆放和存储货物，以节约保管费用；提高仓库与仓储设备的利用率，掌握好储存额的增减变动情况，充分发挥仓库使用效能；提高仓库管理人员在通风、倒垛、晾晒方面的工作效率，减少临时工资的支出；在物品保管中所需的保养、擦油、防虫药剂、托保、代保以及仓库小修理等费用支出，必须纳入计划，节约使用；做好仓库盘点工作，尽可能减少货物损失等。

（资料来源：深圳fedex，http://www.fedexcn/shenzhen）

## 任务分析

通过本案例可以知道，快递仓储成本的降低需要从优化仓库布局、加强内部管理等多个方面入手。那么仓储成本的构成有哪些，降低仓储成本的方法有哪些？

## 知识目标

通过对任务的分析，可以更清楚地了解仓储成本的构成有：仓库维护费、出入库和库存的操作费、仓库折旧、存货占资金的利息。仓储成本控制的目标是实现货物的合理库存，不断提高保管质量，加快货物周转。本学习任务对仓储成本的具体构成进行详细的分析，介绍具体的计算方法以及仓储成本的优化方案。

## 技能目标

通过对任务的分析，能更清楚地认识到需要掌握哪些技能，才能更好地学习仓储成本管理。需要熟悉仓储的基本概念，了解仓储成本的基本概念，掌握仓储成本的构成；了解仓储成本的构成以及计算方法；了解仓储成本管理的原则，理解仓储成本的优化对策。

# 子任务一　仓储成本的构成

| 学习领域 | 仓储成本管理 |
| --- | --- |
| 学习情境 | 仓储成本的构成 |
| 任务描述 | 要求1：熟悉仓储的基本概念<br>要求2：了解仓储成本的基本概念 |

## 一、仓储成本的基本概念

1. 仓储成本

1）仓储的含义

仓储是指利用仓库及相关设施设备进行物品的入库、存储、出库的活动。仓，即仓库，是为存放物品而设置的建筑物或场地，具有存放和保护物品的功能；储，则是指对物品进行收存、管理、交付使用等行为。仓储活动是物流的主要功能要素之一，是一种广泛的经济现象。仓储的概念和运输的概念相对应，仓储是以改变"物"的时间状态为目的的活动,它通过克服供需之间的时间差异而使产品获得更好的效用。在物流系统中,运输和仓储是并列的两大主要功能要素,称为物流的两大支柱。

仓储是物流体系中最重要的构成部分之一。仓储的物流功能包括对进入物流系统的货物进行保管、保养、维护、分发等一系列活动。其作用主要表现在两个方面:一是完好地保证货物的使用价值和价值;二是为将货物配送给用户,在物流中心进行必要的加工活动。随着经济活动的发展,物流由少品种、大批量进入多品种、小批量或多批次、小批量时代,仓储功能从重视保管效率逐渐变为重视发货和配送作业的效率。

### 库存、储备及储存的概念

在物流科学体系中,经常涉及库存、储备及储存这几个概念,而且它们经常被混淆。其实,三个概念虽有共同之处,但仍有区别,认识三者的区别,有助于理解物流中"储存"的含义和零库存的概念。

(1) 库存。

库存的概念有狭义与广义之分。狭义的库存指的是仓库中处于暂时停滞状态的物资。这里要明确两点:其一,物资所停滞的位置,不是在生产线上,不是在车间里,也不是在非仓库的任何位置,如汽车站、火车站等流通结点上,而是在仓库中;其二,物资的停滞状态可能由任何原因引起,而不一定是某种特殊的停滞。这些原因大体有:能动的各种形态的储备、被动的各种形态的超储、完全的积压等。广义的库存还包括处于制造加工状态和运输状态的物品,其实质就是社会物资在企业生产经营过程中形成的停滞。从某种意义上讲,库存是一种资源的闲置,它的存在增加企业的开支,造成一定程度的浪费。但是企业之所以会维持一定的库存,是因为库存具有缓冲、调节和平衡的作用,它通过克服产品生产和消费在时间上的差异而创造时间效应;通过整合需求和供给,维持各项活动顺利进行。因此,库存在生产和流通过程中发挥着不可替代的作用。企业要采取各种技术手段,做好预测和管理工作,既要防止缺货,避免库存不足,又要防止库存过量,避免发生大量不必要的费用。

(2) 储备。

储备是有目的地、能动地、主动地储存物品,即将物品储存起来以备急需。物资储备的目的是保证社会再生产连续不断地、有效地进行。储备按照储备的年限可以分为当年储备、长期储备、战备储备三种储备方式。储备和库存的本质区别在于:第一,库存明确了停滞的位置,而储备这种停滞所处的地理位置远比库存广泛，储备的位置可能在生产及流通中的任何结点上，可能是仓库中的储备，也可能是其他形式的储备；第二，储备是有目的地、能动地、主动地行动，而库存有可能没有目的，有可能完全是盲目的。

（3）储存。

储存是包含库存和储备在内的一种广泛的经济现象，是一切社会形态中都存在的经济现象。马克思指出："产品储存是一切社会所共有的，即使它不具有商品储备形式这种属于流通过程的产品储备形式，情况也是如此"。（《资本论》第2卷，第140页）。在任何社会形态中，不论什么原因形成停滞的物资，也不论什么种类的物资，在没有进入生产加工、消费、运输等活动之前或在这些活动结束之后，总是要存放起来，这就是储存。这种储存不一定在仓库中，也不一定具有储备的要素，而是在任何位置，也有可能永远不能进入再生产和消费领域。但在一般情况下，储存、储备这两个概念是不作区分的。

上述几方面的问题，是抽象地对库存、储备、储存的描述，对它们予以辨别的目的，是认识到物流中的"储存"是一个广泛的概念。物流学要研究的就是包括储备、库存在内的广义的储存概念。和运输的概念相对应，储存是以改变"物"的时间状态为目的的活动，其通过克服产需之间的时间差异而使产品获得更好的效用。

2）仓储成本的含义

仓储成本是指在储存、管理、保养、维护物品的相关物流活动中发生的各种费用，即物流仓储活动消耗的物化劳动和活劳动的货币表现。大多数仓储成本不随存货水平的变动而变动，而是随着存储地点的多少而变动。仓储成本包括仓库折旧、设备折旧、装卸费用、货物包装材料费用等。

2. 仓储成本的特点

（1）重要性。仓储成本是物流成本的重要组成部分，而物流成本又占国民经济总产值的很大一部分。据世界银行分析，发达国家的物流成本占国民经济总产值的10%左右，美国低于10%，中国大约为16.7%。

（2）效益背反性。为了增加客户满意度，提高物流水平会使仓库的建设管理费用、仓库工作人员的工资、存货数量等增加，加大仓储成本。为了削减仓储成本而减少物流网络中仓库的数量并减少存货，将会增加运输成本。

（3）复杂性。在现行的会计制度下，对物流成本的核算缺少统一的标准。这增加了仓储成本的复杂性。

## 二、仓储对企业成本的影响

仓储对企业成本的影响具有两重性，既有正面影响，也有负面影响，现描述如下：

（1）正面影响。

仓储可以降低企业成本，主要表现在以下三方面：

① 拥有适当的库存，可以节省在办费用，有利于降低成本；

② 拥有适当的库存，可以避免由于缺货而进行紧急采购所引起的成本升高；

③ 拥有适当的库存，使企业能在有利时机进行销售，或在有利时机实施购进，从而增加销售利润或减少购进成本。

（2）负面影响。

在物流系统中，仓储是十分重要与必要的。仓储作为一种停滞，也常常会冲减物流系统的效益、使物流系统运行恶化，从而冲减企业利润。这主要是因为在存储的过程中产品的使用价值可能不断降低；同时，为了实施仓储活动，必须有成本的支出，这都会冲减利润。仓储的负面作用主要表现在以下四个方面：

① 增加固定资产投资与其他成本的支出。实施仓储活动会引起仓库建设等固定资产投资的增加，从而增加企业成本；进货、验收、存储、发货、搬运等仓储作业的支出会导致企业收益的降低；此外，随着社会保障体系和安全体系的日益完善，我国近年来已开始对库存产品通过投保来分担风险，投保缴纳保险费带来的保险费支出在有些企业已达到了相当大的比例，而且这个成本支出的比例还会不断上升。

② 机会损失。库存占用自己所必须支付的利息，以及这部分资金用于其他项目可能会带来的收益，都是企业由于仓储活动而必须承担的机会成本。一般情况下，库存占用资金所带来的利息损失和机会损失都是很大的。

③ 陈旧损失与跌价损失。产品在库存期间可能发生各种化学、生物、物理、机械等方面的损失，严重时，产品会失去全部使用价值，从而报废。随着库存时间的延长，存货不断陈旧变质，库存时间越长，发生陈旧损失的可能性与数量就越大。对于技术含量较高且技术发展迅速的产品而言（如个人计算机），存储时间过长、产品技术过时所引起的跌价损失，是企业仓储活动不得不面临的另一个重大问题，因为一旦错过有利的销售期，企业就只能以较低的价格出售产品，从而带来损失。

④ 仓储活动有可能占用企业过多的流动资金，从而影响企业正常运转。在企业的全部运营活动中，仓储对流动资金的占用有时可能高达40%~70%，更为严重的是，有的企业的库存可能会占用其全部流动资金，从而影响企业的现金流动，使企业无法正常运转，甚至倒闭。

总之，无论是褒或贬，都不能根本改变现代经济中仓储不可或缺这一现实。但是仓储既有利又有害的两面性给物流管理提出了重大的课题，这就要求在物流系统中充分发挥仓储有利的一面而遏制其有害的一面。

## 三、与仓储活动有关的物流成本

### (一) 仓储成本

仓储成本是指由仓储作业（如流通加工、分拣、装卸搬运、出入库操作等）带来的成本，以及建造、购置仓库等设施设备所带来的成本。

仓储成本与库存水平无关，只与仓储作业和仓库规划有关。

### (二) 库存持有成本

库存持有成本包括许多不同的成本组成要素，通常代表着最高的物流成本之一。其确定也是比较困难的。库存持有成本只与库存水平有关。该部分内容将在下一个学习任务中讲解。

# 子任务二　仓储成本的构成与计算

| 学习领域 | 仓储成本管理 |
| --- | --- |
| 学习情境 | 仓储成本的构成与计算 |
| 任务描述 | 要求1：熟悉仓储成本的构成<br>要求2：掌握仓储成本的计算 |

## 一、仓储成本的构成

仓储成本由以下几个部分构成：

(1) 建造、购买或租赁仓库等设施设备（仓库建筑物、货架等）所带来的成本。

(2) 各类仓储作业带来的成本，如流通加工成本、装卸搬运成本等。

## 二、建造、购买或租赁仓库等设施设备所带来的成本的构成与计算

企业获得仓库等设施设备的方式共有三种类型：自有仓库、租赁仓库、利用公共仓库。

## （一）自有仓库

固定资产是一种为企业经营所需而且能够长期使用的固定设施，它可以多次参加企业的生产经营过程而不改变其实物形态。其服务潜力会随着其在生产经营中的使用次数而逐渐降低以至于消逝，它的价值也会随着固定资产的使用而逐步、分次地转移到成本中去，并最终从企业的收入中得到补偿。在会计上，这部分固定资产使用磨损而逐渐转移的价值称为折旧。

作为一种成本，折旧并没有在计提期间实实在在地被支出，但由于这种成本是前期已经发生的支出，而这种支出的收益在固定资产投入使用后的有效使用期内逐步实现，因此，无论是从权责发生制的原则，还是从收入与成本配比的原则来看，企业都必须为固定资产计提折旧。

当企业通过自有仓库的形式获得仓储空间时，企业的仓库等设施设备均属于企业的固定资产，因此，必须计提折旧，同时企业在各期的仓储成本中也应当包括此项折旧。

### 1. 仓库等设施设备的价值损耗

仓库等设施设备由于使用、自然力的作用或科学技术的进步而逐渐丧失原有的价值，称为仓库等设施设备的价值损耗，它是计提折旧的根本原因，并可分为有形损耗和无形损耗两种形式。

#### 1）有形损耗

有形损耗是指仓库等设施设备由于使用和自然力的影响而产生的服务潜能的降低。如仓库建筑物受风吹、雨打、日晒等的侵蚀而逐渐陈旧，货架因使用而逐渐磨损以及因外部事故破坏等造成损耗。有形损耗以其物理性能的完全损毁为界限。

（1）有形损耗的种类如下：

① 使用损耗，是指与使用强度有关的损耗，如仓库等设施设备在使用运行过程中发生的磨损。这种损耗的程度与使用强度的数学关系是线性或近似线性的。

② 闲置损耗，是指与使用强度无关的损耗，这种损耗主要受自然力的影响，如仓库等设施设备受到自然力的作用而发生的锈蚀、风化等。闲置损耗只与闲置的时间有关，而与使用强度无关。

（2）影响有形损耗的因素如下：

① 仓库等设施设备本身的质量与可靠性，包括设计的合理性、原材料的种类与特性、安装的规范、精度与可靠性。

② 仓库等设施设备的使用条件，包括工作负荷、工作时间、工作特性、人员的技术熟练程度等。

③ 仓库等设施设备的自然条件，包括湿度、温度、风力、雨量、地下水和

地面水等。

④ 仓库等设施设备的养护条件，包括保养与维修的水平和质量。

2）无形损耗

无形损耗是指仓库等设施设备本身的服务潜能未受影响，但由于科学技术的进步而产生的价值的降低，如出现新的自动化仓库导致旧仓库的更新换代而使其必须提前报废。根据产生的原因，无形损耗主要有以下两种形式：

① 由于社会劳动生产率的提高，再建造同一仓库所花费的社会必要劳动时间减少，而造成原有仓库的贬值，这一差额就构成无形损耗。这种损耗不影响仓库的使用效能。

② 由于科学技术的进步，新一代高新仓库出现，使原有落后的仓库必须淘汰或提前报废，由此所造成的损失。

2. 影响仓库等设施设备折旧的因素

（1）计提折旧的基数。仓库等设施设备折旧的基数一般为取得仓库等设施设备的原始成本，即仓库等设施设备的账面原价，在西方一些国家，也有主张以仓库等设施设备的重置完全成本（或重估价）为依据计提折旧的。

（2）仓库等设施设备的预计净残值。仓库等设施设备的预计净残值是指预计的仓库等设施设备报废时可以收回的残余价值扣除预计清理成本后的数额。

仓库等设施设备的预计净残值，一般由企业的会计政策决定。若企业直到仓库等设施设备不再具有服务潜能时才予以报废，那么固定资产的预计净残值会很小。而有的企业在仓库等设施设备还有使用寿命时就予以更替，此时的预计净残值就要根据被处置的仓库等设施设备在处置时的公允市价来确定。在个别情况下可能出现负的净残值，如有些仓库等设施设备的清理成本远远大于其净残值，便会导致出现负的净残值。

（3）仓库等设施设备的预计使用年限。仓库等设施设备的预计使用年限的长短会影响各期应提的折旧额。与仓库等设施设备的预计净残值相同，仓库等设施设备的预计使用年限也由企业的汇集政策决定，企业应当合理确定仓库等设施设备的使用年限。

在确定仓库等设施设备的使用年限时，既要考虑有形损耗，也要考虑无形损耗，有时对仓库等设施设备的维修保养也会影响固定资产的使用寿命。这些因素都会影响仓库等设施设备价值的转移速度。

绝大多数仓库等设施设备的折旧是以年或月为估计单位的，也有其他的计量方式，如以预计工作量为估计单位。

3. 企业自有仓库等设施设备的折旧方法

企业应当根据仓库等设施设备的性质和损耗的方式，合理确定仓库等设施设备的预计使用年限和预计净残值，并根据环境变化、科技发展水平及其他因素，选择合理的折旧方法，按照管理权限，经经理会议或股东大会、董事会等机构批准，作为计提折旧的依据。同时，按照相关行政法规、法律的规定报送有关方面备案。有关固定资产预计使用年限和预计净残值、折旧方法等，一经确定就不得随意变更，如需要变更，依然应当按照上述程序，经批准后报送有关方面备案。

企业一般应当按月提取折旧，当月增加的仓库等设施设备，当月不提取折旧，从下月起计提取折旧；当月减少的仓库等设施设备，当月照提折旧，从下月起不提折旧。仓库等设施设备提足折旧后，不管能否继续使用，均不再提取折旧；提前报废的仓库等设施设备，也不再提取折旧。常用的计提折旧方法有直线法和加速折旧法两种，企业可依据自己的实际情况选择使用。

1）直线法

（1）平均年限法。平均年限法的计算公式如下：

$$年折旧率 = \frac{1 - 预计净残值率}{预计使用年限} \times 100\%$$

$$月折旧率 = \frac{年折旧率}{12}$$

月折旧率 = 固定资产原值 × 月折旧率

平均年限法只考虑使用时间，未考虑使用强度，因而在一定期间，不管仓库等设施设备使用的强度是强是弱，其计提的折旧数额都是相等的。由于平均年限法有上述不足，建议对仓库等设施设备按工作量来计提折旧。

（2）工作量法。工作量法的计算公式如下：

$$每一工作量折旧额 = \frac{固定资产原值 \times (1 - 预计净残值率)}{预计总工作量}$$

某项固定资产月折旧额 = 该项固定资产当月工作量 × 每一工作量折旧额

2）加速折旧法

（1）双倍余额递减法。双倍余额递减法的计算公式如下：

$$年折旧率 = \frac{2}{预计使用年限} \times 100\%$$

$$月折旧率 = \frac{年折旧率}{12}$$

月折旧额 = 固定资产账面净值 × 月折旧率

在双倍余额法下，其计提的基数在逐渐减少，而折旧率始终保持不变；在第一年，折旧是按照仓库等设施设备的全部成本来计提的；为了将仓库等设施设备的账面价值转为残值，通常在最后两年将折旧方法改为直线法。

（2）年数总和法。年数总和法的计算公式如下：

$$年折旧率 = \frac{尚可使用年数}{年数总和}$$

$$月折旧率 = \frac{年折旧率}{12}$$

月折旧额 = (固定资产原值 − 预计净残值) × 月折旧率

$$年数总和 = \frac{[预计使用年限 \times (预计使用年限 + 1)]}{2}$$

$$年数总和法下每年的折旧额 = \frac{(固定资产原值 - 预计净残值) \times 尚可使用年数}{年数总和}$$

3）余额递减法

余额递减法也称为定率递减法，是以一个固定的百分率乘以仓库等设施设备在每一个会计期开始的账面价值来计算本期折旧额的方法。

4）递减折旧率法

递减折旧率法是每年用一个人为确定的、呈递减趋势的折旧率来计算折旧的方法。凡有预计净残值的仓库等设施设备，需先计算净残值占仓库等设施设备原值的百分比，然后与各年折旧率相加凑成100%。

使用不同的折旧方法，每年的折旧额会各不相同，但这几种方法都能把仓库等设施设备的应计提折旧成本化，符合会计的基本原则。

此外，自有仓库等设施设备的维修与保养费用也应计入此部分仓储成本。

同时，值得注意的是，企业的自有仓库一旦建构完成，所花费的成本就不会因为企业没有库存而消失。

### （二）租赁仓库

当企业不自建或自购仓库时，可用租赁仓库的方式来满足企业对仓储空间的需求。租赁仓库一般只提供存储货品的服务，很少或根本不提供其他物流服务。

租赁仓库的租金通常是根据企业在一定时期内租用的仓储空间的大小来收取的。租赁仓库的租金合约一般期限都很长（如5年），而企业需用的空间大小是基于该期限内的最大存储需求而定的。当企业的库存没有达到最大值时，租金不会因为仓储空间没有被充分利用而减少。因此，租赁仓库的租金价格不会随着库存水平的变化而每天波动，它与库存水平无关，不属于库存持有成本。租赁仓库的租金费用属于仓库成本，它会随市场供求情况发生变化。

### （三）公共仓库

与租赁仓库不同，公共仓库可以为企业提供各种各样的物流服务，如卸货、存储、存货控制、订货分类、拼单、运输安排、信息传递以及企业要求的其他服务。因此，如果企业在获取仓储空间时，希望对方不但能够提供空间，而且还能够提供其他仓储作业服务的话，就可以考虑采用公共仓库。通过公共仓库的方式取得仓储空间，实际上是在企业和公共仓库之间建立一种合作伙伴关系。这种合作伙伴关系，使企业能够把本不擅长的物流活动外包给公共仓库，而自己则可以集中精神搞好核心业务。公共仓库使社会分工更加专业化，有利于企业降低成本与发挥核心竞争优势。

公共仓库与租赁仓库的另一区别在于：公共仓库的合同属于短期合同，企业可以根据情况对合同进行及时的变更。公共仓库合同的灵活性使企业能够适应多变的市场环境。

公共仓库的收费是由公共仓库的提供方和公共仓库的承租方（企业）通过谈判来确定的。收费的高低根据以下因素商定：所需仓储空间的大小与期限、存储产品的种类数、产品存储时有无特殊要求或限制、搬运等仓储作业的强度、订单的平均规模、所需文字记录工作的工作量等。

公共仓库的收费由三部分组成：存储费、搬运费和附加成本。它们各自具有不同的特征，而且它们的费率通常也是各不相同的。

存储费与企业在公共仓库中的存货数量及存储时间关系密切，一般按每月每单位来计收，有时也会按产品实际占用的仓储空间计收成本，以平方米或立方米计算。

搬运费反映了企业在公共仓库中仓储作业的数量，通常按单位计收，因为货物的搬运次数是衡量搬运成本的重要尺度，因此有时也按次收费，对每次入库/出库操作收取搬运费。文字记录工作等额费用一般直接向客户收取，如提单制作的成本就以提单为单位计收。

由此可见，公共仓库的收费通常是根据其他仓储作业量以及储存的货物数量来计算的。通常其他仓储作业的费用在公共仓库收费中占相当大的比重，它属于仓储成本的第二部分，是由于仓储作业而产生的成本；公共仓库收费中的存储费是依据企业在公共仓库中的存货数量来计算的，与企业在公共仓库中的库存水平有直接的关系，因此，该部分成本不应归在仓储成本中，而应属于库存持有成本的一部分。

对于企业来说，公共仓库是一个所有成本都可变的仓储系统。企业停止使用公共仓库后，所有的费用均会消失。

## 三、各类仓储作业带来的成本

### （一）现代仓库的仓储作业

现代仓库是随着流通系统中产品品种多样化，产品配送小批量、多频度、小单位化以及 JIT 等新型生产、流通体制的出现而逐渐演变来的，可以说，流通系统中的种种变革带来了仓库机能的重大变化。例如，随着产品品种多样化的发展，仓储管理的复杂程度日益增加；客户要求对产品进行小批量、多频度的配送，这使以整箱为单位的大件产品配送减少，而小包装的小件产品配送增加；JIT 制度要求缩短从订货到发货之间的周期，同时要求仓库能在最短的时间内迅速完成订/发货、备货和配送等业务，并要求仓库有很好的流通加工机能。总之，所有这些变化导致企业仓库作业的强度不断增加、复杂性不断提升。

现代仓库的主要作业包括以下七种。

1. 出/入库作业

现代仓库在建设过程中，无论是采取集约化、综合化的发展模式还是分散化、个性化的发展模式，都比较注意通过网络将企业本部与各供应商、仓库与经营最前沿的销售终端连接起来。这种信息传递模式，使订货（发货）与进货信息能够通过信息系统传输到仓库，在准备发货与接货的同时，进行制作发货票、账单等业务，并将信息传递给相关部门。发货与接货时，制作相关单据，传递相关信息的作业属于出/入库作业。现代仓库的出/入库作业包括以下内容：

（1）入库作业：对入库货品进行登记，制作相应的单据并进行部门间的信息传递；为入库货品贴附方便仓储管理的条码。

（2）出库作业：根据产品订单或出库通知，对出库货品进行登记，并制作相应单据，在部门间进行信息传递。

2. 验货作业

在现代仓库内，在进行货品出/入库活动的同时，检验作业也在进行。

（1）入库时的验货作业：根据入库清单对即将进入仓库的货品进行数量、货品种类与规格的核对，同时还要进行货品质量方面的检验。

（2）出库时的验货作业：根据出库清单或者客户的订货清单，对即将出库的货品进行数量、货品种类与规格的核对，同时还要进行货品质量方面的检验。

随着条码的广泛使用以及便携式终端性能的提高，现代仓库正在大力推广条码，这一技术大大减轻了验货作业的工作量，使作业效率大大提高。

3. 场地管理作业

现代仓库内的场地管理有两种形式：一种是固定型管理，即利用信息系统对货架进行分类、编号并贴附货架代码，对各货架内存放的货品事先加以确定；另一种是流通型管理，即所有货品按顺序摆放在空的货架中，不事先确定各类货品专用的货架。在固定型管理系统下，各货架内装载的货品长期相同，这有利于从事货品备货作业，建立信息管理系统也较为方便，因为只要将货架编号以及货品代码输入计算机，就能准确地掌握货品出/入库动态，从而省去了不断进行更新的烦琐业务，同时，在存货发出以后，利用信息系统能很方便地查找账目以及实际的剩余在库量，以便及时补充调剂。相反，在流动型管理系统下，由于各货架内装载的货品是不断变化的，在货品变更登录时出差错的可能性较高。固定型管理方式尽管具有准确性和便利性等优点，但它也有局限性，两种管理方式都各有一定的使用范围。一般来讲，固定型管理适用于非季节性货品，而流动型管理由于周转较快，出/入库作业频繁，更适用于季节性货品或流行性变化剧烈的货品。

4. 日常养护与管理作业

对在库的货品要进行日常养护，以保证货品的完好状态，减少货品的损耗，同时还要预防货品被盗或发生火灾等。

5. 备货作业

备货作业是指在接受订货指令、发出货票的同时，备货员按照发货清单在仓库内寻找、提取所需货品的作业。备货作业的方式有以下四种：

（1）全面分拣。由一个备货员全面负责一个订单，并负责订单从开始到结束的整个履行过程。

（2）批处理分拣。备货员负责一组订单。备货员接受这批订单后，先建立批处理清单（批处理清单包括整个订单组里每种货品的综述），然后负责按照批处理清单分拣货品并将货品送到站台，最后将它们在各个订单之间进行分配。

（3）分区分拣。将各个备货员分派到仓库的指定区域。在分区订单处理计划中，备货员挑选出订单中存放在其所负责区域的货品，并将其传给下一个备货员，由他挑选出下一个区域内的货品，依次传递下去。在这种方式下，一个订单往往是由很多人来完成的。

（4）分拨分拣。按照一个指定特征划分，例如，同一个承运商可以将 UPS 的所有订单划分给第一组进行分拣，第二组分拣所有由邮局运送的订单，其他组可以根据其他承运商来划分。

6. 装卸搬运工作

装卸（Loading and Unloading）是指在指定地点以人力或机械将货品装入运输等设施设备或从运输等设施设备将货品卸下的作业；搬运（Handing/Carrying）是指在同一场所内将货品进行以水平位移为主的作业。装卸搬运就是指在同一地域范围内进行的，以改变货品的支撑状态和空间位置为主要目的的活动。一般来说，改变货品的支撑状态，叫作"装卸"；改变货品的空间位置，叫作"搬运"。

在现代仓库中，各个作业环节或同一作业环节的不同活动之间，都必须进行装卸搬运作业。如原材料或产成品在运输至仓库并准备入库之前，必须有专门的人员或工具将其从运输设备上卸下，检验入库后，又必须通过装卸搬运作业才能将原材料或产成品送至相应的货位进行储存。同样，被储存的货品出库并被运输出去，也要有装卸搬运作业配合才能进行。装卸搬运是货品在仓库中不同运动（包括相对静止）阶段之间相互转换的桥梁。总之，在仓储活动中，装卸搬运是一项非常重要的作业，它贯穿于整个仓储活动的始终。装卸搬运作业并不只存在于仓储活动中，它在物流活动中普遍存在并发挥着重要作用。装卸搬运活动把货品运动的各个阶段连接成连续的"流"，使"物流"的概念名副其实。物流活动中的装卸搬运作业具有以下两个特点：

（1）具有"伴生性"与"保障"功能。装卸搬运作业总是与物流的其他环节密不可分，它与其他物流环节相伴相生。企业进行装卸搬运作业的目的并不是为了装卸搬运，而是为了实现其他物流功能，因此，装卸搬运作业具有"伴生性"的特点。装卸搬运的"伴生性"也说明，装卸搬运保障了物流活动中其他环节活动的顺利进行，具有保障性质。装卸搬运作业除消耗燃料动力外，不消耗原材料等其他物质资源，同时该作业不产生废弃物，不会占用大量流动资金，也不产生有形产品。

（2）具有"起讫性"与"咽喉"作用。装卸搬运往往是其他物流活动的起始点或终点，如运输、包装、仓储等环节，因此它具有"起讫性"的特点。装卸搬运的这种"起讫性"也说明，装卸搬运制约着物流领域其他环节的业务活动，这个环节处理不好，整个物流系统将处于瘫痪状态。

7. 流通加工作业

流通加工是在货品从生产领域流向消费领域的过程中，为了促进销售、维护货品质量和提高物流效率，对货品进行简单的加工，包括对货品进行包装、分割、计量、组装、贴付价签、贴付标签等简单作业。

流通加工是现代物流系统中的重要一环。流通加工能提高物流系统的服务水平，提高物流效率和货品的利用率，从而对物流活动具有增值作用。目前，流通加工在许多国家都得到了推广，在日本、美国等物流发达国家更为普遍。流通加工作业通常是由仓库来完成的，这也是现代仓库与传统仓库的主要区别之一。

流通加工是流通领域的特殊形式，它和生产一样，是通过改变或完善流通对象的形态来实现"桥梁和纽带"的作用。流通加工的主要作用在于优化物流系统，提高整个物流系统的服务水平，具体如下：

（1）增强物流系统的服务水平。从工业化时代进入新经济时代，服务社会是社会经济系统的第一要务，通过流通加工，可以使物流系统的服务功能大大增强，对客户的服务水平也可以得到大幅度的提升。

（2）提高效率，降低损失。通过流通加工，可以加快流通速度，从而提升整个物流系统的运作效率。同时，流通加工可以减少物流过程中的损失，降低操作成本从而降低整个物流系统的成本与耗费。

（3）为配送创造了条件。配送是流通加工、分拣、分类、配货、配送运输等一系列作业的集合。配送活动的开展，依赖流通加工。可以说，流通加工是配送的前提。

（4）对于物流企业而言，流通加工可以提升其获取利润的能力。物流企业的利润一般来源于生产企业，是从生产企业的利润中转移过来的。为了获得更多的收益，物流企业必须开辟新的使物流对象增值的途径，而进行流通加工就是极为理想的方式。

（二）各类仓储作业成本的构成

1. 出/入库操作、验货、备货、日常货品养护与管理、场所管理作业成本的构成

（1）人工成本，包括从事该项作业的员工的工资、加班费、奖金、福利、

劳保等。该项成本从相关会计科目中抽取出来即可。当某个员工从事多项作业时，应当根据员工从事各项作业的时间对其费用进行分配。

（2）如果该项作业中有能源、低值易耗品的耗费，则应当将这些费用计入相关的作业成本。

（3）如果该项作业中使用了机械设备或工具，应当以计提折旧的形式将机器设备、工具的成本计入相关作业。此外，机器设备、工具的维修费也应计入其中。

（4）若机器设备、工具不是自有，而是通过租赁获得，应用租金替代折旧；当由租赁方负责设备的维修工作时，租金包含了维修费，因此不必再计算维修费；当租赁方不负责设备与工具的维修时，租金中未包含维修费，此时，在租金外，还应计入维修费。

（5）该项作业应当分摊管理费等间接成本。

2. 装卸搬运成本的构成

（1）人工成本，是指按规定支付给装卸搬运工人、装卸搬运机械司机、装卸搬运管理人员的工资、加班费、各种工资性津贴、职工福利费（按工人、管理人员工资总额和规定比例计提的职工福利费）、劳动保护费（从事装卸搬运业务使用的劳动保护用品、防暑、防寒、保健饮料以及劳保安全措施所发生的各项成本）。该项成本从相关会计科目中抽取出来即可。当某个员工从事多项作业时，应当根据员工从事各项作业的时间对其费用进行分配。

（2）燃料和动力，是指装卸搬运机械在运行操作过程中耗用的燃料、动力所产生的成本。

（3）耗费的低值易耗品，是指装卸搬运机械所用的外胎、内胎、垫带以及装卸搬运机械在运行过程中耗用的机油、润滑油的成本等。

（4）折旧，是指装卸搬运机械、工具按规定计提的折旧费。

（5）修理，是指为装卸搬运机械和工具进行维护及小修所发生的工料成本。装卸搬运机械维修领用的周转总成本和按规定预提的装卸搬运机械的大修理成本，也列入本项目。

（6）租费，是指企业租赁装卸搬运机械或设备进行作业时，按合同规定支付的租金，当由租赁方负责机械设备的维修时，租金包括维修费，因此不必再计算维修费，当租赁方不负责机械设备的维修时，租金中未包含维修费，此时，在租金以外，还应计入维修费。

（7）外付装卸搬运费，是指请外单位支援装卸搬运工作所发生的成本。

（8）运输管理费，是指按规定向运输管理部门缴纳的运输管理费。

（9）事故损失，是指在装卸搬运作业过程中，因此项工作造成的应由本期成本负担的货损、机械损坏、外单位人员伤亡等事故所发生的损失，包括货物破差损失和因损坏机械设备所支付的修理成本。

（10）应由装卸搬运作业承担的管理费等间接成本。

3. 流通加工成本的构成

在物流系统中进行流通加工所消耗的物化劳动和活劳动的货币表现即流通加工成本。

（1）人工成本。在流通过程中从事加工活动的管理人员、工人等的工资、奖金、各项福利等成本的总和，即流通加工人工成本。

（2）在流通加工过程中，需要消耗一些材料，同时这些材料最终成为产品的一部分，如标签等，这些材料的成本便是流通加工材料成本。

（3）在流通加工中耗用的燃料与动力成本，也是流通加工成本的构成之一。

（4）在流通加工过程中耗费的低值易耗品的成本，如润滑油等。

（5）折旧。流通加工设备因流通加工形式、服务对象的不同而不同。现代化仓库常见的流通加工设备包括剪板加工所用的剪板机、印贴标签所用的喷印机、拆箱所用的拆箱机等。购置这些设备所支出的成本，通过折旧的形式将其计入流通加工成本。

（6）维修费。流通加工设备的维修费用也应计入流通加工成本。

（7）设备租赁费。如果流通加工设备是通过租赁获得的，则应将租赁费计入流通加工成本。当租赁设备的维修由出租方负责时，租赁费中包含维修费，因此不必计算维修费；当租赁方不负责设备的维修时，租金中未包含维修费，此时，在租金以外，还应计入维修费。

（8）流通加工产生的废品损失。

（9）流通加工作业外包成本。

（10）流通加工作业的事故损失。

（11）流通加工作业应分担的管理费等间接成本。

# 子任务三　仓储成本的优化

| 学习领域 | 仓储成本管理 |
| --- | --- |
| 学习情境 | 仓储成本的优化 |
| 任务描述 | 要求1：了解仓储成本管理的原则<br>要求2：掌握仓储成本的优化对策 |

## 一、仓储成本管理的原则

1. 经济性原则

和销售、生产、财务活动一样，任何仓储管理工作都讲求经济效益。为了建立某项严格的仓储成本控制制度，需要发生一定的人力或物力支出，但这种支出不应该太大，不应该超出建立这项控制所能节约的成本。经济原则主要强调仓储成本控制要起到降低成本、纠正偏差的作用，并控制发生的费用支出，使其不超过因缺少控制而丧失的收益。

（1）每个单项费用最低。每个单项费用应当在具体业务情况下，实现局部优化，取最小的费用。只有每个单项费用都取最小费用，总费用才能够最小，库存系统才能够得到最优化。

（2）单项费用之间的合理协调。各种费用的大小有一个科学的比例，这个比例会促使总费用节约。例如，订货费与保管费之间就需要协调，这取决于订货批量与订货批次的关系。订货批次多了，订货费会升高；订货批量大了，保管费会升高。只有取一个适当的比例，才会使订货费与保管费平衡，才能使得总费用最节约。

经济原则在很大程度上决定了人们只在仓储活动的重要领域和环节上对关键的因素加以控制，而不是对所有成本项目都进行同样周密的控制。

2. 全面性原则

仓储成本涉及企业管理的方方面面，因此仓储成本控制是一个全员、全过程和全方位的控制。

首先，仓储成本控制的全面性表现在建立仓储成本信息的反映系统，全方位地跟踪反映仓储成本产生的过程，详细、准确地记录订货费、保管费、缺货费、补货费、购买费、选货费等，科学、快速、精确地进行物流成本核算。只有有记录、有数据，才可能计算、分析、评价，成本控制才能够进行，仓储成本控制的工作效率才可能提高。

其次，仓储成本控制的全面性还表现在成本控制目标的实现必须要层层分解，层层归口，层层落实到各环节、各班组，甚至个人，通过自上而下形成一个全覆盖的仓储成本控制体系，明确成本责任中心，使仓储成本控制真正落到实处。

3. 利益协调性原则

从根本上说，降低仓储成本对国家、企业、消费者都是有利的，但是不能片面追求降低储存成本，而忽视物资储存过程中的保管要求和质量，更不能因单纯追求降低成本而损害国家、公众、消费者的利益，因此，控制仓储成本时要注意国家利益、企业利益和消费者利益三者的协调关系。

4. 例外管理原则

例外管理原则是成本效益原则在仓储成本控制中的体现。仓储成本控制所产生的经济效益必须大于进行仓储成本控制而发生的成本耗费，如建立仓储成本控制系统的耗费、保证仓储成本控制系统正常运转的耗费。企业实际发生的费用，不可能每一项都和预算完全一致，无论成本差异大小，都要予以详细的记录并查明原因。因此，根据成本效益原则，仓储成本控制应将精力集中在非正常金额较大的例外事项上。解决了这些问题，仓储目标成本的实现就有了可靠的保证，仓储成本控制的目标也就实现了。

## 二、仓储成本的优化

### （一）合理规划仓储空间的取得方式，降低存储成本

合理规划仓储空间的取得方式，可以帮助企业降低存储成本。对于仓储空间的取得方式，企业可以有三种选择，即自有仓库、租赁仓库和公共仓库。在满足一定客户服务水平的前提下，以成本为依据，选择其中之一或结合使用，既是降低仓储成本的重要手段，也是进行仓储管理的一项重要内容。自有仓库、租赁仓库和公共仓库各具特色，因此，有的企业适合采用自有仓库，有的企业适合采用租赁仓库，但大多数企业则由于不同地区的市场条件及其他因素而适合混合的策略。

1. 自有仓库

企业利用自有仓库进行仓储活动具有以下优点：

（1）自有仓库使企业对存储活动拥有更大的控制权。企业对自有仓库拥有所有权，因此企业能够对仓储进行直接的管理控制，并且能够根据整个营销系统的需求对仓储的功能进行调整。作为仓库的所有者，企业虽然不能在短时间内增加或减少仓储空间，但可以按照自己的需求对仓库进行设计与布局，并且能够根据自身的需求进行专业的仓储和搬运作业。企业对于自有仓库的控制权是企业在租赁仓库或使用公共仓库时无法得到的。

（2）当企业长期需要大量的仓储空间时，自有仓库的成本将低于公共仓库，从而为企业节约成本。如果自有仓库的空间能够得到长期充分的利用，那么自有仓库的前期投资就得以在数量众多的库存产品中进行分摊，这样单位货物的仓储成本就会降低，从而使自有仓库的成本低于租赁仓库与公共仓库。对自有仓库的长期充分使用，形成了一种规模经济。

（3）自有仓库可以提高企业在客户心目中的资信等级，帮助企业树立良好的形象，从而有助于企业在竞争中取胜。当企业拥有自有仓库时，客户会认为企业的经营比较稳定可靠，客户对企业实力的信心也会相应增强。

自有仓库虽有以上优点，但并不是任何企业都适合拥有，因为它还存在以下缺点：

（1）自有仓库的固定容量缺乏灵活性，会造成企业资源浪费。不管企业对仓储空间的需求如何，自有仓库的容量是固定不变的，它不能根据需求的增加或减少而扩大或缩小。当企业对仓储空间的需求减少时，仍需承担自有仓库中未利

用空间的成本，从而造成企业资源的浪费。

（2）自有仓库存在位置上的局限性。自有仓库一旦建成，企业就不能再改变其所处的地理位置了。如果企业只使用自有仓库，那么当市场的大小、市场的位置和客户的偏好发生变化时，就不能在仓库布局上很快地适应这种变化，从而导致企业丧失许多商机。

（3）自有仓库需要前期进行大规模的投资，这给企业带来了一系列的问题。首先，仓库的建设投资很高，许多其所占用的资金难以变现。最后，如果企业将资金投资于其他项目可能会得到更高的投资回报，因此自有仓库投资将会带来机会成本。

2. 租赁仓库

企业可以通过租赁仓库进行仓储。通过租赁仓库进行仓储的优点在于：从财务角度看，租赁仓库可以使企业避免仓库资本投资和财务风险；租赁仓库不要求企业对其设施和设备进行任何投资，企业只需支付相对较少的租金即可得到仓储空间。

使用租赁仓库进行仓储的缺点是：在一定租赁期内，租赁的仓储空间是一定的，不会随企业库存量的改变而改变，容易造成浪费。

3. 公共仓库

利用公共仓库进行仓储具有以下优点：

（1）与租赁仓库相同，公共仓库也不要求企业对其设施和设备进行任何投资，企业只需支付相对较少的租金即可得到仓储空间以及相应的仓储作业服务。

（2）公共仓库的规模效应可以降低企业成本。公共仓库可以产生自有仓库难以达到的规模效应：首先，公共仓库为众多企业保管大量库存，与自有仓库相比，公共仓库的利用率要高得多，利用率的上升降低了分摊在单位库存上的固定成本；其次，规模效应还使公共仓库能够更加有效地利用装卸搬运设备，从而降低分摊在单位存货上的仓储作业的有关成本；最后，公共仓库的规模效应还有利于降低企业的运输成本。公共仓库为许多企业实施运输作业，因而可以进行拼箱作业和大批量作业，这无疑可以降低企业的运输成本。

（3）便于企业掌握与控制成本。当企业使用公共仓库时，每月都可以得到相关的仓储成本单据，从单据上企业可清楚地了解自己所支出的仓储成本（搬运费）与库存持有成本（存储费），从而有助于企业预测和控制物流成本。

（4）当企业对仓储空间的需求具有季节性波动时，公共仓库可以满足企业在高峰期的大量额外的存储需求。如果企业的经营具有季节性，那么公共仓库可使企业在销售淡季最经济地使用存储空间，而不致浪费企业的有限资源，公共仓库的这一优点正是自有仓库所不具备的，因为自有仓库的仓储空间是一定的，在低谷期，有可能出现仓储空间闲置的状况。由于公共仓库没有仓储空间量的限制，能够满足企业在不同时期对仓储空间需求，哪怕在库存高峰，大量额外的存储需求也能得到满足。因此，很多由于产品的季节性、促销活动或其他原因而库存水平变化频繁的企业都很喜欢使用公共仓库。

（5）公共仓库的合同是短期的，因此公共仓库能够帮助企业适应瞬息万变的市场环境，从而增强企业经营的灵活性。如果企业自己拥有或长期租赁仓库，那么当市场、运输方式、产品销售或企业的财务状况发生变化，从而要求仓库的地理位置也发生相应变化时，原有的仓库就变成了企业的负担，但使用公共仓库可以灵活地改变仓库的位置；另外，企业也不必因仓库业务量的变化而增减员工；企业还可以根据仓库对整个分销系统的贡献以及成本和服务质量等因素，临时签订或终止合同。

（6）公共仓库有利于企业扩大市场范围。公共仓库具有战略性选址的设施与服务，企业可以在同一公共仓储公司设在不同地区的仓库里得到相同的仓储管理和物流服务。因此，许多企业都在尽量减少其自有仓库的数量，而将各地区的仓储业务外包给具有大网络的公共仓储公司。通过这种自有仓库和公共仓库相结合的网络，企业一方面可以通过自有仓库对核心市场区域保持直接控制，另一方面可以利用公共仓库来扩大市场的覆盖范围。

（7）使用公共仓库可以避免管理上的烦琐与困难。仓库管理人员和操作人员的培训与管理是使用任何一类仓库时都要面临的一个重要问题，尤其是对产品搬运有特殊要求或产品具有季节性的企业来说，维持一个熟练的仓库员工队伍是相当困难的，而使用公共仓库就使企业不必再考虑这一问题。

利用公共仓库进行仓储具有以下缺点：

（1）公共仓库会增加企业的包装成本。公共仓库中存储了许多不同种类的商品，为防止各种不同性质的商品相互影响，企业在使用公共仓库时必须对商品进行保护性包装，从而增加了包装成本。

（2）公共仓库增加了企业控制物流活动的难度。首先，企业与仓库经营者都有履行合同的义务，但盗窃、商品缺损等给企业造成的损失将远大于得到的赔偿，因此在这方面，使用公共仓库将比使用自有仓库承担更大的风险；其次，企业对公共仓库的运作过程及其作业员工等缺乏控制；最后，企业使用公共仓库还有可能由此泄露有关的商业机密。

4. 从定性的角度进行自有仓库、租赁仓库、公共仓库的选择，降低存储成本

自有仓库、租赁仓库和公共仓库各有优、缺点，企业进行物流决策的主要目标是寻求使总成本最低的方案。

企业在决定采用哪一种类型的仓库进行仓储时，需要考虑以下三个因素：

（1）周转量。由于自有仓库的固定成本相对较高，而且与使用程度无关，因此必须有大量存货来分摊这些成本，才能使自有仓库的平均单位成本低于公共仓库的平均单位成本。通常，存货周转量越高，使用自有仓库便越经济。相反，当周转量相对较小时，应选择公共仓库。

公共仓库的费用包含与库存水平有关的属于库存持有成本的存储费,还包括与仓储作业量有关的属于仓储成本的仓储作业费用。公共仓库的费用与周转量呈线性关系。自有仓库的固定资产投资均属于仓储成本,且为固定成本,自有仓库的各类仓储作业成本为变动成本,且与周转量呈线性关系。由于公共仓库的经营具有营利性质,因此自有仓库的仓储作业成本的增长速度通常会低于公共仓库费用的增长速度。当周转量达到一定规模,两条成本线相交时,说明:当周转量等于该交点的周转量时,采用自有仓库与公共仓库的成本相等;当周转量高于该点时,由于可以把固定成本均摊到大量存货中,因此使用自有仓库更经济。自有仓库仓储与公共仓库仓储的成本比较如图5-1所示。

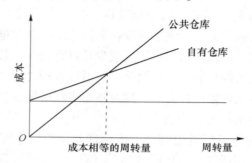

图5-1 自有仓库仓储与公共仓库仓储的成本比较

(2)需求的稳定性。自有仓库最适合需求稳定的企业。许多企业具有多种产品线,仓库具有稳定的周转量,因此自有仓储的运作更为经济。

(3)市场密度较大或供应商比较集中时,采用自有仓库较为有利。因为零担运输费率比较高,经自有仓库拼箱后,采用整车装运,运费率便会大大降低。相反,市场密度较低时,在不同的地方使用公共仓库要比使用自有仓库更为经济。

5. 通过财务成本分析来选择获取仓储空间的方式,降低仓储成本

可以通过财务成本分析来对仓储空间的获取方式进行选择。仓库获取仓储空间的方式可粗分为两大类:一类是从公共仓库获取;另一类是经营自有的或租赁的仓储空间。当企业对仓储空间的需求相对比较稳定时,企业可以根据成本费用的高低来选择仓储空间的获取方式。

由于有关"如何获取仓储空间"的决策往往涉及较长的时间期限,因此,在决策过程中必须考虑资金的时间价值,也就是说,必须采用贴现的指标对各方案进行分析对比,并据此进行最终的决策。目前财务上有三种方法可以进行这种决策。

(1)净现值法。净现值法就是通过比较各种方案的净现值来进行决策。所谓净现值,是指特定方案未来现金流入的现值与未来现金流出的现值之间的差额。根据这种方法,首先要计算各方案的净现值,由于获取仓储空间属于企业的

一项成本支出，因此，所有方案的净现值均会小于0，这时哪个方案的净现值大，就说明哪个方案所需支出的成本低（因为此时净现值为负，其值越大说明其绝对值越小），因此，该方案也就是应该选择的方案。净现值法具有广泛的适用性，理论也比较完善。

（2）现值指数法。这种方法使用现值指数作为评价方案的指标。所谓现值指数，是指未来现金流入现值与现金流出现值的比率，亦称限制比率、获利指数、贴现后收益-成本比率等。

在使用现值指数法对仓储空间的获取方式进行选择时，应当将两个方案每年的现金净流量差作为计算的对象，也就是将A方案在每年的现金净流量减去B方案每年的现金净流量，当差值为正数时，计为现金流入，当差值为负数时，计为现金流出。如果现值指数大于1，则A方案可取；如果现值指数小于1，则B方案可取。

（3）内含报酬率法是根据方案本身的内含报酬率来评价方案优劣的一种方法。所谓内含报酬率，是指能够使未来现金流入量现值等于未来现金流出量现值的贴现率，或者说是使投资方案净现值为零的贴现率。

内含报酬率的计算，通常需要使用"逐步测试法"。首先估计一个贴现率，用它来计算方案的净现值，如果净现值为正数，说明方案本身的内含报酬率超过估计的贴现率，应提高贴现率后进一步测试。经过多次测试，找出使净现值接近零的贴现率，其即方案本身的内含报酬率。

内含报酬率法和现值指数法有相似之处，都是根据相对比率来评价方案，而不像净现值法那样使用绝对数来评价方案。

6. 制定正确的混合仓储空间获取决策，减低仓储成本

当企业对仓储空间的需求不稳定，具有季节性波动时，如果企业根据高峰时期的需求量来确定自有仓库或长期租赁仓库的仓储空间规模，那么在库存水平较低的低谷期便会出现仓储空间利用不足的状况，从而造成企业仓储成本的攀升。为了解决这一问题，企业可以考虑采用混合仓储空间获取策略，也就是将多种仓储空间获取方式相结合的策略，这样既能保证自有或长期租赁存储空间的充分利用，又能通过短期使用公共仓库来满足高峰期的需求。在选择最优的混合仓储空间获取策略时，必须以成本为依据。具体步骤如下：

（1）预测全年不同时期对仓储空间的需求量。

（2）在满足全年仓储空间需求的前提下，计算各种混合仓储空间组合的相关成本。

（3）根据计算出的数据绘制出不同规模组合下的成本曲线。

（4）由于自有仓储空间或长期租赁仓储空间的仓储成本既包含固定成本，也包含可变成本，短期使用公共仓库的成本都属于变动成本。因此，当自有仓储空间或长期租赁仓储空间的规模在一定范围内变化时，随着自有仓储空间或长期

租赁仓储空间的规模扩大,组合的总成本会不断下降,当自有仓储空间或长期租赁仓储空间的规模超过该范围之后,随着自有仓储空间或长期租赁仓储空间规模的扩大,组合的总成本会不断上升。因此,成本曲线上会出现一个顶点,该点所表示的组合成本是所有组合中最低的,该点对应的组合方式,就是企业应当采取的最优的混合组合方式。

### (二) 合理选择不同吞吐量下的仓储类型与作业模式,以降低仓储成本

任何拥有库存的企业都必须支付仓储成本。当企业通过租赁仓库或公共仓库的形式实施仓储活动时,仓储成本是由外部提供仓储服务的物流企业按费率向企业收取的;当企业通过自有仓库实施仓储活动时,仓储成本是由企业自有仓库产生的内部成本。由于不同仓储系统表现出不同水平的固定成本和变动成本,因此,在不同吞吐量下采用不同的仓储类型与作业模式会带来不同的仓储成本,具体如图5-2所示。为了降低企业的仓储成本,必须根据企业的吞吐量的规模,恰当地选择仓储类型与作业模式。

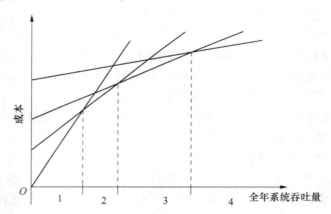

图5-2 采用不同仓储类型与作业模式时的仓储成本

图5-2中,1为公共仓库的经济范围;2为租赁仓库-手工搬运的经济范围;3为自有仓库-托盘叉车搬运的经济范围;4为自有仓库-全自动搬运的经济范围。

#### 1. 公共仓库

公共仓库的收费中既有库存持有成本又有仓储成本,它与吞吐量呈线性关系,同时,当库存为0时,企业就可以终止与公共仓储公司的合同,从而使相关成本也为0,因此在图5-2中,公共仓库是一条通过原点的直线。

#### 2. 租赁仓库-手工搬运

所谓"租赁仓库-手工搬运",就是将租赁仓库与手工搬运设备结合在一起的仓储系统。与公共仓库不同,租赁仓库要求企业签订长期的租赁协议,成本计

算期内发生的仓储空间租赁费用不会随吞吐量的改变而改变，它属于固定成本。手工搬运的作业成本属于和吞吐量呈现线性关系的变动成本，且由于手工搬运效率较低，单位产品的搬运成本比较高，所以代表"租赁仓库－手工搬运"的直线斜率较大。

3. 自有仓库－托盘叉车搬运

当企业选择自有仓库，且仓库的搬运设备也不对外租赁时，该系统内的所有成本都是企业的内部成本。由于企业既拥有仓库，又拥有搬运设备，因此在企业的总成本曲线中出现大量的固定成本，且该固定成本高出"租赁仓库－手工搬运"系统中的固定成本——租金，在图形上显示为"自有仓库－托盘叉车搬运"线的截距大于"租赁仓库－手工搬运"线的截距；而使用自有仓库时的装卸搬运等仓库作业成本与吞吐量相关，呈线性关系，属于变动成本，由于该系统使用托盘叉车搬运，搬运设备机械化程度较高，所以单位变动成本很低，在图形上显示为"自有仓库－托盘叉车搬运"线的斜率小于"租赁仓库－手工搬运"线的斜率。

4. 自有仓库－全自动搬运

就物流成本而言，"自有仓库－全自动搬运"的仓储系统是这几种方案中的一种特例。该系统在仓库和自动搬运设备（如计算机控制传送带和吊车）上都需要很高的固定投资，因此图形中"自有仓库－全自动搬运"线的截距最大；但由于系统几乎不需要劳动力、光、热等类似条件，所以变动成本很低，也就是图形上显示的"自有仓库－全自动搬运"线的斜率最小。

由图 5－2 可知，随着企业货物吞吐量的不断提升，"公共仓库""租赁仓库－手工搬运""自有仓库－托盘叉车搬运""自有仓库－全自动搬运"会依次成为企业的最佳选择。

### （三）进行合理的仓库结构与空间布局决策，以降低仓储成本

当确定仓库的规模之后，企业还要进一步对仓库的结构与空间布局进行决策，制定这些决策的基本思路就是在仓库的建筑成本与仓库作业成本之间进行权衡，以期将仓储成本控制在最低水平。

1. 仓库结构决策

1）仓库的长度与宽度

仓库的长度与宽度主要取决于仓库的搬运成本和仓库的建筑成本之间的权衡。根据弗朗西斯（Francis）的研究，可以通过搬运成本与仓库周长成本之间的比较权衡来确定仓库的最优长度与宽度。所谓周长成本，是指单位仓库周年的建筑和维护成本。

2）高度

仓库的高度与建筑成本、仓储作业成本以及货品的堆码要求等因素有关。如

果仓库的高度增加，则仓库的容积也会增加，但由于仓库的屋顶和地面都没有发生变化，因此，仓库的建筑成本不会随容积的增大而进行同比例变动，仓库的建筑成本的上升速度要小于容积上升的高度，换句话说，增加仓库的高度可以带来仓库成本的节约。但是，仓库高度的增加会提升仓储作业成本：备货作业和入库时货物堆码作业的时间会加长，难度会加大，货物搬运成本会上升；同时，为了能够进行高空作业，还有可能需要购买新的设备，当货品不适合进行多层堆码时，还必须购买货架等设备设施，从而导致相关成本增加。仓储作业成本与其他相关成本的增加会抵消建筑成本的下降，因此，在进行仓库高度决策时，应当对各方面的成本进行权衡。

2. 仓库的空间布局

仓库的基本结构确定以后，便要研究货位、货架和港道的布局。该布局包括确定所用货架的数量、货架的放置方向以及各货架上的货位数量。

仓库布局的目标是使搬运成本、年仓库面积成本和与仓库规模（周长）相关的年成本三者之和最小。

### （四）降低装卸搬运成本的方法

装卸搬运是仓储作业中的主要作业，为了降低装卸搬运成本，应遵循以下原则：

（1）经济合理地选择装卸搬运设备。装卸搬运设备占企业投资的比重很大，同时装卸搬运设备的装卸搬运能力、配件损坏的修理、动力系统和燃料的使用都会影响装卸搬运成本。由于装卸搬运设备的选择对日后日常操作固定成本支出和变动支出影响很大，因此，选择合适的装卸搬运设备可降低装卸搬运成本。

（2）在高峰期或试用期可暂时租用补充装卸搬运设备，以减少设备投资。

（3）合理布局仓库，优化搬运路线，尽量减少装卸、搬运的次数与搬运距离，如使整个仓库处于一层之中，尽量避免有楼梯等。

（4）尽量提高一次装卸搬运作业的处理量，充分利用装卸搬运设备的处理能力。

（5）尽量降低装卸搬运的难度，提高劳动生产率，从而降低成本。具体措施包括：实现装卸搬运省力化，如利用物体本身的重力进行装卸搬运，减小搬运中的阻力，进行劳动动作分析等；适当地提高物资装卸搬运的灵活性，即物资的活性指数，降低装卸搬运的难度。

### （五）降低备货作业成本的方法

备货作业是仓储作业中最复杂的作业，为了降低备货作业成本，可以采取以下方式。

1. 合理选择备货作业方式

当产品的种类比较多时，应当采取全面分拣方式；当产品的种类比较少时，应当采取批处理分拣方式；当仓库面积比较大，存放不同产品的区域相隔较远时，应当采用分区分拣方式；当不同的订单由不同的承运商承担运输，并对分拣好的产品有不同的要求时，应当采取分拨分拣方式，这样可以节约成本。

2．合理分区，降低备货成本

为了提高备货作业的效率，首先应该整理好备货作业的工作环境。在备货作业中，妨碍作业效率提高的主要因素是仓储空间。仓储空间越大，备货时移动的距离就越长。因此，尽可能减小仓储空间，将有利于提高备货作业的效率。

3．加强场地管理，提高备货作业的效率

有了明确的场地管理规则后，备货人员可以十分轻松地找到要分拣的货物，节省寻找的时间，提高效率，从而降低备货作业成本。

（1）备货人员必须熟悉产品存放的位置，该位置通常是用6位数字来表示的，即区号、道路号、货架号、列号、址号、段号。在用计算机管理的仓库中，为了管理上的方便，其管理信息系统通常将储存产品的名称与产品存放场地的号码并列在一起，相互对应，使备货人员可以轻松地查出订单中产品的存放位置。

（2）恰当地选择场地管理方法。如本章第二节所述，场地管理有两种形态：流动型场地管理与固定型场地管理。通常在储藏区采用流动型场地管理，在备货区采用固定型场地管理，这样可以降低备货作业成本。

（3）为同一条过道左、右两边货架上的产品加上左、右编号，将出库频率比较高的产品集中堆放在一条过道上或者仓库门附近，这样安排产品的存储位置也有利于降低备货作业成本。

### （六）降低验货与出/入库作业成本的手段

在仓库中，产品检验一般都比较复杂，其费工程度仅次于备货作业。如果能省去产品检验这道工序，供货商和客户双方都将从中受益。在产品检验中，最理想的是一次就能准确地完成整个商品的检验。要做到这一点，可利用计算机中的扫描仪来读取产品条码。这种方法与工作人员根据经验来检验商品相比，具有准确性高、误差少、速度快的优点。

此外，条码与计算机管理信息系统还可以大大提高出/入库作业的准确度与效率，通过扫描产品包装上的条码，计算机可以读取产品信息，并计入相应的入库与出库记录。

### （七）降低流通加工成本的手段

降低流通加工成本可以从以下三个方面着手：

（1）根据需要的加工方式与加工深度，选择最具有经济性的流通加工设施设备。先进的设施设备需要较高的前期投资，但后期运作中所耗费的运作成本相对较低；普通的设施设备需要较低的前提投资，但后期的运作中所耗费的运作成本相对较高。企业应当根据其流通加工作业的实际情况，选择长期最具经济性的流通加工设施设备。

（2）根据流通加工能力的使用效率，减少人员与设施设备的闲置，实现规模效应，从而降低成本。若企业面临的流通加工业务具有较大的波动性，则可采取在业务高峰期租赁外部流通加工设备与人员的方式，以降低成本。

（3）将流通加工作业与仓储作业整合起来以降低成本。例如，将流通加工作业——贴价格标签，与备货作业和验货作业捆绑在一起，通过采取"一条龙"的办法，来达到提高作业效率，降低成本的目标。具体操作程序为：首先，在分拣出库产品之前就印制好产品的价格标签；然后，在分拣产品的同时把预先印制好的产品价格标签贴在出库产品上，并进行产品的检验。

## 学习任务小结

仓储成本是指在储存、管理、保养、维护物品的相关物流活动中发生的各种费用，即伴随着物流仓储活动消耗的物化劳动和活劳动的货币表现。

仓储成本是由建造、购买或租赁仓库等设施设备（仓库建筑物、货架等）所带来的成本和各类仓储作业带来的成本，其由流通加工成本、装卸搬运成本等两个部分构成。明确仓储成本构成之后要对物流成本进行核算，主要应掌握自有仓库等设施设备折旧的方法。

降低仓储成本不但要从仓储成本本身出发，还要降低与仓储活动有关的装卸搬运、备货作业等的成本。主要方法如下：

（1）合理规划仓储空间以降低仓储成本；
（2）合理选择不同吞吐量下的仓储类型与作业模式以降低仓储成本；
（3）进行合理的仓库结构与空间布局决策以降低仓储成本；
（4）降低装卸搬运成本；
（5）降低备货作业成本；
（6）降低验货与出/入库作业成本；
（7）降低流通加工成本。

**仓储企业的成本控制与利润增长——海运油库实例**

（吴锡君，中海供贸有限公司，珠江水运，2003，9期）

随着物流产业的迅速发展和成熟，物资资源在经济流通过程中的停留时间越来越少，相应的物流成本也越来越低，于是，物流配送的仓储阶段便成为集装卸、储存两大功能于一体的仓储业发展最有潜力的环节。另外，在市场经济竞争日益激烈的情况下，许多传统的仓储企业纷纷把降低仓储成本作为"第三利润源泉"。因此，如何在狭小的利润空间中，通过有效的成本控制来提升企业利润是仓储企业最为关注的问题。本文基于仓储企业成本控制与利润增长的现状，以海运油库的经营运作为例，探讨仓储企业的成本控制与利润增长的有效途径。

仓储对现代物流管理而言是极其重要的环节，它是物资资源在物流配送过程中的保管中心，也是物资资源在流通过程中的转换点。仓储企业负责生产资料的接货和发货，以及物料保管工作，同时伴随着装卸、运输作业，是衔接物流供应链中其他经济活动的重要组成部分。

在我国，大多数仓储企业原来是国有企业的配套机构或后勤服务机构，有些甚至是企业根据"大而全，小而全"的一体化经营模式而设置的附属经营机构。受计划经济体制的影响，大多数国有仓储企业无论在自身资源，还是在经营管理方面都面临着许多困难：仓储的传统业务内容逐渐减缩；投入成本有限，设备陈旧老化；成本管理人员配置和控制手段滞后，决策和管理效率不高，不能够形成仓储行业的利润增长点。

随着市场经济的发展和物流产业的成熟，生产型企业的经营流程再造与物资流通产业的兴起给仓储企业的发展带来了新的机遇。其主要表现在：生产型企业的经营自主权放开，为仓储企业带来了更多的专业服务机会；市场经济下的产业结构调整，促使传统的仓库型企业向专业化仓储企业转型；在产业技术发展上，流通一体化为仓储企业向专业化转变提供了技术平台。

在挑战和机遇并存的时代，传统的仓储企业如何打破旧经济体制遗留下来的束缚与限制？如何在传统仓储业务的基础上迈向专业化的发展轨道？这是值得许多传统仓储企业思考的问题。下面我们来管窥中海集团海运油库的经营实例，借此分析仓储企业应该怎样做好成本控制工作，提升企业的利润。

## 一、海运油库的经营背景

海运油库是中海集团下属单位，是一个典型的国有仓储企业。油库拥有18个油罐，共8万立方米的仓容，码头泊位设计年吞吐量200多万吨。在计划经济时期，油库是集团船舶用油的油料储备地。随着油料市场的开放，集团不再拥有以往的计划油料，油库在集团中的职能发生了变化，由原来不可缺少的、具有辅助功能的库场变为集团主业的成本"包袱"。

针对这种状况，油库对自身的市场角色重新定位，对经营流程进行重组调整，实现了油库的成本"瘦身"和利润"扩容"。2002年，其储存收入近1 112万元，实现利税200多万元，继2001年基本实现盈亏平衡之后，首次实现盈利。

## 二、海运油库的成本控制和利润增长战略

第一，整合油库的资源优势，开展节支创利的经营创新。海运油库对现有的仓储、装卸以及其他物流服务项目进行业务重组，在继续利用原有水运装卸资源优势的同时，开辟陆地装卸新业务，使油库的大量沉没成本得以利用；另外，其大胆尝试出租经营的节支创利形式，除扩大原有按吨天收费及首期收费方式外，还采取满罐出租等新的出租方式，提高了库容利用率。

第二，严格控制服务质量，降低油库在经营中的契约成本。海运油库通过培养长期市场占有意识，谋求与供应商的长期合作，并在共同利益的基础上，建立起合作经营方式，如增加彼此对市场信息的相互沟通，油库通过对产品的质量和数量进行监控，尤其是对油品损耗进行控制，供应商通过对产品的价格和供需情况进行了解，从而达到了合作双赢的效果。

第三，加强人力资源管理，挖掘降低成本潜力。海运油库具有许多传统仓储企业的劳动密集型特征，人工成本在企业总成本中所占的比例较大（2001年占总成本的34.8%）。2002年，海运油库对人力资源进行调整，使人工成本下降为250万（仅占总成本的25.6%）。同时，在油库树立起全员的战略成本意识，通过长期性的设备维护，延长设备寿命，加强细化管理关系，2002年节约可变成本32万。

第四，在成本控制的基础上，以利润为指导进行资产的有效运作。在扩大利润的前提下对资产运作进行指导，提供增值服务，凭借专业优势、规模经营优势和个性化服务优势，建成一体化管理系统，并向现代化的油品流通中转站发展。在设备改造上，提高油库设备的机械化、自动化程度，以提高工作效率；在资产运作上，以扩大主业利润为出发点，配置油品质量化验设备，做到对进库的油品质量指标进行监控，赢得库存商的信心，吸引了新客户，增加仓储收入和装卸收入；在仓储管理上，优化流程，共享资源，使信息透明，物畅其流，有效地节省投资和费用，以增强核心竞争力，全面提升油库形象。

## 三、海运油库的成本控制与利润增长解析

### 1. 明确市场定位，把握成本控制和利润增长方向

海运油库原是国有大型企业中的附属仓储部门，但在集团企业的产业结构调整中成为集团发展的成本"包袱"。海运油库认清了这一点，重新找到了自身在集团企业和市场中的定位。通过原来国有企业所独有的优势资源，海运油库大幅度裁减油库的高成本消耗，实施严格的成本控制。在经营过程中，跳出传统油库的服务范围的限制，将企业内部仓储功能扩大到整个竞争市场。这样，不仅控制了成本，而且寻找到油库的利润新增长点。

2. 分析成本性态，根据成本动因实施成本控制

只有对企业的成本进行科学的性态分析，才能够有效地采取成本管理和控制措施，降低企业的经营成本。海运油库通过近两年的探索，逐渐对企业成本形成了透彻的理解。在此基础上，油库对工资成本、可控成本等进行控制，与2001年相比，油库的人工成本和可控成本分别大幅度下降了37%和15%；另一方面，通过逐步消化油库的沉没成本，清除了油库在未来经营中的成本障碍。

3. 确定利润增长点，及时抓住创利时机

传统仓储业向现代物流配送业务的转变，给海运油库带来了许多新的业务机会。经过业务流程的调整，油库将现有的仓储资源与配送、加热处理等新型的物流服务进行整合。2002年，油库的加温处理业务收入比前一年翻倍增长。

4. 通过业务创新拓展利润增长空间

现代物流技术的发展，打破了传统仓储企业的经营界限。作为仓储企业，必须顺应物流技术的变革，对企业的业务流程进行重组，以寻求新的利润增长点。2002年，海运油库进行了业务重组，将利润空间不大的储存业务削减了10%，而对物流配送中新增的满罐出租业务进行大幅度上调。经过调整后，企业不仅大大减少了存货管理的成本负担，而且有效地利用现有仓储设备资源，提升了油库的整体利润质量。

### 四、对仓储企业成本控制和利润增长的启示

仓储企业只有适应市场经济环境和现代物流产业的发展变化，建立起自己的运作体系，实施科学有效的竞争策略来降低企业的经营成本和经营风险，才能不被市场和行业竞争所淘汰。为此，仓储企业可以从以下几个方面控制企业成本，拓展利润增长空间：

第一，合理定位企业的市场角色。对仓库来说，物资库存量越大及在库停留时间越长，其被利用的概率就越大，但相关企业的利润则减少，要解决这一矛盾，就要使关联企业认识到仓储的市场定位。仓储企业既不是以前那种毫无利润可言的传统国有企业从属部门，也不是独占利润的市场寡头，而是企业利润和市场双赢结果的共同创造者。

第二，质量管理是成本控制的根本保障。仓储企业要通过实行全面的质量管理和时间基础管理，来完善对成本控制和企业管理的创新，开辟更加贴近市场的优质服务。

第三，成本管理是企业管理的永恒主题。庞大的投入成本是进入仓储行业的高门槛，也是仓储企业发展的资源优势，但如何进行投资后的成本管理才是企业生存的关键。由于计划机制的原因，许多仓储企业拥有大量的现成设备和技术资源，在现代市场竞争环境下，他们应该重点实施企业流程再造，建立健全完善的成本管理与控制机制，有效地发挥原有资源的作用。

第四，提高仓储企业的自动化和信息化水平，是发展仓储产业的重要途径。高效的管理信息能力是削减成本、提升利润的关键。从目前我国仓储企业的经营和服务内容来看，传统的储运服务占主导地位。这种状况与发达国家第三方仓储与物流配送企业的服务相比，不仅服务内容和手段过于简单，而且在信息服务、订单管理、库存管理、成本控制、方案设计以及供应链管理等以信息技术为基础的增值服务方面，我国仓储企业也难以全面展开，这正是我国仓储企业应该努力发展的方向。

总之，作为现代物流产业的关键环节，仓储企业的成本控制与利润增长已不再是单个企业的内部行为，而是整个市场竞争和行业发展的运作目标。从企业自身的角度考虑，快速完成向专业化仓储企业的转变，是当前我国仓储企业最要紧的任务。从社会资源配置出发，专业化、信息化的仓储企业将与物资供应商及企业客户协同合作，共同优化主业管理，使社会资源的利用更充分、更合理。

## 技能练习

### 一、选择题

1. （　　）也称为利息费用或机会成本，是仓储成本中的隐性成本。该成本如果占用过多，则反映企业失去相应的盈利能力。
   A. 资本成本　　　　　　　　B. 储存空间成本
   C. 库存服务成本　　　　　　D. 存货风险成本

2. 一旦到了销售季节，时装的价值就要迅速贬值，水果和蔬菜过了保鲜期的情况也可能发生。这属于存货持有成本中的（　　）。
   A. 资本成本　　　　　　　　B. 储存空间成本
   C. 库存服务成本　　　　　　D. 存货风险成本

3. 控制仓储成本时要注意国家利益、企业利益和消费者利益三者的协调关系，这体现了仓储成本管理中的（　　）原则。
   A. 经济性　　　　　　　　　B. 全面性
   C. 利益协调性　　　　　　　D. 例外管理

4. 仓储物流合理化的主要标志是（　　）。
   A. 质量　　　　B. 数量　　　　C. 时间　　　　D. 结构

5. 仓储成本管理的原则有（　　）。
   A. 经济性原则　　　　　　　B. 全面性原则
   C. 利益协调性原则　　　　　D. 例外管理原则

### 二、思考题

1. 仓储成本的特点有哪些？

2. 仓储成本的构成有哪些？
3. 如何实现仓储成本的优化？
4. 如何选择不同吞吐量下的仓储类型与作业模式以降低仓储成本？
5. 租赁仓库与公共仓库是如何收费的？
6. 如何降低各类仓储作业所带来的成本？

## 三、计算题

某机械制造公司花费 500 万元建造一座仓库，该仓库预计使用年限为 15 年，预计净残值率为 5%，分别用平均年限法、年数总和法计算该仓库各年应计提的折旧费。

## 学习任务六
# 库存持有成本及其他物流成本管理

## 任务描述

莱钢棒材厂的成本优化

2008年,面对钢材价格继续振荡下滑、市场需求持续低迷的不利形势,莱钢棒材厂从细节入手,优化仓库管理流程,大力营造勤俭节约的良好氛围。

一是通过开展"优化仓储物流管理"主题活动降低管理成本。要求物资管理"账目清晰,账物一致,精细管理,日清日结"。

二是采取物资日盘点、旬盘点、月盘点的"三盘点法",使业务员对其所管理的物资了如指掌。还实行了审核员制度,对重要数据进行二次审核,防止出现管理纰漏,做到数据准确、账物一致。

三是进一步加强对仓库的管理力度。一改过去仓库只存放供应品物资的传统,对各类机动备品备件统一管理,建立健全了各类台账,实行"合理库存法"。

四是对低值易耗品和贵重物资,制定了不同的库存方式和政策。对通用物资制定了最少存量和最大存量标准,既保障了物资及时供应,又降低了不必要的大量库存积压。该厂对仓库管理细节的改进,优化了库存结构,提高了物资的合理利用率,大大降低了成本。

(资料来源:国资委,http://www.sasac.gov.cn/n1180/n1271/n1301/n4253/5787147.html)

## 任务分析

本案例中莱钢棒材厂的成功之处在于它采取了一系列成本管理的优化措施,大大减少了库存方面的费用,增加了资金周转率,让更多的资金和生产力投入生产中。那么通过案例分析,库存持有成本是如何核算的呢?莱钢棒材厂采取"合理库存法"给企业发展带来了哪些好处?

## 知识目标

通过对任务的分析,可以更清楚地了解到在原仓储设施条件不变的情况下,采用合理库存法，在储存管理中压缩了总库存量，解放了被占压的资金，通过对货品的分析，找出主次，分类排队，使库存结构合理化，节约了管理力量。本学习任务将对库存持有成本的具体构成进行详细的分析，介绍具体的计算方法以及库存持有成本的优化方案。

## 技能目标

通过对任务的分析，能更清楚地认识到需要掌握哪些技能，才能更好地学习库存持有成本管理。需要熟悉库存持有成本的基本概念，掌握库存持有成本的构成与计算；理解影响库存持有成本的因素，以及降低库存持有成本的方法。

# 子任务一　库存持有成本

| 学习领域 | 库存持有成本及其他物流成本管理 |
|---|---|
| 学习情境 | 库存持有成本 |
| 任务描述 | 要求1：熟悉库存持有成本的基本概念<br>要求2：掌握库存持有成本的构成<br>要求3：掌握库存持有成本的计算<br>要求4：理解库存持有成本的降低方法 |

所谓库存持有成本，就是与存储的库存数量有关的成本。它包括多种不同的成本组成要素。当库存占企业资产的比例过大、库存过多时其会降低企业的营利性。这是因为，一方面，所持有库存而必须支付的相关现金成本（如保险、税收、报废、损坏和利息支出）会降低企业的净利润；另一方面，总资产随库存量的增加而增加，但库存量的增加会降低资产周转率，还有可能使其他更好的投资机会流失，从而影响企业的盈利能力。

## 一、库存持有成本的构成与计算

库存持有成本只包括那些随库存数量变动的成本。具体来说包括以下四类。

### （一）资金成本

持有库存占用了可以用于其他投资项目的资金，包括内部产生的资金和从企业外部获取的资金（如来自银行和保险公司的贷款，或来自企业出售普通股的收入）。因此，企业将购买库存的资金用于其他投资所能实现的收益，就属于库存投资的资金成本，这种成本并不是一种实实在在支出的成本，它是对于可能丧失的获利机会的反应，因此属于机会成本。

资金成本的计算公式为：

$$资金成本 = 库存占用资金 \times 相关收益率$$

1. 相关收益率的确定

企业必须在对未来进行预测的基础上确定该收益率，所以该收益率是估算与预测得到的数值。要确定相关收益率，应当分以下两种情况考虑：

（1）当企业资金有限时。企业的资金一般都是有限的，当将资金用于某项投资之后，就得放弃其他投资项目，也就是说，企业如果决定将这部分资金用以购买（生产）存货的话，就必须放弃其他投资机会，这时库存的资金成本计算公式中的相关收益率就是该部分资金用作其他用途时的最小收益率。

（2）当企业资金充裕时。当企业资金充裕时，就不用再执行资金限额供给，这时企业将资金投资于库存就不会以牺牲其他投资项目为代价。此时资金成本计算公式中的相关收益率应取决于企业将来自库存降低的资金投资到什么地方。如果企业将节约的资金投资于有价证券，那么有价证券的收益率就是相关收益率。如果企业将节约的资金存入银行账户或用来偿还贷款，那么银行的存款利率或企业为贷款支付的利率就是计算库存资金成本时的相关收益率。

2. 库存占用资金的确定

要计算库存占用的资金就必须解决四个方面的问题：单个库存产品实际成本的计算、库存的盘存方法、库存流动假设、平均库存价值的计算。

1）单个库存产品实际成本的计算方法

（1）对于商品流通企业来说（包括批发企业与零售企业），所谓库存产品实际成本，就是指库存产品当前的重置付现成本，其中包括企业为取得该库存而支付的所有运费；如果产品的生命周期处于衰退期，产品正在逐步被淘汰，那么就可以用当前的市场价格来计算库存产品实际成本。

（2）对于制造企业而言，可以采用以下方法来计算其库存产品实际成本：

① 直接成本法。该方法的基础是将成本按照性态划分为固定成本和变动成本。从企业计划和控制的目的来看，将成本划分为固定成本和变动成本能够产生更多的信息，对企业决策的指导意义也更大。在直接成本法中，企业应当从库存产品的价值中扣除固定的制造管理费用，这样计算得出的库存产品实际成本更接近它们的重置付现成本。直接成本法又可以分为以下两类：

a. 实际成本法。用该种方法计算库存产品实际成本时，库存产品的成本包括实际的直接材料和直接人工成本，以及预先确定的变动制造管理费用；固定的制造管理费用不在成本计算范围之内。具体公式为：

$$单个库存产品实际成本 = 实际的直接材料和直接人工成本 + 标准的变动制造管理费用$$

b. 标准直接成本法。用该种方法计算库存产品实际成本时，库存产品的成本包括预先确定的直接材料和直接人工成本，加上预先确定的变动制造管理费用；固定的制造管理费用不在成本计算范围之内。具体公式为：

单个库存产品实际成本 = 标准的直接材料和直接人工成本 + 标准的变动制造管理费用

② 吸收成本法。吸收成本法又称为全部成本法或全部吸收成本法，大多数制造企业目前都在使用这种方法来计算库存产品实际成本，它是一种传统的成本计算方法。吸收成本法与直接成本法的最大区别在于，吸收成本法将固定的管理制造费用计算进库存价值之中。吸收成本法又可以分为以下两类：

a. 实际吸收成本法。用该种方法计算库存产品实际成本时，库存产品的成本包括实际的直接材料和直接人工成本，加上预先确定的变动和固定的制造管理费用。具体计算公式为：

单个库存产品实际成本 = 实际的直接材料和直接人工成本 + 标准的变动管理费用 + 标准的固定制造管理费用

b. 标准吸收成本法。用该种方法计算库存产品的实际成本时，库存产品的成本包括预先确定的直接材料和直接人工成本，加上预先确定和固定的制造管理费用。具体计算公式为：

单个库存产品实际成本 = 标准的直接材料和直接人工成本 + 标准的变动制造管理费用 + 标准的固定制造管理费用

2）库存的盘存方法

库存盘存用来确定减少与结存库存的数量。它包括定期盘存制和永续盘存制两种。

（1）定期盘存制。定期盘存制又称为实地盘存制，是在会计期末通过实地盘点确定期末库存的结存数量，再分别乘以各项库存的盘存价格，计算期末库存成本；计算出期末库存的购进，不记减少，然后采用倒算的方法确定本期销售或耗用的库存成本。因此，这种方法又称为"以存计销"或"以存计耗"。它的优点是平时可以不登记存货明细账，核算工作比较简单。

定期盘存制的缺点如下：

① 期末的工作量加大。

② 核算手续不够严密。无法通过账簿记录随时反映各种存货的收入、发出和结存情况，很难做好存货的计划、管理和控制工作。

③ 由于发出存货的成本是通过倒算的方式确定的，因此如果出现收发错误、损毁、自然损耗、被盗等情况，不但账面无法反映，而且全部隐匿在倒算出的本期发出（销售或耗用）存货之中。这不利于对存货的管理，也会影响成本计算和利润计算的准确性。

（2）永续盘存制。永续盘存制又称账面盘存制，是指对库存项目设置经常性的库存记录，也就是分品名规格设置存货明细账，对存货的增减变动进行连续的记录，并随时结出存货的结存数量。这样，通过会计账簿资料，就可以完整反映存货的收入、发出和结存情况。因此，在没有发生缺损丢失和记账错误的情况下，存货账户的余额应与实际库存相符。在采用永续盘存制时，也要对存货进行定期或不定期的盘点，使账实相符。如发现账实不一致，应在查明原因的基础上调整账面记录，使之符合实际。实际工作的永续盘存制，实际上是与定期盘存制的结合体。

采用永续盘存制的优点是核算手续严密，平时可以通过账簿记录完整掌握各种存货的动态收发及结存情况，有利于加强控制和管理；其缺点是存货核算的工作量比较大。

3) 库存流动假设

进入仓库的货品的批次不同，其单位成本也会存在差异。会计人员所选择的假定的货品出库流动次序将决定出库存货的成本和仓库中现有存货的价值。通常，会计上假定的货品出库的流动次序可以不同于货品的真实出库次序。

目前存在着多种库存流动假设。普遍采用的有四种方法。按使用频率的大小排列，这四种方法依次是：先入先出法（FIFO）、后入先出法（LIFO）、平均成本法、特定成本法。

(1) 先入先出法。先入先出法的运用最为广泛，该方法主张"先入者先出"。该方法假设各种出库的货品都是最早进入仓库的货品，出库的货品都按记载在存货分类账中最早的单位成本计价，任何时候在库的货品都是最后购入或产出的。按照先入先出法：已销售或已消耗的货品都是存储时间最长的货品；仓库中仍储存的货品都是最后购入或产出的货品。先入先出法简单，并与许多企业的经营状况相符。库存记录通常都是根据永续或定期的盘存方法进行登记的。在永续盘存制下，存货的增加、减少或删除均按每项输入或输出业务加以记录。在定期盘存制下，仅记录增加的存货，按预定的时间间隔对存货进行实物盘点，以便确定库存情况。先入先出法既适合永续盘存制，也适合定期盘存制。由于实际流通常都同账簿的记录相符，故采用先入先出法可简化存储货品的记录。

【例 6.1】 某企业采用永续盘存制，在某年 6 月末，该仓库库存量为 0，7 月 1 日仓库购进了 30 件产品，每件计价 10 元，2 日从库存中发出了 15 件产品，库存单价为 10 元/件，出库金额为 (15×10) 元 = 150 元。这部分必须从前一天的流水账记录中扣除。库存数据更新为数量 15 件，金额 150 元。3 日又入库 10 件，这次的单价为 15 元/件，总金额为 300 元。需要注意的是，在先入先出法中，即使是同一品目的库存，前一天的结余为 15 件（单价为 10 元/件）和当日入库的 10 件（单价为 15 元/件）应被视为不同的货物。4 日从库存中发出 20 件产品。按规定，从单价为 10 元/件的库存中发出 15 件，然后再从单价为 15 元/件的库存中发出 5 件，结果是出库存货的价值为 225 元，库存结存的价值为 75 元。

5 日又入库 20 件，这次单价为 20 元/件，总金额为 400 元，将其和前一天的结余库存相加，库存数量为 25 件，金额为 475 元，见表 6-1。

表 6-1　先入先出法

| 日 | 入库 数量/件 | 入库 单价/(元·件$^{-1}$) | 入库 金额/元 | 出库 数量/件 | 出库 单价/(元·件$^{-1}$) | 出库 金额/元 | 库存 数量/件 | 库存 单价/(元·件$^{-1}$) | 库存 金额/元 |
|---|---|---|---|---|---|---|---|---|---|
| 1 | 30 | 10 | 300 | | | | 30 | | |
| 2 | | | | 15 | 10 | 150 | 15 | | |
| 3 | 10 | 15 | 150 | | | | 25 | | |
| 4 | | | | 20 | | 225 | 5 | | |
| 5 | 20 | 20 | 400 | | | | 25 | | |

（2）后入先出法。主张"后入者先出"的后入先出法，是假设最后入库的产品最先出库，也就是仓库中在库货品的单位成本是最早获得的货品的单位成本，发出货品均按最近获得的货品的单位成本计价。在某时期销售或消耗的存货都是最近获得或产出的；存储中的货品都是最早获得或产出的。

后入先出法的目的是使本期收入与本期成本相适应。但是，此法可能导致资产负债表中的存货价值不真实，而使流动比率和其他流动资产的关系失真。在单位存货成本上涨时期它使收入减少，而在单位存货成本下跌时期它使收入增加。由于在单位存货上涨时期它可减少所得税，所以此时采用后入先出法往往是有利的。后入先出法同先入先出法一样，既可用于永续盘存制，又可用于定期盘存制。

【例 6.2】　接例 6.1，某企业仓库采用永续盘存制，在某年 6 月末，该仓库库存量为 0，7 月 1 日仓库进了 30 件产品，每件计价 10 元，2 日从库存中发出了 15 件，库存单位为 10 元，出库金额为：（15×10）元 = 150 元。这部分必须从前一天的流水账记录中扣除。库存数据更新为数量 15 件，金额 150 元。3 日又入库 10 件产品，这次单价为 15 元，总金额为 150 元。该数量和 2 日的结余库存相加，数量为 25 件，金额为 300 元。需要注意的是，在后入先出法中，即使是同一品目的库存，前一天的结余 15 件（单价为 10 元）和今天入库的 10 件（单价为 15 元）应被视为不同的货物。4 日从库存中发出 20 件产品。按规定，从单价为 15 元的库存中发出 10 件，然后再从单价为 10 元的库存中发出 10 件，结果是，出库存货的价值为 250 元，库存结余的价值为 100 元。5 日又入库 20 件产品，这次单价为 20 元，总金额为 400 元。将其和前一天的结余库存相加，库存数量为 25 件，金额为 450 元。

若用前述先入先出法，5 日结存库存量同样为 25 件，而金额为 475 元。由于评估方法不同，结余库存价值中出现了 25 元的差额，见表 6-2。

表 6-2 后入先出法

| 日 | 入库 | | | 出库 | | | 库存 | | |
|---|---|---|---|---|---|---|---|---|---|
| | 数量/件 | 单价/(元·件$^{-1}$) | 金额/元 | 数量/件 | 单价/(元·件$^{-1}$) | 金额/元 | 数量/件 | 单价/(元·件$^{-1}$) | 金额/元 |
| 1 | 30 | 10 | 300 | | | | 30 | 10 | 300 |
| 2 | | | | 15 | 10 | 150 | 15 | 10 | 150 |
| 3 | 10 | 15 | 150 | | | | 25 | | 300 |
| 4 | | | | 20 | | 250 | 5 | 10 | 50 |
| 5 | 20 | 20 | 400 | | | | 25 | | 450 |

（3）平均成本法。使用平均成本法，企业既能获得较为真实的期末存货价值，又能获得较为真实的出库货品成本。这种方法并不注重货品出库的先后，而是注重确定每项货品在某一时期内的单位平均成本，并以此作为出库货品的单位成本。通常企业确定单位平均成本有三种方法：算术平均法、加权平均法、移动平均法。

算术平均法用生产或采购的货品的单位成本之和除以入库次数来计算。算术平均法忽略批量的大小（货品数量），给予每批单位成本或购入成本以相等的权数，当不同入库批次的货品单位成本相差悬殊，且不同入库批次的货品数量也相差悬殊时，采用算术平均法会带来很大误差。

加权平均法除考虑单位成本外还考虑数量，故排除了算术平均法的失真。该法用计算期间可用货品的总数去除可用货品总成本计算单位平均成本。

移动平均法就是计算每次采购或追加库存后的单位平均成本。它最适合用计算机管理的库存作业。

算术平均法和加权平均法都要在该时期过去之后才能使用，所以它们均不适用于永续盘存制，而适用于定期盘存制。

按照平均成本法，在一定时期内获得的所有同类货品的成本都要加以平均，以得出期末存货价值。在单位存货成本增加或减少时，平均成本法较其他流动假设反映的更为平缓。平均成本法虽然使用简便，但也存在其他平均法都存在的根本缺点：所得出的单位平均成本不可能等于任一真实的成本，并且不能像期望的那样清晰地显示出单位成本的变化。

【例 6.3】 以加权平均法求解：

某企业仓库采用定期盘存制，在某年 6 月末，该仓库库存量为 0，7 月 1 日仓库进了30件产品,每件计价10元。3日又入库10件产品,这次单价为15元。5日又入库了20件产品,这次单价为20元,7月5日进行盘点,盘存数量为25件,则可以计算出该期间出库货品的数量为:

$$(30+10+20)-25=35（件）$$

计算出该期间的加权平均价格为:

$$(10\times30+15\times10+20\times20)/(30+10+20)=14.2（元）$$

最终的库存结存价值为:

$$14.2\times25=355（元）$$

该期间出库货品的价值为:

$$(10\times30+15\times10+20\times20)-14.2\times25=495（元）$$

**【例6.4】** 以移动平均法求解:

某企业仓库采用永续盘存制,在某年6月末,该仓库库存量为0,7月1日仓库进了30件产品,每件计价10元,2月从库存中发出15件产品,库存单价为10元,出库金额为($15\times10$)元=150元。这部分必须从前一天的流水账记录中扣除。库存数据更新为数量15件,金额150元。3日又入库10件产品,这次单价为15元,金额为150元。该数量和2日的结余库存相加,数量为25件,金额为3 000元,这时计算平均价格为(300/25)=12(元)。4日从库存中发出20件产品,按规定,这20件产品的单价为12元,结果是,出库存货的价值为240元,库存结余的价值为60元。5日又入库了20件产品,这次单价为20元,金额为400元。将其和前一天的结余库存相加,库存数量为25件,金额为460元,此时计算平均价格为($460\div25$)=18.4(元),见表6-3。

表6-3 移动平均法

| 日 | 入库 | | | 出库 | | | 库存 | | |
|---|---|---|---|---|---|---|---|---|---|
| | 数量/件 | 单价/(元·件$^{-1}$) | 金额/元 | 数量/件 | 单价/(元·件$^{-1}$) | 金额/元 | 数量/件 | 单价/(元·件$^{-1}$) | 金额/元 |
| 1 | 30 | 10 | 300 | | | | 30 | 10 | 300 |
| 2 | | | | 15 | 10 | 150 | 15 | 10 | 150 |
| 3 | 10 | 15 | 150 | | | | 25 | 12 | 300 |
| 4 | | | | 20 | 12 | 240 | 5 | 12 | 60 |
| 5 | 20 | 20 | 400 | | | | 25 | 18.4 | 460 |

(4)特定成本法。在所有库存流动假设中,特定成本法是最能真实地提供期末存货价值和出库产品的方法。采用这种方法,成本流动和实物流动是等同的。它既适用于永续盘存制,也适用于定期盘存制。特定成本法的运用范围通常

局限于加工数量小的大型、贵重的货品或用户定做的产品;当货品或作业的数量很大时,采用特定成本法会显得非常困难。同时,选用不同的库存假设而造成的成本差异对企业无重大影响,显然,为了提高成本计量精确性而采用特定成本法是不经济、不适用的。

只要单位存货成本相同,则以上四种假设方法都能达到相同的效果。但当单位存货成本有明显变化时,这些方法之间便存在极大的区别。若存货周转率很高,则各种方法之间的差异便会减小。在单位存货成本增加的时期内,与先入先出法相比,后入先出法将导致较高的出库产品成本,因而使利润和税金减少;但在单位存货成本下跌时期则正好相反。

在库存流动假设方面没有可以推荐的标准做法。最佳的方法取决于出库的类型、预计的经济情况、行业的实际情况、税法以及其他规章等因素。通常,企业可以根据自己的具体情况,本着实用、可靠和简便易行的原则,采用不同的库存流动假设。

会计假设的货品出库流动次序一经选定之后,就不宜再改用其他方法,因为企业要缴纳的所得税与出库产品的会计计价有关,所以不能轻易改变库存流动假设,同时对外报告会计信息必须要有连贯性,因而也要求该假设具有连贯性。

4)平均库存价值的计算方法

经过定期盘存或永续盘存,在一定的库存流动假设下,可以得出一定时期内企业每天或该时期期初及期末的库存结存价值。

计算企业库存的资金成本,还必须计算该时期内的平均库存价值。平均库存价值的计算方法有两种:

(1)概略法。具体的做法是:首先,将每天的库存结存价值,描点在纵坐标为库存结余价值,横坐标为时间的直角平面坐标系上;然后,将这些点依次连接起来形成曲线;最后,以该曲线大约中间部分对应的价值,作为该期间的平均库存价值。

(2)将该时期期初和期末的库存结余价值相加再除以2,即可得到该期间的平均库存价值。

某个期间的平均库存价值,实际上就是该期间企业库存内占用的资金。

## (二)库存服务成本

库存服务成本包括缴纳的税金和因持有库存而支付的火灾及盗窃保险。

国外通常会对企业持有的库存征收税金。以美国为例,国家向企业征收的税金会随存货存放地点的不同而不同,这主要是因为:美国不同的州对企业的征收税率是有差别的,有的州对库存免税,即税率为0;有的州的征收税率则高达20%。库存税金等于库存产品的价值与税率的乘积,因此它直接随库存水平而变化。

保险费率通常并不与库存水平保持严格的比例。这主要是由于购买保险的主要目的是在一定时期内保护一定价值的库存产品，所以当库存发生小幅度变化时，保险的金额并不立即随之变动。但是，当库存水平未来会发生较大变化时，保险政策就会根据预期的库存水平变化作出调整。因此从整体上来看，保险和库存水平之间有十分密切的关系。保险费的水平还会受到其他因素的影响，如仓储建筑所使用的材料、建成年代以及安装的消防设备类型等。

### （三）储存空间成本

如上一章所述，通常企业可以通过三种方式获取仓储空间：自有仓库、租赁仓库、公共仓库。

其中，自有仓库与租赁仓库的费用与企业的库存水平没有直接关系，而与仓库规划与仓储作业方式有关，所以应当属于仓储成本，而不是库存持有成本；公共仓库的收费通常是按转进和转出仓库的产品数量（搬运费）以及储存的库存数量（存储费）来计算的，因此，公共仓库收费中的存储费与库存水平有直接关系，应当属于库存持有成本中的储存空间成本，而搬运费与企业的仓储作业量有关，与库存水平没有直接关系，应当算作仓储成本。

### （四）库存风险成本

库存风险成本包括过期成本、破损成本、损耗、移仓成本等，具体分析如下。

#### 1. 过期成本

企业的仓库中有时会出现由于过时或其他原因而必须亏本处理或以低于正常售价的价格出售库存产品的情况，这时过期成本便出现了。过期成本是企业库存控制不当，库存货品过多所引起的，它与库存水平有直接关系。过期成本的计算按以下两种情况进行：

（1）当产品由于过时而必须降价处理时，过期成本便是需要亏本处理的产品的原始成本和它的处理价值之间的差价，具体公式为：

$$过期成本 = 原始成本 - 处理收入$$

（2）若过期成本属于降价促销的情况，过期成本就是正常售价与促销价格之差再乘以促销量。通常，此项成本包含在"产品制造成本"科目里，因此核算比较困难。具体计算公式为：

$$过期成本 = （正常售价 - 促销价格）\times 促销量$$

#### 2. 破损成本

库存持有成本中的破损成本是指随库存数量分别发生破损的部分。在仓储过程中由装卸搬运或其他仓储作业导致的产品破损，与库存持有水品无关。因此，破损成本应该被算作仓储成本而不是库存持有成本。产品破损所发生的损失金额与企业库存水平的关系，通常可以通过简单的线性回归来加以确定。

3. 损耗

损耗是指库存被盗所造成的成本支出。

与库存水平相比，库存被盗所造成的损耗成本可能与企业的安保措施有着更为密切的关系，但是库存水平越高，存货被盗的数量也就有可能越多，因此产生的成本也就越高。在很多企业中，和库存有关的安保费用是随库存水平的变动而变化的。库存风险成本中的损耗随行业的不同而不同。

需要注意的是：存储或记录不善、企业发货作业的质量不高也会带来损耗，但是这种损耗不应计入库存成本之中。有时，企业并没有丢失某些货品，但由于存储或记录不善，相关人员无法将这些货品找到，而只能将这些货品计入损耗。同时，如果企业发货作业质量不高，发给客户的产品数量不对，多发了产品，或者企业将错误的产品发给了客户，那么也会产生损耗。这样产生的损耗与被盗带来的损耗是不同的，因为这些损耗与库存水平无关，而与企业的仓储作业质量有关，因此该部分损耗成本应当计入仓储成本，而不是库存持有成本。

4. 移仓成本

产品在一地销售不畅，并不意味着它在所有的地区都销售不畅。当企业在销售不畅的地区保有过多的库存时，为了避免库存过期，往往需要将库存从该地的仓库转运到畅销地的仓库，以便销售该产品，这时，移仓成本便产生了。

移仓成本之所以被算作库存持有成本，主要是由于该成本是由企业对库存水平控制不当，拥有的库存过多所引起的。例如，在城市销售很好的产品不一定在农村也销得好，通过将产品发运到销售旺盛的地方，企业就可以避免过期成本，但相应地要增加额外的运输成本，这时的运输成本就应被算作移仓成本，而从运输成本中分离出来。

需要注意的是：移仓成本通常会被核算在企业的运输成本中，在实施物流成本管理时必须将其分离出来。还需要注意的是：有些因移动库存产品而产生的成本不应计入移仓成本。例如，有些地区出现了缺货情况，为了保持承诺的服务水平，避免缺货，就需要从距离最近的其他仓库调运货品来进行补救。这时，为避免缺货而转运库存所产生的成本就不属于库存持有成本的移仓成本，它属于运输成本。企业究竟是保持较高的库存水平，还是在缺货时调运其他地区的产品，要依据仓储成本、库存持有成本和该成本之间的权衡结果决定。

## 二、影响库存持有成本的因素

### （一）库存周转率

库存周转率对企业的库存持有成本影响显著。通常随着库存周转速度的加大，企业库存持有成本会不断下降，但其下降的速度会逐步减小；当库存周转速度大到一定水平时，库存周转率的大幅度提高，只能带来库存持有成本的少量下降。库存周转率与库存持有成本之间的关系如图 6-1 所示。

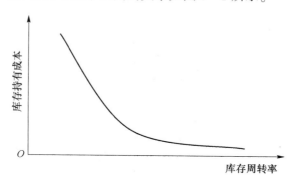

图 6-1　库存周转率与库存持有成本之间的关系

### （二）库存水平

库存持有成本与库存水平息息相关，可以说，库存水平是影响库存持有成本的最主要的因素，库存持有成本与库存水平同向变动。

## 三、降低库存持有成本的方法

### （一）适当提高库存周转率能减低库存持有成本

从图 6-1 可以看出，在一定范围内，库存周转率的上升可以有效地促使库存持有成本下降。因此，适当提高库存周转率有助于降低库存持有成本。但是，提高库存周转率往往要提高运输成本、批量成本、仓库备货成本以及订单处理和信息系统成本，因此在最终决策时应当进行各种物流成本之间的权衡，核算库存持有成本的下降能否超过这些相关成本的上升，如果答案是肯定的，则提高库存周转率较为有利；否则，就应当保持原有库存周转率不变。

### （二）控制库存水平是控制库存持有成本的最有效的方法

1. 区分成本的重要程度，实施分类控制

大多数企业所经营的产品种类都相当繁多，并且在大多数情况下，不需要也不可能对所有的产品都准备库存，所以企业的首要任务就是正确确定库存和非库存的货物。在实际的管理工作中，除了根据企业的产品特性，确定正确的库存管理模式外，更重要的是对所确定的库存产品不能一视同仁，而是要区别对待，分类管理。

1）ABC 分类法

ABC 分类法是一种从名目众多、错综复杂的客观事物或经济现象中，通过分析，找出主次，分类排队，并根据其不同情况分别加以管理的方法。该方法通常是将手头的库存按年度货币占用量分为三类：A 类是年度货币占用量最高的库存，这些品种可能只占库存总数的 15%，但用于它们的库存成本却占到总数的 70%～80%；B 类是年度货币占用量中等的库存，这些品种占全部库存的 30%，占总价值的 15%～25%；那些年度货币占用量较低的为 C 类库存品种，它们只占全部年度货币量的 5%，但却占库存总数的 55%。除货币量指标外，企业还可以按照销售量、销售额、订货提前期、缺货成本等指标对库存进行分类。通过分类，管理者就能为每一类库存品种制定不同的管理策略，实施不同的控制。在 ABC 分类法的基础上建立的库存管理策略主要包括以下内容：

（1）花费在购买 A 类库存上的资金应大大多于花在 C 类库存上的。

（2）对 A 类库存的现场管理应更严格，它们应存放在更安全的地方，而且为了保证它们的记录准确性，更应对它们频繁地进行检验。

（3）预测 A 类库存应比预测其他类库存更为仔细精心。

ABC 分类法的管理和控制表见表 6-4。

表 6-4　ABC 分类法的管理和控制表

| 项　目 | A 类货物 | B 类货物 | C 类货物 |
| --- | --- | --- | --- |
| 控制程度 | 严格 | 一般 | 简单 |
| 库存量计算 | 按模型计算 | 一般计算 | 简单或不计算 |
| 进出记录 | 详细 | 一般 | 简单 |
| 检查次数 | 多 | 一般 | 少 |
| 安全库存量 | 低 | 较大 | 大 |

2）CVA 管理法

ABC 分类法虽然适用性较强，但其不足之处也比较突出，这主要表现为 C 类物资往往得不到应有的重视，而 C 类物资往往也会导致整个装配线的停工。为了弥补这一不足，有些企业在库存管理中引入了关键因素分析法（Critical Value Analysis，CVA），即 CVA 管理法。

CVA 管理法的基本思想是把存货按照关键性进行分级管理，具体如下：

（1）最高优先级。这是指经营的关键性物资，不允许缺货。

（2）较高优先级。这是指经营活动中的基础性物资，允许偶尔缺货。

（3）中等优先级。这多属于比较重要的物资，允许合理范围内的缺货。

(4）较低优先级。经营中需用这些物资，其可替代性高，允许缺货。

CVA 管理法比 ABC 分类法有着更强的目的性。但在使用中要注意，人们往往倾向于制定高的优先级，结果高优先级的物资种类很多，最终哪种物资也得不到应有的重视。CVA 管理法和 ABC 分类法结合使用，可以达到分清主次、抓住关键环节的目的。因此，在对成千上万种物资进行优先级分类时，要将 CVA 管理法和 ABC 分类法结合起来使用。

2. 通过精细管理，有效降低库存水平

合理的库存是企业维持生产与流通的保障，但并不是所有的库存都能随时发挥其作用来满足生产或交货的需要，或者说这些库存在一定的时间内是不能用的，这些不可用库存的量直接影响着库存成本。对于一个企业来说，在途库存、淤滞（滞销）库存、预留库存（可交货的订单上的产品因其他方面的原因而不能交货）、在制品或待检品都是不可用的库存。库存管理的目标之一就是提高可用库存占库存总量的比例，降低不可用库存的量，从而降低库存成本。在实际的工作中，通常通过以下三种途径来降低不可用库存。

1）在途库存

（1）缩短交货运输时间。应尽可能地缩短从供应商到企业的这段距离的运输时间。

（2）选择合适的运输方式。根据产品的特性（价格、体积、重量等），比较运输时间的缩短对库存乃至库存成本及运输费用的影响，从而选择合适的最优运输方式。

（3）选择合适的交货和付款方式。通过与供应商的谈判，选择对企业最有利的交货方式，也是降低库存成本的一个重要方面。

2）预留库存

预留库存主要是整批交货订单未能兑现所造成的。因此，必须加强控制订单的整批交货。整批交货的订单对客户来说可以大大降低其库存的水平，但是对供货方来说却是不小的压力，只有在确实需要的情况下，才能向客户提供整批交货的服务。定期检查预留库存的情况，加强与销售部、财务部及客户之间的沟通，尽快消除付款、客户项目延期等原因造成的预留库存。

3）淤滞库存

（1）通过合适的商务政策来减少淤滞库存的产生。

（2）销售促销：对已经存在的淤滞库存，则需要通过大力的促销（降低销价等）将其尽量销售出去。

（3）退回供应商返工：如果淤滞库存能够经过再加工而提高销售的机会，则与供应商合作进行再加工。

3. 科学订货，对库存进行合理有效的控制

根据客户需求量的大小，制定一个订货系统策略来控制订货过程，既要满足

客户需求又要控制库存水平，以使总库存成本最低。主要可采用定量订货法和定期订货法。

（1）定量订货法，是预先确定一个订货点和订货批量，随时检查库存，当库存下降到订货点时就发出订货，订货批量取决于经济订货批量（Economic Order Quantity，EOQ）。

经济订货批量是固定订货批量模型的一种，可以用来确定企业一次订货（外购或自制）的数量。当企业按照经济订货批量来订货时，可实现订货成本和储存成本之和最小化。

设物料的单价为 $P$，物料的年需求量为 $D$，每单位价值物料的年存储成本（存储费用率）为 $H$，单位物料的年存储成本为 $P \cdot H$，订货成本为每次 $C$，每次的订货量为 $Q$，容易得到平均库存水平为 $Q/2$，年物料订货次数为 $D/Q$，则年存储成本为 $Q/2 \cdot P \cdot H$，年订货成本为 $D/Q \cdot C$，年物料成本为 $D \cdot P$，年总库存成本 $TC$ 的计算公式为：

$$TC = \frac{Q}{2} P \times H + \frac{D}{Q} C + D \times P$$

若使 $TC$ 最小，将上式对 $Q$ 求导后令其等于 0，得到经济订货批量 $Q^0$ 的计算公式为：

$$Q^0 = \sqrt{\frac{2D \times C}{P \times H}}$$

由 $Q^0$ 可确定每年的物料订货次数及订货周期。

**【例 6.5】** 某企业每年需要耗用 1 000 件某种物资，现已知该物资的单价为 20 元，同时已知每次的订货成本为 5 元，每件物资的年保管费率为 20%，试求经济订货批量、年订货总成本以及年保管总成本。

**解**：经济订货批量等于

$$Q^* = \sqrt{\frac{2 \times 1\,000 \times 5}{20 \times 0.2}} = 50 \text{（件）}$$

年订货总成本等于

$$C \times \frac{D}{Q^*} = 5 \times \frac{1\,000}{50} = 100 \text{（元）}$$

年保管总成本等于

$$\frac{Q^*}{2}(P \times H) = \frac{50}{2}(20 \times 0.2) = 100 \text{（元）}$$

（2）定期订货法，是按预先确定的订货时间间隔按期进行订货，以补充库存。其决策思路是：每隔固定的时间周期检查库存项目的储备量。根据盘点结果与预定的目标库存水平的差额确定每次订购批量。这里假设需求随机变化，因此，每次盘点时的储备量都是不相等的，为达到目标库存水平而需要补充的数量也随着变化。这样，这类系统的决策变量应是检查时间周期和目标库存水平。

企业在解决每次订购多少量的问题上，需要同时考虑以下四个方面的影响因素：

（1）采购费用。每次采购都需要和供应商进行联系和协调。由此而发生的通信费用将会影响企业的采购次数，但是随着通信科技的发展，这部分费用目前已大大下降。电子邮件已基本替代了原先的传真和电话。

（2）仓储费用。采购的批次越少，企业需要准备的安全库存越多，这在一定程度上会造成仓储成本的上升，但是对于自营型的仓库来说，这部分费用并不一定会体现出来。

（3）供应商所提供的折扣系数。供应商通常会根据不同的订货数量给予不同的折扣系数，这将会影响企业每次的采购量。消除这一影响的方法是和供应商签订年度供货协议。

（4）运输费用。多批次、少批量的采购将会使运输费用上升，反之亦然。

# 子任务二  包装成本

| 学习领域 | 库存持有成本及其他物流成本管理 |
| --- | --- |
| 学习情境 | 包装成本 |
| 任务描述 | 要求1：理解包装的基本概念及其技术<br>要求2：理解包装成本的构成及核算<br>要求3：掌握降低包装成本的方法 |

## 一、包装的概述

### （一）包装的概念、作用及包装技术

1. 包装的概念

包装作为物流企业的构成要素之一，与运输、储存、装卸搬运、流通加工等均有十分密切的关系。它是生产的终点，同时也是物流的起点。

按照中国国家标准《包装物流术语》的定义：所谓包装是指为在物流过程中保护商品、方便运输、促进销售，按照一定技术方法而采用的容器、材料及辅助物等的操作总体名称，也指为了达到上述目的在采用容器、材料和辅助物的过程中施加一定技术方法等的操作活动。

2. 包装的种类

(1) 包装按形态分类，具体如下：

① 个装。个装也称为小包装，是物品送到使用者时的最小单位。

② 内包装。内包装是将物品或个装置于中间容器中，为了对物品及个装起到保护作用，中间容器内有时采用一定措施。

③ 外包装。基于物品输送的目的，外包装要起到保护作用并且考虑输送搬运作业的方便，物品一般置于箱中，根据需要对容器有缓冲防震、固定、防温、防水的技术措施要求。

(2) 包装按功能分类，具体如下：

① 工业包装。工业包装是以运输、保管为主要目的的包装，也就是从物流需要出发的包装，亦称运输包装，它是一种外部包装。工业包装具有保护功能、定量或单位化功能、便利功能和效率功能。

② 商业包装。商业包装也叫零售包装或消费者包装。主要是根据零售业的需要，作为商品的一部分或为方便携带所作的包装，亦即所谓逐个包装。

3. 包装的作用

(1) 保护作用。物流包装的保护作用就是指商品经过物流包装后，其性能可以免遭物流过程中各种外界因素的损害，商品的价值得到较好的维护，这是最重要和最基本的功能。产品在从出厂到用户的整个流通过程中，都必须进行运输和储存，即使到了用户手中，从开始使用到使用完毕，也还有存放的问题。产品在运输中会遇到震动、挤压、碰撞、冲击以及风吹、日晒、雨淋等损害；在储存时也会受到温度、湿度和虫蛀、鼠咬、尘埃等损害和污染。例如，商品在运输过程中受到剧烈震动、商品在搬运过程中意外跌落、储存中的高层堆码使底层物品负荷过大等情况都会降低商品的经济效益。另外，商品在物流过程中也会受到光、水和微生物等外界因素的影响而发生物理变化和化学变化，造成商品变形、老化变质等现象，这同样也损害商品的价值和使用价值。

(2) 方便物流。这主要体现在提高产品储运效率上。包装对小件产品起着集中的作用。包装袋或包装纸上有有关产品的鲜明标记，便于装卸、搬运和堆码，有利于简化产品的交接手续，从而使工作效率明显提高。

(3) 促进销售。产品包装还具有识别和促销的作用。产品经包装后，可与同类竞争产品相区别。精美的包装，不易被仿制、假冒、伪造，有利于保持企业的信誉。

(4) 方便消费。适当的包装还可以起到便于使用和指导消费的作用。包装上的使用说明、注意事项等，对消费者或用户使用、保养、保存产品具有重要的指导意义。

4. 包装材料及技术

(1) 包装材料。包装材料有容器材料、内包装材料、包装辅助材料等。随着科学技术的不断发展，新型的包装材料已越来越广泛地应用到人们的生活中，主要有以下类别：

① 纸和纸板。运输用大型纸袋一般由 3~6 层叠合而成，也可用牛皮纸和塑料薄膜做成复合多层构造。纸箱的原料是各种规格的白纸板和瓦楞纸板，但要求其强度和耐压能力必须达到一定指标。包装家用电器一般都用此种材料。

② 塑料制品。塑料包装制品的应用日益广泛，塑料袋和塑料编织袋因对环境有污染已经被牛皮纸袋所代替，但塑料制成的箱子依然普遍使用。例如，可回收的饮料类的外包装基本采用塑料箱。塑料制品还用于酒、食用油等液体运输容器的革新，人们开发了塑料制品与纸袋结合包装方式，其方法是将折叠塑料袋容器放入瓦楞纸箱中，以代替传统的玻璃瓶、金属罐等。

③ 木制容器，包括木箱、胶合板箱及木桶等，为了节约木材，常使用框架箱。例如，装汽水等饮料常采用木制箱子。对于重物，可以用铁箍进行加固。

④ 金属容器，主要包括镀锌铁板及铝制材料罐装形式，例如存放饮料的易拉罐等。也有以桶装形式存在的，例如用于存放以石油为主的非腐蚀性的半流体及奶粉等粉状固体的包装。

⑤ 包装用的辅助材料，主要有封口用的黏合剂、黏合带，捆绑用的捆扎材料等。

⑥ 重复使用和再生的包装材料。例如，啤酒、饮料、酱油、醋等包装采用玻璃瓶存放且其包装可以反复使用。

⑦ 可食性包装膜。糖果包装中使用的糯米纸及包装冰淇淋的玉米烘烤包装杯都是典型的可食性包装。

⑧ 可降解材料，是指在特定时间内造成性能损失的特定环境下，其化学结构发生变化的一种塑料。

（2）包装技术具体如下：

① 防震保护技术。其也称为缓冲保护技术、防破损包装技术，是指为减缓内装物受到的冲击和震动，保护其免受损坏而采取一定防护措施的包装技术。

② 防虫包装技术。防虫包装技术，常用的是驱虫剂，即在包装中放入有一定毒性和嗅味的药物，利用药物在包装中挥发出的气体杀灭和驱除各种害虫，常用的驱虫剂有萘、对位二氯化苯、樟脑精等。也可采用真空包装、充气包装、脱氧包装等技术，使害虫无生存环境，从而防止虫害。

③ 防锈包装技术。防锈包装技术包括涂封防锈包装技术和气相防锈包装技术，其主要作用是防止大气锈蚀的产生。

④ 危险品包装技术。危险品包装技术主要是针对有毒、易燃易爆及有腐蚀性的商品所采取一种特殊保护技术。

⑤ 特种包装技术。特种包装技术主要是指具有防霉、防腐和保鲜作用的技术，包括充气包装技术、真空包装技术、收缩包装技术等。

a. 充气包装是采用二氧化碳或氮气等不活泼气体置换包装容器中空气的一种包装技术，因此也称为气体置换包装。

b. 真空包装是将物品装入气密性容器后，在容器封口之前将其抽成真空，使密封后的容器内基本没有空气的一种包装方法。

c. 收缩包装就是用收缩薄膜裹包物品（或内包装件），然后对薄膜进行适当加热处理，使薄膜收缩而紧贴于物品（或内包装件）的包装技术。

## 二、包装成本的构成与计算

包装作为生产的终点和物流的起点，其实施过程可能出现在生产企业，也可能出现在物流企业。包装需耗用一定的人力、物力和财力，大多数商品只有经过包装，才能进入流通。据统计，包装费用占流通费用的10%，有些商品，特别是生活消费品，其包装费用所占比例甚至高达50%。

### （一）包装费用的构成

在物流过程中，几乎大多数商品都必须经过一定的包装后才能进行流转。因此，为了方便商品的正常流转，通常企业都会发生一定的包装费用。对于物流企业来说，其包装费用一般由如下几方面构成。

1. 包装材料费用

在对各类物资实施包装的过程中耗费在材料方面的费用称为包装材料费用。常用的包装材料种类繁多，功能亦各不相同，企业必须根据各种物资的特性，选择合适的包装材料，既要达到包装效果，又要合理节约包装材料费用。

2. 包装技术费用

为了使包装充分发挥其功能作用，达到最佳的包装效果，包装时需采用一定的技术措施，比如实施缓冲包装、防潮包装、防霉包装等。这些技术的设计、实施所支出的费用，合称包装技术费用。

3. 包装机械费用

在包装过程中使用机械作业可以极大地提高包装作业的劳动生产率，同时可以大幅度提高包装水平。使用包装机械（或工具）就会发生购置费用支出、日常维护保养费支出以及每个会计期间终了计提折旧费用。这些构成了物流企业的包装机械费用。

4. 包装人工费用

在实施包装的过程中，必须有工人或专业作业人员进行操作。对这些人员发放的计时工资、计件工资、奖金、津贴和补贴等各项费用支出，构成了包装人工费用支出。但是包装人工费用不包括这些人员的劳动保护费支出。

5. 其他辅助费用

除了上述主要费用以外，物流企业有时还会发生一些其他包装辅助费用，如印刷包装标记、包装标志、拴挂物的支出等。

## （二）包装成本的计算

包装费用的归集和计算是成本核算的核心内容。进行会计核算时，应在弄清楚包装费用构成的基础上做好下列具体费用的归集计算工作。

1. 包装材料费用的计算

（1）购入材料成本的确定。企业的包装材料除少数企业自制外，大多来自外购。外购包装材料的采购成本包括以下内容：买价、运杂费（包括运输费、装卸费、保险费等）、运输途中的合理损耗、入库前的挑选整理费用、购入材料应负担的税金和其他费用。

【例6.6】 已知企业购入A材料1 500千克，其不含税单价为20元，B材料1 500千克，其不含税单价为10元，共支付运杂费600元，运杂费按材料重量比例分摊。计算A、B两种材料的采购成本。

解：分配率计算公式为：

分配率＝应分配的运杂费/（甲材料重量＋乙材料重量）＝600/（1 500＋1 500）＝0.2

A材料应分摊的运杂费为：

$$1\ 500 \times 0.2 = 300（元）$$

B材料应分摊的运杂费为：

$$1\ 500 \times 0.2 = 300（元）$$

A材料的采购成本为：

$$买价 + 运杂费 = 1\ 500 \times 20 + 300 = 30\ 300（元）$$

B材料的采购成本为：

$$买价 + 运杂费 = 1\ 500 \times 10 + 300 = 15\ 300（元）$$

（2）材料发出成本的确定。企业在不同时期购买的材料、不同批次的材料，其单价往往不同。因此，材料发出成本就可以根据单位的不同需要采用不同的方法，比如采用先进先出法。先进先出法是假定先入库的材料先发出，每次材料发出的单价，都按账面上最先购入的那批材料的实际单价计算。采用这种方法要求分清所购每批材料的数量和单价。发出材料时，要随时结出发出和结存材料的数量及金额。采用这种方法核算，当物价上涨时，会高估企业的当期利润和库存材料价值；当物价持续下跌时，又会低估企业的当期利润和库存材料价值。

2. 包装机械费用的计算

包装机械费用主要是包装机械的折旧费和维修费。

包装机械的折旧费是指包装机械在使用过程中，随着磨损而逐渐转移到包装成本当中去的那部分价值。折旧的计提可以采用平均年限法、工作量法、年数总和法、双倍余额递减法等。折旧方法一经确定，不得随意变更。如需变更，应在会计报表附注中予以说明。企业应当按月计提折旧，当月增加的固定资产，当月不提折旧，从下月起计提折旧；当月减少的固定资产，当月照提折旧，从下月起不提折旧。固定资产提足折旧后，不管是否继续使用，均不再计提折旧；提前报废的固定资产，也不再补提折旧。应提的折旧总额为固定资产原价减去预计净残值再加上预计清理费用。

包装机械的维修费是指包装机械在使用过程中发生局部损坏，进行补偿性修理时发生的费用，可以分为大修理费用和中小修理费用。大修理费用的支出金额往往较大，应分期计入包装成本；中小修理费用直接计入当期包装成本。

3. 包装技术费用的计算

包装技术费用包括包装技术设计费用和包装技术实施费用。

（1）包装技术设计费用。包装技术设计费用是指在包装技术的设计过程中发生的与设计包装技术有关的一切费用。主要包括：设计人员人工费、设计用材料或成品费用和与设计有关的其他支出。

（2）包装技术实施费用。包装技术实施费用包括包装技术实施过程中发生的内包装材料费和与之有关的其他费用。

4. 包装辅助费用的计算

包装标记、标志的设计印刷费用，按实际发生的实际支出计算；辅助材料费用按领用的实际成本计算；悬挂物、赠品费按企业自制获取时的实际成本计入包装成本。

5. 包装人工费用的计算

计算包装人工费用时，必须有相关的原始凭证，如考勤记录、工时量记录、工作量记录等，财务部门根据单位劳动人事部门的劳动合同和工资标准、工资项目等计算每个包装工人及相关人员的工资总额。包装人工费用根据工资和福利费分配表中有关的部分计入包装成本。

## 三、包装成本的控制与优化方法

商品包装的管理是随着经济发展而出现的一种经济管理活动。商品包装管理的目的是通过实现包装合理化使商品流通有秩序地、协调地、富有成效地进行，并创造良好的经济效益。物流包装成本优化就是指，为了实现包装合理化，管理者对商品包装作业过程进行合理的组织，以最少的投入完成商品包装任务。

包装合理化是包装管理的重要内容，也是企业开展物流服务必须重视的环节。包装的强度不足或者过度包装、材料不当、成本过高以及包装尺寸不标准是包装管理中常见的问题。随着新型包装技术和包装材料的不断出现，通过包装的合理化，可以使上述问题得到有效的解决。实现包装合理化主要有以下途径：

(1) 采用轻薄化包装。

在满足包装的强度、寿命以及成本的前提下，应当尽可能采用轻薄的包装材料，这样不但可以减轻货物的重量，还可以在一定程度上减少废弃物。重型瓦楞纸板就是最新型的包装材料，其强度已经远远超过了一般瓦楞纸板包装的范围。一个长宽约1米，高约0.5米的空纸箱在承受一辆近2吨的汽车重压和高温潮湿天气的考验下，能够一整天不坍塌，其强度可想而知。

高强度的重型瓦楞纸板，符合美国联邦标准PPP-B-640d、铁道标准Rule41、卡车标准Rule222和世界上42个国家的政府相关标准。使用此产品与使用其他包装材料，特别是木质包装相比，具有如下优势：降低包装成本；容易回收，保护环境；组装简单；操作安全，工作时间缩短；重量小，可节省运费；能进行堆高存放；可密封包装；符合多个国家标准；耐湿性强；有回收标志；不需熏蒸消毒处理；可在箱体表面印刷；能做成特定尺寸的包装；在包装运输过程中可堆叠；可接受少量订货。很多之前使用木质包装的产品在使用重型瓦楞纸板作为包装材料后，整体的物流成本平均下降了10%~40%之多，而且产品的防护性能增强，从而为客户产品价值的实现提供了有力的保障。

(2) 建立规范的包装作业制度。

建立规范的包装作业制度，增强包装作业的计划性，实行严格的质量管理制度，提高包装环节的作业质量，杜绝员工工作的随意性给企业带来的材料浪费、工时延长、机器损坏等导致的成本增长。加强员工职业技术培训，提高其作业熟练程度，强化成本意识，让降低成本的思想深入人心。

(3) 采用机械化包装。

在包装过程中引入机械化作业，可以大幅度地提高包装作业效率，降低人工包装作业强度，有利于保证和控制包装质量，降低包装成本。

(4) 实行包装标准化作业。

包装标准是对各种包装标志、包装所用材料的规格和质量、包装的技术规范要求、包装的检验方法等的技术规定。包装标准化是实现产品包装科学合理的技术保证，但它不单纯是包装本身的事情，而是在整个物流系统合理化、有序化、现代化、低成本化的前提下的包装合理化及现代化。

(5) 实现包装的循环利用。

这是降低包装成本的非常有效的办法。包装中使用的大量瓦楞纸箱、木箱、塑料容器等通用包装要消耗大量的自然资源，应当循环多次使用或实现包装的阶梯利用，以达到节约自然资源、降低包装成本的目的。

许多包装材料都具有结实耐用的特点，但在包装作业中，由于种种原因，包装材料的回收状况不尽如人意。企业应培养物尽其用、综合利用的意识，从制度上强调包装物回收的重要性，加强包装过程中的日常管理与核算，做好包装的循环利用工作。

（6）优化包装作业，加强包装和其他物流环节的协调。

为了降低物流包装成本，企业应当优化包装作业。例如，如果企业的产品有固定的流通渠道和一定的数量规模，就可以采用周转包装。一种较为常见的周转包装形式是企业根据产品流通的速度、渠道和批量确定一定数量的周转托盘，通过对其进行多次反复的利用实现包装合理化，降低总的包装成本。但一味地降低包装成本会使其他物流作业成本上升，并不在真正意义上降低了包装成本，物流企业须统筹兼顾相互影响的物流作业环节，加强物流环节的协同性、系统性，从降低物流成本的高度来优化包装成本。

（7）采用智能型包装技术。

智能型包装技术主要包括保安型包装、活性包装、电子信息组合包装等。其具体形式有：显窃启包装、儿童安全包装、防伪包装、可微波加热智能包装、活性包装、带电子芯片包装、可跟踪型运输包装等。

## 学习任务小结

所谓库存持有成本，就是与存储的库存数量有关的成本。它包括多种不同的成本组成要素。当库存占企业资产的比例过大、库存过多时企业的营利性会降低。这是因为，一方面，因持有库存而必须支付的相关现金成本（如保险、税收、报废、损坏和利息支出）会降低企业的净利润；另一方面，总资产随库存量的增加而增加，但库存量的增加会降低资产周转率，还有可能造成其他更好的投资机会流失，从而影响企业的盈利能力。控制库存水平是控制库存持有成本的最有效的方法，其具体对策如下：区分成本的重要程度，实施分类控制；通过精细管理，有效降低库存水平；科学订货，对库存进行合理有效的控制。

包装作为物流企业的构成要素之一，与运输、储存、装卸搬运、流通加工等均有十分密切的关系。它是生产的终点，同时也是物流的起点。大多数商品只有经过包装，才能进入流通。据统计，包装费用占流通费用的10%，有些商品，特别是生活消费品，其包装费用所占比例甚至高达50%。在实际中降低包装成本的方法主要有：采用轻薄化包装；建立规范的包装作业制度；采用机械化包装；实行包装标准化作业；实现包装的循环利用；优化包装作业，加强包装和其他物流环节的协调；采用智能型包装技术。

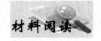

### 让库存无限接近零

1. 黄色小鸭：扁平化库存解决方案

上海万源路上的黄色小鸭公司里，人们专门腾出了一个100平方米的房间作产品展示，里面陈列着公司1 000多种商品。从奶瓶的材质，到婴儿用指甲钳的设计以及各种婴童服装的款式，黄色小鸭副总经理詹志明都非常清楚。

黄色小鸭是国内婴童服装用品行业中一个排名靠前的品牌，来自中国台湾。虽然规模不是很大，但这只"小麻雀"却拥有完整的"五脏"，从原料的采购加工到商品的行销，传统供应链的冗长环节它一个不少。

行业的特殊性给黄色小鸭公司带来了很多管理难题。"我们在婴童服装用品行业经营的产品包含服装及日常用品，在管理上有其独特性。"詹志明告诉《中国经营报》的记者，在分销环节，婴童服装按品牌、季节、颜色、尺码、材质、系列及款式实行多维度管理，并且各维度分组管理。例如，颜色组中的黄色包含中黄、暗黄、鹅黄、浅黄、芒果黄等10多种维度，尺码组也有童装、内衣、棉品、配饰等维度，每个维度都有几十种到上百种档案资料。婴童用品品种及品项繁多，单价低，但销售笔数多，对系统效能有较高要求。同时，洗漱用品有保质期要求，需要在保质期前进行提醒，以便分支机构及门店提前进行促销清仓。另外，在生产环节，生产流程复杂、生产所涉及工序繁多、每款产品的加工过程不尽相同，这些都极大地增加了企业管理的难度。

目前这家已确定明年9月回中国台湾上市的企业，做到了很多同行难以做到的事情，比如"零库存""五日看财报"等，这不仅让黄色小鸭公司在对供应链的掌控上做到了精细化，也加强了企业上、下游的协同，在一定程度上降低了经销商和供应商的经营风险。

2. 订货会指导生产

上海黄色小鸭公司咨询部副经理徐斌最近一直忙个不停。7月18日，黄色小鸭公司2011年春夏服装订货会在上海召开，数百家经销商来到订货会现场订货。徐斌所在的部门要负责汇总经销商的下单，并根据采购量进行筛选，将最终的采购清单报到自己的工厂或者上游供应商处。

每年，公司要举办两次类似的订货会。在订货会前，公司的设计部需要设计出新品及"打样"，并将可供采购的商品列成产品目录供经销商选择。服装及用品只有达到起订量才投入生产或采购，达标样品自动转换成正式商品，达标的订货会订单转成正式订单。

在詹志明看来，公司一年两次的订货会是降低库存压力的一个很重要的手段。经销商在订货前，要对之前一年的销售数据进行分析，并对来年的销售业绩作出预判。这是公司"零库存"计划的第一步，即确保每张订单都来自消费者的有效需求。

其实在这个行业中，每家规模尚可的企业都会举办类似的订货会。该行业中的另外几家企业，在订货会之前就已经确定了下季度供应到各个区域的商品的种类及数量，订货会的数据只是作为公司决策的参考。这可能导致大量的无效库存，实际上是将品牌的风险转移到了经销商身上。

"比方说对于同一款式和颜色的童装,经销商反馈的数据显示,我国北方区域的要货尺码一般偏大,而南方区域的要货尺码相对偏小,这些数据是不可能通过总部的能够得到的。"詹志明说。

为了最大限度地减少无效库存,黄色小鸭公司每次的订货会,除了邀请经销商参加外,也规定公司的各个区域主管必须参加。黄色小鸭公司有两个销售渠道:一是在各个百货商场的自营专柜销售,基本每个商品在销城市都有其区域主管;另一个就是由经销商销售。黄色小鸭公司将它在每个区域的直营业务部门也当作一个独立的团队看待,这些业务部门与经销商一样需要搜集市场信息,并提前半年订货。

3. 让"无效库存"变成"有效库存"

新妈妈小张某天到"百联又一城"的黄色小鸭柜台购物,指定要一款婴童服装,这款服装之前在这家门店销售过,但目前小张所要的尺码已经售完。这时候,该门店的营业员就会通过终端POS机将这条购买信息上传到后台,由负责该门店的督导通过ERP系统查询附近几个黄色小鸭门店的库存信息,并在附近的杨浦宝大祥门店找到顾客指定款式的婴童服装,并通过同城物流送到小张手中。

类似的场景几乎在每一家黄色小鸭门店都出现过。这种小范围的货物调转,一般由黄色小鸭的门店督导负责,门店督导能看到自己负责的10个门店的库存信息,并在自己的权限范围内进行货物调转。

服装行业的不确定性在于,即使之前作过很详尽的数据分析和预测,难免出现某款产品在某个区域卖得很好,而在其他区域滞销的情况。在黄色小鸭公司的管理架构中,还分有一、五、七、九部,分别负责上海、浙江、江苏等市场。部上一级还有处,分别负责华东或西南等大区。因此,一旦出现某款商品在上海卖得特别好,但在浙江还有很大库存的情况,该公司的处级负责人就会负责协调相关货品的调转,在权衡成本和效益后,交由常年合作的物流公司进行货品的调转。为了确保调转货品的及时性,黄色小鸭公司与物流公司的合同里规定了"T+3"内容,即在三日内将货品发到目的地。

为了减少货品在调转过程中的环节,黄色小鸭公司还在进行一场扁平化的管理架构调整。徐斌告诉记者,在资讯部下面,原本还有科一级管理,在处和部之间,但在公司最近的管理架构调整中,这一级全部被取消,处直接对部负责。

黄色小鸭公司上游有台凌、东凌以及其他外部供应商,台凌是黄色小鸭公司的主要供应商,东凌是进口商品的供应商,与黄色小鸭公司关联的外部供应商只负责包装物的供应。为适应婴童服装用品行业快速响应的特点,台凌主要负责产品的生产,黄色小鸭公司主要负责产品的营销,在管理运作上是一套人马分别负责两个公司的业务。在营销模式上,采用"总部+办事处+直营专柜"的分销零售渠道管理模式。

4. 五日看报表

深耕多年之后，黄色小鸭公司目前已确定回中国台湾上市，公司的财务透明和流程简洁的要求也随之而来。黄色小鸭公司董事长在考查一些日化上市公司的管理流程后，提出了"五日看报表"的目标。

在上海徐汇区港汇广场内的黄色小鸭专卖店里，记者看到，这家门店的收款机已经安装了3G无线上网卡，这样可以将每一笔销售单据实时传递给总部，实现最快速的报表汇总。

分布全国的200多家门店，每日通过POS系统下载属于本门店的最新商品及价格信息、商品入库通知单、促销活动通知及公司的公告，在POS上完成扫描入库、扫描售货及扫描盘点，每日营业结束进行日结并上传零售日报及库存信息。而在第二天的上午10点，坐在黄色小鸭上海总部办公室里的詹志明就能看到多数门店前一天的销售及库存情况了。

## 技能练习

### 一、思考题

1. 库存持有成本的构成是怎样的？
2. 如何计算资金占有成本？
3. 简述 ABC 分类法的基本原理。
4. 如何降低库存持有成本？
5. 如何降低包装成本？

### 二、计算题

1. 某物流配送中心有一种商品 A，现在平均每周可向客户配送 18 件，该商品单价为 60 元/件，每次的订购费为 45 元，单件年库存保管费用是单价的 25%。为了减少订货次数，现在每次的订货量是 390 件。试分析：

（1）该商品现在的年库存总费用是多少？

（2）经济订货批量是多少？

（3）如采用经济订货批量，每年的节约额是多少？节约幅度是多大？

2. 某公司的物流成本管理人员正在核算货物 A 的资金成本，具体资料如下：

已知：相关收益率为 10%。

2017 年 6 月 1 日，A 货物的库存量为 90 件，货物的单价为 15 元；6 月 3 日，A 货物的进货数为 72 件，货物的单价为 10 元；6 月 4 日，A 货物的出库数为 38 件；6 月 6 日，A 货物的出库数为 79 件；6 月 7 日，A 货物的进货数为 60 件，货物单价为 12 元；6 月 8 日，A 货物的进货数为 70 件，货物的单价为 18 元；6 月 9 日，A 货物的出库数为 128 件。要求如下：

（1）在永续盘存制下，用先入先出法，得出 2017 年 6 月 1—9 日，A 货物每日的库存结存数量与库存价值，并按期初期末结余价值和的一半计算在 2017 年 6 月 1—9 日这一期间 A 货物的平均库存价值及其资金成本。

（2）在永续盘存制下，用后入先出法，得出 2017 年 6 月 1—9 日，A 货物每日的库存结存数量与库存价值，并按期初期末结余价值和的一半计算在 2017 年 6 月 1—9 日这一期间 A 货物的平均库存价值及其资金成本。

### 三、案例分析

#### 某光电科技有限公司的仓储管理

某光电科技有限公司位于广东惠州金源工业区，它成立于 1998 年，是一家专业照明器与电气装置产品制造商，它是行业中的龙头企业。它凭借优异的产品品质、卓越的服务精神，获得了客户的广泛认可与赞誉。为了适应新形势下的战略发展需要，公司对现有的客户关系网络进行了整合，在全国各地成立了 35 个运营中心，完善了公司供应链系统、物流仓储与配送系统以及客户服务系统。

该公司总部共有 3 个成品仓库，分别是成品一组仓库、成品二组仓库和成品三组仓库。公司是按产品的型号将产品分放在不同的仓库：其中成品一组仓库位于一楼，目的是方便进/出货，所以在那里存放的货物种类比较多，如筒灯、灯盘等，并且所有的外销品也存放在成品一组仓库。成品二组仓库主要存放路轨灯、金卤灯、T4 灯、T5 灯以及光源，公司的几大光源都存放在成品二组仓库。成品三组仓库主要存放特定的格栅灯、吸顶灯、导轨灯以及别的公司的一些产品。

**案例思考：**

（1）对该企业的仓库储存进行空间分析。
（2）如何使用 ABC 分类法对该企业进行仓储管理？

学习任务七

# 物流客户服务成本管理

任务描述

## 海誉物流有限公司的客户服务对象——浩霖公司

首先，海誉物流有限公司对于送货单据及货物整理有一套现成的系统方案。一套完整的送货单据必须包含：①客户原始订单；②浩霖公司（供应商）盖了"进出仓专用章"的提货签收单（一式七联）；③客户版本的送货清单（此项只针对个别客户的需要，如万佳、世纪联华）；④当次提货商品（进口商品）批次的卫检报告（此项只针对个别客户的需要，如万佳、新一佳的惠氏进口商品，雀巢金牌咖啡，爱芬进口商品）；⑤参照浩霖公司提货签收单上对应的所有商品及数量逐一核实提货；⑥散货、旧货等不符合客户收货标准的不提货发货。订单特意要求散货和旧货按浩霖公司提货单要求提货/发货，送货时务必带上要求客户收散货、旧货的证明（客户采购签名文件）。

若单据、证明等不全、看不清楚，请第一时间与浩霖公司物流部人员或相关业务人员联系，解决上述问题后再出车。这时彼此间的及时沟通至关重要。

其次，对送货数量与客户验收数量的核实也非常重要，其中需要注意的问题如下：

（1）注意查看客户验收品名及数量是否与浩霖公司送货品名及数量一致，减去拒收和多送的数量。要及时发现问题，现场立即解决。

（2）威化类商品的数量比较容易出错，浩霖公司提货单数量是以"条"为单位的，客户原始订单和验收单是以"盒"为单位收货的。一盒威化类商品等于24条（1盒=24条），请送货人员现场换算，认真核实客户验收数量。

（3）对于"拒收"商品的处理，一定要现场电话通知相关业务人员，说明拒收原因。把原因写在浩霖公司提货签收单拒收商品的下面，划单，写明拒收原因及处理人，并核实客户收货数量。拒收理由有"日期过久""散货""无订单送货""录错商品"等。

（4）客户验收单是公司向客户对账及收取货款的最根本的凭证，因此必须完整地拿到验收单并与其他单据一并交回公司。

此外，还需要注意的细节有：

（1）万佳、新一佳送进口商品时一定要附上卫检报告，且必须是当次提货商品批次的卫检报告。请送货司机务必注意并核实卫检报告的批次，准确无误后再出车发货，如无卫检报告或批次不符，请第一时间与浩霖公司物流部人员或相关业务人员联系。

（2）卫检报告是与客户原始订单、浩霖公司提货签收单装订一起的，请司机在接单时注意查看。对于无卫检报告或卫检报告批次不对的，司机有权拒绝接收单据，并告知相关业务人员。

（3）对于部分紧缺商品，可以与收货人员进行良好的沟通，先收货，再电话通知业务人员，立即传真正确的卫检报告到卖场，尽量减少拒收的次数。

（4）卫检报告必须是正确的，商品名称和生产批次必须是清晰的，不可以手工随意更改生产批次，否则将遭到客户的罚款。

在客户找种种理由"押单"时，一定要在收货现场电话通知相关业务人员，并说明"押单"原因，由业务人员协调处理，若经业务人员沟通后客户仍要求"押单"，请记录"押单"的数量和单据号码，并将"押单"的数量和单据号码告诉相关业务人员，由业务人员处理后续工作。

部分商场"押单"有押单回执，请保管好回执，下次凭回执解决及取回"押单"。

若造成"押单"的问题解决了，请及时取回所押的单据，不要影响返单速度和效率。

退货问题的处理如下：

（1）原则上请按照浩霖公司的退货流程处理退货，司机在接到浩霖公司的退货通知单时才可以给客户安排。没有浩霖公司的退货通知单，原则上一律不退货。

（2）司机在接到浩霖公司的退货通知单时务必及时办理退货，不可以自行决定不退货，如因运输商原因未及时安排退货而遭到客户自行"出清"，所有退货扣款将向运输商索赔。

（3）如遇到没有浩霖公司的退货通知单而客户就要求退货的情况，请司机在收货现场电话通知相关业务人员，由业务人员决定是否退货。

（4）万佳退货比较特殊，司机每次送货时请带上万佳的"退货收条"，以备用，注意一张"退货收条"只写一份退货单号。

（5）请司机注意清点所有退货数量与退货单实退数量一致，保存好退货单。

（6）残损货、水奶一律不退，但如得到相关业务人员的同意，可以退货。

对促销物料与赠品进行送货操作时注意以下事项：

（1）促销物料或赠品是严格区别于正常送货商品的，公司所有促销物料、赠品均需有赠品申请单，申请单上注明了赠品的名称、数量、送达卖场名称，联系人的姓名、电话及注意事项，请送货司机核对好实物数量及名称，与正常商品分开存放，并保留好赠品申请单和客户签收凭证。

（2）货到卖场后，请按申请单上的要求找到卖场促销员或相关主管，千万不可随意交给商场收货人员，否则会被作为正常商品验收。

（3）部分促销物料和赠品要求贴上赠品贴，请与浩霖公司业务人员或卖场的促销员联系。

## 任务分析

海誉物流服务有限公司将客户服务作为整个物流体系设计和运作的核心组成部分。物流企业在市场竞争中需要确定其核心业务和核心优势，差异化的客户服务能给企业带来独特的竞争优势。质量上的改进，如送货时间的缩短、订单满足率的提高、票据的准确性、订单提前期的缩短以及整个物流系统生产率的提高等，在短期内是竞争对手难以模仿的。因此，加强物流管理、改进客户服务是创造持久竞争力的有效手段，直接影响到企业的市场份额、物流总成本，进而影响到企业的总体利润。

## 知识目标

在学习任务中需要了解物流客户服务的组成部分，衡量物流企业客户服务水平的量度标准，深刻理解物流客户服务对物流企业发展的重大意义。客户服务不是无止境的服务，必须对其成本收益进行分析，所以需要掌握物流客户服务成本的影响因素、衡量方式以及确定最合理的物流客户服务水平的方法。

## 技能目标

本学习任务需要掌握物流客户服务的量度标准，能够设计科学合理的物流客户服务量表；掌握物流客户服务成本分析方法，能够进行物流客户服务成本收益分析；能够对企业的物流客户服务进行衡量，同时能够确定物流企业客户服务水平。

## 子任务一 物流客户服务

| 学习领域 | 物流客户服务成本管理 |
| --- | --- |
| 学习情境 | 物流客户服务 |
| 任务描述 | 要求1：掌握物流客户服务的构成要素<br>要求2：掌握物流客户服务的量度标准<br>要求3：了解物流客户服务的概念和作用 |

1. 物流客户服务的含义与内容

莱隆德（Lalongde）和金斯哲（Zinszer）认为客户服务可以看作：一种活动、绩效水平、管理理念。把客户服务看作一种活动，意味着客户服务目的明确，有具体的活动方式，对客户服务过程有控制能力。把客户服务看作绩效水平，指明客户服务是可以精确测量的，有各种测量方法。把客户服务看作管理理念，强化了市场营销以客户为核心的重要性。莱隆德及其副手提出的定义为：客户服务是一种过程，它以费用低廉的方法给供应链提供了重大的增值利益。该定义说明了对客户服务的看法已趋于一种过程专业化导向，其中包括供应链管理概念。

在我国普遍认为："客户服务是在合适的时间和合适的场合，以合适的价格和合适的方式向合适的客户提供合适的产品和服务，使客户的需求得到满足，价值得到提高的活动过程"。其中，为合适的客户提供合适的产品和服务，以合适的方式提供产品和服务，使客户的合适需求得到满足是客户服务的核心。以提供满足客户需要的产品或服务作为企业的义务，以客户满意作为企业经营的目的。

2. 物流客户服务的标准

物流客户服务的标准可以用"7R"来描述，"7R"就是指在合适的时间（Right time）、合适的场合（Right place），以合适的价格（Right price），通过合适的方式（Right way）为合适的客户（Right customers）提供合适的产品或服务（Right product or service），使客户的合适需求（Right want or wish）得到满足，使客户价值得到提高。

（1）合适的客户。企业必须对其客户进行筛选，对客户进行分类管理，为客户提供有差别的物流服务。为一般的客户提供基本服务，为合适的客户提供完善服务，为关键的客户提供完美服务，为有害的客户提供防御服务。

对客户进行分类的意义体现在下述三个方面：①任何一个企业的资源都是有限的，因此，企业应用有限的资源主要满足关键客户和合适客户的需要，求得最大化客户价值与最大化企业价值的平衡，这是企业营销管理的杠杆。②从企业营销管理的社会责任的角度来看，一个企业的有限资源主要用于为客户提供令人满意的产品或服务，或虽然只能满足一小部分客户的服务要求，但要尽量满足合适客户和关键客户的要求，并尽量扩大其需求范围，使企业的一般客户也能得到企业力所能及的、更广泛的服务，从而促进客户整体价值的提高，这正是企业营销管理的社会责任之所在。③对客户进行分类，有利于根据关键客户和合适客户的需要进行具有针对性的客户化设计、制造和服务，使客户的个性需求得到满足，从而提高客户的价值。这是客户的需要，也是企业客户服务的动力源。

（2）合适的产品或服务。合适的产品或服务指产品或服务是客户真正需求的，是按客户的要求所提供有特色的、个性化的服务。

（3）合适的价格。服务价格应确定在合理的水平上，符合客户的愿望，既不是越高越好，也不是越低越好。服务价格的制定应在考虑双方共同利益的前提下，在企业和客户之间寻找最佳结合点。

（4）合适的时间。客户的需要是一定时间的需要，第三方物流服务要在客户最需要的时候满足客户的需要，只有这样，才能真正实现物流服务的目的。

（5）合适的场合。在客户需要的地方、合适的情景中为客户提供恰当的服务，往往会起到事半功倍的效果。

（6）合适的方式。物流企业的服务方式要与客户的客观需求相适应，要能满足客户的要求。

（7）合适的需求。客户的需求有不同种类、不同层次。物流企业找到合适的客户之后，还应该找准客户的合适需求，不同的产品和服务应该有相对集中的需求对象和需求点。

客户服务质量取决于企业创造客户价值的能力，即认识市场、了解客户现有与潜在需求的能力，并将此导入企业的经营理念和经营过程中。优质的客户服务管理能最大限度地使客户满意，使企业在市场竞争中赢得优势，获得利益。

3. 物流客户服务要素构成

美国凯斯威斯顿大学的巴罗（Ballou）教授提出交易全过程论，即顾客服务可以分为交易前要素、交易中要素和交易后要素三个阶段，每个阶段都包含不同的服务要素：

（1）交易前要素。交易前要素是指在将产品从供应方向客户实际运送过程前的各种服务要素。交易前要素属于常规要素，要素的完善性、科学性和可行性将直接影响产品和服务的销售和提供。其主要包括书面顾客服务政策（库存可用性、目标运输日期、物流响应时间）、可接近性（是否已有联系、是否有物流网点）、组织结构（顾客服务管理机构、对服务过程的控制水平）、系统灵活性（服务运送系统的灵活性、设备和库存回购）。

（2）交易中要素。交易中要素是指在将产品从供应方向客户实际运送过程中的各种服务要素。交易中要素主要是与物流相关的一系列要素，要素的可行性、执行效果等将影响客户服务。其主要包括订货周期（从订货到运送要经历多长时间、可靠性和变异性如何）、库存可用性（每种物品百分之多少的需求可以由库存来满足）、订单完成率（能在指定提前期圆满完成的订单占多大比例）、订单跟踪与订单状态信息（指对订单货物所处状态进行跟踪的能力，响应顾客要求的时间是多长）、灵活性（满足客户加急发货或延迟发货的可能性以及企业应付突发事件的能力）、运输延迟与产品替代方案。

（3）交易后要素。交易后要素是产品销售和运送后的各项服务要素。交易后要素主要支持售后服务，支持产品和服务系统的连续性。其主要包括产品跟踪或保证（是否能够保持或扩展顾客期望水平）、客户问题处理（客户投诉、索赔和满意度调查）、替换备件可用性（在供应商仓库或其他指定地点的库存水平）、问题响应时间（工程师到达时间、初次请求维修率）等。

### 4. 物流客户服务量度标准

物流客户服务是十分复杂的，如何对其进行衡量一直是物流管理中难以处理的问题。美国全国实物配送管理协会（NCPDM）的客户服务研究小组的研究结果认为：将物流客户服务作为一个整体来进行衡量是不现实的，明智的做法是首先确定组成物流客户服务的各要素的内容，然后通过衡量物流客户服务的各组成要素，来完成物流客户服务的评价与衡量。

物流客户服务标准设计的基本原则如下：

（1）全面性。指标应能够全面、系统地评价物流企业顾客服务的质量，有效地监督、控制和掌握物流企业顾客服务的全过程。

（2）代表性。影响顾客服务的因素有很多，代表性原则要求选择最关键的因素，在众多影响顾客服务的因素中挑选最具代表性的指标作为优先要素。

（3）经济性。在设计指标时，应充分考虑成本效益因素，必须在指标数据的获取成本和带来的效益之间进行权衡。

（4）可操作性。其主要是指指标项目的易懂性和有关数据的可行性。这是设置评价指标体系必须考虑的一个重要因素。在设计指标时尽量设计定量化的数字指标，以此来提高指标的可考核性。

（5）相对稳定性原则。相对稳定性有利于指标体系的不断完善和发展。当然，相对稳定性并不排斥依据环境的变化而对指标体系的具体内容进行改进。

常见的客户服务量度标准如下：

（1）订单完成及时率、订单完整率；

（2）订单完整无缺的货物比率；

（3）订单完成的准确率、账单的准确率等。

在制定服务标准时，应确定明确的目标。服务的标准必须是具体的、可度量的、可实现的，如"所有订货完成率和准确率必须达到97%""货品必须在24小时内送达"。

物流客户服务标准举例——摩托罗拉公司对其物流服务商提出的物流客户服务标准。摩托罗拉公司对物流服务商（中外运）有高标准的要求：

（1）要提供24小时的全天候准时服务。主要包括保证摩托罗拉公司与中外运业务人员、天津机场、北京机场两个办事处及双方有关负责人的通信联络24小时畅通；保证运输车辆24小时运转；保证天津机场与北京机场办事处24小时提货、交货。

（2）服务速度要快。摩托罗拉公司对提货、操作、航班、派送都有明确的规定，时间以小时计算。

（3）服务的安全系数要高。要求对运输的全过程负责，要保证航空公司及派送代理处理货物的各个环节都不出问题，一旦某个环节出了问题，将由服务商承担责任，赔偿损失，而且当其过失达到一定程度时，将被取消做业务的资格。

（4）信息反馈要快。要求物流服务商的计算机与摩托罗拉公司联网，做到对货物的随时跟踪、查询，掌握货物运输的全过程。

（5）服务项目要多。根据摩托罗拉公司货物流转的需要，通过发挥中外运系统的网络综合服务优势，提供包括出口运输、进口运输、国内空运、国内陆运、国际快递、国际海运和国内提货的派送等全方位的物流服务。

5. 物流客户服务的作用

物流客户服务主要是围绕客户所期待的商品、所期望的传递时间以及所期望的质量而展开的，在企业经营中有相当大的作用。特别是随着网络的发展，企业间的竞争已淡化了地域的限制，其竞争的中心是物流服务的竞争。

物流客户服务的作用主要表现在以下几方面：

（1）提高销售收入。客户服务是物流企业的重要因素，它直接关系到物流企业的市场营销。通过物流活动提供时间与空间效用来满足客户需求，是物流企业功能的产出或最终产品。物流客户服务无论是面向生产的物流，还是面向市场的物流，其最终产品是提供某种满足物流客户需求的服务。

（2）提高客户的满意程度。客户服务是由企业向购买其产品或服务的人提供的一系列活动。从现代市场营销观念的角度来看，对满足消费者需求来说，客户服务具有3个层次的含义，即核心产品、形式产品及延伸产品。

客户所关心的是其购买的全部产品，即产品的实物和产品的附加价值。而物流客户服务就是提供这些附加价值的重要活动，它对客户的满意程度产生重要影响。良好的客户服务会提高产品的价值，提高客户的满意程度。因此，许多物流企业都将客户服务作为企业物流的一项重要功能。

（3）物流客户服务方式的选择对降低流通成本具有重要作用。低成本战略历来是企业竞争中的主要内容，而低成本的实现往往涉及商品生产、流通的全过程，除了生产原材料、零部件、人力成本等各种有形的影响因素外，物流客户服务方式等软性要素的选择对成本也具有相当大的影响力。

（4）创造超越单个企业的供应链价值。物流服务作为一种特有的服务方式，以商品为媒介，将供应商、厂商、批发商及零售商有机地组成一个从生产到消费的全过程流动体系，推动了商品的顺利流动。另外，物流服务通过自身特有的系统设施（POS、EOS、VAN等）不断将商品销售、库存等重要信息反馈给流通管道中的所有企业，并通过不断调整经营资源，使整个流通过程不断协调地应对市场变化，进而创造出一种超越流通管道内单个企业的供应链价值。

（5）留住客户。客户是企业利润的源泉。在现代市场经济下，客户及其需要是企业建立和发展的基础。如何更好地满足客户的需求，是企业成功的关键。过去，许多企业都将工作重点放在开发新客户上，而对如何留住现有客户研究较少。实际上留住客户的战略更为重要。因为老客户与公司利润率之间有着非常高的相关性，保留老客户可以保留业务，同时摊销在客户销售以及广告的成本都较低，特别是满意的老客户会提供业务中介。因此，"不能让老客户投向竞争对手"已成为企业的战略问题。

# 子任务二　物流客户服务成本

| 学习领域 | 物流客户服务成本管理 |
|---|---|
| 学习情境 | 物流客户服务成本 |
| 任务描述 | 要求1：掌握物流客户服务成本的特点<br>要求2：了解物流客户服务成本的影响因素<br>要求3：了解物流客户服务成本的形成过程 |

1. 物流客户服务成本的形成过程与概念

企业的产品既包括有形产品，也包括使有形产品增值的物流服务及其他服务。物流服务具有无形性和难以感知性，即物流服务的很多元素看不见、摸不着，无形无质，很难描述。客户在购买服务之前，往往不能肯定能得到什么样的物流服务，甚至在接受物流服务后客户也很难察觉或立即感受到物流服务的价值，因此企业的客户只有在消费完物流服务后才能形成相应的体验和评价，而其他客户（包括潜在客户）对企业物流服务的评价则来源于现有客户的评价。如果客户对企业的物流服务不满或获知其他客户对该企业物流服务的负面评价，则可能因此结束与该企业的业务合作，使企业销售受损，即产生物流客户服务成本。

高水平的物流服务有助于增强企业的市场竞争力、促进产品销售和提升客户关系水平；反之，低水平的物流服务将直接或间接降低客户对企业的整体评价，甚至导致客户流失，使企业承担巨大的物流客户服务成本。有调查显示，一位不满意的客户平均向 8~10 个人诉说这种不满，而这种诉说有可能使这些听众打消选择企业产品或服务的念头，从而使企业丧失原本可以获得的潜在销售机会。因此，物流客户服务成本不仅包括失去现有客户所产生的销售损失，还包括失去潜在客户所带来的销售损失。

物流客户服务成本是一种隐含成本，是当服务水平令客户不满时产生的销售损失。该成本取决于客户对物流服务的感受、客户满意水平以及最终能否产生客户信任。物流客户服务成本包括现有客户所产生的销售损失和潜在客户所带来的销售损失。

2. 物流客户服务成本的特点

物流客户服务成本是广义物流成本中的一部分，与一般意义上的成本相比具有自己的特点：

（1）物流客户服务成本是一种隐性成本。会计学上将物流成本分为显性成本和隐性成本。在我国现有会计报表中所体现的物流成本属于可视成本开支，称为显性成本；而物流客户服务成本是一种销售损失，并不是企业为提供某项物流服务而产生的实际支出，因此它是我国现有会计报表无法体现的隐性成本。

（2）物流客户服务成本的产生具有不确定性。成本是企业提供商品或劳务所耗资源的货币表现，即只要提供商品或服务就必定会产生成本。但物流客户服务成本不同，只有当客户对企业的物流服务不满并因此结束与企业的业务合作关系，使企业遭受销售损失时才会产生物流客户服务成本。

（3）物流客户服务成本具有连锁放大效应。如前所述，每个不满意的客户平均向 8~10 个人诉说这种不满，而听众有可能因为这类负面口碑而打消选择该企业产品或服务的念头，因此物流客户服务成本一旦发生，其将会随负面信息的广泛传播而增大，产生连锁放大效应。

（4）物流客户服务成本难以精确计量。企业一旦失去客户即无法获得今后与该客户的实际交易数据，因此企业只能在某种假设的客户关系水平的基础上对现有客户流失造成的销售损失进行估计，加之物流客户服务成本的连锁放大效应，精确计算物流客户服务成本存在极大困难。

3. 影响物流客户服务成本的因素

客户在接受企业物流服务前会形成对该服务的预期，当客户认知的物流服务低于该预期时就会产生对企业物流服务的不满，从而导致物流客户服务成本的发生，因此影响物流客户服务成本的因素可分为客户对服务的预期和客户对服务的认知两大类。

（1）客户对服务的预期。客户预期越高意味着企业物流服务达到客户要求的难度越大，发生物流客户服务成本的可能性也越大。对企业而言，客户预期是不可控因素。客户对物流服务的预期通常来自企业口碑、客户自身需要、业内惯例及客户过去的经验。企业口碑是指公众对企业的产品和客户服务等的评价，企业的口碑越好，客户对企业的服务预期就会越高。客户自身的需要是指客户自身不具备的、希望从业务伙伴处获得物流服务要素，客户自身的需要越高，其服务预期就会越高。业内惯例及客户过去的经验是指企业提供客户服务的基本内容与行业惯例水准的比较，以及客户从过去经历的物流服务中积累起来的相关知识和体验，如物流服务的时效、作业方式等。若业内惯例要求物流服务水平相对较高，或客户过去曾经历过优质物流服务，则客户预期将较高。

（2）客户对服务的认知。客户对物流服务的体验来源于产品物流服务的各个方面，是企业基本可控的因素，具体包括以下内容：

① 人员沟通质量是指负责沟通的企业或物流代理企业服务人员能否通过与客户的良好接触提供个性化的服务。服务人员知识丰富、体谅客户处境等有助于提高客户服务认知。

② 订单释放数量是指企业有时出于供货、存货或其他原因会按实际情况释放（减少）部分订单的订货。尽管很多客户对此都有一定的心理准备，但是不能按时完成客户要求的订量会降低客户服务认知。

③ 信息质量是指企业或物流代理企业从客户的角度出发提供的产品目录、产品特征、发货时间等相关信息。企业及时为客户提供足够多的可用信息可提高客户服务认知。

④ 订购过程是指企业或物流代理企业在接收订单、处理订购过程时的效率和成功率。订购过程越简捷，越能提高客户服务认知。

⑤ 货品精确率是指实际配送商品和订单描述的商品一致的程度。货品精确率越高，越能提高客户服务认知。

⑥ 货品完好程度是指货品在配送过程中受损坏的程度。货品完好程度越高，越能提高客户服务认知。

⑦ 误差处理是指订单执行出现错误后的处理。若企业误差处理完全消除了客户的不满，则可避免客户的负面评价。

⑧ 时间性是指货品是否如期到达指定地点。货品能按客户的要求到达指定地点可提高客户服务认知。

实际上，客户所处的行业不同，其对物流服务所关注的要素会有所差异。比如生鲜品行业的客户比较重视时间性和货品完好程度，而建筑材料行业的客户则比较关心订购过程，因此企业需通过市场调查了解不同行业的客户对物流服务的独特要求，使物流服务在客户关注的方面有出色的表现，从而使客户认知与客户预期一致，以有效地降低物流客户服务成本。

## 子任务三　物流客户服务水平

| 学习领域 | 物流客户服务成本管理 |
| --- | --- |
| 学习情境 | 物流客户服务水平 |
| 任务描述 | 要求1：掌握物流客户服务的组成要素<br>要求2：掌握物流客户服务的外部衡量与内部衡量<br>要求3：掌握物流客户服务水平的确定方法<br>要求4：了解确定物流客户服务水平的注意事项 |

物流客户服务十分复杂，如何对其进行衡量一直是难以处理的问题。美国的研究结果认为：将物流客户作为一个整体来进行衡量是不现实的，较好的做法是先明确组成物流客户服务的各个要素，然后对各要素进行衡量，最后进行测量和评价。

1. 物流客户服务的组成要素

根据伯纳德与保罗的研究，所有的物流客户服务要素都可以根据其存在的阶段，被划分为三大类：

（1）发生在交易前的物流客户服务要素。

（2）发生在交易过程中的物流客户服务要素。

（3）发生在交易完成以后的物流客户服务要素。

1）存在于交易前的物流客户服务要素

（1）客户服务书面指南。它被用来向客户陈述企业的客户服务政策与标准，是企业对客户作出的有关客户服务的书面承诺。客户服务书面指南应该包括以下内容：

① 该指南的制定应当基于一定的客户服务战略，并能够与客户需求或其他因素匹配。

② 该指南应当明确给出客户服务要达到的具体水平。

③ 该指南应明确客户服务绩效评估的汇报制度，即确定由谁向何人汇报绩效评估结果及汇报的频率。

④ 该指南必须为客户提供相关的沟通方式，以便客户在企业承诺的服务水平没有兑现的情况下，能及时与企业取得联系。

⑤ 该指南必须具有实际可操作性。

（2）客户服务书面指南的沟通与提供。将客户服务书面指南提供给客户，与客户就指南进行沟通，并使其接受该指南。企业制定客户服务书面指南的目的是使其成为企业与客户沟通的桥梁，指南使客户知道他们可以期望什么服务，以避免产生不合理的期望。

（3）构建实施客户服务的相关组织结构。构建企业实施客户服务的相关组织结构时，必须明确管理客户服务的岗位职责和职权；必须建立起激励机制，以便激励客户服务岗位中的工作人员与企业其他职能部门的员工密切合作；必须保证客户能很方便地与企业内部的相关人员沟通。

（4）确保客户服务系统具有一定的柔性。客户服务系统的柔性是指该系统应对突发事件的能力。在现实中，总会出现一些让人意想不到的事件，如罢工、物料短缺和暴风雪、洪水等天灾人祸，为了有效地对无法预料的事件作出反应，保证客户服务水平不因这些突发事件而降低，柔性和应急计划必须被纳入系统之中。

（5）向客户提供管理服务。企业与客户之间的关系是互动的。一方面，企业应当服务于客户，满足他们的需求；另一方面，企业还需担负起管理客户的职责。提高客户管理水平，不但可以提高客户对企业的信任与依赖，而且可以使双方的合作更为愉快与默契。

2）存在于交易中的物流客户服务要素

存在于交易中的物流客户服务要素对企业销售具有直接的影响，因此企业往往给予这些要素最大的关注。对客户来说，这种要素是最直接、最明显和最重要的，它包括下列内容：

（1）订货周期；

（2）库存可用性；

（3）订单完成率；

（4）订单跟踪与订单状态信息；

（5）运输延迟与产品替代方案；

（6）灵活性。

3）存在于交易后的物流客户服务要素

物流客户服务交易后的要素主要用于支持产品的售后服务。从数量上讲，交易后的要素在所有物流客户服务要素中所占的比例比较低，而且在客户对不良服务的投诉中，交易后的要素也比其他类型的要素要少，因此这类要素往往被企业忽视。但是，由于努力使现有客户满意、留住现有客户比开发新客户更有效率，企业必须提高对这类要素的关注度。

2. 物流客户服务水平的衡量

所谓物流客户服务水平的衡量是指通过一定的技术与方法，测量与评价企业提供的物流客户服务所达到的水平。物流客户服务水平的衡量包括外部衡量和内部衡量。

1）外部衡量

外部衡量是指针对企业或物流部门的物流服务接收方进行的衡量与评估，是企业制定物流客户服务水平的主要来源。

外部衡量的目标主要体现在两方面：一是识别影响客户决策的最重要的物流客户服务要素；二是确定客户对企业所提供物流服务的感知程度，即客户对目前企业所提供的物流客户服务水平的满意程度，通过此信息可以获知企业的物流服务目前达到的一般水平，从而对企业进行相关决策提供依据。

外部衡量的内容包括：

（1）客户关注的物流服务清单要素。首先由企业根据客户的需求和企业资源状况提出清单，然后客户衡量自我需求和企业方案进行修订，最后双方就清单内容达成一致意见，拍板定案。鉴于不同企业的不同实际，清单会有不同内容，且差别很大。

现举例说明消费品生产企业物流客户服务要素清单内容。有关订单包括平均订货周期、订货周期的变动情况、整批发货的订单数、履行订单的准确性、处理紧急订单的能力、远程订单发送情况、订单状态信息等。有关库存信息的物流客户服务要素包括：库存变动情况、库存状态信息的可获得性。有关售后服务的物流客户服务要素有：对投诉采取的应对措施、退货政策、索赔处理。有关运输的物流客户服务要素包括：回程运费政策、选择承运商的能力、给愿意到分销商仓库取货的分销商的取货折扣。有关文书的客户服务要素有：开具发票的速度和准确度、开发票的程序等。此外在进行外部衡量时需要特别注意加入营销的因素。

（2）客户对物流客户服务要素重要性的认识。其目的是测试清单中各物流客户服务要素的重要程度，以便发现对于物流客户来说最重要的物流客户服务要素是哪些，从而帮助企业进行准确决策，可通过定量方法中抽样与调查问卷的方式进行。设计调查问卷，采用评比度量的方法进行。所谓评比度量法是指要求被访问者对该要素的重要性进行评价打分，通常可以采用5分制或者7分制，5分（7分）表示非常重要，1分表示非常不重要，客户针对每一个要素的分值进行选择。

该方法涉及两个分析指标：

① 加权平均值：$\text{mean} = \sum_{i=1}^{5(7)} i \times P_i$。

加权平均值越大，说明该要素越重要；加权平均值越小，说明该要素越不重要。

② 标准差 $\sigma = \sqrt{\sum_{i=1}^{5(7)} (i - \text{mean})^2}$。

【例7.1】 某企业对100个客户进行了访问。针对5个物流客户服务要素（要素代号为1~5），100个客户就其重要性选择了不同的分值，每个要素的各分值的被选百分比见表7-1。根据加权平均值与标准差公式，计算相应的加权平均值与标准差。

表7-1 各要素相应的加权平均值与标准差

| 要素代号 | 各分值被选百分比 | | | | | 加权平均值 | 方差 | 标准差 |
| --- | --- | --- | --- | --- | --- | --- | --- | --- |
| | 1 | 2 | 3 | 4 | 5 | | | |
| 1 | 2 | 12 | 36 | 25 | 25 | 3.59 | 1.1019 | 1.04971 |
| 2 | 14 | 16 | 30 | 23 | 17 | 3.13 | 1.6131 | 1.27007 |
| 3 | 1 | 26 | 46 | 24 | 3 | 3.02 | 0.6596 | 0.81215 |
| 4 | 30 | 14 | 1 | 35 | 20 | 3.01 | 2.4899 | 1.57794 |
| 5 | 7 | 23 | 45 | 13 | 12 | 3 | 1.12 | 1.05830 |

（3）确定客户对企业（主要竞争对手）所提供的物流服务的感觉。采用定量研究的方法，数据分析指标为均值，均值越大，客户越满意，均值越小，客户越不满意。

（4）客户心目中理想的物流客户服务。这是指询问客户对各种物流客户服务要素的具体期望值，如最理想的订货周期、最理想的送货频率等。用定量研究方法，主要针对一些关键的、可量化的要素测试该项内容。

（5）客户的基本特征（本质属性）。这是指客户的一些本质属性，其是划分客户类型的基本标准。研究目的是为进一步进行市场细分做准备。

外部衡量需通过一定的实施步骤，由相关机构予以实施。

首先，确定外部衡量的实施步骤如下：

① 通过一定的方式获得企业客户清单列表，并根据客户所处行业，对客户进行分类，然后针对不同行业的客户进行分类研究。

② 通过定性研究（主要以小组座谈会的形式，可以是多组式，也可以是单组式）的方式，确定某行业客户所关注的服务要素清单。

③ 通过定量研究的方式，根据上一步骤中确定的物流客户服务要素清单，设计调查问卷。建议对调查问卷实行概率抽样，可以以邮寄问卷、个人访问、电话访问等方式进行，三种方式各有优劣，现将比较情况列于表7-2，设计者可以根据需要选择合适的方式进行。

表7-2 比较情况

| 评价标准 | 邮寄问卷 | 个人访问 | 电话访问 |
| --- | --- | --- | --- |
| 处理复杂问题的能力 | 差 | 很好 | 好 |
| 收集大量信息的能力 | 一般 | 很好 | 好 |
| 敏感问题答案的标准差 | 好 | 一般 | 一般 |
| 对调研员效应的控制 | 很好 | 差 | 一般 |
| 样本控制 | 一般 | 很好 | 好 |
| 时间 | 一般 | 很好 | 好 |
| 灵活程度 | 差 | 很好 | 好 |

其次，确定外部衡量的实施机构。

当企业有专门的市场调研部门时，可以委托该部门进行外部衡量。如果企业没有自己专门的市场调研部门，可以采用如下方式：利用企业以外的专业市场研究公司；利用相关领域的咨询公司或具有特定专业知识的服务商；利用当地的大学。这类方法的优点在于企业可以进行隐秘性调查，防止误差和偏见；可以获得专业的市场研究服务，如问卷的设计更加出色、结论分析更准确透彻；可以增加问卷的重复率以增强研究效果。

2）内部衡量

内部衡量是针对提供物流客户服务的企业或者企业的某个提供物流客户服务的部门进行的，属于企业或相关部门的内部审计与检查。内部衡量与外部衡量往往同时进行，内部衡量的目的在于：

(1) 找出企业的物流客户服务与客户的要求之间是否真的存在差距。

(2) 了解企业内部的信息流与客户要求的对接是否通畅，包含衡量物流服务和报告物流服务的工作是否被有效实施。

内部衡量的内容包括：

(1) 目前企业内部如何对物流客户服务进行评价？

(2) 企业对物流客户服务评价指标是什么？

(3) 企业所提供的物流客户服务的绩效标准或目标是怎样的？

(4) 目前企业的物流客户服务达到什么水平？实际结果与目标的差距有多大？

(5) 企业物流客户服务评价指标是如何从企业的相关系统中获取的？

(6) 企业内部物流客户服务报告系统是怎样的？

(7) 企业各个职能部门（如物流部门和营销部门）通过何种方式来感知物流客户服务？

(8) 企业各个职能部门之间是怎样实现信息和控制面的沟通的？

内部衡量的实施过程如下：

通过企业现有的记录与数据收集相关的信息或者与管理层进行深度访谈，访谈针对关键部门的负责人。访谈的重点对象有订单处理、运输、仓储、库存管理、物料管理等部门的负责人。

## 子任务四　物流客户服务水平的确定

| 学习领域 | 物流客户服务成本管理 |
|---|---|
| 学习情境 | 物流客户服务水平的确定 |
| 任务描述 | 要求1：掌握物流客户服务水平确定的影响要素<br>要求2：掌握物流客户服务水平确定的方法 |

企业对其物流客户服务水平的提升并不是漫无止境的，高水平的物流客户服务以高成本作为支撑，而过高的成本势必影响企业的收益，进而会对企业的竞争力产生不利影响。因此，企业在提升物流客户服务水平时，还应充分注意服务水平合理化的问题。

1. 在合理设定物流客户服务水准方面应注意的问题

在合理设定物流客户服务水准方面，应注意以下几个问题：

(1) 开发差别化物流服务。

企业在制定物流服务要素和服务水准时，应当保证服务的差别化，即与其他企业物流客户服务相比具有鲜明的特色，这是保证高服务质量的基础，也是物流服务战略的重要特征。由于顾客的需求处在不断的发展和变化之中，在确定基本服务内容的基础上，多等级的物流客户服务或服务组合也势在必行。企业在决定物流客户服务时，应将其作为有限的经营资源对待，根据顾客的经营规模、类型和对本企业的销售贡献度的大小，将顾客分成不同的层次，按顾客的层次确定服务水平。

（2）在确定物流客户服务水平时，要权衡服务与成本之间的关系。

由于物流客户服务与成本之间存在"效益背反"的关系，高水平的物流服务必然导致较高的成本。因此，在加强物流客户服务管理的同时，明确相应的服务成本，从而保持成本与服务之间的一种均衡关系。物流客户服务水平的确定还应通盘考虑商品战略和地区销售战略、流通战略和竞争对手、物流系统所处的环境以及物流系统负责人所采取的方针等具体情况。

（3）对企业的物流客户服务水平要定期进行评估和改进。

对物流客户服务的实施情况，应根据市场形势、竞争对手状况、顾客的需求、商品特性等的变化，定期进行评估，检查有无索赔、有无误配、迟配、事故、破损等现象发生，了解当前服务水平是否达到规定的标准，以便进行相应的改进。

（4）借助外部资源，提高企业的物流客户服务水平。

物流功能外包方式对于企业物流服务的质量和效率的提高以及降低物流成本产生积极作用。首先，外包能够降低企业的物流成本。物流成本通常被认为是企业经营中较高的成本之一。工商企业将物流业务外包给专业物流公司，由专业物流管理人员和技术人员，充分利用专业化物流设备、设施和先进的信息系统，发挥专业化物流运作经验，有利于取得整体最佳的效果。同时，通过其先进的信息和通信技术，加强对在途物资的监控，及时发现、处理配送过程中的意外事件，保证货物及时、安全送达目的地。另外，产品的售后服务、退货处理、废弃物回收等工作也可由专业物流企业来承担。

（5）采用先进信息技术，实现信息共享。

物流客户服务与营销一体化离不开信息技术的强力支撑。近年来，很多企业借助计算机提高了管理工作效率，但是，企业在开发单个部门的应用程序时，往往没有一个统一的总体设计，没有建立一套规范的管理基础，各个单项业务之间即使联网也很难形成一个有机的整体，难以进行信息共享和整体优化。因此，企业必须实现信息集成，即任何一个数据，由一个部门/一个员工负责录入到系统中后，立即存储在指定的数据库中，并自动显示在所有相关的记录和报表上，所有管理人员可以方便地使用数据，并根据同一、实时信息作出决策，从而迅速响应市场变化，争取主动。具体而言，企业可以建立 MRP 或 ERP 系统，也应重视采用 EDI 或互联网技术，使物流与营销部门能够分享业务计划、顾客信息、库存情况等，使多余的交接工作、不确定性和延误程度降到最低，这样，对顾客需求的反应速度将大大加快。

2. 物流客户服务水平的确定方法

通常企业制定物流客户服务水平时，总是基于行业标准、行业惯例或管理人员对客户所需物流服务的主观判断，没有将客户的具体需求与市场竞争状况纳入考虑范围，同时，管理人员通常会为所有客户制定完全相同的物流客户服务水平。这种错误的做法浪费了企业有限的资源，降低了盈利能力，使物流客户服务水平无竞争力，从而影响了客户的满意度和信任度。

先介绍几种常用的物流客户服务水平的确定方法：

（1）以客户为导向制定物流客户服务水平。这是指以客户需求为中心，根据客户的需求来制定企业应当提供的物流客户服务水平。根据企业所作的物流客户服务外部衡量的结果，为客户重视程度高的客户服务要素提供客户心目中最理想的服务水平，并结合内部衡量的结果，分析客户的不满意要素、不满意程度及原因。

这种方法在客户重视的方面表现出色，可以获得较高的客户满意度，并且可以进一步获得较高的客户信任。但这种方法存在的问题是没有考虑成本与收益的衡量，可能会出现为低价值的客户（给企业带来的利润较少）提供高质量服务的状况，从而损害企业的经济利益；对竞争对手的表现考察不足，有可能导致企业在竞争中处于劣势。

（2）以成本收益为导向制定物流客户服务水平。企业提供的物流客户服务水平越高，企业为此耗费的成本也就越高，因此，企业不能一味地考虑客户的需求。更加合适的做法是：从企业的利益出发，将企业能从客户那里得到的收入与企业为其提供的服务所要支付的成本进行比较，选择利润较大的物流客户服务水平作为最终的服务水平。此法强调以成本最优化为基础，为实现企业整体利润服务。具体做法如下：

① 第一种是随着物流客户服务水平的提高，相关的狭义物流成本的总额以递增的速度增加，而由服务提升所带来的收入却以递减的速度增加。某一物流客户服务水平成为分界点。在该点之下，随着物流客户服务水平的上升，狭义物流成本的增加速度低于收入的增加速度；在该点之上，随着物流客户服务水平的上升，狭义物流成本的增加速度高于收入的增加速度。因此，该点便是能够帮助企业取得最大利润的物流客户服务水平点，如图7-1所示。

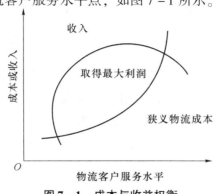

图7-1 成本与收益权衡

② 对客户进行 ABC 分析。客户与产品的 ABC 分析的核心思想是：根据客户与产品对企业的价值不同，为不同的客户与产品组合提供恰当的物流客户服务水平。这种方法源于：一些客户和产品比其他客户和产品更有利可图。因此，企业应该为营利性最大的客户-产品组合维持最高的物流客户服务水平。

ABC 分析法是 1879 年由意大利数理经济学家、社会学家维尔雷多·帕累托提出的，又称帕累托分析法、ABC 分类管理法、重点管理法等。它是根据事物在技术或经济方面的主要特征，对其进行分类、排队，分清重点元素和一般元素，以有区别地实施管理的一种分析方法。由于它把被分析的对象分成 A、B、C 三类，所以称为 ABC 分析法。人们关于 ABC 分析法发展了不同的定律与法则，其中理查德·考齐认为 80% 的收获来自 20% 的努力；80% 的销售额来自 20% 的客户，80% 的利润来自 20% 的客户。但这并不意味着只给带来 80% 的利润的 20% 的客户提供服务。因为企业为客户提供服务时不可能将客户明确地分类，80% 的客户里面可能有代表企业未来发展方向的客户，他们现在不是关键客户，将来可能会发展成为关键客户。企业不应该拘泥于暂时的利益。

利用"80/20 法则"要求区分一般客户、合适客户和关键客户，为关键客户提供优质服务，为一般客户提供基础可接受服务。利用 ABC 分析法，依据客户为企业带来的利润对某企业的所有客户进行分类，见表 7-3。

表 7-3 利用 ABC 分析法分类

| 客户类别 | 该类客户带来的利润占企业全部利润的比例/% | 该类客户数量占企业客户数量的比例/% |
| --- | --- | --- |
| 1 | 60 | 5 |
| 2 | 20 | 10 |
| 3 | 10 | 15 |
| 4 | 7 | 30 |
| 5 | 5 | 40 |

产品的 ABC 分析是指按照产品对企业利润的贡献不同，对它们进行 ABC 分析，为不同的产品提供不同的物流客户服务，能给企业带来最高价值的产品，与其相关联的物流客户服务也应该是最优质的，产品的 ABC 分析见表 7-4。

表7-4 利用ABC分析法对企业产品分类的结果

| 产品类别 | 该产品带来的利润占企业全部利润的比例/% | 该类产品种类数占企业产品总种类数的比例/% |
|---|---|---|
| A | 75 | 10 |
| B | 15 | 20 |
| C | 8 | 30 |
| D | 2 | 40 |

建立客户产品组合。根据客户-产品组合的重要性等级，制定恰当的物流客户服务水平。根据上例中的客户与产品ABC分析，建立客户-产品组合，见表7-5。

表7-5 客户-产品组合

| 产品类型<br>客户类别 | A | B | C | D |
|---|---|---|---|---|
| 1 | 1 | 2 | 6 | 10 |
| 2 | 3 | 4 | 7 | 12 |
| 3 | 5 | 8 | 13 | 16 |
| 4 | 9 | 14 | 15 | 19 |
| 5 | 11 | 17 | 18 | 20 |

重要性等级最高的客户-产品组合出现在1类客户购买的A类产品时，以下依次是1类客户购买B类产品时、2类客户购买A类产品时。企业可以通过建立客户-产品矩阵将各类产品-客户组合的重要性进行排序，然后为重要性等级最高的客户-产品组合提供客户心目中最理想的物流客户服务，为重要性等级低的客户-产品组合提供适合的或者可以接受的物流客户服务。

使用客户-产品ABC分析法制定物流客户服务水平时应注意的问题：①对于重要的关键客户，当其购买的产品类别有差别时，按照较高的水平提供服务。②根据客户-产品组合制定物流客户服务水平的关键是理解客户如何定义物流客户服务，识别哪些物流客户服务内容是最重要的，客户心目中的理想状态是怎样的，尤其对那些优先等级最高的客户-产品组合来说，为其提供何种水平的物流客户服务主要取决于客户对物流客户服务的要求。

（3）以竞争为导向制定物流客户服务水平。此方法强调以客户为中心，一切从客户需求出发。企业在制定物流客户服务水平时需考虑竞争对手的表现和其采取的策略,有时企业赢得客户,只需提供优于竞争对手的服务即可。核心思想是将竞争对手或物流客户服务标杆的服务表现,作为企业制定物流客户服务水平的参考,以制定具有竞争优势的物流客户服务水平。

虽然服务是物流企业的生存之道,但这并不意味着服务的项目越多越好。在确定提供哪些服务项目之前,必须利用好现有的客户资源,多与客户交流,识别客户最重视的各项服务及其相对重要性,进行优先排序,对重点和优良客户量身定做服务项目,避免在某些低层次服务项目上投入过度,反而降低企业利润。在服务的灵活性方面,客户是动态的,有时重点客户和非重点客户的角色有可能互相转换,因此,针对重点客户设计的服务项目也要根据对象的变化作出相应的调整。同时,客户的需求总是会随自身发展的具体情况而发生变化,因此,要积极行动起来适应并满足客户不断变化的服务需求。另外,增值服务是一个相对的概念,一旦这项服务在行业中普及开来,就要及时推出新的增值服务来争取更多的客户。在确立与客户的长期关系方面,现代物流企业不再是简单提供仓储和运输的实体,其业务面已经扩展到其他很多方面,不能将与客户的关系理解成一次、数次或短期的业务往来,在服务过程中一定要争取提高客户的满意度,与客户建立长期合作伙伴关系,稳定的业务是保证稳定的利润的必要条件。

客户服务水平只是一个笼统的概念,要对它进行量化研究,必须以一定的可以定量计算的指标来衡量。但采用怎样的指标来衡量客户服务水平呢?到目前为止,物流研究者还没有找到完美的方案,本书提出两种方案供物流从业者参考:

① 选择用户最关心的指标来衡量客户服务质量。比如说,用户打电话订购比萨,此时用户最关心的当然是在时间和空间上送货的准确性,这时可以用送货的准确性来衡量物流客户服务水平。值得注意的是,对于不同的行业,顾客关注的指标不完全一样。根据调查,在电子产品市场顾客比较看重误差处理的质量、方便性、时效性;而在生鲜品市场,顾客更看重送货的时效性及货品的完好程度。因此企业应根据自己的行业特点、产品特性,进行必要的客户调查,从客户的角度出发,确定物流客户服务水平衡量指标。

② 将企业的各种物流客户服务指标以加权法整合起来综合评价企业的物流客户服务水平,比如 $m = k_1 m_1 + k_2 m_2 + k_3 m_3 + \cdots$,$m_i$ 和 $k_i$ 分别表示第 $i$ 个衡量指标值及其权重。

显然第一种方法简单、易操作,但准确度不高,不能准确、全面地衡量企业的物流客户服务水平;第二种方法则刚好相反,相对来说比较准确而全面,但操作起来较困难。

## 学习任务小结

客户服务是在合适的时间和合适的场合,以合适的价格和合适的方式向合适的客户提供合适的产品和服务，使客户的需求得到满足，价值得到提高的活动过程。客户服务成本是一种隐含成本，是当服务水平令客户不满时产生的销售损失。该成本取决于客户对服务的感受、客户满意水平以及最终能否产生客户信任。客户服务成本包括现有客户所产生的销售损失和潜在客户所带来的销售损失。

企业对其物流客户服务水平的提升并不是漫无止境的，高水平的物流客户服务以高成本作为支撑，而过高的成本势必影响企业的收益，进而会对企业的竞争力产生不利影响。因此企业在提升物流客户服务水平时，还应充分注意服务水平合理化的问题。在合理设定物流客户服务水平方面，应注意以下几个问题：①开发差别化物流服务；②在确定物流客户服务水平时，要权衡服务与成本之间的关系；③对企业的物流客户服务水平要定期进行评估和改进；④借助外部资源，提高企业的物流客户服务水平；⑤采用先进的信息技术，实现信息共享。

**物流服务水平导向下的企业物流成本最优决策问题研究**

(位春苗，黄淮学院国际学院，物流技术，2014年第33卷第7期)

1. 引言

随着企业物流运作市场环境的变化，物流成本随着小批量、多批次、准时化等个性化高水平物流服务需求以及其他附加性物流服务需求的增多而呈现快速上涨趋势，企业经营管理决策中的一个重要问题就是如何重新评判和界定物流服务水平、处理好物流服务水平和物流成本之间的关系。从市场行为来看，企业物流服务给客户带来的价值取决于其功能效用，企业制定物流服务水平决策的过程实际是一种博弈，根据客户物流服务需求水平的分布和效用结构，即可得出实施不同物流服务水平所对应的物流成本结构，从而得出不同物流服务水平下的功能效用值，在物流成本结构和物流服务水平之间取得最佳均衡。

2. 物流服务水平与客户效用结构

一般来说，企业向客户提供物流服务可以为其带来下面两个层面的效用或价值：一是基本物流服务效用，它作为一种基本保障性服务满足所有物流客户的共同性需求；二是附加增值型服务效用，它满足具有个性化需求且超越基本性服务保障的更高水平的需求或价值诉求。从市场竞争的角度来看上述两个层面的效用是提升企业物流服务竞争力的充分必要条件。根据以上分析可以将企业向客户提供的单位物流服务效用 $R$ 表示为：

$$R = \varepsilon_1 r_1 + \varepsilon_2 r_2$$

式中，$r_1$ 为单位基本物流服务为物流客户提供的基本效用，$r_2$ 为单位附加增值型服务为物流客户提供的效用，系数 $\varepsilon_1$、$\varepsilon_2$ 分别为物流客户对企业所提供的两个层次的物流服务所具有的偏好程度，即客户所认为的两种层次提供的基本效用，亦即客户所认为的两种层次服务的价值，并且有 $\varepsilon_1 > 0$，$\varepsilon_2 > 0$，$\varepsilon_1 + \varepsilon_2 = 1$。

不同的物流客户其物流服务需求的侧重点也不相同，从而可以将物流客户划分为两大需求类型，一类客户为满足基本物流服务需求功能之后即可获得较高的满意度。另一类客户追求物流服务的附加增值功能并愿意为此付出较高的购买价格以享受高水平、高层次的物流服务。$r_1$ 和 $r_2$ 代表了不同水平的物流服务，由于物流服务的基本功能不可或缺，而附加增值型物流服务则是可以选择的，因此在任何时候都可以不考虑需求附加增值型服务的物流客户，这时 $\varepsilon_2 = 0$，但不能不考虑需求基本保障型物流服务的客户，所以 $\varepsilon_1 \neq 0$，因此在具有不同需求偏好的物流客户群中 $\varepsilon_1$ 一定有一个最小的正值，计为 $\lambda$，于是有 $\lambda \leq \varepsilon_1 \leq 1$。

从物流客户的角度来看企业所提供的物流服务水平是否令其满意，唯一的判断标准就是评判物流服务所产生的基本服务效用和附加增值效用与物流服务的价值水平是否匹配或相当，因此效用函数 $R$ 实际上是一个二维效用，这个效用的大小可以表明企业提供的物流服务于物流客户需求之间的匹配程度以及客户满意度的高低。

3. 不同物流服务水平所对应的物流成本模型的构建与分析

1）物流服务水平与物流成本的单目标规划模型

客户在未接受企业的物流服务之前，心中存在一个预先想象的物流服务水平，称为物流服务客户预期水平，客户为了这个预期水平所愿意支付的购买价格称为物流服务客户预期价值。很明显，物流服务客户预期水平中两个层次的物流服务对客户的效用或价值都等于 1，其效用总和也等于 1，物流客户对单位物流服务的最高预期价值为 $\psi$，即客户愿意为效用值为 1 的单位物流服务支付 $\psi$ 的金额来购买。假设客户愿意支付的购买价格随着单位物流服务的效用值呈现线性递增，效用值为 $R$ 的单位物流服务客户所愿意支付的购买价格为 $R \times \psi$。

假设企业向客户提供单位物流服务的成本为 $A$，从中可以获得的利润为 $\Pi$，那么可以构建如下物流服务水平与物流成本的单目标约束规划模型：

$$\begin{cases} \max \Pi = \max(R \times \psi - A) \\ R = \varepsilon_1 r_1 + \varepsilon_2 r_2 \\ \varepsilon_1 + \varepsilon_2 = 1 \\ \lambda \leq \varepsilon_1 \leq 1 \end{cases}$$

2）物流成本和物流服务水平临界点的分析

假设企业向物流客户提供的物流服务水平为 $\alpha$（$0 \leq \alpha < 1$）时的单位物流服务所带来的效用为 $R_\alpha$，耗费的成本为 $A_\alpha$，客户愿意为服务水平为 $\alpha$ 的物流服务

支付的最高预期价值为 $\psi_\alpha$，那么企业向客户提供服务的水平为 $\alpha$ 时其单位物流效用的效益 $\Pi_\alpha$ 可以用下式表示：

$$\Pi_\alpha = R_\alpha \psi_\alpha - A_\alpha$$

当企业将物流服务水平提高到 $\beta$（$0 < \beta \leq 1$，$\alpha < \beta$）时，其单位物流服务所产生的效用为 $R_\beta$，耗费的成本为 $A_\beta$，客户愿意为服务水平为 $\beta$ 的物流服务支付的最高预期价值为 $\psi_\beta$，那么企业向客户提供服务的水平为 $\beta$ 时其单位物流效用的效益 $\Pi_\beta$ 可以用下式表示：

$$\Pi_\beta = R_\beta \psi_\beta - A_\beta$$

由于企业以利润最大化为导向进行物流服务水平决策，所以当 $\Pi_\alpha > \Pi_\beta$ 时企业会选择 $\alpha$ 的物流服务水平以获取较大的单位物流服务收益；如果 $\Pi_\alpha < \Pi_\beta$，那么企业就会选择 $\beta$ 的物流服务水平来获得较大的物流服务收益；如果 $\Pi_\alpha = \Pi_\beta$，那么企业在保证单位物流服务收益最优的前提下就可以根据客户的具体需求和企业的成本结构来自由确定物流服务水平。

假设企业确定以 $\alpha$ 的服务水平向客户提供物流服务，其给客户创造的基本效用和增值效用分别为 $r_{1\alpha}$、$r_{2\alpha}$；相应地以 $\beta$ 的服务水平进行物流服务给客户创造的效用分别为 $r_{1\beta}$、$r_{2\beta}$，则物流客户在两种物流服务水平下获取的单位物流服务效用分别 $R_\alpha = r_{1\alpha} + r_{2\alpha}$，$R_\beta = r_{1\beta} + r_{2\beta}$。当 $\varepsilon_1 + \varepsilon_2 = 1$ 时，如果存在 $\psi_\alpha(r_{1\alpha} - r_{2\alpha}) - \psi_\beta(r_{1\beta} - r_{2\beta}) > 0$，那么就有 $\varepsilon_1 > \dfrac{(A_\alpha - A_\beta) - (\psi_\beta r_{2\alpha} - \psi_\beta r_{2\beta})}{\psi_\alpha(r_{1\alpha} - r_{2\alpha}) - \psi_\beta(r_{1\beta} - r_{2\beta})}$；如果 $\psi_\alpha(r_{1\alpha} - r_{2\alpha}) - \psi_\beta(r_{1\beta} - r_{2\beta}) < 0$，那么就有 $\varepsilon_1 < \dfrac{(A_\alpha - A_\beta) - (\psi_\alpha r_{2\alpha} - \psi_\beta r_{2\beta})}{\psi_\alpha(r_{1\alpha} - r_{2\alpha}) - \psi_\beta(r_{1\beta} - r_{2\beta})}$，在这种情况下客户会选择服务水平为 $\alpha$ 的物流服务，而不是选择服务水平为 $\beta$ 的物流服务。

如果 $\Pi_\alpha < \Pi_\beta$ 且 $\psi_\alpha(r_{1\alpha} - r_{2\alpha}) - \psi_\beta(r_{1\beta} - r_{2\beta}) < 0$，则有 $\varepsilon_2 > \dfrac{(\psi_\beta r_{1\beta} - \psi_\alpha r_{1\alpha}) - (A_\beta - A_\alpha)}{\psi_\beta(r_{1\beta} - r_{2\beta}) - \psi_\alpha(r_{1\alpha} - r_{2\alpha})}$，如果 $\psi_\alpha(r_{1\alpha} - r_{2\alpha}) - \psi_\beta(r_{1\beta} - r_{2\beta}) > 0$，则存在 $\varepsilon_2 < \dfrac{(\psi_\beta r_{1\beta} - \psi_\alpha r_{1\alpha}) - (A_\beta - A_\alpha)}{\psi_\beta(r_{1\beta} - r_{2\beta}) - \psi_\alpha(r_{1\alpha} - r_{2\alpha})}$，这时物流客户选择服务水平为 $\beta$ 的物流服务，而不是选择服务水平为 $\alpha$ 的物流服务。

对于 $\Pi_\alpha = \Pi_\beta$ 的情况可以选择 $\varepsilon_1$ 存在一个唯一值，令其为 $\varepsilon_1^*$，则 $\varepsilon_1^* = \dfrac{(A_\alpha - A_\beta) - (\psi_\alpha r_{2\alpha} - \psi_\beta r_{2\beta})}{\psi_\alpha(r_{1\alpha} - r_{2\alpha}) - \psi_\beta(r_{1\beta} - r_{2\beta})}$，这时客户选择服务水平为 $\alpha$ 的物流服务和选择服务水平为 $\beta$ 的物流服务的概率是相等的，也就是说无论选择哪种水平的服务，客户所获得的效用是不变的。

从以上分析可以看出，在条件 $\varepsilon_1 = \varepsilon_1^*$ 下，客户对于两种水平的物流服务具有相同的接受意愿，同理可以知道在条件 $\psi_\alpha(r_{1\alpha} - r_{2\alpha}) - \psi_\beta(r_{1\beta} - r_{2\beta}) > 0$ 且 $\varepsilon_1 > \varepsilon_1^*$ 成立时，这样的物流客户会更倾向于接受服务水平为 $\alpha$ 的物流服务，如果

$\varepsilon_1 < \varepsilon_1^*$，则这样的物流客户更愿意接受服务水平为 $\beta$ 的物流服务。反过来如果存在条件 $\psi_\alpha(r_{1\alpha} - r_{2\alpha}) - \psi_\beta(r_{1\beta} - r_{2\beta}) < 0$，则情况相反。所以如果客户对两种层次的物流服务效用或价值功能的偏好呈均匀分布，就可以根据 $\varepsilon_1^*$ 的值对客户群进行划分，企业物流服务水平决策也主要以此为依据进行制定。

4. 基于纳什均衡的企业物流服务最优成本决策

企业在制定物流服务水平的过程中，任意两个不同的物流服务水平在基本效用上的差为 $r_{1\beta} - r_{1\alpha}$，在附加值上的效用差为 $r_{2\beta} - r_{2\alpha}$，如果客户的物流服务总需求数量确定，同时客户对两种层次的物流服务功能具有不同偏好，并且这种偏好使两种不同类型的物流服务购买数量呈均匀分布，那么随着 $\varepsilon_1^*$ 的减小，偏好附加值型物流服务功能的客户数量也随之减小，而偏好基本物流服务功能的客户数量就会增加，反之亦然。

所以企业在确定和调整物流服务水平决策时就应该根据等式 $\varepsilon_1^* = \dfrac{(A_\alpha - A_\beta) - (\psi_\alpha r_{2\alpha} - \psi_\beta r_{2\beta})}{\psi_\alpha(r_{1\alpha} - r_{2\alpha}) - \psi_\beta(r_{1\beta} - r_{2\beta})}$ 来考虑如何通过变量控制来影响其值的大小，该式中物流服务成本作为变量存在，所以企业不仅可以通过调整两个层次的物流服务功能来影响 $r_1$ 和 $r_2$ 的值，而且还可以通过不同的物流服务成本策略来实现物流服务水平与成本的最佳均衡。假设客户物流服务的有效需求数量为 $M$，其中基本型物流服务需求数量为 $m_1$，附加值型物流服务需求数量为 $m_2$，且 $M = m_1 + m_2$，考虑到物流服务市场的实际运作情况，客户物流服务有效需求总量 $M$ 应该依据其对两种功能型物流服务的偏好系数，即 $\varepsilon_1$ 和 $\varepsilon_2$ 的大小而均匀分布，同时又考虑到 $\lambda \leqslant \varepsilon_1 \leqslant 1$，所以有：$m_1 = M\dfrac{1 - \varepsilon_1^*}{1 - \lambda}$，$m_2 = M\dfrac{\varepsilon_1^* - \lambda}{1 - \lambda}$。

假设客户在物流服务水平 $\alpha$ 和 $\beta$ 下需要向企业支付的单位物流服务购买价格分别为 $P_\alpha$ 和 $P_\beta$，两种服务水平下企业可以获得的利润分别为 $\Pi_\alpha$ 和 $\Pi_\beta$。当有条件 $\psi_\alpha(r_{1\alpha} - r_{2\alpha}) > \psi_\beta(r_{1\beta} - r_{2\beta})$ 成立时，可以得到：

$$\Pi_\alpha = (P_\alpha - A_\alpha)m_1 = (P_\alpha - A_\alpha)M\dfrac{1 - \varepsilon_1^*}{1 - \lambda}$$

$$\Pi_\beta = (P_\beta - A_\beta)m_2 = (P_\beta - A_\beta)M\dfrac{\varepsilon_1^* - \lambda}{1 - \lambda}$$

如果 $\psi_\alpha(r_{1\alpha} - r_{2\alpha}) < \psi_\beta(r_{1\beta} - r_{2\beta})$，则有

$$\Pi_\alpha = (P_\alpha - A_\alpha)m_2 = (P_\alpha - A_\alpha)M\dfrac{\varepsilon_1^* - \lambda}{1 - \lambda}$$

$$\Pi_\beta = (P_\beta - A_\beta)m_1 = (P_\beta - A_\beta)M\dfrac{1 - \varepsilon_1^*}{1 - \lambda}$$

对式中 $A_\alpha$ 求一阶导数并令其为 0 即可得到 $\alpha$ 服务水平下的物流成本，即

$$A_\alpha = \dfrac{(\psi_\alpha r_{1\alpha} - \psi_\beta r_{1\beta})}{2}$$

考虑到 $\frac{\partial^2 \Pi_\alpha}{\partial (A_\alpha)^2} > 0$，可以认为所得到的 $A_\alpha$ 值就是企业在提供服务水平为 $\alpha$ 的物流服务并获得最大利润时的最小物流成本，即认为企业实现了物流服务水平与物流成本的最佳均衡。采取同样的方法可以获得企业在提供服务水平为 $\beta$ 的物流服务时的成本 $A_\beta$，即

$$A_\beta = \frac{A_\alpha + P_\beta - \lambda(\psi_\alpha r_{1\alpha} - \psi_\beta r_{2\beta}) - (1-\lambda)(\psi_\alpha r_{2\alpha} - \psi_\beta r_{2\beta})}{2}$$

将 $A_\alpha$ 和 $A_\beta$ 联立即可求出基于纳什均衡的两种不同服务水平下企业的最优物流成本决策，即

$$A_\alpha^* = \frac{2P_\alpha + P_\beta + (2-\lambda)(\psi_\alpha r_{1\alpha} - \psi_\beta r_{1\beta}) - (1-\lambda)(\psi_\alpha r_{2\alpha} - \psi_\beta r_{2\beta})}{3}$$

$$A_\beta^* = \frac{P_\alpha + 2P_\beta + (1-2\lambda)(\psi_\alpha r_{1\alpha} - \psi_\beta r_{1\beta}) - 2(1-\lambda)(\psi_\alpha r_{2\alpha} - \psi_\beta r_{2\beta})}{3}$$

如果 $\psi_\alpha(r_{1\alpha} - r_{2\alpha}) > \psi_\beta(r_{1\beta} - r_{2\beta})$ 成立，仍然可以根据以上方法计算出两种不同物流服务水平下企业的最优物流成本策略，即 $A_\alpha^*$ 和 $A_\beta^*$ 的值可以唯一确定。

5. 总结

本文以物流服务水平为导向研究了企业利润最大化目标下物流成本最优决策的问题，将企业的物流服务水平划分为 $\alpha$ 和 $\beta$ 两种类型进行博弈分析，并在相关假设的基础上经过模型推导和计算得出了基于纳什均衡的企业物流成本最优决策方法。事实上企业在进行物流服务水平决策时要面临无限多个服务水平之间的博弈，之所以选取两种水平层次是为了简化分析的需要，于是本文通过将多目标决策问题向博弈问题转化获得了令人较为满意的解释和研究，企业物流服务经营管理决策人员要根据物流客户的偏好和物流服务效用等情况，从众多博弈解中选择最令人满意的解来决定选择何种物流服务水平以及相对应的物流服务成本。

## 技能练习

### 一、选择题

1. 下列（　　）不是莱隆德（Lalongde）和金斯哲（Zinszer）所认为的客户服务的观点。
   A. 一种活动　　　　　　　　B. 绩效水平
   C. 管理理念　　　　　　　　D. 管理模式
2. 物流客户服务的标准可以用"7R"来描述，下列不属于该内容的是（　　）。
   A. 合适的时间　　　　　　　B. 合适的目的
   C. 合适的地点　　　　　　　D. 合适的顾客

3. 关于物流客户服务量度标准，下列表述正确的是（    ）。
   A. 标准应该只反映整体目标
   B. 标准应该具有稳定性，一经确定不得随意更改
   C. 标准应该具有代表性，特别注意关键指标
   D. 量度标准应该高于一般水平
4. 关于物流客户服务成本的特点表述，不正确的是（    ）。
   A. 物流客户服务成本是一种隐性成本
   B. 物流客户服务成本具有连锁放大效应
   C. 物流客户服务成本的产生具有不确定性
   D. 物流客户服务成本不好衡量
5. 下列（    ）不属于存在于交易中的物流客户服务要素。
   A. 订货周期　　　　　　　　B. 库存可用性
   C. 订单完成率　　　　　　　D. 顾客投诉处理
6. 组织结构属于物流客户服务要素中的（    ）。
   A. 交易前要素　　　　　　　B. 综合要素
   C. 交易中要素　　　　　　　D. 交易后要素
7. 订货周期属于物流客户服务要素中的（    ）。
   A. 交易前要素　　　　　　　B. 综合要素
   C. 交易中要素　　　　　　　D. 交易后要素
8. 维修中的产品替代属于物流客户服务要素中的（    ）。
   A. 交易前要素　　　　　　　B. 综合要素
   C. 交易中要素　　　　　　　D. 交易后要素

## 二、判断题

1. 客户服务通常是物流企业的重要因素，它直接关系到企业的市场营销。（    ）
2. 目前，物流行业呈现不断发展的趋势，即期望通过服务使产品差异化，通过为客户提供增值服务与竞争对手有所区别。（    ）
3. 客户对服务的信息要求是滞后的，对距离的要求是零。（    ）
4. 客户服务是一种附加服务，目的只是获取经济利益。（    ）
5. 物流客户服务是企业实现差别化营销的主要方式和途径。（    ）
6. 物流客户服务应从属于附加产品的范畴，它不同于一般传统意义上的服务，而是强调其是能够为所有供应链成员实现价值增值的一系列活动。（    ）
7. 在具体实践中，应将尊重客户权利作为企业的天职，认真履行应尽的义务。（    ）
8. 物流服务的宗旨是在服务数量与品质上都要使货主满意。（    ）

9. "客户永远是对的"的服务是从一时一事的角度界定的,是一个主观的界定。（    ）

10. 物流客户服务的移动性要求试图以客户服务制胜的企业必须不断开发出新方法,使客户了解其价值。（    ）

## 三、案例分析

### （一）UPS 的特色物流服务

1907 年,美国人吉米·凯西创立了 UPS（联合包裹公司）。它现有 34 万工作人员、2 400 多个分送中心、16 万辆运送车、610 架飞机,并提供门到门的收件和送件服务。UPS 能在全球快递业中独占鳌头,是与其富有特色的物流服务密切相关的,其特色服务如下:

（1）货物快递快捷。

UPS 规定:国际快件在 3 个工作日内被送达目的地;国内快件保证在翌日上午 8 点以前被送达目的地。在美国国内接到客户电话时,要在 1 小时内上门取件,并当场由微型计算机办理好托运手续。20 世纪 90 年代,UPS 又在 180 个国家,开设了 24 小时服务的"下一航班送达"业务。UPS 坚持"快速、可靠"的服务准则,获得了"物有所值的最佳服务"的声誉。

（2）报关代理和信息服务。

UPS 投资数亿美元建立起全球网络和技术基础设施,建立"报关代理自动化系统",UPS 的计算机报关信息系统为企业节省了时间,提高了效益。

（3）货物即时追踪服务。

UPS 的即时追踪系统是目前世界上快递业中最大、最先进的信息追踪系统。其实行"一物一码"追踪,非互联网用户可以用电话咨询客户服务中心。

（4）先进的包裹管理服务。

UPS 建立的亚特兰大信息数据中心汇总世界各地的包裹资料。通过"传递信息读取装置"摄取客户签字,再把签名输送到信息数据中心,实现无纸化操作,提高 UPS 服务的可靠性。

（5）包装检验与设计服务。

UPS 设在芝加哥的服务中心数据库中,抗震的、抗挤压的、防泄漏的各种包装案例应有尽有。服务中心的包装方式为企业节省了材料费和运输费,被誉为"超值服务"。

**案例思考（一）:**

（1）UPS 在货物运送方面,制定了怎样的时间标准？这样的标准对 UPS 来说能够实现吗？

(2) UPS 为顾客提供了哪些增值服务？它如何通过有特色的物流服务使顾客受益？

## （二）北欧航空公司的重建

北欧航空公司在 20 世纪 80 年代初期因业绩衰退而陷入赤字困境。时任关系企业总经理的卡尔森临危受命，接任总公司的总经理一职，开始重建工作。

卡尔森没有像其他公司那样裁减员工、削减经费，而是采取了完全不同的做法。他认为经营上最重要的是在全球各地的一线员工与客户的接触过程中（每天大约五万人次），使客户满意，这是决定公司业绩的主要因素。

为了使公司上下能够统一思想，卡尔森召集 150 名高级职员、经理，进行长达 3 周的集中会议，然后由他们将会议精神灌输给所有的员工。卡尔森对企业文化、员工价值观和行动习惯都进行了改革。

与此同时，还有一项改革就是设立"欧洲级"座位，卡尔森针对那些从正规途径购买机票的商人特别开辟问题解决渠道，受到了极佳的评价。每当出现飞机延误情况，卡尔森必定亲自打电话了解原因，以彻底实施准确的时刻管理。

除了服务的改革之外，卡尔森还努力排除公司内部的阻碍，发掘内部组织、制度及手续上可能影响客户满意度的问题，并加以解决。通过采取这些措施，顾客对北欧航空的印象果然改观，北欧航空公司在很短的时间内即扭亏为盈，成功地完成了公司重建的任务。

### 案例思考（二）：

（1）卡尔森为什么将着眼点置于从业人员与客户的接触过程？
（2）卡尔森是如何巩固和开发客户的？这样做有什么意义？

学习任务八
# 物流成本分析与预算管理

**任务描述**

近年来浙江移动致力于打造以"全面优质管理"为核心的战略管理体系，对企业外部环境、发展战略、业务发展规划、网络建设、投资效益等进行全方位的分析，实现由经验型管理向分析型管理的转变。在此基础上，浙江移动以战略目标为起点，建立了与企业实物流、资金流、信息流和人力资源流要求一致的经营指标体系，推行了全面预算管理。它全面改变了企业成本效益的观念与方式，使企业从"定性管理"转向"定量管理"、从"事后核算"转向"事前控制"，结合企业的优势来规划企业发展，根据成本费用结构比率调整企业内部成本费用控制体系，调整管理决策，从而量化经营发展的宏伟理想。

1. 结合相关环节强化过程控制

浙江移动认为，只有将预算管理与业务规划相结合，与关键绩效指标（KPI）体系挂钩，通过及时的滚动报告与滚动预测，才能有效提升管理水平。为此，浙江移动将全面预算工作与公司全年的发展课题相结合，结合 PDCA 循环，通过一系列对管理制度和流程的改进，完善全面预算管理体系。浙江移动各部门根据全年的战略目标，确定业务、服务、网络等发展课题，同时依据发展课题及其关键措施，确定收入、成本等完整的预算指标，最终形成业务预算、资本投资预算、资金利润预算、薪酬福利预算和管理费用预算，从而进一步优化资源配置。浙江移动提出的预算规则是——战略规划是起点，保本、保利是基础，目标多元化（财务、业务）是要点，量入为出、以收抵支是关键。同时，浙江移动在预算过程中引入了 PDCA 循环，建设了以发展课题为基础的"计划—预算—记录/分析—监控"闭环预算管理体系。在预算编制过程中，一方面以发展课题为基础，另一方面引入预算招标法，由公司将全年总的经营目标预算及计分考核方法进行挂牌公布，各预算责任中心根据自身的实际情况以及承担的课题情况进行竞投，从而使公司的现金流、盈利能力和成长能力三者达到平衡。依据 PDCA 循环法则，浙江移动设立多级预算控制体系，将各责任中心的一切收支纳入预算，加大考核力度，合理控制各项成本费用开支；通过预算执行情况分析，对公司业绩进行评价，并为公司下一阶段的经营预测提供依据。在预算编制过程中，浙江移动坚持做到四个"结合"——结合经济发展环境、结合市场竞争形势、结合公司经营战略、结合统计分析数据;实现两个"零"——管理费用零增长和非生产性投资零增长;一个"匹配"——市场营销费用增长与输入增长匹配;一个"控制"——网络费用支出的合理控制。

2. "全面、全额、全员"预算管理

全面预算是一项涵盖企业投资、经营和财务等所涉及的所有方面的科学控制行为,具有"全面、全额、全员"的特征,它必须围绕市场中心渗透到企业管理的所有方面,以成本效益为核心统揽企业的全局。运营支出预算是全面预算工作的重点。浙江移动按照总量控制、切块安排、重点突出的原则,通过分析业务利润变化率趋势和客户积分计划的实施情况,适当调整营销费用及相关财务指标的预算,保证合理的用户保留成本和新增用户的发展成本,把资源重点配置到有利于公司增加收入的项目上来,做到了原则性与灵活性的统一。全面预算要从三项管理上下功夫:一要加强工程项目管理,把好三个关——立项审核关、投资预算控制关、项目验收关;二要加强物资资产管理,建立统一的库存物资管理体系,完成固定资产清账和处理工作,落实固定资产管理责任;三要加强欠费管理。在此基础上,通过 MIS 系统预算控制管理功能,实现预算工作的"系统化、扁平化、信息化、精细化"。

## 任务分析

通过本案例中浙江移动的全面预算管理,可以发现全面预算管理对企业的影响,读者要了解企业物流成本的构成;了解固定成本、变动成本、混合成本,以及混合成本的类型;了解本－量－利分析的条件是什么以及预算管理的内容是什么。

## 知识目标

通过对任务的分析,可以更清楚地了解到物流成本性态和预算管理的重要性。首先需要了解混合成本的构成,其次要掌握保本点、保利点是如何分析的。了解对物流成本性态的分类,才能掌握混合成本的分解方法。

## 技能目标

通过对任务的分析,能更清楚地认识到需要掌握哪些技能,才能更好地为物流成本管理服务。为了管理物流成本,需要熟练掌握物流成本性态的类别,在实际应用中能够知道用哪些方法可以分解混合成本;熟练掌握本－量－利分析;熟练掌握成本预算的方法,能够应用历史成本法分解混合成本;熟练掌握预算管理的常用方法。

# 子任务一 物流成本性态分析

| 学习领域 | 物流成本分析与预算管理 |
|---|---|
| 学习情境 | 物流成本性态分析 |
| 任务描述 | 要求1：了解物流成本性态的分类<br>要求2：掌握变动成本、固定成本、混合成本的特点<br>要求3：掌握混合成本的分解方法，并会应用 |

成本性态也称为成本习性，是指成本总额与业务总量（产量或销售量）之间的依存关系。成本总额与业务总量之间的关系是客观存在的，而且具有一定的规律性。在一定的业务量范围内，一项特定的成本可能随着业务量的变化而增加、减少或者不变，这就是不同的成本表现出的不同的性态特性。

研究物流成本与物流业务量之间的依存关系，分析物流成本的性态，不仅有利于企业事前对成本的控制以及挖掘降低物流成本的潜力，而且有助于企业进行科学的预测、规划、决策和控制。按成本的性态，可将企业的全部成本划分为变动成本、固定成本和混合成本。

## 一、变动成本

变动成本是指其发生总额随业务量的增减变化而近似呈正比例变化的成本。变动成本总额随着业务量的变化呈正比例变化，而其单位变动成本具有不变性，如运输企业支付的油料、过桥费、业务租金等。

【例 8.1】 某运输企业有 10 辆大货车，耗油定额标准为 4.5 升/百吨千米，求企业在货运量为 2 000 吨千米、5 000 吨千米、8 000 吨千米、10 000 吨千米时的耗油成本。

解：计算结果见表 8-1。

表 8-1 某运输企业的耗油成本

| 运输量/<br>吨千米 | 耗油总量/<br>升 | 油价/<br>（元·升$^{-1}$） | 油耗总成本/<br>元 | 每百吨千米油耗成本/<br>（元·百吨千米$^{-1}$） |
|---|---|---|---|---|
| 2 000 | 90 | 3.8 | 342 | 17.1 |
| 5 000 | 225 | 3.8 | 855 | 17.1 |
| 8 000 | 360 | 3.8 | 1 368 | 17.1 |
| 10 000 | 450 | 3.8 | 1 710 | 17.1 |

从表 8-1 中可以看出，企业单位业务负担的油耗成本保持不变，企业总油耗成本与业务量呈正比例关系，即企业的运输量增加，企业的总油耗也随之增加；当企业的运输量减少时，企业的总油耗也会随之减少。可以通过图 8-1 来具体反映运输量与变动成本的关系。

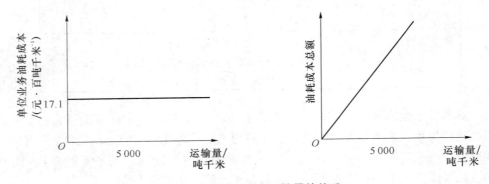

图 8-1 变动成本与运输量的关系

单位变动成本按其在支出时发生的"原因"，可以进一步分为技术性变动成本和酌量性变动成本两类。

1. 技术性变动成本

技术性变动成本也称为约束性变动成本，是指单位成本由客观因素决定，消耗量由设备或操作者等技术因素决定的那部分变动成本。企业管理者的决策无法改变其支出数额，它是与业务量有明确技术或实务关系的变动成本，如生产成本中主要受设计方案影响的成本。

2. 酌量性变动成本

酌量性变动成本，是指单位产品受企业管理者决策影响的那部分变动成本，如某种原材料，在规格、质量、单耗一定的前提下，由于采购地、供货单位不同而出现不同的采购价格。

酌量性变动成本的高低受企业管理者决策的影响，如按照销售收入的一定比例支付的销售佣金和技术转让费、采用计件工资制度时的单位计件工资等。

变动成本的水平一般用单位业务量的耗费额来表示。在一定条件下，单位变动成本不受业务量的影响，直接反映企业多项生产要素的消耗水平。所以，降低变动成本水平，应从提高企业技术水平、降低单位业务量的消耗水平入手，如对驾驶员进行培训，介绍节油方法；加强汽车维修保养；更新设备；优化劳动组合等都是降低物流企业变动成本的有效措施。

## 二、固定成本

固定成本又称为固定费用，相对于变动成本，它是指成本总额在一定时期和一定业务量范围内，不受业务量增减变动影响而保持不变的成本。如某企业拥有 10 辆汽车，租用 3 000 平方米的仓库和办公室，有 20 名固定员工，则汽车折旧、仓库租赁费、管理人员的工资等在企业的一定经营期间和一定业务量范围内保持不变。

【例 8.2】 某运输企业，有 10 辆大货车、15 名固定的员工，则汽车等固定资产折旧、租金、财产保险和不动产税、管理人员的工资、信息费和广告费等的总额，每月共 50 000 元，则企业每吨千米的固定成本见表 8 - 2。

表 8 - 2　某企业的固定成本资料

| 业务量/<br>吨 | 总固定成本/<br>元 | 每吨千米负担的固定成本/<br>（元·每吨千米$^{-1}$） |
| --- | --- | --- |
| 1 000 | 50 000 | 50 |
| 3 000 | 50 000 | 16.67 |
| 5 000 | 50 000 | 10 |
| 10 000 | 50 000 | 5 |

从表 8 - 2 中可以看出，固定成本具有以下特点：

固定成本的特征在于它在一定时间范围和业务量范围内其总额维持不变，但是，相对于单位业务量而言，单位业务量所分摊（负担）的固定成本与业务量的增减呈反向变动，其特点可以通过图 8 - 2 来体现。

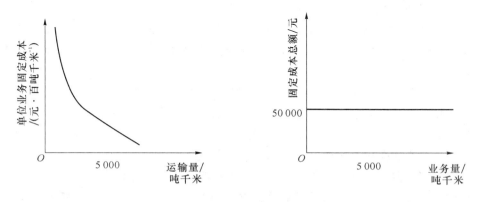

图 8 - 2　固定成本与业务量的关系

固定成本总额只有在一定时期和一定业务量范围内才是固定的，也就是说，固定成本的固定性是有条件的。这里所说的一定范围叫作相关范围。如业务量的变动超过这个范围，固定成本就会发生变动。

固定成本通常可分为约束性固定成本和酌量性固定成本。

1. 约束性固定成本

约束性固定成本是指在短期内管理部门的决策不能随意改变其支出数额的固定成本。用于形成和维护经营能力、对生产经营能力有约束力的固定成本也称为"经营能力成本"。例如，厂房及机器设备按直线法计提的折旧费、房屋及设备租金、不动产税、财产保险费、照明费、行政管理人员的薪金等，均属于约束性固定成本。

约束性固定成本是企业维持正常生产经营能力所必须负担的最低固定成本，其支出的大小只取决于企业生产经营的规模与质量，因而具有很大的约束性，企业管理部门的当前决策不能改变其数额。一方面约束性固定成本与企业的经营能力相关，因而又被称作"经营能力成本"；另一方面企业的经营能力一旦形成，短期内难以改变，即使经营暂时中断，该项固定成本仍将维持不变，因而约束性固定成本也称为"能量成本"。

2. 酌量性固定成本

企业管理部门在会计年度开始前，根据经营、财力等情况确定的计划期间的预算额形成的固定成本称为酌量性固定成本，如新产品开发费、广告费、职工培训费等。由于这类成本的预算数只在预算期内有效，企业负责人可以根据具体情况的变化，确定不同预算期的预算数。所以，其也称为"自定性固定成本"。这类成本的数额不具有约束性，可以依据不同的情况加以确定。

**知识拓展**

（1）约束性固定成本的特点。

① 该项成本的预算期通常比较长，如果酌量性固定成本预算着眼于总量进行控制，约束性固定成本预算则只能着眼于更为经济合理地利用企业的生产经营能力。

② 约束性固定成本支出额的大小，取决于生产经营能力的规模和质量。它在很大程度上制约着企业正常的经营活动，管理部门当前的决策不改变，就不能轻易削减此项成本。因此，约束性固定成本具有很大的约束性，要降低约束性固定成本，只能从合理利用经营能力入手。

（2）酌量性固定成本通常是由企业管理部门在每一会计年度开始前，制定年度开支预算，决定每一项开支的多少以及新增或取消某项开支，因而酌量性固定成本有以下特点：

① 由于酌量性固定成本具有前述隐蔽性，管理部门的判断力的高低就显得非常重要，故其支出额的大小由企业相关负责人根据生产经营方针确定。

② 酌量性固定成本的预算期较短，通常为一年。企业要降低酌量性固定成本，就要在预算时精打细算，合理确定这部分成本的数额。

(3) 酌量性固定成本和约束性固定成本之间并没有严格界限，随着经营期的延长，可决策的成本项目将逐渐增加，如管理人员的工资、租金等。这也就是在固定成本定义中"一定期间和一定业务量范围内"的重要含义。

## 三、混合成本

在生产经营活动中，还存在一些既不与产量呈正比例变化也非保持不变，而是随产量的增减变动而适当变动的成本，这种成本表现为半变动成本或半固定成本。由于这类成本同时具有变动成本和固定成本的特征，所以也称为混合成本。

### (一) 混合成本的分类

混合成本与业务量之间的关系比较复杂，按照混合成本变动趋势的不同，可以分为半变动成本、半固定成本、延期变动成本和曲线式混合成本四种。

1. 半变动成本

半变动成本是一种同时包含变动成本和固定成本两方面内容的混合成本。半变动成本的特点是：其有一个初始量，形成一个基数，类似固定成本，它不随业务量的增减而变动。在此基础上，每生产一件产品，成本也随着增加一部分，这部分成本又类似变动成本。半变动成本是混合成本中最普遍的形式，包含企业设备维护和维修费，公用事业服务费中的水、电、气、电话及其他服务费，这类成本可以通过数学表式 $y = a + bx$ 来表示，具体可以通过图 8-3 来反映。

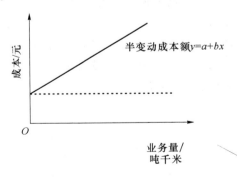

图 8-3 半变动成本与业务量的关系

2. 半固定成本

半固定成本也称阶梯形混合成本，其特点是：当业务量在一定范围内增减变动时，成本发生额固定在一定的水平上保持不变；当业务量增减超过一定范围的限额时，其成本发生额突然跳跃到一个新的水平，然后又在业务量增减的一定限度内保持不变,直到业务量增减再突破新的限度时,才又开始下一次跳跃式升降。其变化构成的曲线呈阶梯形变化,如企业中化验员、检验员的工资就具有这种性质。半固定成本与业务量之间的关系可以通过图8-4来反映。

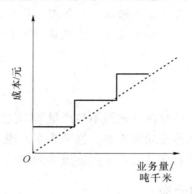

图8-4 半固定成本与业务量的关系

### 半变动成本与半固定成本的区分

半固定成本与半变动成本是混合成本的内容。要分清这两个概念,必须抓住关键的一点:半变动成本有一个初始量,它在这个初始量的基础上随产量的增长而增长。半固定成本不是超过初始量后随产量的增长而增长,而是随着产量的增加呈阶梯式增长,即在一定范围内保持不变,产量提高到另一个范围时,成本提高到另一个档次后再保持不变,这样呈阶梯式增长。区分它们的最简单的方法是,如果成本可以写成 $y = a + bx$ 的形式,它就是半变动成本。比如一个工人保底工资为1 000元,然后每加工一个零件得0.5元,一个月下来其工资可写为 $y = 1\ 000 + 0.5x$,所以这是半变动成本。

3. 延期变动成本

延期变动成本又称为低坡式混合成本,是指在一定产量范围内总额保持稳定,超过特定产量则开始随产量比例增长的成本。延期变动成本与业务量的关系如图8-5所示。例如,在正常产量情况下给员工支付固定月工资,当产量超过正常水平后则需支付加班费,这种人工成本就属于延期变动成本。延期变动成本在日常生活中范围也比较广,如在正常工作时间(每天7~8小时)的情况下,企业对一般职员所支付的工资是固定不变的。但当工作时间超过正常水准时,则需要根据加班时间成比例地支付加班工资或津贴。

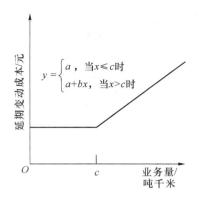

图 8-5　延期变动成本与业务量的关系

4. 曲线式混合成本

曲线式混合成本通常有一个初始量，一般不变，相当于固定成本。在这个初始量的基础上，成本随业务量变动，但二者并不存在线性关系，二者之间的关系在坐标图上表现为一条抛物线。按照曲线斜率的不同变动趋势，这类混合成本可进一步分为递增型混合成本和递减型混合成本。无论哪一类混合成本都可以直接或间接地用一条直线方程 $y = a + bx$ 模拟，这就为成本形态分析中采用一定方法进行混合成本分解提供了数学依据。

## （二）混合成本的分解

企业在进行规划，确定经营决策时，常常需要将全部成本按成本形态划分为固定成本和变动成本，对于难以认定成本区分的混合成本还需要借助一定的技术方法进行分解。混合成本分解常用的方法有账户分析法、工业工程法、契约检查法和历史成本分析法四种，而常用的历史成本分析法有高低点法、散布图法和回归直线法三种。

1. 账户分析法

账户分析法是指根据经验判断，对会计资料中的各成本、费用项目进行直接分析或按比例分配，进而将总成本划分为变动成本和固定成本的一种混合成本分解方法。其具体包括近似分类和比例分配。

（1）基本程序。首先分析各成本项目的具体内容，结合其与产量（或业务量）的依存关系判断其是近似固定成本还是更近似变动成本，然后将近似固定成本的划归固定成本，将近似变动成本的划归变动成本。

（2）特点。该方法简便易行，凡具有一定会计知识和业务能力的人都能掌握，但由于这种方法要求掌握大量第一手资料，实际分析工作量太大，因此不适于规模较大的企业开展成本性态分析，而且该方法是将混合成本简单地分为固定成本和变动成本，其分析结果不可避免地带有一定的主观随意性。

## 2. 工业工程法

工业工程法是指根据生产过程中所消耗的各种材料成本和人工成本的技术测定，确定固定成本和变动成本的方法。

(1) 基本程序。直接观察特定作业所需要投入的实物数量，并将其转化为成本估计值。通常首先由工程技术人员测定各种材料、工时的消耗量，然后由管理会计人员分析已测定的成本项目的消耗量与产品产量（或业务量）之间的关系，其中与产量（或业务量）无关的成本归集为固定成本，与产量（或业务量）有关的成本归集为变动成本。

(2) 特点。一般来讲，技术分析所测定的结果比较准确，特别对于新建企业更是如此。因此，该方法适用于投入产出关系比较稳定的新企业及已建立标准成本制度（或制订了定额成本）的企业，但其工作量比较大，分析成本较高。

## 3. 契约检查法

契约检查法是指根据契约和合同规定的计价方式和收费标准来确定固定成本和变动成本的方法。

(1) 基本程序。首先按合同规定，将保持固定不变的基数部分归为固定成本，将随产量（或业务量）的变动而变动的部分归为变动成本，然后建立成本模型。例如，企业与电信局所签合同中就规定了每月固定的电话月租金，这属于固定成本，此外，还要按每月通话时间支付通话费用，则这属于变动成本。

(2) 特点。应用契约检查法确定的固定成本和变动成本比较准确，但该方法只能用于已签合同的项目，故具有一定的局限性。

## 4. 历史成本分析法

### 1) 高低点法

高低点法是根据一定时期内的历史数据，分别找出最高点和最低点产量（或业务量）及相应的成本，再通过计算确定固定成本总额 $a$（或混合成本中的固定部分）和单位变动成本 $b$（或混合成本中变动部分的单位额）的一种成本性态分析方法。

(1) 其步骤如下：

第一步：将最高点设为 $y_1 = a + bx_1$，最低点设为 $y_2 = a + bx_2$；

第二步：计算单位变动成本，计算公式为 $b = \dfrac{y_2 - y_1}{x_2 - x_1}$；

第三步：确定固定成本，计算公式为 $a = y_1 - bx_1$ 或 $a = y_2 - bx_2$；

第四步：建立成本性态模型 $y = a + bx$。

(2) 特点。简便易行，易于理解，但它是用产量（或业务量）最高时期和最低时期的情况来代表整体情况，无法排除偶然因素，容易导致较大的计算误差。因此，这种方法只适用于成本变动趋势比较稳定的企业。所以在选点时，要注意剔除产生偶然事件的数据，使其具有较好的代表性，如出现大的事故形成的费用。其次，高低点要以业务量为标准选择，当高点或低点不止一个而成本又不同时，则按照高低点原理，高点取成本大者，低点取成本小者。

**【例 8.3】** 某企业的汽车维修费用见表 8-3。

表 8-3 某企业的汽车维修费用

| 月份 | 1 | 2 | 3 | 4 | 5 | 6 |
|---|---|---|---|---|---|---|
| 行驶里程/万千米 | 28 | 20 | 38 | 45 | 57 | 52 |
| 维修费用/万元 | 0.78 | 0.7 | 0.92 | 1.2 | 1.38 | 1.24 |

求该企业汽车维修费用中的固定成本和变动成本，并用数学模型表示。

**解**：首先找出最高点和最低点。

最高点就是最大的行驶里程所对应的维修费用，也就是 5 月份的 57 万千米行驶里程所对应的 1.38 万元维修费用；最低点就是最小的行驶里程所对应的维修费用，也就是 2 月份的 20 万千米的行驶里程所对应的 0.7 万元维修费用。

其次将数值代入公式求 $a$ 和 $b$，即

$$b = \frac{y_2 - y_1}{x_2 - x_1} = \frac{1.38 - 0.7}{57 - 20} = 0.0184(万元)$$

$$a = y_1 - bx_1 = 1.38 - 0.0184 \times 57 = 0.3312(万元)$$

即该企业汽车维修的固定费用为 3 312 元，单位变动成本为每万千米 184 元。

最后表示数学表达式：$y = 0.3312 + 0.0184x$。

2）散布图法

散布图法又称散点图法或布点图法，是指将过去一定期间内由产量（或业务量）及其对应成本所组成的历史数据在平面直角坐标系上逐一标明，通过目测找出最能代表成本变动的那条直线，并据此确定固定成本和变动成本的一种成本性态分析方法。

（1）其步骤如下：

第一步：在平面直角坐标系中，以横轴代表产量（或业务量）$x$，以纵轴代表成本 $y$，绘制成本的散布点，即将产量（或业务量）及其对应的成本逐一标在坐标系中。

第二步：根据历史数据点的分布情况，通过目测估计成本和产量（或业务量）之间是否存在线性关系。如果存在，则在众多历史数据点中间绘制一条直线，尽可能使直线两侧的散布点个数相等，各点到直线的距离之和最小。

第三步：以所绘制的直线和纵轴的交点为固定成本 $a$。

第四步：以所绘制的直线的斜率为单位变动成本 $b$，或在所绘制的直线上任取一点，确定其对应的成本值，代入成本模型（$y = a + bx$），通过计算得到单位变动成本。

(2) 特点。该方法的分析过程比较直观，易于理解，可以排除偶然因素的影响，但由于这种方法仅凭视觉来画直线，不同的人可能得出不同的结果，因此其误差比较大。对于成本波动比较小的企业或在对分析精确度要求不高的情况下才可以使用该方法。

**【例 8.4】** 资料如【例 8.3】，要求用散点图法求该企业汽车维修费用的固定成本和变动成本，如图 8-6 所示。

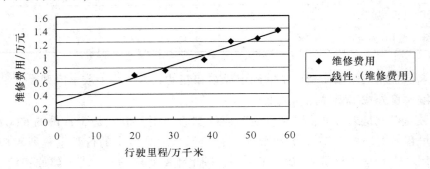

图 8-6　维修费用与行驶里程的关系

**解**：图 8-6 中的直线与 $y$ 轴的交点的坐标大约为 0.33（万元），即固定成本 $a \approx 0.33$ 万元，则单位变动成本 $b$ 为这条直线的斜率，即 $b = \dfrac{y_2 - a}{x_2} = \dfrac{1.38 - 0.33}{57} = 0.018$。维修费用的成本变动曲线为：$y = 0.33 + 0.018x$。

### 知识链接

通过计算机作图，将数据输入 Excel，打开"插入"菜单中的"图表"选项，在弹出的"图表类型"列表中选择"XY 散点图"选项；单击"下一步"按钮，在数据区域输入数据所在位置或单击数据所在位置；单击"下一步"按钮，在标题、坐标轴输入相关文字再单击"下一步"按钮，单击"完成"按钮。单击图中的标准点，使其处于激活状态，按鼠标右键选择"添加趋势曲线"命令即可。

3）回归直线法

回归直线法也称为回归分析法、最小二乘法或最小平方法，它是指根据过去若干期产量（或业务量）与对应成本的历史资料，利用数理统计中的最小平方法原理计算固定成本 $a$（或混合成本中的固定部分）和单位变动成本 $b$（或混合成本中变动部分的单位额）的一种成本性态分析方法。

(1) 其步骤如下：

第一步：对历史资料进行统计整理，计算出 $n$、$\sum x$、$\sum y$、$\sum xy$ 和 $\sum x^2$

的值。

第二步：计算 $b$ 和 $a$ 的值。通过建立回归直线的二元一次方程组，得到 $b$ 和 $a$ 的求解公式如下：

$$b = \frac{n\sum xy - \sum x \sum y}{n\sum x^2 - (\sum x)^2}; a = \frac{\sum y}{n} - b\frac{\sum x}{n} = \frac{\sum x^2 \sum y - \sum x \sum xy}{n\sum x^2 - (\sum x)^2}$$

第三步：建立成本性态模型。将上一步骤中计算出的 $a$, $b$ 值代入 $y = a + bx$ 即可。

（2）特点。该方法比高低点法、散布图法都要准确，但计算过程比较复杂，不过由于计算机技术的普遍应用，这一缺点不再存在。使用者只需将历史资料录入计算机，然后运行有关程序，立即可以得到结果，所以该方法的应用范围比较广。

**【例 8.5】** 某企业的业务量与成本资料见表 8-4。

表 8-4　某企业的业务量与成本资料

| 月份 | 业务量 $x$/吨千米 | 运输成本 $y$/元 |
| --- | --- | --- |
| 1 | 900 | 2 000 |
| 2 | 550 | 1 700 |
| 3 | 950 | 2 250 |
| 4 | 990 | 2 550 |
| 5 | 800 | 2 150 |
| 6 | 1 050 | 2 750 |
| 7 | 1 020 | 2 460 |
| 8 | 1 030 | 2 520 |
| 9 | 940 | 2 320 |
| 10 | 690 | 1 950 |
| 11 | 1 100 | 2 650 |
| 12 | 1 200 | 2 900 |
| 合计 | 11 220 | 28 200 |

要求：用回归直线法求其回归直线。

**解：** 首先求出 $n = 12$，$\sum x = 11\ 220$，$\sum y = 28\ 200$，$\sum xy = 27\ 030\ 600$，然后根据公式可知

$$b = \frac{n\sum xy - \sum x \sum y}{n\sum x^2 - (\sum x)^2} = \frac{12 \times 27\ 030\ 600 - 11\ 220 \times 28\ 200}{12 \times 10\ 848\ 600 - 11\ 220^2} \approx 1.854\ 1$$

$$a = \frac{\sum y}{n} - b\frac{\sum x}{n} = \frac{\sum x^2 \sum y - \sum x \sum xy}{n\sum x^2 - (\sum x)^2} = \frac{28\,200}{12} - 1.854\,1 \times \frac{11\,220}{12} \approx 616.37$$

即 $y = 616.37 + 1.854\,1x$。

此外，也可以用 Excel 表格中的回归直线法分析来计算，结果如图 8-7 所示。

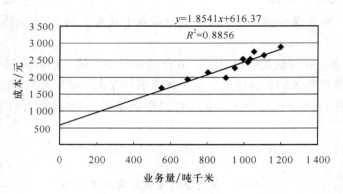

图 8-7 某企业业务量与成本的关系

工业工程法可能是最完备的方法，它可以用于研究各种成本性态，但它不是完全独立的，在进入细节之后要使用其他技术方法作为工具。账户分析法是一种比较粗略的分析方法，在判定某项成本的性态时，还要借助契约检查法、工业工程法或历史成本分析法。契约检查法只能用于明确规定了计费方法的项目，而许多项目并不如此。历史成本分析法仅限于有历史成本资料数据的情况，而新产品并不具有足够的历史数据。

## 子任务二　物流系统本－量－利分析

| 学习领域 | 物流成本分析与预算管理 |
| --- | --- |
| 学习情境 | 物流系统本－量－利分析 |
| 任务描述 | 要求 1：了解本－量－利分析的前提条件<br>要求 2：掌握本－量－利分析的保本分析和保利分析<br>要求 3：了解本－量－利分析的因素变动对企业利润的影响 |

本－量－利分析是成本－产量（或销售量）－利润依存关系分析的简称，也称为 CVP 分析（Cost-Volume-Profit Analysis），是指在变动成本计算模式的基础

上,以数学化的会计模型与图文来揭示固定成本、变动成本、销售量、单价、销售额、利润等变量之间的内在的规律性联系,为会计预测、决策和规划提供必要的财务信息的一种定量分析方法。

本–量–利分析着重研究销售数量、价格、成本和利润之间的数量关系,它所提供的原理、方法在管理会计中有着广泛的用途,同时它又是企业进行决策、计划和控制的重要工具。

本–量–利分析方法是在成本性态分析和变动成本法的基础上发展起来的,主要研究成本、销售数量、价格和利润之间的数量关系。它是企业进行预测、决策、计划和控制等经营活动的重要工具,也是管理会计的一项基础内容。

本–量–利分析的产生和发展:本–量–利分析方法起源于20世纪初的美国,到了20世纪50年代已经非常完善,并在西方会计实践中得到了广泛应用。时至今日,该方法在世界范围内都得到了广泛的应用,对企业预测、决策、计划和控制等经营活动的有效进行提供了良好保证。

# 一、本–量–利分析的前提条件

在现实经济生活中,成本、销售数量、价格和利润之间的关系非常复杂。例如,成本与业务量之间可能呈线性关系,也可能呈非线性关系;销售收入与销售量之间也不一定是线性关系,因为售价可能发生变动。为了建立本–量–利分析理论,必须对上述复杂的关系作一些基本假设,由此来严格限定本–量–利分析的范围,对于不符合这些基本假设的情况,可以进行本–量–利扩展分析。

## (一) 相关范围和线性关系假设

由于本–量–利分析是在成本性态分析的基础上发展起来的,所以成本性态分析的基本假设也就成为本–量–利分析的基本假设,也就是在相关范围内,固定成本总额保持不变,变动成本总额随业务量的变化呈正比例变化。前者用数学模型来表示,就是 $y=a$,后者用数学模型来表示就是 $y=bx$,所以,总成本与业务量呈线性关系,即 $y=a+bx$。相应的,假设售价也在相关范围内保持不变,这样,销售收入与销售量之间也呈线性关系,用数学模型来表示就是以售价为斜率的直线 $y=px$($p$ 为销售单价)。这样,在相关范围内,成本与销售收入分别表现为直线。

由于有了相关范围和线性关系这种假设,就把在相关范围之外,成本和销售收入分别与业务量呈非线性关系的实际情况排除在外了。但在实际经济活动中，成本、销售收入和业务量之间呈非线性关系这种现象是存在的。

### （二）品种结构稳定假设

该假设是指在一个生产和销售多种产品的企业里，每种产品的销售收入占总销售收入的比例不会发生变化。但在现实经济生活中，企业很难始终按照一个固定的品种结构来销售产品，如果销售产品的品种结构发生较大变动，必然导致利润与原来品种结构不变假设下预计的利润有很大差别。有了这种假定，就可以使企业管理人员关注价格、成本和业务量对营业利润产生的影响。

### （三）产销平衡假设

所谓产销平衡就是企业生产出来的产品总是可以销售出去，能够实现生产量等于销售量。在这一假设下，本－量－利分析中的量就是指销售量，而不是指生产量，进一步讲，在销售价格不变时，这个量就是指销售收入。但在实际经济生活中，生产量可能不等于销售量，这时产量因素就会对本期利润产生影响。

正因为本－量－利分析建立在上述假设的基础上，所以它一般只适用于短期分析。在实际工作中应用本－量－利分析原理时，必须从动态的角度去分析企业生产经营条件、销售价格、品种结构和产销平衡等因素的实际变动情况，调整分析结论，积极应用动态分析和敏感性分析等技术来克服本－量－利分析的局限性。

### （四）变动成本法假定

假定产品成本是按变动成本法计算的，即产品成本中只包括变动成本，而所有的固定成本均作为期间成本。

1. 本－量－利分析的原理

本－量－利分析的原理具体可以通过图8-8来反映。

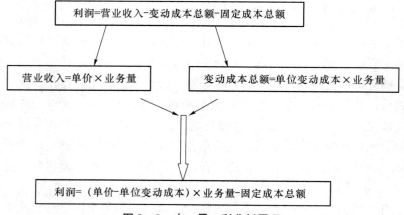

图8-8　本－量－利分析原理

注：最下面框中的"利润"指息税前利润。一般来说，当企业对某一特定期间的利润进行测算时，通常假定售价、单位变动成本及固定成本总额为常量。若已知该期间产销量可达到某一水平，即可根据该关系式测算出可实现的目标利润额。

【例8.6】 假定某企业只生产一种产品，该产品的单位售价为50元/件，单位变动成本为30元/件，固定成本总额为20 000元。若计划期间预计可产销产品2 000件，则目标利润为多少？

解：利润 = （单价 – 单位变动成本）× 业务量 – 固定成本总额
　　　　 = （50 – 30）× 2 000 – 20 000
　　　　 = 20 000（元）

2. 保本分析

所谓保本，就是指企业在一定时期内的收支相等，盈亏平衡，利润为零。保本分析就是研究当企业恰好处于保本状态时本 – 量 – 利关系的一种定量分析方法，也叫损益两平分析、盈亏临界分析等。保本分析的关键是保本点的确定。

保本点指企业达到保本状态的业务量，即在该业务量水平上，企业收入与支出刚好相等。在此基础上继续增加业务量，企业就会盈利；反之，减少业务量，企业就会发生亏损。保本分析可以分为单一产品和多种产品的保本分析，为了简便起见，本书只介绍单一产品的保本分析。

保本点有两种表现形式，一种是用实物量表现的保本量，另一种是用货币量表现的保本额。

（1）图解法。通过绘制保本图来确定保本点的位置，如图8 – 9所示。

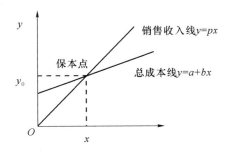

图8 – 9　单一品种的保本点分析

（2）基本等式法。

　　　　保本量 = 固定成本 ÷ （单价 – 单位变动成本） = $a/(p-b)$
　　　　保本额 = 单价 × 保本量 = $px_0$

【例8.7】 某运输公司3年的历史数据经过回归分析，确定单位变动成本 $b = 0.6$ 元/吨千米，月固定成本总额 $a = 25$ 万元，单位运价为1.6元/吨千米，试计算该公司的保本量以及保本额。

**解：**保本量 = 固定成本 ÷（单价 – 单位变动成本）= $a/(p-b)$ = 250 000/(1.6 – 0.6) = 250 000（吨千米）

保本额 = 单价 × 保本量 = $px_0$ = 1.6 × 250 000 = 40（万元）

（3）边际贡献法。

① 边际贡献，又称贡献毛益、边际利润、创利额等，是指产品销售收入减去变动成本后的余额，它以绝对数的形式反映产品的创利能力。边际贡献有两种形式，一种是边际贡献总额，另一种是单位边际贡献。

② 边际贡献率，是指边际贡献与销售收入的比率，它以相对数的形式反映产品的创利能力。

③ 边际贡献、边际贡献率及其相互关系如下：

边际贡献总额 = 销售收入总额 – 变动成本总额 = 单位边际贡献 × 销售量

单位边际贡献 = 单价 – 单位变动成本 = 边际贡献总额 ÷ 销售量 = 单价 × 边际贡献率

边际贡献率 = 边际贡献总额 ÷ 销售收入总额 × 100% = 单位边际贡献 ÷ 单价

④ 边际贡献法下的保本量及其保本额。

保本量 = 固定成本总额 ÷ 单位边际贡献

保本额 = 单价 × 保本量 = 固定成本总额 ÷ 边际贡献率

**【例 8.8】** 资料如【例 8.7】所示，试用边际贡献法计算其保本量及其保本额。

**解：**单位边际贡献 = 单价 – 单位变动成本 = 1.6 – 0.6 = 1（元/吨千米）

边际贡献率 = $\dfrac{单位边际贡献}{单价}$ = 1/1.6 = 0.625

保本量 = $\dfrac{固定成本总额}{单位边际贡献}$ = 250 000/1 = 250 000（吨千米）

保本额 = 单价 × 保本量 = $\dfrac{固定成本总额}{边际贡献率}$ = 250 000/0.625 = 400 000（元）

**知识拓展**

对多品种盈亏平衡点的确定，常用的计算方法有以下几种：

（1）加权平均法。

加权平均法是指在掌握每种产品的边际贡献率的基础上，按各种产品销售额占全部产品总销售额的比重进行加权平均，据以计算综合边际贡献率，进而计算综合盈亏平衡点的销售额及其各种产品盈亏平衡点的销售额和销售量。加权平均法的计算程序见表 8 – 5。

表 8-5　加权平均法的计算程序

| （1）计算各种产品的销售比重 | 某种产品的销售比重＝该种产品的销售收入/各种产品的销售收入总和 |
|---|---|
| （2）计算综合边际贡献率 | 综合边际贡献率＝$\sum$（各种产品的边际贡献率×该产品的销售比重） |
| （3）计算综合盈亏平衡点的销售额 | 综合盈亏平衡点的销售额＝固定成本总额/综合边际贡献率 |
| （4）计算各种产品的盈亏平衡点的销售额和销售量 | 某种产品的盈亏平衡点的销售额＝该种产品的销售比重×综合盈亏平衡点销售额 |

（2）联合单位法。

联合单位法是指在事先掌握多品种之间客观存在的相对稳定产销实物量比例的基础上，确定每一联合单位的单价和单位变动成本，进行多品种本－量－利分析。联合单位法的计算程序见表 8-6。

表 8-6　联合单位法的计算程序

| （1）确定产品的销量比 | 某种产品的销售比重＝该种产品的销售收入/各种产品的销售收入总和 |
|---|---|
| （2）计算联合单价和联合单位变动成本 | 联合单价＝$\sum$各种产品的单价×该种产品的销量比联合单位变动成本＝$\sum$各种产品的单位变动成本×该种产品的销量比 |
| （3）计算联合盈亏临界点销售量 | 某种产品的盈亏临界点销售量＝该种产品固定成本总额/该种产品的边际贡献 |
| （4）计算各种产品的盈亏临界点的销售量和销售额 | 某产品的盈亏临界点销售量＝联合盈亏临界点销售量×该产品的销量比<br>某产品的盈亏临界点销售额＝该产品的盈亏临界点销售量×该产品的销售单价 |

（3）分别计算法。

分别计算法是指在一定条件下，将全部固定成本按一定标准在各种产品之间进行分配，然后再对每一种产品分别进行本－量－利分析。

分别计算法适用于各种产品的生产均可采用封闭式生产方式，即可按产品品种分设车间,产品的固定制造费用一般为专属固定成本,企业的共同固定成本可按一定标准合理分配给各种产品。鉴于固定成本需要由边际贡献来补偿,故按照各种产品之间的边际贡献比例分配固定成本更为合理。分别计算法的计算程序见表8-7。

表8-7 分别计算法的计算程序

| (1) 计算共同固定成本分配率 | 固定成本分配率 = 共同固定成本总额 / $\sum$ 各种产品的边际贡献 |
|---|---|
| (2) 计算分配给各种产品的固定成本 | 某种产品分配的固定成本 = 固定成本分配率 × 该种产品的边际贡献 |
| (3) 计算各种产品的盈亏临界点销售额和销售量 | 某种产品的盈亏临界点销售额 = 该种产品的固定成本总额/该种产品的边际贡献率<br>某种产品的盈亏临界点销售量 = 该种产品的固定成本总额/该种产品的边际贡献 |
| (4) 计算企业的综合盈亏临界点销售额 | 综合盈亏临界点销售额 = $\sum$ 各种产品的盈亏临界点销售额 |

3. 盈利条件下的本-量-利分析

从完整意义上说,不能把利润这一重要的因素始终排除在外;从现实的角度看,企业不会满足仅仅能够保本,而且还希望有盈利。因此,需要进行盈利条件下的本-量-利分析。为了简便,假定除了研究的因素外其他因素不变,因此,该分析实质是逐一描述业务量、成本、单价、利润等因素相对于其他因素而存在的定量关系的过程。

1) 保利量及保利额的计算

(1) 传统式。

$$保利量 = (固定成本 + 目标利润) \div (单价 - 单位变动成本)$$

$$保利额 = 单价 \times 保利量$$

【例8.9】 某运输公司3年的历史数据经过回归分析,确定单位变动成本 $b = 0.6$ 元/吨千米,月固定成本总额 $a = 25$ 万元,单位运价为1.6元/吨千米,该企业期望本月获得利润20万元,试计算该公司的保利量以及保利额。

解:保利量 = (固定成本 + 目标利润) ÷ (单价 - 单位变动成本)
 = (250 000 + 200 000) ÷ (1.6 - 0.6)
 = 450 000 (吨千米)

保利额 = 单价 × 保利量 = 1.6 × 450 000 = 72 (万元)

(2) 边际贡献式。

保利量 =（固定成本 + 目标利润）÷ 单位边际贡献

保利额 =（固定成本 + 目标利润）÷ 边际贡献率

【例 8.10】 资料如【例 8.9】，用边际贡献式求保利量以及保利额。

**解**：单位边际贡献 = 单价 - 单位变动成本 = 1.6 - 0.6 = 1（元/吨千米）

边际贡献率 = 单位边际贡献/单价 = 1/1.6 = 0.625

保利量 =（固定成本 + 目标利润）÷ 单位边际贡献 =（250 000 + 200 000）÷ 1 = 450 000（吨千米）　保利额 =（固定成本 + 目标利润）÷ 边际贡献率 =（250 000 + 200 000）÷ 0.625 = 72（万元）

如果考虑所得税因素，需要确定实现目标净利润条件下的业务量和营业收入，则上述公式可以演变为：

$$保利量 = \frac{固定成本总额 + \dfrac{目标净利润}{1 - 所得税税率}}{单位价格 - 单位变动成本} = \frac{固定成本总额 + \dfrac{目标净利润}{1 - 所得税税率}}{单位边际贡献}$$

$$保利额 = \frac{固定成本总额 + \dfrac{目标净利润}{1 - 所得税税率}}{边际贡献率}$$

2）本 - 量 - 利分析图

(1) 传统式本 - 量 - 利分析图，如图 8 - 10 所示。

① 特点：将固定成本置于变动成本之下，从而清楚地表明固定成本不随业务量变动的特征。

② 优点：是各种盈亏临界图的基本形式，其他形式则是出于不同考虑从传统式演变而来的。

(2) 边际贡献式本 - 量 - 利分析图，如图 8 - 11 所示。

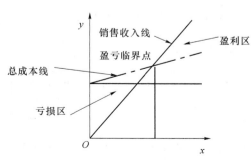

图 8 - 10　传统式本 - 量 - 利分析图

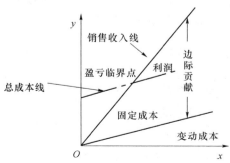

图 8 - 11　边际贡献式本 - 量 - 利分析图

① 特点：将固定成本置于变动成本之上。

② 优点：强调贡献毛益及其形成过程，更符合变动成本法的思路，也更符合盈亏临界分析的思路。

(3) 利量式本－量－利分析图，如图 8－12 所示。

$$利润 = (p-b)x - a$$

① 特点：将纵轴上的销售收入与成本因素略去，使坐标图上仅仅反映利润与销售数量之间的依存关系。

② 优点：简单、易理解，直接表达了销售量与利润的关系。除了用于单一品种的盈亏临界点分析之外，还可以用于多品种的分析。

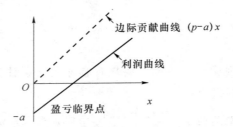

图 8－12　利量式本－量－利分析图

（1）安全边际。

安全边际（margin of safety）是指企业现有或预计的销售量（额）超过盈亏临界点销售量（额）的差额。它反映了企业实际经营的安全程度，具体表现形式有三种：

安全边际量 = 现有或预计的销售量 - 盈亏临界点销售量

安全边际额 = 现有或预计的销售额 - 盈亏临界点销售额 = 安全边际量×单价

安全边际率 = 安全边际量/现有或预计的销售量×100% = 安全边际额/现有或预计的销售额×100%

安全边际是正指标，越大越好。

西方国家一般用安全边际率来评价企业经营的安全程度（表 8－8）。

表 8－8　安全边际率指标

| 安全边际率 | 10%以下 | 10%～20% | 20%～30% | 30%～40% | 40%以上 |
| --- | --- | --- | --- | --- | --- |
| 安全程度 | 危险 | 值得注意 | 较安全 | 安全 | 很安全 |

由于盈亏临界点销售量已补偿了企业的全部固定成本，因此，盈亏临界点以上的销售量即安全边际只需补偿其变动成本，其差额即边际贡献，就是企业的税

前利润。所以，安全边际与税前利润之间具有如下关系：

税前利润＝安全边际量×单位边际贡献＝安全边际额×边际贡献率

（2）盈亏平衡点作业率。

盈亏平衡点作业率又叫危险率（danger rate），是指盈亏平衡点销售量与现有或预计销售量的比率。其计算公式为：

盈亏平衡点作业率＝盈亏临界点销售量/现有或预计销售量×100%

盈亏平衡点作业率是一个反指标，越小越好。

（3）安全边际率与盈亏平衡点作业率的关系如下

安全边际率＋保本作业率＝1

## 二、相关因素变动对决策指标的影响

1. 价格变动

价格变动对企业保本点、保利点和利润的影响是最直接和明显的。在一定成本水平和既定的营业业务量条件下，单价上涨，保本点、保利点降低，利润总额增加；反之，利润总额减少。单价的变动会引起保本点、保利点呈反方向变动；单价的变动还可以通过改变营业收入而同方向影响利润。具体变动可以通过图8-13来反映。

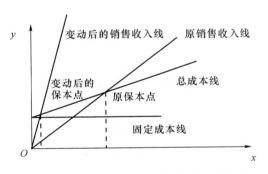

图8-13　价格变动本-量-利分析图

【例8.11】　某运输企业，年计划完成销售额180万元，实现利润42万元，该企业全年固定成本为75万元。广州至顺德的运输价格为1 200元/（5吨车、往返一次），过桥费及油费约为400元/（5吨车、往返一次）；如果价格上升为1 300元/（5吨车、往返一次），该企业的保本点及利润有何变化？

解：计划运输量＝销售额/价格＝1 800 000/1 200＝1 500（5吨车/年）

保本量＝固定成本÷（单价－单位变动成本）＝750 000/（1 200－400）＝937.5≈938（5吨车/年）

保本额＝单价×保本量＝1 200×938＝1 125 600（元）

如果完成计划运输量，则企业的利润为：

利润 =（单价 – 单位变动成本）× 业务量 – 固定成本总额
    =（1 200 – 400）× 1 500 – 750 000 = 450 000（元）

则价格变化后：

保本量 = 固定成本 ÷（单价 – 单位变动成本）
     = 750 000 ÷（1 300 – 400）
     = 833.3 ≈ 834（5 吨车/年）

保本额 = 单价 × 保本量 = 1 300 × 834 = 1 084 200（元）

如果完成计划运输量，则企业的利润为：

利润 =（单价 – 单位变动成本）× 业务量 – 固定成本总额
    =（1 300 – 400）× 1 500 – 750 000 = 600 000（元）

2. 单位变动成本变动

在业务量既定的条件下，单位变动成本单独变动对利润的影响表现在：单位变动成本上升时，保本点和保利点提高，利润减少；反之，利润增加。单位成本单独变动会使保本点和保利点同方向变动，利润反方向变动（图 8 – 14）。

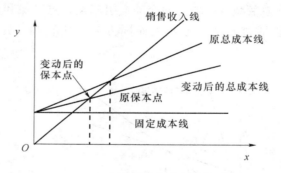

图 8 – 14　单位变动成本变动本 – 量 – 利分析

【例 8.12】　资料如【例 8.11】，如果油价上升引起的变动成本为 440 元/(5 吨车、往返一次)，该企业的保本点及利润有何变化？

**解**：计划运输量 = 销售额/价格 = 1 800 000/1 200 = 1 500（5 吨车/年）

保本量 = 固定成本 ÷（单价 – 单位变动成本）= 750 000/(1 200 – 400) = 937.5 ≈ 938（5 吨车/年）

保本额 = 单价 × 保本量 = 1 200 × 938 = 1 125 600（元）

如果完成计划运输量，则企业的利润为：

利润 =（单价 – 单位变动成本）× 业务量 – 固定成本总额
    =（1 200 – 400）× 1 500 – 750 000 = 450 000（元）

则变动成本变化后：

保本量 = 固定成本 ÷（单价 – 单位变动成本）= 750 000/(1 200 – 440) =

986.84≈987（5 吨车/年）

保本额 = 单价 × 保本量 = 1 200 × 987 = 1 184 400（元）

如果完成计划运输量，则企业的利润为：

利润 =（单价 – 单位变动成本）× 业务量 – 固定成本总额

= (1 200 – 440) × 1 500 – 750 000 = 390 000（元）

3. 固定成本变动

在其他条件不变的条件下，固定成本减少，保本点和保利点下降，利润上升；反之，利润下降。固定成本的变动直接影响成本的起点，对利润的影响是直接的，如图 8 – 15 所示。

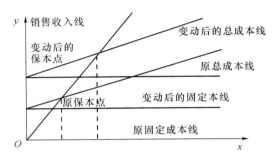

图 8 – 15　固定成本变动本 – 量 – 利分析

【例 8.13】　资料如【例 8.11】，如果固定成本变为 65 万元，该企业的保本点及利润有何变化？

**解**：计划运输量 = 销售额/价格 = 1 800 000/1 200 = 1 500（5 吨车/年）

保本量 = 固定成本 ÷（单价 – 单位变动成本）= 750 000/(1 200 – 400) = 937.5≈938（5 吨车/年）

保本额 = 单价 × 保本量 = 1 200 × 938 = 1 125 600（元）

如果完成计划运输量，则企业的利润为：

利润 =（单价 – 单位变动成本）× 业务量 – 固定成本总额

=（1 200 – 400）× 1 500 – 750 000 = 450 000（元）

则变动成本变化后：

保本量 = 固定成本 ÷（单价 – 单位变动成本）= 650 000/(1 200 – 440) = 812.5≈813（5 吨车/年）

保本额 = 单价 × 保本量 = 1 200 × 813 = 975 600（元）

如果完成计划运输量，则企业的利润为：

利润 =（单价 – 单位变动成本）× 业务量 – 固定成本总额

=（1 200 – 400）× 1 500 – 650 000 = 550 000（元）

除了以上三种因素变动会对企业的保本点、保利点和利润有影响外，还有产品的结构变动也会对企业的保本点、保利点和利润有影响，但是产品的结构变动牵扯到多种产品，本书不予介绍。

在本–量–利分析的实际应用中，应该结合企业实际需求以及物流成本核算基础工作的完成情况来考虑，物流成本的核算是进行本–量–利分析的前提，离开了物流成本的核算，本–量–利分析就成为一种空话。而结合具体项目、具体客户、具体订单进行本–量–利分析可以使本项工作发挥更大的效用。如物流企业针对大客户提供多项服务，则可以按照不同的客户进行本–量–利分析，这可以为物流企业的客户关系管理提供非常有用的信息。

# 子任务三　物流成本预算管理

| 学习领域 | 物流成本分析与预算管理 |
| --- | --- |
| 学习情境 | 物流成本预算管理 |
| 任务描述 | 要求1：物流成本预算管理的内容及作用<br>要求2：掌握弹性预算<br>要求3：掌握零基预算<br>要求4：了解滚动预算 |

物流成本预算是用货币形式和其他数量形式反映的有关企业未来一定时期全部物流活动的行动计划和相应措施的数量说明。

## 一、物流成本预算的作用及其编制内容

1. 物流成本预算的作用

（1）目标作用。物流成本预算作为物流活动计划的成本费用目标，为物流活动提供明确的、易于把握的成本数量要求，可以使计划目标进一步明确化、具体化。

（2）协调作用。物流成本预算涉及企业物流各部门、各环节、各人员在物流活动中发生费用的计算和说明，在预算过程中可以明确各部分费用之间的数量关系，发现和修正不合理配置，从而协调各方费用数量比例，取得较好的经济效益。

（3）控制作用。预算结果作为明确的目标或标准，能及时揭示和发现物流活动中的实际发生成本的偏差，及时采取措施进行控制。

（4）评价作用。预算代表了预算期间公司对职工和部门行为的期望和要求，可以作为进行成本责任检查和业绩评价的依据。

2. 物流成本预算的特点

（1）通过物流成本预算可以比较及时和准确地预测物流成本的未来信息，

从而使物流成本管理工作有明确的方向。

（2）通过物流成本预算可以明确各种物流成本控制目标，使每个物流部门、物流运营者为各自的成本控制目标而努力，有利于发挥各部门和个人的积极性、主动性和创造性。

（3）通过物流成本预算可以为评价物流成本控制业绩提供标准，只有通过评价和比较才能发现差异、修正方案，进而使物流部门和物流运营者能够按科学的计划开展物流业务，降低物流成本。

3. 物流成本预算的编制内容

物流成本预算应根据物流系统成本控制与绩效考核的需要，分解到各部门、各物流功能、各物流成本项目等，并在日常的成本核算过程中分别对这些形式的物流成本实施核算，以比较物流成本预算与实际物流成本发生额之间的差异，达到预算管理的目的。物流成本预算的编制内容与物流成本核算的内容基本类似，具体如图 8-16 所示。

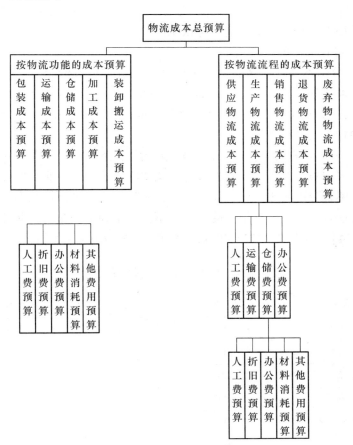

图 8-16　物流成本预算的编制内容

## 二、物流成本预算的编制方法

### (一) 增量预算法和零基预算法

根据编制的出发点，物流成本预算的编制方法分为增量预算法和零基预算法。

1. 增量预算法

增量预算法又称为调整预算方法，是指以前期物流成本费用水平为基础，结合预算期业务量水平及有关影响物流成本因素的未来变动情况，通过调整有关原有费用项目而编制预算的一种方法。

(1) 增量预算法的优点是：

① 资金被分配给部门，然后由部门管理者将资金分配给相应的物流活动。

② 增量预算法是以前期的预算为依据，对每一个预算期的物流成本进行预算时，都采用上一期的预算作为参考依据。

(2) 增量预算法的缺点是：

① 资金分配不合理。高层领导是依据前期成本进行资金分配，因此只审查预算要求中增加的部分，并不考虑部门的实际需求，这造成资金分配的不合理。

② 资金分配的针对性差。资金是分配给部门而不是物流活动，缺乏针对性，不能使各项物流活动得到较好的发展。

③ 不利于企业的长期发展。由于资金分配不合理和针对性较差，某些物流活动和某些部门被分配不到足够的资金，某些物流活动和某些部门被分配过多的资金，导致资金分配的平均化、简单化。长时间使用增量预算法会使企业缺乏激励作用，企业各部门工作热情下降、创新不足，不利于企业的长期发展。

【例8.14】 某公司2017年物流成本预算（以2016年为基础），见表8-9。

表8-9 某公司增量预算表

| 费用项目 | 上年实际数/元 | 预计增减比例/% | 2004年预算数/元 |
| --- | --- | --- | --- |
| 供应物流费 | 15 000 | +10 | 16 500 |
| 生产物流费 | 17 000 | — | 17 000 |
| 销售物流费 | 20 000 | -5 | 19 000 |
| 退货物流费 | 2 000 | -50 | 1 000 |
| 废弃物物流费 | 5 000 | -15 | 4 250 |
| 合计 | 59 000 |  | 57 000 |

2. 零基预算法

增量预算法以原来的成本水平为基础，没有考虑各部门的物流活动变化和实际成本需求，为了克服增量预算法的这些缺点，可采用零基预算法。零基预算法的全称为"以零为基础编制计划和预算的方法"，是指在编制预算时所有的物流成本预算支出均以零为基础，不考虑前期的情况如何，重新研究分析每项预算是否有必要支出和支出多少。

1) 零基预算法的特点

(1) 零基预算法的优点：

① 有利于提高员工的成本控制意识。

② 有利于提高预算管理水平。

③ 有利于提高资金使用效率。

(2) 零基预算法的缺点：

① 由于一切开支均以零为起点进行分析研究，预算编制的工作量较大、费用较高；

② 对物流活动及物流费用的评级具有不同程度的主观性。

2) 零基预算法主要分为以下四个步骤：

(1) 第一步：根据企业的目标要求，由各部门共同提出预算目标（表 8 – 10）。

【例 8.15】

表 8 – 10　某公司各部门的费用预算表

元

| 费用项目 | 预算目标 |
| --- | --- |
| 人员工资福利费 | 200 000 |
| 设备、仓库折旧费 | 50 000 |
| 材料采购费 | 35 000 |
| 广告费 | 350 000 |
| 仓库作业费 | 25 000 |
| 信息费 | 120 000 |
| 总计 | 780 000 |
| 控制总额 | 730 000 |

(2) 第二步：确定费用性质，对酌量性固定成本进行成本 – 效益分析，见表 8 – 11。

表 8 – 11　成本 – 效益分析

| 费用项目 | 成本效益分析 | 分析依据 |
|---|---|---|
| 人员工资福利费 | 约束性固定成本 | 10 人 × 20 000 元/人 = 200 000 元 |
| 设备、仓库折旧费 | 约束性固定成本 | 12 月 × 4 150 元/月 = 49 800 元 |
| 材料采购费 | 变动成本 | 1 200 件 × 3 元/件 + 1 000 千克 × 31.4 元/千克 = 35 000 元 |
| 广告费 | 酌量性固定成本 | 成本 – 效益比例 = 400 000/20 000 = 20 |
| 仓库作业费 | 变动成本 | 10 000 件 × 2.5 元/件 = 25 000 元 |

(3) 第三步：安排各项费用的开支顺序，见表 8 – 12。

表 8 – 12　各项费用的开支顺序

| 费用项目 | 费用层次 | 成本 – 效益分析 | 预算额/元 |
|---|---|---|---|
| 材料采购费 | 第一层次 | 35 000 元 | 35 000 |
| 仓库作业费 | 第一层次 | 25 000 元 | 25 000 |
| 设备、仓库折旧费 | 第二层次 | 49 800 元 | 49 800 |
| 人员工资福利费 | 第二层次 | 200 000 元 | 200 000 |
| 广告费 | 第三层次 | 成本 – 效益比例 = 20 | (730 000 – 310 200) × 2/3 = 279 867 |
| 信息费 | 第三层次 | 成本 – 效益比例 = 10 | (730 000 – 310 200) × 1/3 = 139 933 |
| 总计 | — | — | 7 300 |

## （二）固定预算法与弹性预算法

按业务量基础的数量特征，物流成本预算的编制方法分为固定预算法和弹性预算法。

1. 固定预算法

固定预算法是将预算期内正常的、可实现的某一固定业务量水平作为唯一基础来编制物流成本预算的一种方法。

2. 弹性预算法

弹性预算法又称为变动预算法、滑动预算法，是固定预算的对称，是在变动成本法的基础上，以未来不同业务量水平为基础，即预算期间可能发生的多种业务量水平，对每一种可能出现的业务量分别确定相应费用的预算方法。由于这种预算可以随着业务量的变化反映各该业务量水平下的支出控制数，具有一定的伸缩性，因而其称为弹性预算。

1）弹性预算法的特点

（1）可根据各种不同的业务量水平进行编制预算，也可随时按实际业务量进行调整，具有伸缩性。

（2）预算的编制是以成本可划分为变动费用与固定费用为前提的。

（3）由于可根据不同业务量进行事先编制或根据实际业务量进行事后调整，因此具有适用范围广的优点，增强了预算对生产经营变动情况的适应性。

2）弹性预算法的原理及表达方式

（1）弹性预算法的原理。把成本费用按成本习性分为变动费用与固定费用两大部分。由于固定费用在其相关范围内，其总额一般不随业务量的增减而变动，因此在按照实际业务量对预算进行调整时，只需调整变动费用。

（2）弹性预算法的表达方式。物流成本的弹性预算通常可以用列表法和公式法来表示。公式法是以公式 $Y = a + bX$ 来表示物流成本弹性预算的方法。式中，$Y$ 为物流成本的弹性预算额（元）；$a$ 为固定费用总额（元）；$b$ 为单位变动成本预算额（元/单位业务量）；$X$ 为计划业务量。列表法是最常见的弹性预算表示方式。

3）弹性预算法的步骤

（1）选取业务量计量对象。业务量计量对象的选取，应以代表性强、直观性强为原则。

（2）确定业务量变动范围。业务量变动范围应满足其业务量实际可能变动的需要。

（3）选择弹性预算的表达方式。物流成本的弹性预算通常可以用列表法和公式法表示。

【例 8.16】 某一企业生产产品，预计每件产品的变动成本为 410 元，其中直接材料成本为 310 元，直接人工成本为 60 元，每件变动制造成本为 40 元，预计固定制造成本总额为 116 000 元，业务量变动范围为 800~1 100 件。试用弹性预算法求其预算成本（表 8-13）。

表 8-13 用弹性预算法求预算成本

元

| 费用项目 | 800 件 | 900 件 | 1 000 件 | 1 100 件 |
| --- | --- | --- | --- | --- |
| 单位变动成本 | 410×800=328 000 | 410×900=369 000 | 410×1 000=410 000 | 410×1 100=451 000 |
| 直接材料成本 | 310×800=248 000 | 310×900=279 000 | 310×1 000=310 000 | 310×1 100=341 000 |
| 直接人工成本 | 60×800=48 000 | 60×900=54 000 | 60×1 000=60 000 | 60×1 100=66 000 |
| 变动制造费用 | 40×800=32 000 | 40×900=36 000 | 40×1 000=40 000 | 40×1 100=44 000 |
| 固定成本 | 116 000 | 116 000 | 116 000 | 116 000 |
| 预算总成本 | 444 000 | 485 000 | 5 260 | 5 670 |

## (三) 定期预算法与滚动预算法

根据预算期的时间特征不同,物流成本预算的编制方法分为定期预算法和滚动预算法。

**1. 定期预算法**

定期预算法也称为阶段性预算法,是在编制预算时以不变的时间间隔作为预算期的一种编制预算的方法,比如以月、季度、年等作为预算期。

**2. 滚动预算法**

滚动预算法又称为连续预算法或永续预算法,是指按照"近细远粗"的原则,在预算的执行过程中自动延伸,使预算期永远保持在固定的时间段内。采用滚动预算法对物流成本进行预算时,根据上一期的预算完成情况,调整和具体编制下一期预算,并将编制预算的时期逐期连续滚动,向前推移,使预算总是保持一定的时间幅度(图8-17)。

滚动预算法具有以下特点:

(1) 有利于把握企业的长期发展方向。
(2) 可发挥指导和控制作用。
(3) 保证企业的经营管理工作稳定而有秩序地进行。滚动预算法可以使各级管理人员始终对未来12个月,甚至长远的物流经营活动作周密的考虑和全盘规划,确保企业的各项工作有条不紊地进行。

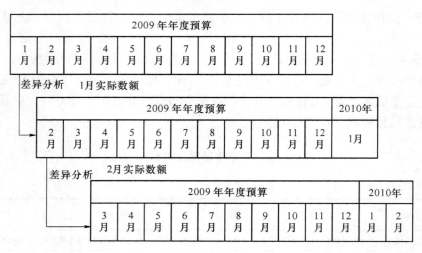

图8-17 滚动预算法示意

## 学习任务小结

研究物流成本与物流业务量之间的依存关系,分析物流成本的性态,不仅有利于企业事前对成本的控制以及挖掘降低物流成本的潜力，而且有助于企业进行科学的预测、规划、决策和控制。按成本的性态，可将企业的全部成本划分为固定成本、变动成本和混合成本。

本－量－利分析是"成本－产量（或销售量）－利润依存关系分析"的简称，也称为 CVP 分析（Cost－Volume－Profit Analysis），是在变动成本计算模式的基础上，以数学化的会计模型与图文来揭示固定成本、变动成本、销售量、单价、销售额、利润等变量之间内在的规律性联系，为会计预测决策和规划提供必要的财务信息的一种定量分析方法。

本－量－利分析方法是在成本性态分析和变动成本法的基础上发展起来的，主要研究成本、销售数量、价格和利润之间的数量关系。它是企业进行预测、决策、计划和控制等经营活动的重要工具，也是管理会计的一项基础内容。

所谓保本，就是指企业在一定时期内的收支相等、盈亏平衡、利润为零。保本分析就是研究当企业恰好处于保本状态时本－量－利关系的一种定量分析方法，也叫损益两平分析、盈亏临界分析等。保本分析的关键是保本点的确定。

物流成本预算是用货币形式和其他数量形式反映的有关企业未来一定时期全部物流活动的行动计划和相应措施的数量说明。

## 基于改进的灰色 BP 神经网络的区域物流成本预测

（张凤荣、金俊武、李延忠，东北师范大学、吉林大学、
长春理工大学，公路交通科技，2005 年第 6 期）

### 1. 引言

物流成本被认为是经济增长的第三利润源泉。因此，区域物流成本的预测与分析成为考察一个地区物流水平的关键问题，而合理地计算和预测物流成本也是各级政府对物流发展采取有效的宏观调控措施的前提。在我国，因为没有统一的物流统计体系，因此，对宏观的物流成本只能采取估算的方法。物流成本量化问题的关键是其构成要素，如运输、库存和管理费用的计算，为了同国际接轨，进行横向的比较，本文作者在查阅国内外有关文献的基础上，参考欧美国家物流成本的计算方法，经过大量计算，采用灰色 BP 神经网络模型对吉林省物流成本进行了预测，在建模过程中对模型进行了改进，取得了令人较为满意的结果。

### 2. 区域物流成本及其构成计算

我国的物流成本计算一直是困扰物流研究者的难题，解决这一难题不仅关系到如何从宏观上认识我国的物流现状，也关系到具体物流实践的核算和评价。很多人想根据物流冰山理论，把隐藏在水面之下的物流费用全部核算出来，却往往

难以完成这项工作，于是就不断指责传统会计方法不能提供足够的物流分摊费用数据。很明显，这是一个误区。直到现在，我们仍可看到各种矛盾的数据，这说明对冰山总体的全面认识和测量不但不现实，而且没有必要。在现实的工作中，人们仍然只是把"冰山浮出水面的一角"作为物流成本计算的对象，主要的核算范围包括运输、储存、包装等几个大项的费用。在很多企业中，包装费用仍然单独核算，没有归入物流成本。在某种程度上，物流成本的上述核算方法，是不自觉地在实行重点管理，因为运输、储存的费用支出仍然是物流费用的主体。

根据 PROLOGIS 公司、CASS 公司提供的美国的物流成本支出表和唐纳德 J·鲍尔索克斯《物流管理》中总成本的计算方法，以及国际货币基金组织、世界银行等国际组织及美国商务部等机构对物流成本的划分，物流成本主要由 3 部分组成：库存费用、运输费用和管理费用。通常的实践是将库存和运输作为两个主要的设计因素，这两个因素包括物流总费用的 80%～90%，而物流管理费用一般是按照历史情况由专家确定一个固定的比例乘以库存费用和运输费用的总和得出的。物流成本及构成计算公式如下：

物流成本 = 运输支出 + 库存支出 + 管理费用

运输支出 = 铁路货运支出 + 公路货运支出（物流最终支付形式的 97% 以上是铁路和公路）

库存支出 = 仓储费用/$\varepsilon$

其中，$\varepsilon$ 取平均值 19%，铁路/公路货运支出 = 铁路/公路货运周转量 × 运价（运价由专家调查法得出）。我国的物流管理费用因无法从各项费用中剥离，也没有可以参考的历史数据，因此，本文取 4% 和 10% 分别计算出管理费用，并进而计算出相应的物流成本 1 和物流成本 2。

按照上面所述方法对吉林省物流成本及构成进行估算。吉林省 1991—2001 年的物流成本见表 8 - 14，考虑到 GDP 为增加值，因此表 8 - 14 中物流成本的各项在前述计算的基础上换算为增加值。

**表 8 - 14  吉林省物流成本指标构成**

亿元

| 年份 | 运输支出 | 库存支出 | 管理费用 | | 物流 | |
|---|---|---|---|---|---|---|
| | | | 1(4%估算) | 2(10%估算) | 成本 1 | 成本 2 |
| 1991 | 5.36 | 99.190 5 | 4.182 | 10.455 1 | 108.732 5 | 115.005 6 |
| 1992 | 7.75 | 108.174 2 | 4.637 | 11.592 4 | 120.561 2 | 127.516 6 |
| 1993 | 12.43 | 125.666 3 | 5.523 9 | 13.809 6 | 143.620 2 | 151.905 9 |
| 1994 | 20.37 | 154.043 7 | 6.976 5 | 17.441 4 | 181.390 2 | 191.855 1 |
| 1995 | 18.96 | 238.979 5 | 10.317 6 | 25.793 9 | 268.257 1 | 283.733 4 |

续表

| 年份 | 运输支出 | 库存支出 | 管理费用 1(4%估算) | 管理费用 2(10%估算) | 物流成本 1 | 物流成本 2 |
|---|---|---|---|---|---|---|
| 1996 | 20.78 | 303.690 5 | 12.978 8 | 32.447 1 | 337.449 3 | 356.917 6 |
| 1997 | 23.51 | 412.020 5 | 17.421 2 | 43.553 1 | 452.951 7 | 479.083 6 |
| 1998 | 15.36 | 408.812 6 | 16.966 9 | 42.417 3 | 441.139 5 | 466.589 9 |
| 1999 | 20.56 | 432.924 2 | 18.139 4 | 45.348 4 | 471.626 3 | 498.832 6 |
| 2000 | 22.65 | 454.602 2 | 19.090 1 | 47.725 3 | 496.343 | 524.978 1 |
| 2001 | 24.00 | 499.937 4 | 20.957 4 | 52.393 4 | 544.891 7 | 576.327 8 |

资料来源（下表同）：根据 1992—2001 年吉林省统计年鉴整理和计算。

由此可以看出，吉林省的物流成本占国内生产总值（GDP）的比重在 1994 年、1997 年波动较大。由于二、三产业发展滞后，物流成本占 GDP 的比重在 1994 年以前一直呈下降趋势，1994—1997 年随着国民经济加速发展，物流成本比重大幅度增加，1997 年后有所下降，1998—2001 年这 4 年间一直保持在一个平稳略有下降的比例，虽然物流成本的增加速度呈下降趋势，但 GDP 的增长速度也在降低，由 10.9%（1991—1995 年）降为 9.7%（1996—2001 年），但根据相关统计数据，GDP 中物流支出比例如减少 1 个百分点，则 GDP 可增加 4 个百分点（因 GDP 中物流支出比例减少而增加的 GDP，取 1991—2001 年的平均值保守统计）。由此可见，控制物流成本仍然是振兴吉林经济，提高经济效益的源泉。

3. 区域物流成本的影响因素及改进的灰色 BP 预测算法描述

在社会经济综合系统中，影响物流成本增加值的因素很多，其中主要因素有国内生产总值（GDP/人）、人均国内生产总值（GDP/人）、社会消费品零售总额、货运量、产品销售收入等。国际预测协会前主席 J. S. Armstrong 认为，经济计量学家所作的大量研究都致力于寻求一种好的估计因果关系的方法，但是大量的研究文献表明，预测精度对于因果关系估计的好坏并不那么敏感。由此得出的结论是：似乎应该选取小部分合理的变量，确立因果关系的正确方向，再粗略估计这种关系就足够了。因此，确立的物流成本影响因素各指标及相应解释如下：

（1）GDP：反映一个区域的综合经济实力，该值越大，说明地区经济发展水平越高，对区域物流指标各项影响越大。

（2）GDP/人：反映一个区域的人均可支配收入，该值越大，表明该区域物流需求越大，对区域物流成本连锁影响越大。

（3）货运量：反映一个区域在吸引范围内产生的由其承担的物流量（运输量是物流量的重要组成部分），该值越大，表明该区域物流规模越大，它是区域物流成本的关键指标。从吉林统计年鉴中查得1991—2001年上述各指标,见表8-15。

表8-15 吉林省物流成本影响因素

| 年份 | 社会消费品零售总额/亿元 | 人均国内生产总值/元 | 国内生产总值/亿元 | 货运量/万吨 |
| --- | --- | --- | --- | --- |
| 1991 | 255.35 | 1 878.00 | 463.47 | 23 519 |
| 1992 | 298.18 | 2 246.00 | 558.06 | 24 055 |
| 1993 | 357.49 | 2 868.00 | 717.05 | 23 497 |
| 1994 | 396.69 | 3 703.00 | 936.78 | 26 285 |
| 1995 | 481.54 | 4 414.00 | 1 129.20 | 26 655 |
| 1996 | 555.57 | 5 163.00 | 1 337.16 | 27 604 |
| 1997 | 619.69 | 5 504.00 | 1 446.91 | 27 582 |
| 1998 | 680.44 | 5 916.00 | 1 557.78 | 32 293 |
| 1999 | 733.95 | 6 341.00 | 1 669.56 | 32 435 |
| 2000 | 810.95 | 7 012.00 | 1 821.19 | 33 323 |
| 2001 | 906.76 | 7 640.00 | 2 032.48 | 23 649 |

要用BP神经网络预测区域物流成本,首先必须预测影响物流成本因素的各预测值。为简化模型,对影响物流成本的各因素如国内生产总值、人均国内生产总值、社会消费品零售总额、货运量均采用灰色预测模型。普通的灰色预测模型在中短期预测中效果较好,但在中长期预测中却有预测值上漂的现象,本文使用的等维信息模型是对普通灰色系统模型的改进。它首先用已知数列建立GM(1,1)模型,预测下一个值,而后将这个预测值补充在已知数列之后,同时为了不增加数列长度,去掉前一次建模时的第一个数据,保持数列等维,再建GM(1,1)模型,预测下一个值,再将结果补充到数列之后,如此反复,逐个预测,依次递补,直到完成预测目标或达到一定精度要求为止。

BP神经网络对于输入信号,要先向前传播到隐含层节点,经作用函数后,再把隐含层节点的输出信号传播到输出节点,最后给出输出结果。节点作用的激励函数通常选取S型函数,如:

$$f(x) = \frac{1}{1 + e^{-x/Q}}$$

式中,$Q$为调整激励函数形式的Sigmoid参数。该算法的学习过程由正向传播和反向传播组成。在正向传播过程中,输入信息从输入层经隐含层逐层处理,并传向输出层。每一层神经元的状态只影响下一层神经元的状态。如果输出层得不到期望的输出,则转入反向传播,将误差信号沿原来的连接通道返回,通过修改各层神经元的权值,使误差信号最小。

设含有 $n$ 个节点的任意网络，各节点之特性为 Sigmoid 型。为简便起见，指定网络只有一个输出为 $y$，任一节点 $i$ 的输出为 $O_i$，并设有 $N$ 个样本 $(x_k, y_k)$ $(k=1, 2, 3, \cdots, N)$，对某一输入 $x_k$，网络输出为 $y_k$，第 $l-1$ 层节点 $i$ 的输出为 $Q_{ik}^{l-1}$，则第 $l$ 层（$l$ 表示第 1 隐层、第 2 隐层或输出层中的任意一层）节点 $j$ 的输入为 $\text{net}_{jk}^l = \sum W_{ij}^l O_{ik}^{l-1}$。将误差函数定义为 $E_k = (y_k - \hat{y}_k)^2$，其中 $\hat{y}_k$ 为网络实际输出，$E = \frac{1}{2} \sum_{k=1}^{N} (y_k - \hat{y}_k)^2$，且 $O_{jk} = f(\text{net}_{jk})$，于是，$\frac{\partial E_k}{\partial W_{ij}} = \frac{\partial E_k}{\partial \text{net}_{jk}} \frac{\partial \text{net}_{jk}}{\partial W_{ij}} = \frac{\partial E_k}{\partial \text{net}_{jk}} O_{jk} = \delta_{jk} O_{jk}$，其中，$\delta_{jk} = \frac{\partial E_k}{\partial \text{net}_{jk}}$。

当 $l$ 表示输出层时，$O_{jk}' = \hat{y}_k$

$$\delta_{jk}^l = \frac{\partial E_k}{\partial \hat{y}_{jk}} \frac{\partial \hat{y}_{jk}}{\partial \text{net}_{jk}^l} = -(y_k - \hat{y}_k) f^l(\text{net}_{jk}^l) \tag{1}$$

若 $l$ 不是输出层，则有

$$\delta_{jk} = \frac{\partial E_k}{\partial \text{net}_{jk}^l} = \frac{\partial E_k}{\partial O_{jk}^l} \frac{\partial O_l}{\partial \text{net}_{jk}^l} = \frac{\partial E_k}{\partial O_{jk}^l} f^l(\text{net}_{jk}^l)$$

$$\frac{\partial E_k}{\partial O_{jk}^l} = \sum_m \frac{\partial E_k}{\partial \text{net}_{mk}^{l+1}} = \frac{\partial \text{net}_{mk}}{\partial O_{jk}^l} =$$

$$\sum_m \frac{\partial E_k}{\partial \text{net}_{mk}^{l+1}} \frac{\partial}{\partial O_{jk}^l} = \sum_i W_{ml}^{l+1} O_{jk}^{l+1} =$$

$$\sum_m \frac{\partial E_k}{\partial \text{net}_{mk}^{l+1}} \sum_i W_{mj}^{l+1} = \sum_m \delta_{mk}^{l+1} = W_{ml}^{l+1} \tag{2}$$

因此

$$\begin{cases} \delta_{jk}^l = f^l(\text{net}_{jk}^l) \sum_m \delta_{mk}^{l+1} W_{mj}^{l+1} \\ \frac{\partial E_k}{\partial W_{ij}} = \delta_{jk}^l = O_{jk}^{l-1} \end{cases}$$

如果有 $M$ 层，而第 $M$ 层仅含输出节点，第 1 层为输入节点，则 BP 算法步骤为：

（1）选取初始权值 $W$。

（2）重复下述过程直至收敛：①对于 $k=1 \sim N$，首先计算 $O_{ik}$、$\text{net}_{jk}$ 和 $\hat{y}_k$ 的值（正向过程），从输出层到第 1 隐层，即从 $M$ 到 2 反向计算（反向过程）；②对同一节点 $j \in M$，由式（1）和（2）计算 $\delta_{jk}$。

（3）修正权值 $\frac{\partial E}{\partial W_{ij}}$，$W_{ij} = W_{ij} - \mu$，$\mu > 0$，其中 $\frac{\partial E}{\partial W_{ij}} = \sum_{k}^{N} \frac{\partial E_k}{\partial W_{ij}}$。

在建 BP 网络模型的过程中，将国内生产总值、人均国内生产总值、社会消费品零售总额、货运量作为网络的输入，将物流成本作为网络的输出，在试训的基础上，确定输入层节点为 4，隐含层数为 2，第 1 隐含层有 4 个节点，第 2 隐含层有 5 个节点，输出层节点为 1，网络层次结构为 4 - 4 - 5 - 1。网络结构如图 8 -

18 所示。

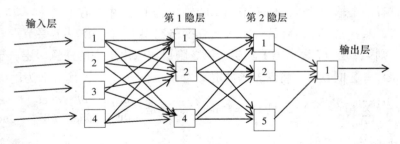

图 8-18 BP 神经网络结构

3. 区域物流成本 BP 网络训练结果

以 1991—1999 年的数据作为 BP 网络训练数据，将 2000 年、2001 年的数据作为 BP 网络检验数据。为了提高网络的收敛速度，作者在训练中将网络的输入数据除以 30 000，将网络的输出数据除以 3 000。在计算实际输出值时，将网络的输出数据再乘以 3 000 还原为实际数据。取最小训练速率为 0.1，动态参数为 0.35，Sigmoid 参数为 0.9，允许误差为 0.000 0，最大迭代次数为 1 200，并对输入节点的数值进行标准化转换，经过 1 199 次训练后网络达到要求，拟合残差为 0.000 827。待网络训练稳定后，将前面采用灰色等维信息模型预测的 2005 年、2010 年国内生产总值、人均国内生产总值、社会消费品零售总额、货运量结果作为网络的输入，为了提高分辨率，将 2005 年、2010 年上述各值均除以 300 000，将网络的输出值乘以 30 000 进行还原，即吉林省 2005 年、2010 年物流成本的预测值。作者另外采用多种常用预测方法（模型略）预测物流成本值作为对照，预测结果见表 8-16、表 8-17，其中普通灰色 BP 神经网络和改进灰色 BP 神经网络两个模型中 1991—1999 年为经过训练的数据，2000—2001 年为网络检验数据。从表中可以看出，各种模型的拟合值以神经网络模型误差平方和最小，而相对于普通灰色 BP 网络模型，采用改进的灰色 BP 神经网络方法有效地改善了普通灰色 BP 神经网络中长期预测值上漂的现象，结果也更加合理。将 BP 网络预测的 2010 年物流成本除以 GDP 的预测值，则吉林省 2010 年 GDP 中的物流支出分别为 26.11%（物流成本 1）和 29.18%（物流成本 2）。

表 8-16 物流成本 1 拟合预测对照

| 年份 | 灰色系统模型 | | 弹性系数模型 | | 多元回归模型 | | 普通灰色 BP 模型 | | 改进灰色 BP 模型 | |
|---|---|---|---|---|---|---|---|---|---|---|
| | 模拟值 | 相对误差 | 模拟值 | 相对误差 | 模拟值 | 相对误差 | 模拟值 | 相对误差 | 模拟值 | 相对误差 |
| 1991 | | | 102.26 | -0.06 | 98.29 | -0.01 | 117.78 | 0.08 | 115.32 | 0.06 |
| 1992 | 180.87 | 0.50 | 118.73 | -0.02 | 122.28 | 0.01 | 124.05 | 0.03 | 120.27 | 0.00 |

续表

| 年份 | 灰色系统模型 | | 弹性系数模型 | | 多元回归模型 | | 普通灰色 BP 模型 | | 改进灰色 BP 模型 | |
|---|---|---|---|---|---|---|---|---|---|---|
| | 模拟值 | 相对误差 | 模拟值 | 相对误差 | 模拟值 | 相对误差 | 模拟值 | 相对误差 | 模拟值 | 相对误差 |
| 1993 | 207.01 | 0.44 | 161.53 | 0.13 | 146.09 | 0.02 | 158.4 | 0.09 | 143.64 | 0.00 |
| 1994 | 236.92 | 0.31 | 185.56 | 0.02 | 217.3 | 0.20 | 173.58 | -0.04 | 186.33 | 0.03 |
| 1995 | 271.16 | 0.01 | 264.22 | -0.02 | 275.43 | 0.03 | 252.93 | -0.06 | 257.07 | -0.04 |
| 1996 | 310.35 | -0.08 | 329.49 | -0.02 | 344.49 | 0.02 | 354.57 | 0.05 | 333.12 | -0.01 |
| 1997 | 355.2 | -0.22 | 419.62 | -0.07 | 398.6 | -0.12 | 432.33 | -0.05 | 438.57 | -0.03 |
| 1998 | 406.53 | -0.08 | 449.17 | 0.02 | 438.14 | -0.01 | 455.91 | 0.03 | 441.06 | 0.00 |
| 1999 | 465.28 | -0.01 | 515.17 | 0.09 | 466.38 | -0.01 | 482.67 | 0.02 | 484.83 | 0.03 |
| 2000 | 532.5 | 0.07 | 474.4 | -0.04 | 472.9 | -0.05 | 496.1 | 0.00 | 490.5 | -0.01 |
| 2001 | 609.48 | 0.12 | 544.37 | 0.00 | 587.08 | 0.08 | 511.17 | -0.06 | 521.82 | -0.04 |
| 2005 | 969.02 | (0.62) | 696.02 | (0.04) | 993.72 | (0.07) | 1404.9 | (0.03) | 1277.7 | (0.01) |
| 2010 | 1 751.79 | | 1 751.79 | | 1 694.18 | | 2 088.3 | | 1 378.2 | |

注：括号内为误差平方和，下表同。

表 8-17 物流成本 2 拟合预测对照

| 年份 | 灰色系统模型 | | 弹性系数模型 | | 多元回归模型 | | 普通灰色 BP 模型 | | 改进灰色 BP 模型 | |
|---|---|---|---|---|---|---|---|---|---|---|
| | 模拟值 | 相对误差 | 模拟值 | 相对误差 | 模拟值 | 相对误差 | 模拟值 | 相对误差 | 模拟值 | 相对误差 |
| 1991 | | | 108.36 | -0.06 | 103.96 | -0.01 | 124.77 | 0.08 | 122.58 | 0.07 |
| 1992 | 56.18 | -0.56 | 125.72 | -0.01 | 129.33 | 0.01 | 131.4 | 0.03 | 128.07 | 0.00 |
| 1993 | 153.27 | 0.01 | 171.72 | 0.13 | 154.51 | 0.02 | 167.49 | 0.01 | 155.01 | 0.02 |
| 1994 | 258.16 | 0.35 | 197.34 | 0.03 | 229.83 | 0.02 | 183.87 | -0.04 | 197.55 | 0.03 |
| 1995 | 359.94 | 0.27 | 297.88 | -0.01 | 291.32 | 0.02 | 267.96 | 0.01 | 270.96 | -0.05 |
| 1996 | 411.95 | 0.15 | 348.73 | -0.02 | 364.36 | 0.02 | 375.42 | 0.05 | 350.94 | -0.02 |
| 1997 | 438.96 | -0.18 | 443.22 | -0.07 | 421.6 | -0.12 | 456.87 | -0.05 | 464.49 | -0.03 |
| 1998 | 398.9 | -0.15 | 473.62 | 0.02 | 463.42 | -0.01 | 482.07 | 0.03 | 466.38 | 0.00 |
| 1999 | 434.36 | -0.13 | 543.1 | 0.09 | 493.29 | -0.01 | 510.12 | 0.02 | 513.39 | 0.03 |
| 2000 | 509.7 | -0.03 | 500.7 | -0.05 | 500.2 | -0.05 | 524.4 | 0.00 | 519.1 | -0.01 |
| 2001 | 641.32 | 0.11 | 576.42 | 0.00 | 620.95 | 0.08 | 54.018 | -0.06 | 552.42 | -0.04 |
| 2005 | 1 024.93 | (0.59) | 1 033.47 | (0.04) | 1 051.07 | (0.07) | 1 475.7 | (0.03) | 1 405.8 | (0.01) |
| 2010 | 1 852.86 | | 1 889.13 | | 1 791.97 | | 2 192.7 | | 1 539.9 | |

对于特定环境因子影响程度的重要性，采用1~10的主观分级法，10表示影响最大或最重要，1表示影响最小或最不重要。如果影响是有利的，在数字之前置"+"，如果影响是有害的，则在数字之前置"-"。据此得到的反映高速公路开发活动对生态环境综合影响的评价矩阵见表8-18。

**表8-18 推荐线A和比选线C对生态环境影响的综合评价**

| 因子 | 路基路面工程 | | 桥涵工程 | | 永久占地 | | 临时占地 | | 综合影响评价指数 | |
|---|---|---|---|---|---|---|---|---|---|---|
| | A线 | C线 | A线 | C线 | A线 | C线 | A线 | C线 | A线 | C线 |
| 植被覆盖率 | -2(4) | -3(5) | -1(3) | -1(3) | -3(8) | -4(8) | -5(8) | -5(8) | -75 | -90 |
| 土壤变化 | -3(6) | -3(8) | -2(4) | -2(5) | -4(9) | -5(10) | -4(8) | -5(10) | -94 | -134 |
| 农田生产力 | -1(4) | -1(4) | -1(4) | -1(4) | -2(6) | -4(8) | -3(6) | -4(6) | -38 | -64 |
| 生物量 | -2(6) | -3(7) | -1(6) | -1(7) | -4(8) | -5(8) | -2(5) | -2(5) | -60 | -78 |
| 人均耕地 | -2(5) | -2(5) | | | -3(6) | -3(6) | -1(4) | -1(4) | -32 | -32 |
| 景观生态 | +4(5) | +4(5) | +5(5) | +5(5) | +3(6) | +3(6) | -3(6) | -3(6) | 45 | 45 |
| 滞洪能力 | -3(8) | -4(8) | -6(10) | -7(10) | -6(8) | -8(10) | -2(8) | -6(10) | -148 | -242 |
| 动物 | -2(6) | -2(6) | -2(6) | -2(6) | -4(6) | -4(6) | -4(7) | -4(7) | -80 | -80 |
| 水土流失 | -2(9) | -4(9) | -3(7) | -3(7) | -6(8) | -7(9) | -3(5) | -7(9) | -120 | -183 |
| 综合影响评价指数 | -108 | -138 | -89 | -102 | -224 | -321 | -181 | -397 | -602 | -858 |

从综合评价结果分析，A线（推荐线）对沿线生态环境总影响数值为-602，而C线（比选线）则为-858。这说明A线对生态环境的影响要小于C线。因此，从项目对生态系统生产力的影响以及其他生态因子的综合分析，建议项目选用A线。

结论如下：

（1）通过选取主要生态因子，认为选取的植被覆盖率、生物量、滞洪能力、土壤变化、农田生产力、水土流失量6项指标基本上能反映出生态影响的主要方面。

（2）综合影响评价指数反映出推荐线A较比选线C对生态环境的影响小，是首选建设线路，从生态影响的角度分析，线路A较适宜。

## 技能练习

**一、选择题**

1. 混合成本估计中的历史成本分析法包括（　　）。
   A. 高低点法　　　　　　　　　　B. 散布图法

C. 回归直线法 D. 账户分析法
2. 下列各项中，属于约束性固定成本的有（　　）。
A. 管理人员薪酬 B. 折旧费
C. 职工培训费 D. 研究开发支出
3. 在其他因素不变的情况下，如果本期销售量比上期增加，则可断定按变动成本法计算的利润（　　）。
A. 一定本期等于上期 B. 本期应当大于上期
C. 本期应当小于上期 D. 本期可能等于上期
4. 在 $y = a + (\ )x$ 中，$y$ 表示总成本，$a$ 表示固定成本，$x$ 表示销售额，则 $z$ 的系数应是（　　）。
A. 单位变动成本 B. 单位边际贡献
C. 变动成本率 D. 边际贡献率
5. 在应用高低点法进行成本估计时，选择高点坐标的依据是（　　）。
A. 最高的产量 B. 最高的成本
C. 最高的产量和最高的成本 D. 最高的产量或最高的成本
6. A 产品的单位变动成本为 6 元，固定成本为 300 元，单价为 10 元，目标利润为 500 元，则实现目标利润的销售量为（　　）件。
A. 200　　　　　B. 80　　　　　C. 600　　　　　D. 100
7. 产品边际贡献是指（　　）。
A. 销售收入与产品变动成本之差
B. 销售收入与销售和管理变动成本之差
C. 销售收入与制造边际贡献之差
D. 销售收入与全部变动成本（包括产品变动成本和期间变动成本）之差
8. 某企业生产中需要的检验员同产量有着密切的关系，经验表明，每个检验员每月可检验 1 200 件产品，则检验员的工资成本属于（　　）。
A. 半变动成本 B. 阶梯式成本
C. 延期变动成本 D. 曲线变动成本
9. 可以通过管理决策行动改变的成本包括（　　）。
A. 约束性固定成本 B. 酌量性固定成本
C. 技术性变动成本 D. 酌量性变动成本
10. 单一产品的固定成本增加，在其他因素不变的前提下，盈亏临界点销售量一定会（　　）。
A. 上升　　　　　B. 下降　　　　　C. 不变　　　　　D. 不一定

## 二、思考题

1. 什么是固定成本和变动成本？其各有什么特点？

2. 混合成本的分解方法有哪些？
3. 本－量－利分析的前提条件有哪些？
4. 如何计算物流系统的保本点和保利点？
5. 物流成本预算的编制方法有哪些？

## 三、实训应用

1. 某企业生产的甲产品 7—12 月的产量及成本资料见表 8 – 19。

表 8 – 19　某企业的甲产品相关资料

| 月份 | 7 | 8 | 9 | 10 | 11 | 12 |
|---|---|---|---|---|---|---|
| 产量/件 | 40 | 42 | 45 | 43 | 46 | 50 |
| 总成本/元 | 8 800 | 9 100 | 9 600 | 9 300 | 9 800 | 10 500 |

要求：（1）采用高低点法进行成本估计。
（2）采用回归直线法进行成本估计。

2. 某企业生产一种产品，单价为 20 元，单位变动成本为 12 元，固定成本为 80 000 元/月，正常销售量为 20 000 件。

要求：计算该产品的保本量、保本额。

## 四、案例分析

山航集团全面预算的编制主体十分复杂，成员单位既涉及控股、非控股的子公司，又涉及非法人的独立核算单位；既涉及 B 股上市公司，又涉及内资企业；既涉及航空运输主业，又延伸到与航空业有关的飞行员、乘务员、地面维修业务培训等多种行业。原来集团公司各成员单位执行分行业的会计制度，从 2004 年起统一实行《企业会计制度》。山航集团以现代企业制度为基础，实行董事会领导下的总裁负责制。

2005 年年初，山航集团在综合平衡了各软件的特点和其他集团取得的经验后，结合自身情况，决定首先从全面预算管理入手，这也是山航集团推出战略管理的重要组成部分以及实现全面信息化的第一步。虽从全面预算管理入手，但山航集团着眼于未来集团信息化统一平台的建设，这次选型既要考虑企业的现有特点及需求，满足集团及下属企业全面预算管理的需要，建立全面预算管理体系优化企业的资源配置，保证集团公司总体财务目标的实现，全方位地调动各个层面员工的积极性，促进企业建立、健全内部约束机制，规范企业财务管理行为，促使企业效益最大化；又要面向集中管理实现集团信息化统一平台建设，要求整个系统在战略上实行集中控制，整合所有资源，在战术上实行分布式经营，做到既降低经营风险，又发挥规模经济优势，协助集团实现战略性目标。成熟的产品线、大型企业实施案例同样也是山航集团所关注的。

浪潮通软公司与山航集团财务部经过6个月的通力协作，全面预算管理系统于2006年8月成功验收，山航集团的2006年全面预算也已经编制完成。目前系统运行稳定，用户反映良好。实现了财务部门对整个生产经营活动的动态监控，加强了财务部门与其他部门之间的联系和沟通。全面预算控制制度的正常运行建立在规范的分析和考核的基础上，财务部门依据某个即时会计资料所反映的动态经济信息，系统分析各部门预算项目的完成情况和存在的问题，并提出纠偏的建议和措施，报经集团领导批准后，协同职能部门按规定的流程对各部门的预算执行情况进行全面考核，并把企业中的各种经济活动统一到企业整体发展目标上来，在集团内部形成上下一致的合力，推动整个集团的高效运转。

**案例思考：**

根据案例总结全面预算管理系统的主要特点。

# 技能练习答案

## 学习任务一

### 一、选择题

1. D  2. B  3. AC  4. A  5. B  6. B  7. ABCD  8. BC
9. ABCD  10. ABCD

## 学习任务二

### 一、选择题

1. ACD  2. BC  3. CD  4. D  5. ACD  6. D  7. AB  8. BC  9. D  10. AD

### 三、实训应用

（1）确认和计量企业本月所提供的各类资源耗费，将资源耗费价值归集到各种资源库中，见下表。

**企业所提供的各类资源价值表**

元

| 资源项目 | 工资 | 电力费 | 折旧费 | 办公费 |
| --- | --- | --- | --- | --- |
| 资源价值 | 117 700 | 4 067 | 73 700 | 9 760 |

（2）确认各种主要作业，建立作业成本库。主要作业有：运输作业、装卸搬运作业、物流信息作业、物流管理作业。为每项作业分别设立作业成本库，用于归集各项作业实际消耗的资源。

（3）确认各项资源动因，将各项资源库中所汇集的资源耗费分配到各作业成本库中。

① 工资费用的分配。采用的资源动因为作业人数，因此，应该根据完成各项作业的职工人数和工资标准对工资费用进行分配，具体分配见下表。

**工资资源分配表**

| 资源＼作业 | 运输 | 装卸搬运 | 物流信息 | 物流管理 | 非物流作业 | 合计 |
|---|---|---|---|---|---|---|
| 职工人数/人 | 10 | 18 | 5 | 6 | 22 | 61 |
| 每人月工资额/元 | 1 900 | 1 300 | 2 300 | 2 200 | 2 300 | — |
| 各项作业工资/元 | 19 000 | 23 400 | 11 500 | 13 200 | 50 600 | 117 700 |

② 电力费用的分配。电力资源消耗的原因在于"用电"，其数量多少可以由用电度数来衡量，电力资源分配结果见下表。

**电力资源分配表**

| 资源＼作业 | 运输 | 装卸搬运 | 物流信息 | 物流管理 | 非物流作业 | 合计 |
|---|---|---|---|---|---|---|
| 用电度数/度 | 0 | 1 080 | 790 | 540 | 3 400 | 5 810 |
| 各作业耗费电费/元 | 0 | 756 | 553 | 378 | 2 380 | 4 067 |

③ 折旧费用的分配。折旧费用发生的原因在于各项作业运用了固定资产，因此，可根据各项作业固定资产运用情况来分配折旧费，折旧费用分配结果见下表。

**折旧费用分配表**

元

| 资源＼作业 | 运输 | 装卸搬运 | 物流信息 | 物流管理 | 非物流作业 | 合计 |
|---|---|---|---|---|---|---|
| 各作业折旧费 | 28 000 | 9 300 | 5 400 | 0 | 31 000 | 73 700 |

④ 办公费用的分配。办公费用发生的原因在于各专业人员使用了办公用品等，分配动因为作业人数，人均分配额为 9760/61 = 160（元/人），办公费用分配结果见下表。

办公费用分配表

| 资源＼作业 | 运输 | 装卸搬运 | 物流信息 | 物流管理 | 非物流作业 | 合计 |
|---|---|---|---|---|---|---|
| 职工人数/人 | 10 | 18 | 5 | 6 | 22 | 61 |
| 各项作业办公费/元 | 1 600 | 2 880 | 800 | 960 | 3 520 | 9 760 |

将上述分配的有关结果进行汇总，资源耗费向作业分配的结果见下表。

资源耗费向各作业分配表

元

| 资源＼作业 | 运输 | 装卸搬运 | 物流信息 | 物流管理 | 非物流作业 | 合计 |
|---|---|---|---|---|---|---|
| 工资 | 19 000 | 23 400 | 11 500 | 13 200 | 50 600 | 117 700 |
| 电力费用 | 0 | 756 | 553 | 378 | 2 380 | 4 067 |
| 折旧费用 | 28 000 | 9 300 | 5 400 | 0 | 31 000 | 73 700 |
| 办公费用 | 1 600 | 2 880 | 800 | 960 | 3 520 | 9 760 |
| 作业成本合计 | 48 600 | 36 336 | 18 253 | 14 538 | 87 500 | 205 227 |

（4）确定各项物流作业的成本动因，有关结果见下表。

各项物流作业的成本动因

| 作业 | 作业成本动因 |
|---|---|
| 运输 | 作业小时 |
| 装卸搬运 | 作业机时 |
| 物流信息 | 作业机时 |
| 物流管理 | 作业小时 |

（5）核算有关物流作业成本动因分配率，计算结果见下表。

物流作业成本动因分配率计算表

| 作业 | 运输 | 装卸搬运 | 物流信息 | 物流管理 |
|---|---|---|---|---|
| 物流作业成本/元 | 48 600 | 36 336 | 18 253 | 14 538 |
| 作业动因量/单位 | 1 220 | 605 | 198 | 180 |
| 作业动因分配率/% | 39.84 | 60.06 | 92.19 | 80.77 |

（6）计算供应物流、销售物流实际消耗的资源价值以及未耗用资源成本，计算结果见下表。

| 作业 | 作业动因分配率 | 实际耗用作业动因量 | | | 未耗用动因量 | 实际耗用资源/元 | | 未耗用资源 |
|---|---|---|---|---|---|---|---|---|
| | | 供应物流 | 销售物流 | 合计 | | 供应物流 | 销售物流 | |
| 运输 | 39.84 | 580 | 530 | 1 110 | 110 | 23 107.20 | 21 115.20 | 4 377.60 |
| 装卸搬运 | 60.06 | 306 | 288 | 594 | 11 | 18 378.36 | 12 297.28 | 5 660.36 |
| 物流信息 | 92.19 | 98 | 92 | 190 | 8 | 9 034.62 | 8 481.48 | 736.90 |
| 物流管理 | 80.77 | 74 | 62 | 136 | 44 | 5 976.98 | 5 007.74 | 3 553.28 |
| 合计 | — | — | — | — | — | 56 497.16 | 46 901.17 | 14 328.14 |

注：为使核算的表或账簿平衡，本表中的"未耗用资源"是用资源总数减去"供应物流"和"销售物流"后倒算出来的。例如，运输未耗用资源 = 48 600 − 23 107.20 − 21 115.20 = 4 377.6（元）

通过上述未耗用资源的计算，企业可以发现在物流运作过程中，哪些作业未满负荷运作，存在资源浪费情况，从而为企业资源的合理配置提供依据。可见，计算未耗费资源对物流企业成本管理意义重大。不过，在企业对外提供的物流成本表中，不需要反映未耗用资源情况，只需反映资源在所有成本计算对象之间的分配情况。

# 学习任务三

一、选择题

1. B   2. D   3. D   4. C   5. B   6. ABCD   7. ABD   8. BCD   9. D   10. BD

三、实训应用

1. 直接材料成本差异的计算

直接材料成本差异 = 直接材料实际成本 − 直接材料标准成本 = 33 250 千克 × 6 元/千克 − 9 500 件 × 4 千克/件 × 5 元/千克

= 199 500 元 − 190 000 元 = 9 500 元

直接材料价格差异

=（6 元/千克 − 5 元/千克）× 33 250 千克

= 33 250 元

直接材料用量差异

=（33 250 千克 − 9 500 件 × 4 千克/件）× 5 元/千克

= −23 750 元

直接材料成本差异（9 500 元）

= 材料价格差异（33 250 元）+ 材料用量差异（-23 750 元）

2. 直接人工成本差异的计算

直接人工成本差异 = 直接人工实际成本 - 直接人工标准成本 = 45 125 小时 × 2.5 元/小时 - 9 500 件 × 5 小时/件 × 2 元/小时

= 112 812.50 元 - 95 000 元

= 17 812.50 元

直接人工工资率差异

= (2.5 元/小时 - 2 元/小时) × 45 125 小时

= 22 562.50 元

直接人工效率差异

= (45 125 小时 - 9 500 件 × 5 小时/件) × 2 元/小时

= -4 750 元

直接人工成本差异（17 812.50 元）

= 人工工资率差异（22 562.50 元）+ 人工效率差异（-4 750 元）

3. 变动制造费用成本差异的计算

(1) 变动制造费用成本差异

= 变动制造费用实际成本 - 变动制造费用标准成本

= 45 125 小时 × 0.425 元/小时 - 9 500 件 × 5 小时/件 × 0.4 元/小时

= 19 178.125 - 19 000 元

= 178.125 元

(2) 变动制造费用（支出）耗费差异

= (0.425 元/小时 - 0.4 元/小时) × 45 125 小时

= 1 128.125 元

(3) 变动制造费用效率差异

= (45 125 小时 - 9 500 件 × 5 小时/件) × 0.4 元/小时

= -950 元

变动制造费用成本差异（178.125 元）

= 变动制造费用（支出）耗费差异（1 128.125 元）+ 变动制造费用效率差异（-950 元）

4. 固定制造费用成本差异的计算

1) 二因素分析法

固定制造费用耗费（开支）差异

= 固定制造费用实际数 - 固定制造费用预算数

= 30 000 元 - 32 000 元 = -2 000 元

固定制造费用能量差异

= 固定制造费用预算 - 固定制造费用标准成本

=（生产能量－实际产量标准工时）×固定制造费用标准分配率
=32 000 元－9 500 件×5 小时/件×0.64 元/小时
=32 000－30 400 元＝1 600 元
固定制造费用成本差异（－400 元）＝固定制造费用耗费（开支）差异（－2 000 元）＋固定制造费用能量差异（1 600 元）
2）三因素分析法
（1）固定制造费用耗费（开支）差异＝固定制造费用实际数－固定制造费用预算数
＝30 000 元－32 000 元＝－2 000 元
（2）固定制造费用生产能力利用（闲置能量）差异
=（生产能量－实际工时）×固定制造费用标准分配率
＝32 000 元－45 125 小时×0.64 元/小时
＝32 000 元－28 880 元＝3 120 元
（3）固定制造费用效率差异
=（实际工时－实际产量标准工时）×固定制造费用标准分配率
=（45 125 小时－9 500 件×5 小时/件）×0.64 元/小时
＝28 880 元－30 400 元＝－1 520 元
（4）固定制造费用成本差异（－400 元）
＝固定制造费用耗费（开支）差异（－2 000 元）＋固定制造费用生产能力利用（闲置能量）差异（3 120 元）＋固定制造费用效率差异（－1 520 元）

# 学习任务四

## 一、选择题

1. ABCD　2. D　3. C　4. AC　5. B　6. A　7. B　8. D　9. C　10. ABD

## 三、实训应用

首先计算辅助生产部门发生的辅助营运费用总额。
辅助营运费用总额＝15 000＋17 000＋20 000＋2 800＋30 000＋10 200＋5 000＝100 000（元）
则
客车分担的辅助营运费用＝100 000×20%＝20 000（元）
货车分担的辅助营运费用＝100 000×60%＝60 000（元）
营运间接费用分担的辅助营运费用＝100 000×20%＝20 000（元）

其次计算营运间接费用。

营运间接费用总额 = 10 000 + 12 000 + 30 000 + 4 200 + 20 000 + 10 800 + 19 000 + 20 000 = 126 000（元）

营运间接费用分配率 = 126 000 ÷（240 000 + 120 000）= 0.35
客车运输负担成本 = 240 000 × 0.35 = 84 000（元）
货车运输负担成本 = 120 000 × 0.35 = 42 000（元）
汽车运输成本计算单见下表。

**汽车运输成本计算单**

××××年7月

| 项目 | 客车 | 货车 |
| --- | --- | --- |
| 一、运输支出/元 | — | — |
| 　1. 燃料 | 150 000 | 120 000 |
| 　2. 材料 | 18 000 | 15 000 |
| 　3. 轮胎费用 | 11 000 | 5 000 |
| 　4. 工资及福利费 | 273 600 | 136 800 |
| 　5. 折旧费 | 240 000 | 200 000 |
| 　6. 修理费 | 91 000 | 94 000 |
| 　7. 其他费用 | 16 400 | 29 200 |
| 　8. 辅助营运成本 | 20 000 | 60 000 |
| 小计 | 820 000 | 660 000 |
| 二、营运间接成本/元 | 84 000 | 42 000 |
| 三、运输总成本/元 | 904 000 | 702 000 |
| 四、周转量（千人千米、千吨千米） | 50 000 | 35 100 |
| 五、单位成本（元/千人千米、元/千吨千米） | 18.08 | 20 |

# 学习任务五

一、选择题

1. A　2. D　3. C　4. ABCD　5. ABCD

## 三、计算题

（1）平均年限法具体如下：

年折旧率 =（1 − 预计净残值率）÷ 预计使用年限 × 100%

年折旧额 = 固定资产原值 × 年折旧率

= 500 ×（1 − 5%）÷ 15 × 100%

≈ 31.67（万元）

（2）年数总和法具体如下：

年折旧率 = 尚可使用年数 ÷ 年数总和

年折旧额 =（固定资产原值 − 预计净残值）× 年折旧率

年数总和 = [预计使用年限 ×（预计使用年限 + 1）] ÷ 2

每年的折旧额 =（固定资产原值 − 预计净残值）× 尚可使用年数/年数总和

年数总和 = [预计使用年限 ×（预计使用年限 + 1）] ÷ 2

= (15 + 16)/2

= 120

第一年折旧额 =（固定资产原值 − 预计净残值）× 尚可使用年数/年数总和

=（500 − 500 × 5%）× 15/120

= 59.375（万元）

第二年折旧额 =（固定资产原值 − 预计净残值）× 尚可使用年数/年数总和

=（500 − 500 × 5%）× 14/120

≈ 55.42（万元）

第三年折旧额 =（固定资产原值 − 预计净残值）× 尚可使用年数/年数总和

=（500 − 500 × 5%）× 13/120

≈ 51.48（万元）

第四年折旧额 =（固定资产原值 − 预计净残值）× 尚可使用年数/年数总和

=（500 − 500 × 5%）× 12/120

= 47.5（万元）

第五年折旧额 =（固定资产原值 − 预计净残值）× 尚可使用年数/年数总和

=（500 − 500 × 5%）× 11/120

≈ 43.54（万元）

第六年折旧额 =（固定资产原值 − 预计净残值）× 尚可使用年数/年数总和

=（500 − 500 × 5%）× 10/120

≈ 39.58（万元）

第七年折旧额 =（固定资产原值 − 预计净残值）× 尚可使用年数/年数总和

=（500 − 500 × 5%）× 9/120

= 35.6325（万元）

第八年折旧额 = (固定资产原值 – 预计净残值) × 尚可使用年数/年数总和
　　　　　　= (500 – 500 × 5%) × 8/120
　　　　　　≈ 31.67（万元）

第九年折旧额 = (固定资产原值 – 预计净残值) × 尚可使用年数/年数总和
　　　　　　= (500 – 500 × 5%) × 7/120
　　　　　　≈ 27.71（万元）

第十年折旧额 = (固定资产原值 – 预计净残值) × 尚可使用年数/年数总和
　　　　　　= (500 – 500 × 5%) × 6/120
　　　　　　= 23.75（万元）

第十一年折旧额 = (固定资产原值 – 预计净残值) × 尚可使用年数/年数总和
　　　　　　　= (500 – 500 × 5%) × 5/120
　　　　　　　≈ 19.79（万元）

第十二年折旧额 = (固定资产原值 – 预计净残值) × 尚可使用年数/年数总和
　　　　　　　= (500 – 500 × 5%) × 4/120
　　　　　　　≈ 15.83（万元）

第十三年折旧额 = (固定资产原值 – 预计净残值) × 尚可使用年数/年数总和
　　　　　　　= (500 – 500 × 5%) × 3/120
　　　　　　　= 11.875（万元）

第十四年折旧额 = (固定资产原值 – 预计净残值) × 尚可使用年数/年数总和
　　　　　　　= (500 – 500 × 5%) × 2/120
　　　　　　　≈ 7.92（万元）

第十五年折旧额 = (固定资产原值 – 预计净残值) × 尚可使用年数/年数总和
　　　　　　　= (500 – 500 × 5%) × 1/120
　　　　　　　≈ 3.96（万元）

# 学习任务六

二、计算题

(1) 使用先进先出法，具体见下表。

| 时间 | 入库 | | | 出库 | | | 库存 | | |
| --- | --- | --- | --- | --- | --- | --- | --- | --- | --- |
| | 数量/件 | 单价/元 | 金额/元 | 数量/件 | 单价/元 | 金额/元 | 数量/件 | 单价/元 | 金额/元 |
| 1 | 90 | 15 | 1 350 | | | | 90 | 15 | 1 350 |
| 3 | 72 | 10 | 720 | | | | 162 | | 2 070 |

续表

| 时间 | 入库 | | | 出库 | | | 库存 | | |
|---|---|---|---|---|---|---|---|---|---|
| | 数量/件 | 单价/元 | 金额/元 | 数量/件 | 单价/元 | 金额/元 | 数量/件 | 单价/元 | 金额/元 |
| 4 | | | | 38 | 15 | 570 | 124 | | 1 500 |
| 6 | | | | 79 | 5 215<br>2 710 | 1 050 | 45 | 10 | 450 |
| 7 | 60 | 12 | 720 | | | | 105 | | 1 170 |
| 8 | 70 | 18 | 1 260 | | | | 175 | | 2 430 |
| 9 | | | | 128 | 4 510<br>6 012<br>2 318 | 1 584 | 47 | 18 | 846 |

平均库存价值 = (期初结余库存价值 + 期末结余库存价值)/2
　　　　　　 = (1 350 + 846)/2 = 1 098 (元)

资金成本 = 库存占用资金 × 收益率 = 1 098 × 10% = 109.8 (元)

(2) 使用后进先出法，具体见下表。

| 时间 | 入库 | | | 出库 | | | 库存 | | |
|---|---|---|---|---|---|---|---|---|---|
| | 数量/件 | 单价/元 | 金额/元 | 数量/件 | 单价/元 | 金额/元 | 数量/件 | 单价/元 | 金额/元 |
| 1 | 90 | 15 | 1 350 | | | | 90 | 15 | 1 350 |
| 3 | 72 | 10 | 720 | | | | 162 | | 2 070 |
| 4 | | | | 38 | 10 | 380 | 124 | | 1 690 |
| 6 | | | | 79 | 3 410<br>4 515 | 1 015 | 45 | 15 | 675 |
| 7 | 60 | 12 | 720 | | | | 105 | | 1 395 |
| 8 | 70 | 18 | 1 260 | | | | 175 | | 2 655 |
| 9 | | | | 128 | 7 018<br>5 812 | 1 956 | 47 | | 699 |

平均库存价值 = (期初结余库存价值 + 期末结余库存价值)/2
　　　　　　 = (1 350 + 699)/2 = 1 024.5 (元)

资金成本 = 库存占用资金 × 收益率 = 1 098 × 10% = 102.45 (元)

## 三、案例分析

(1) 应该相对减少一些物理空间的使用，增加一些作业空间中安全间歇等空间的使用。另外，从水平空间和垂直空间看，水平空间得到了很好的利用，但垂直空间的利用度不高，因此可考虑采用高层货架或高层自动立体货架，以更好地利用垂直空间。

（2）要想对库存进行有效的管理和控制，首先要对存货进行分类，只有这样才能对货物进行更好的管理和控制。在管理过程中，对于 A 类产品，要求仓管员每天都对产品进行检查和盘点，操作时应仔细，应明显地体现出此类产品与其他产品的不同之处，进行重点管理；对 B 类产品，采用次重点方式管理，可每 2~3 天进行一次检查和盘点。与此同时，并不忽视对 C 类产品的管理，每周都对 C 类产品进行一次检查和盘点。

# 学习任务七

## 一、选择题

1. D　2. B　3. C　4. D　5. D　6. A　7. C　8. D

## 二、判断题

1. √　2. √　3. ×　4. ×　5. √　6. √　7. √　8. √　9. ×　10. √

## 三、案例分析

案例（一）：

（1）国际快件在 3 个工作日内送达目的地；国内快件在翌日上午 8 点被前送达目的地；对国内客户 1 小时内上门取件；开设 24 小时服务的"下一航班送达"业务。

这样的标准对 UPS 来说能够实现，因为有足够的硬件支持，UPS 依靠其硬件系统为客户提供门到门的收件/送件服务；UPS 有较为规范的员工工作规程；员工对企业文化的深入理解使其对企业有忠诚度；硬件和软件得到较好的配合，所以可以实现。

（2）货物快递快捷；报关代理和信息服务；货物即时追踪服务；先进的包裹管理服务；包装检验与设计服务。

UPS 坚持快速、可靠的服务准则；建立报关代理自动化系统以节省时间，提高效益；实行"一物一码"追踪和设置客户服务中心；实现无纸化操作，提高 UPS 服务的可靠性；建立数据库，及时获取客户信息。

案例（二）：

（1）通过与客户的接触，了解客户的真实需求，根据客户的需求调整客户服务的内容；与客户互动，消除客户的不满，处理客户的投诉，留住客户；根据客户的要求提出新方案,吸引新客户;提高服务水平,使客户对公司满意,实现更高的客户价值。

(2) 对企业文化、员工价值和行动习惯进行改革;进行服务改革;排除公司内部阻碍;解决内部组织、制度及手续上的问题。意义:提高公司的客户服务水平,由此提高客户满意度;及时了解客户需求,调整服务内容;巩固老客户,开拓新客户;提高市场份额,扭亏为盈。

# 学习任务八

## 一、选择题

1. ABC  2. AB  3. B  4. A  5. A  6. A  7. A  8. B  9. BD  10. A

## 三、实训应用

1. 解答如下:

(1) 使用高低点法。

① 从表 8-19 中找出最高点和最低点,见下表。

|  | 产量 $x$/件 | 总成本 $y$/元 |
| --- | --- | --- |
| 最高点 | 50 | 10 500 |
| 最低点 | 40 | 8 800 |

② 计算 $y = a + bx$ 中 $a$、$b$ 的值。

$b = (10\ 500 - 8\ 800)/(50 - 40) = 170$(元)

将 $b$ 代入高点:

$10\ 500 = a + 170 \times 50$

$a = 2\ 000$(元)

或将 $b$ 代入低点:

$8\ 800 = a + 170 \times 40$

$a = 2\ 000$(元)

③ 将 $a$、$b$ 代入 $y = a + bx$ 中,则成本性态模型为:$y = 2\ 000 + 170x$。这个模型说明单位变动成本为 170 元,固定成本总额为 2 000 元。

(2) 使用回归直线法。

应用最小平方法原理,求解 $y = a + bx$ 中 $a$、$b$ 两个待定参数。

① 列表计算 $\sum x$、$\sum y$、$\sum x \sum y$、$\sum x^2$,其结果见下表。

| 月份 | 产量 $x$ | 混合成本 $y$ | $xy$ | $x^2$ |
|---|---|---|---|---|
| 7 | 40 | 8 800 | 352 000 | 1 600 |
| 8 | 42 | 9 100 | 382 200 | 1 764 |
| 9 | 45 | 9 600 | 432 000 | 2 025 |
| 10 | 43 | 9 300 | 399 900 | 1 849 |
| 11 | 46 | 9 800 | 450 800 | 2 116 |
| 12 | 50 | 10 500 | 525 000 | 2 500 |
| 合计 | 226 | 57 100 | 2 541 900 | 11 854 |

② 将上表中的有关数据代入公式计算 $a$、$b$。

$b$ = 170.65（元），$a$ = 1 951.19（元），则成本性态模型为：$y$ = 1 951.19 + 170.65$x$。这个模型说明单位变动成本为 170.65 元，固定成本总额为 1 951.19 元。

2. 解答如下：

保本量 = 80 000/(20 – 12) = 10 000（件）

保本额 = 10 000 × 20 = 200 000（元）

# 参考文献

[1] 陈正林. 企业物流成本生成机理及其控制途径 [J]. 会计研究, 2011 (2).

[2] 张余华. 现代物流管理 [M]. 北京：清华大学出版社, 2010.

[3] 冯耕中, 等. 企业物流成本计算与评价 [M]. 北京：机械工业出版社, 2007.

[4] 范丽君. 物流基础 [M]. 北京：清华大学出版社, 2011.

[5] 包红霞. 物流成本管理 [M]. 北京：科学出版社, 2007.

[6] 张晓焱, 等. 物流成本管理 [M]. 北京：航空工业出版社, 2011.

[7] 陈洁. 物流成本管理 [M]. 北京：中国水利水电出版社, 2011.

[8] 易华, 李伊松. 物流成本管理 [M]. 北京：机械工业出版社, 2009.

[9] 赵弘志. 物流成本管理 [M]. 北京：清华大学出版社, 2010.

[10] 王欣兰. 物流成本管理 [M]. 北京：清华大学出版社, 2009.

[11] 傅莉萍, 沈艳丽. 物流成本管理 [M]. 北京：人民交通出版社, 2008.

[12] 黄静. 物流成本管理 [M]. 上海：上海财经大学出版社, 2008.

[13] 何开伦. 物流成本管理 [M]. 武汉：武汉理工大学出版社, 2007.

[14] 邓凤祥. 物流成本管理 [M]. 北京：经济管理出版社, 2003.

[15] 曹霁霞, 黄志宁. 物流成本管理与控制 [M]. 大连：大连理工大学出版社, 2009.

[16] 陈文. 物流成本管理 [M]. 北京：北京理工大学出版社, 2009.

[17] 陈云天, 杨国荣. 物流案例与实例 [M]. 北京：北京理工大学出版社, 2010.

[18] 现代物流管理课题组. 物流成本管理 [M]. 广州：广东经济出版社, 2002.

[19] 曾益坤. 物流成本管理 [M]. 北京：知识产权出版社, 2008.

[20] 鲍新中. 物流成本管理与控制 [M]. 北京：电子工业出版社, 2006.

[21] 倪凤琴. 物流成本管理 [M]. 北京：电子工业出版社, 2005.

[22] [日] 诊断师物流研究会. 物流成本的分析与控制 [M]. 宋华, 译. 北京：电子工业出版社, 2005.

[23] 李安华. 物流成本管理 [M]. 成都：四川大学出版社，2008.
[24] 王贤斌. 物流成本管理与控制 [M]. 长春：吉林人民出版社，2006.
[25] 崔国成. 现代物流企业管理 [M]. 武汉：武汉理工大学出版社，2008.
[26] 陈良勇. 物流成本管理 [M]. 北京：清华大学出版社，北京交通大学出版社，2008.